心とは何か

心理学と諸科学との対話

足立自朗・渡辺恒夫
月本　洋・石川幹人
編

北大路書房

心理学基礎論叢書:心理学の根拠への旅
監修:高橋澪子・足立自朗・西川泰夫・渡辺恒夫・石川幹人

〈既刊〉
心とは何か:心理学と諸科学との対話(足立自朗・渡辺恒夫・月本 洋・石川幹人 編)
心理学の哲学(渡辺恒夫・村田純一・高橋澪子 編)

以下順次刊行の予定

イントロダクション

　人間の心を研究する科学としての心理学が，一見，隆盛をきわめているように見えるにもかかわらず，その背後に多くの原理的な問題を抱えていることは多くの人びとの目に明らかになってきたように思われる。心理学に関して，いくつかの疑問を提起することができる。
・神経生理学や進化生態学に代表される自然科学的人間科学の発展のなかに，心理学がいつか吸収されてしまう可能性はないだろうか。
・「科学的」方法が自然科学的の方法を意味する限り，心を物質的自然の一部としてとらえることに徹底するこれら自然科学的人間科学に，曖昧さを残す心理学は対抗しえないのではないか。
・そもそも心の科学とは何か。自然科学と区別される人間科学独自の方法はあるのだろうか。
・代案（alternative）として提案されてきた現象学，解釈学，社会的構成主義などによって心理学を再構成する可能性はあるのだろうか。
・心理学の対象であるはずの，かんじんの，心とは何かについてさえ，心理学者の答はバラバラではないか，等など。

　これらの疑問は，とどのつまり「科学的認識の主体たる人間が自己を科学的に認識するとはどういうことか」という，科学史上の根源的問題から派生している下位問題であって，それらに解を与えるためには学際的，包括的，かつ厳密な議論の場を必要とするであろう。にもかかわらず，日本にあっては，そのような場にあまり恵まれなかったのが実情である。

　私たちが，科学哲学や人工知能の研究者を交えた学際的な研究会「心の科学の基礎論」研究会を1996年に発足させたのは，そのような場の創出を目指してのことであった。本書「心とは何か―心理学と諸科学との対話―」は，この研究会の中から生まれ，その成果の一端を表現したものである。しかし，それとともに，本書の成立が研究会以外の人びとにも多くを負っているということを，明記しておかなければならないだろう。

本書の構成を瞥見すれば，そのことはただちに明らかになる。本書の第1部は，もともと理論心理学会（第42回大会）のシンポジウム「心は脳かコンピュータか，それとも……」の再編成を目指したものであり，新田徹・有田秀穂・須賀哲夫・茂木健一郎・黒崎政男の諸氏による論考が掲載されている。ただし，実際のシンポジウム時の発表とはかなり異なる内容の原稿が寄せられてきたため，改めて紙上シンポジウムとして構成しなおした。このシンポジウムの趣旨は渡辺恒夫による「企画者の趣旨」にゆずるが，この第1部は本書にとって，第2部への入門編となることが意図されている。

第1部と第2部との間に差しはさまれている「間奏曲」は，ツーソンと東京で開かれた意識科学国際会議についての報告が対論のかたちで示されているが，これは本書を通読される方にとっての取っ付きやすい読み物としておかれたものである。

第2部は「心の科学の基礎論」研究会の活動のオムニバスな記録であり，研究会の例会で発表された報告に基づいた多様なテーマの論考が掲載されている。

2－1「人工知能と心理学」では，西川泰夫と月本洋の間で長期にわたって行なわれた論争が扱われる。これは，「心はコンピュータ」だとする西川に対して月本が反論を加えるというかたちで行なわれた興味ぶかいやりとりの記録であり，合意された結論にはいたらなかったものの，いくつかの重要な検討課題が提示されている点で意義ある論争といえよう。

2－2「心の科学―物理学からのアプローチ―」では，現在のコンピュータが「心の機能」を実現するうえで限界があるか否かといった問題を，石川幹人が物理学の立場からペンローズとデネットの思想に言及しつつ議論している。

2－3では進化心理学と生理心理学が扱われており，蛭川立は，心の系統発生を扱う進化心理学における進化論の仮説生産機能を強調し，人類への進化論的アプローチの可能性について論じている。他方，高砂美樹は，生理学的心理学の誕生から生理心理学の成立までの過程を詳細に跡づけ，古いものとして捨て去られようとしがちな生理学的心理学の再評価を求めている。

2－4では，社会的行為論と心の概念について論じられている。西阪仰の論文は，心的イメージについての認知心理学的な仮説を実験場面に立ち入って具体的に批判し，イメージは社会的・相互行為的な現象として把握されるべきで

あると主張する。「心」という概念の使用法を問題にした小松栄一は，心理学において「心的」事象が因果・体験・解釈の3つの基準の混合によって把握されてきたことを指摘し，その把握をめぐる問題点について論じている。

　2－5は，アカデミックな実験心理学に厳しい批判を投げかけたウィトゲンシュタインの所説を検討した2つの論文から構成されている。奥雅博は，ウィトゲンシュタイン最晩年の特異な論考「色彩論」を取り上げ，それに緻密な批判的検討を加えるとともに，論理と経験的な事柄との境界線上にある色彩の問題が依然として開かれた問題であり続けていることを指摘する。崎川修の論文では，社会的構成主義やエスノメソドロジーの祖とされる「言語ゲーム説」が，自己－他者の非対称性や他者の他者性のような深い問題を隠蔽するものとして批判され，精神分析に新たな語りの可能性を見ようとしている。

　以上に見られる通り，本書で扱われているテーマは多岐にわたるが，いずれの論考も直接的にあるいはインプリシットに，心理学と諸学とが「心」や「心的現象」をめぐって対話する内容を含んでいる。本書を編集する者として，読者が「心」について執筆者との対話を深めていかれるよう，心から希望する。

編者一同

■ 目 次 ■

イントロダクション　i

第1部　心は脳かコンピュータかそれとも……シンポジウム記録より

1-1　企画者の趣旨：心はコンピュータ？　脳？　それとも心？ ……………………… 3
　　1．心はコンピュータである　5
　　　　(1)記号的計算主義　5
　　　　(2)結合主義　5
　　2．心は脳である　6
　　　　(1)還元主義的な「脳＝心」のモデル　6
　　　　(2)意識の脳科学　7
　　3．心は心である　8
　　　　(1)「心≠脳，コンピュータ」だが心（の存在そのもの）を科学によって説明できる　8
　　　　(2)「心≠脳，コンピュータ」だが心（の存在そのもの）は科学によっては説明できない　9
　　　　(3)「心≠脳，コンピュータ」だが心（の存在そのもの）は科学によって説明する必要がない　10

1-2　心機能場の実現に向けて―心に迫る情報科学― ……………………………… 15
　　1．はじめに　16
　　2．ニューラルネットワークの研究　16
　　3．心機能場の研究　22
　　4．終わりに　24

1-3　心に迫る脳生理学 ……………………………………………………………… 27
　　1．呼吸と心　28
　　2．座禅の呼吸　28
　　3．座禅のセロトニン仮説　31
　　4．「元気」とサイエンス　38

1-4　L（brain＝mind）・M（brain＝computer）―相互モデル論の提案― ……… 41
　　1．予備考察―モデル的意味論について―　42
　　2．脳と心の関係をめぐる3つの立場　44
　　　　(1)機能主義　44
　　　　(2)還元主義　45
　　　　(3)心脳同一説　46
　　3．脳機能の同一性　49

4．心，「脳」とコンピュータ（機械）の関係　50
1-5　クオリアと因果的物語論 ……………………………………………………………53
　　　1．心脳問題とクオリア　54
　　　2．認識におけるマッハの原理と相互作用同時性　55
　　　3．人生という物語に埋め込まれたクオリア　56
　　　4．因果的物語論への道筋　58
　　　5．「一回性の普遍性」の把握を目指して　60
1-6　指定討論：哲学者のみる，心・脳・コンピュータ問題 ……………………………63

間奏曲　対談：ツーソン会議と東京'99 ……………………………………………………73
　　　0．はじめに　74
　　　1．ツーソン会議篇　75
　　　2．東京'99篇　79
　　　3．終わりに－日本における意識科学の可能性－　82

第2部　研究会（「心の科学の基礎論」研究会）討論の記録

2-1　人工知能と心理学 ……………………………………………………………………87
　　　1．心はコンピュータ－心は記号を計算する機械である－　88
　　　　(0)はじめに　88
　　　　(1)認知科学（心の科学）の基本前提，パラダイム　89
　　　　(2)命題「心は，コンピュータである」，その適否　92
　　　　(3)記号論理学の変遷　98
　　　　(4)オートマン（受機）と言語　104
　　　　(5)コンピュータから形式ニューラル・ネットワーク（非線形力学系モデル）へ　105
　　　　(6)終わりに　106
　　　2．記号的人工知能の限界　110
　　　　(1)はじめに　110
　　　　(2)人工知能不可能論について　112
　　　　(3)意味と理解　115
　　　　(4)記号的人工知能の限界　127
　　　　(5)経験を可能にしているメタファー　130
　　　　(6)メタファーに基づく人工知能MBAI　135
　　　　(7)メタファーと論理の関係について　138
　　　　(8)終わりに　143

3．対論　144
　　「心はコンピューター心は記号を計算する機械である—」の論評　144
　　西川論文の論評への回答　152
　　「記号的人工知能の限界」の論評—心観をめぐる伝統的な争点の再現—　162
　　月本論文の論評への回答　182

2-2　心の科学—物理学からのアプローチ—　………………………………………189
　1．物理学からの人工知能批判　191
　2．ペンローズの意識論　192
　　(1)意識過程はアルゴリズムではない　193
　　(2)意識の基盤は量子論にある　195
　　(3)意識はいつ生まれるのか　200
　　(4)意識の内容に反映するイデア　202
　3．ペンローズへの批判　203
　　(1)洞察とは思いこみではないか　203
　　(2)意識は後づけの物語ではないか　204
　　(3)意識の生まれる場所をめぐって　205
　　(4)スカイフックは容認できない　206
　4．心の科学に物理学がもたらすもの　207

2-3　進化論と心理学　……………………………………………………………209
　1．進化心理学と人類学　210
　　(1)はじめに　210
　　(2)進化心理学の理論的枠組み　210
　　(3)意識の進化心理学の可能性と限界　213
　　(4)進化心理学の方法　216
　　(5)人類学と進化心理学　218
　2．生理学的心理学の歴史　225
　　(1)生理学の影響と生理学的心理学　225
　　(2)ヴント：生理学的心理学の始まり　227
　　(3)ラッド：生理学的心理学の輸入　233
　　(4)ジェームズ：生理学的心理学の機能主義的展開　238
　　(5)20世紀に入って：生理学的心理学から生理心理学へ　241

2-4　エスノメソドロジーと心理学　………………………………………………243
　1．心的イメージはどのくらい「心的」か　244
　　(1)はじめに　244

　　　　(2)活動に埋め込まれた視覚と想像　　245
　　　　(3)活動の可視的な展開における心的イメージ　　252
　　　　(4)「イメージ論争」　　258
　　　　(5)心理学実験における相互行為の社会的組織　　264
　　　　(6)結語　　269
　　2．心の科学のリミックス―因果・体験・解釈の基準―　　271
　　　　(1)はじめに　　271
　　　　(2)心の概念の３つの基準　　272
　　　　(3)基準の混合，心の科学のむずかしさ　　275
　　　　(4)日常の心理学のなかの心の概念　　277
　　　　(5)測定なのか解釈なのか　　281
2-5　ウィトゲンシュタインと心理学　……………………………………………289
　　1．ウィトゲンシュタインの『色彩論』　　290
　　　　(1)前書きにかえて　　290
　　　　(2)『色彩論』の問題　　292
　　　　(3)『色彩論』への動機　　293
　　　　(4)彼のアプローチは前向きか，うしろ向きか　　296
　　　　(5)事例研究，三原色か四原色か　　297
　　　　(6)ウィトゲンシュタインの独創性，評価　　301
　　2．心・他者・言語ゲーム―非対称なものの知をめぐって―　　304
　　　　(1)心について語ること　　304
　　　　(2)フロイトとウィトゲンシュタイン　　306
　　　　(3)言語ゲームという神話　　312
　　　　(4)精神分析の知　　317
　　　　(5)非対称なものの知に向けて　　321

文献　　327
あとがき　　340

第1部

心は脳かコンピュータかそれとも……シンポジウム記録より

1-1 企画者の趣旨：心はコンピュータ？　脳？　それとも心？
1-2 心機能場の実現に向けて―心に迫る情報科学―
1-3 心に迫る脳生理学
1-4 L(brain = mind)・M(brain = computer)
　　―相互モデル論の提案―
1-5 クオリアと因果的物語論
1-6 指定討論：哲学者のみる，心・脳・コンピュータ問題

渡辺恒夫
(Tsuneo Watanabe)

■■■1-1　企画者の趣旨：心はコンピュータ？　脳？　それとも心？

★

ツーソン意識科学国際会議（Tucson Conference--Toward a Science of Consciousness, 1994, 1996, 1998）に，神経科学，認知科学，心理学，コンピュータ科学，哲学，物理学，言語学などあらゆる分野から参加が見られたように（矢沢，1997など参照），いまや「意識とは何か」「人間の心とは何か？」の問題は，科学史上最大の挑戦となりつつあると言っても過言ではない。「それは哲学の問題なり」として正面から向かい合うことをせず，個別的な実証的研究や臨床現場へと視野を制限してきた日本の心理学界も，もはや逃げを打つことは許されない。本書のこのシンポジウムは，パネリストに認知心理学（須賀），脳生理学（有田），哲学（黒崎），生物物理学（茂木），情報科学（新田）と各分野からの参加を見た，ツーソン会議のいわばミニチュア版であって，類似の企画は日本の心理学界ではまだまだ多くはない。

［追記］最近の展開を追記しておくと，本書の原稿ができあがりつつある頃の1999年5月，ツーソン国際会議の分科会ともいうべき「脳と意識に関する東京国際会議」が渋谷の国連大学において開催された。その模様については本書の「間奏曲」に詳しいので参照されたい。また2000年には，日本心理学会で「意識の科学は可能か」というシンポジウムが開催されるなど，事態は動き始めたと言っても過言ではない。

さて，心とは何かの問いに対しては，きわめて多様な説があるが，これを，須賀（1993）の，「人間は機械である」「人間は動物である」「人間は人間である」の三分法に示唆を受け，以下のように整理してみよう。

① 心はコンピュータである（心＝脳＝コンピュータ）
② 心は脳である（心＝脳≠コンピュータ）
③ 心は心である（心≠脳，コンピュータ）
　③-1.「心≠脳，コンピュータ」だが心（の存在そのもの）を科学によって説明できる。
　③-2.「心≠脳，コンピュータ」だが心（の存在そのもの）は科学によっては説明できない。
　③-3.「心≠脳，コンピュータ」だが心（の存在そのもの）は科学によって説明する必要がない。

③の「心は心である」だけがさらに詳しく分類されているが，③はこのままでは同語反復になってしまうので，詳しい分類を示しておいたのである。

以下に思いつくままに各項目の問題点を指摘する。思い付くままにというのは，筆者はこの問題全般にわたる専門家というわけでもないので，残念ながら体系的に問題点を俎上に載せるというところまではいかなかったからである。

１．心はコンピュータである

ノイマン型ディジタル計算機上のソフトウェアによる記号計算が知性を実現するという説（＝記号的計算主義）と，可能な限り実際の脳に近いモデルを人工的神経回路網（ニューラルネット）上に実現しようというアプローチ（＝結合主義）に分けられる。

(1)記号的計算主義

心は記号計算であるという（感情も記号計算で表現できるとする），心の計算論の立場であり，AI（人工知能）は心を実現できるということになる。サール（Searle, 1980）が批判的に名づけるところの「強い AI 説」である。また，記号は外界と対応する表象として意味理解を担うという，表象主義を伴う（たとえば，Foder, 1975）。

批判：サールの，記号計算が形式的操作である以上，AI は自然言語を理解しているとは言えないという説（「中国語の部屋」の思考実験），状況依存性や身体性を無視した AI では自然言語を理解しているかのようにふるまうことさえ不可能である，とする説（Winograd & Flores, 1986；Dreyfus, 1972）などがある。なお，詳しくは，本書2-1の２：月本洋「記号的人工知能の限界」も参照のこと。

(2)結合主義

脳にヒントを得始まったニューラルネットワーク研究については，次の新田の論考に詳しい。ここでも心は計算として理解されるが，記号列を処理するための手順を定めたアルゴリズムは必要でなく，入力の変換処理過程は機構自

らの学習に依存する。また，記号的計算主義と統合して，無意識的な並列分散処理の上に直列的でリカーシヴな管理系（意識）が載るといった，心＝脳＝コンピュータモデルも提唱されている。

批判：甘利 (1989) は，外界の特定の対象を認識したとき特定の神経回路が興奮するとして，なぜ本人にとってその回路と対象の対応関係がわかるのか，と自問自答する。たとえば，脳の回路Aが卵を認識したとき興奮し，回路Bが鶏を認識したとき興奮するとして，なぜ当の脳に他ならない本人に，A＝卵，B＝鶏という対応関係がわかるのだろうか。これを受けて黒崎 (1989) は，心抜きに脳だけで対応関係を説明しても論点先取に陥る以上，心の次元は脳に還元不可能であると主張する。脳のある回路が「卵認識回路」で他の回路が「鶏認識回路」であるという区別は，脳だけからは出てこないゆえ，心のレベルの差異から出てこなければならない，というわけである。

2．心は脳である

(1)還元主義的な「脳＝心」のモデル

心は脳の機能であってそれ以上ではないとする説である（結合主義の一部も含まれる）。これを徹底化した説がチャーチランド (Churchland, 1986) の消去唯物論である。物質の他に心的なものがあるという思いこみは，日常言語に心的な語彙があることに由来する錯覚にすぎない。たとえば，幼児には「痛い！」と叫ぶ代わりに「＊＊神経回路が興奮してる！」と叫ぶよう育てれば，日常言語から心的な語彙を完全に追放して心的概念を博物館送りにすることができ，日常言語を科学的に正しい言語に置き換えることができるだろう……。そのような完全に科学化された世界では，うっかり「痛い」だの「うれしい」だのといったことばを発したが最後，迷信の徒として強制的に教育施設送りにされてしまうかもしれない。このような科学的ユートピアを称して，筆者は，「チャーチランドのディズニーランド」と言うことにしている。

(2)意識の脳科学

　心や意識を錯覚として片付けるのでなく，脳の機能に基づく何らかの科学的説明が必要と考える，非還元主義的な脳研究へのアプローチを，ここでは総称して「意識の脳科学」と言うことにする。多様な説があるが，いくつか例にあげるに留める。

1) 意識への内観－機能的アプローチ

　意識の本質を自己再帰的（recursive）な意識にもとめ，それを実現できそうな機能と構造を脳に同定しようというもの。たとえば酒井（1997）の「意識のトップダウン仮説」では，知覚が特徴分析装置から記憶貯蔵庫へのボトムアップ過程であるのに対し，自分が何かを見ていることがわかるという自己再帰的意識が記憶貯蔵庫から特徴分析装置へのトップダウン過程であるとする。そして，視覚にかかわる領野の間の神経結合に多くの下向ニューロンがあることに，この仮説の解剖学的根拠を見いだす。

批判：情報がトップダウン的方向に流れることが，なぜ「意識する」ことになるのか。運動系では情報がトップダウン的に流れるからといって，それだけでは自分の運動を意識できるわけではない。トップダウン仮説の隠れた発想源は，内観で得た意識の体験的性質が，遠心的であることにあるのではないか。しかしながら内観の教えるところでは，知覚もまた遠心的な向きをしている。思うに，このアプローチの発想源は，内観で得た意識の体験的性質の中で，「これが本質的だ」と直観的に感じた機能・構造に似た機能・構造を，脳の中に探し求めるところにあるのではないか。これでは，意識が成立するための必要条件にはかかわれても，十分条件にはかかわれない。

　ジョンソン-レアード（Jonson-Laired, 1987）は，意識をもつ情報処理系の必要条件は，反省機能を備えることだとする。反省機能とは，自己再帰的構造を備えるということであり，そのような構造はソフトウェア的に実現可能だとする。とはいえ，彼は，それが意識の「必要条件」であると慎重に構える。そこに，意識の問題の困難さへの自覚が見て取れる。哲学者のチャルマーズ（Chalmers）は，ツーソン会議において，意識についての容易な問題（easy problem）と難問（hard problem）を区別し，前者は機能に関する問題であ

るのに対し,後者は,クオリア,体験,現象的意識,情報処理の主観的側面,といった表現で表わされる事柄に関する問題だと主張して注目を集めた。「我々の認知系が視覚的聴覚的情報処理に従事する時,なぜ視覚的聴覚的体験すなわち藍色の質,C調の感覚をもつのか?」(Chalmers, 1996)。筆者を含め,どんな意識の「科学的説明」を聞かされても釈然としない人間がいるというのも,科学的説明にはこの十分条件(=体験面)が欠けているからなのだろう。

 2)創発説

 個々のものが結合したとき,新しい性質が出現することを創発という。自然界は階層構造をなし,原子→分子→蛋白質→ニューロン→ニューロン集合体→心?というように,階層の頂点で心が創発されるという。

批判:これまた前述の批判が成り立つ。客観的なものから創発されるのは,より複雑な客観的なものであり,つまり意識の機能面として複雑なものであり,主観的なもの=体験面の創発は説明できないであろう。

3.心は心である

(1)「心≠脳,コンピュータ」だが心(の存在そのもの)を科学によって説明できる

 この分類には,ボームとプリブラム(Bohm & Priblam)のホログラフィー説,梅沢博臣らの量子脳力学,最近話題のペンローズ(Penrose)の量子力学の革命説などが入る詳しくは本書2-2(石川幹人:「心の科学—物理学からのアプローチ—」)を参照)。これらは脳が原因で意識が結果という「意識の脳科学」のパラダイムを共有する。にもかかわらず「心は脳である」説に分類しないのは,「意識は脳の機能」と単純に考えることができず,意識の主観的面(=クオリア)を説明するために,異端的な量子力学をもち出さざるを得なくなっているからである。たとえばペンローズは,還元主義的な科学者とは異なり,科学的世界像の中に意識を位置づけることの困難さを十分に自覚していた(竹内・茂木,1997)。この自覚が,量子力学の革命といった困難な理論的挑戦へと駆り立てたと思われる。むずかしい問題にはむずかしい(技術的に高

度だが無理の多い）理論を構築して当たるというのが，自然科学者の通弊（？）らしい。

批判：いくら難解高度な理論を構築しても，最初から道をまちがえていては目的地から遠ざかるばかりである。必要なことはいたずらに健脚を鍛えて遠くを目指すことではなく，もともとの分かれ道に引き返すことではないか。分かれ道に立っていた道標は，一方が「客観的」他方が「主観的」と読めたのであった。ガリレイ以来の近代科学は，「客観的」な道を選び，主観的なものすなわち，公共的観測にかからず実験的に再現可能でもない「私の」意識経験，一人称的経験を排除することによってこそ，成功裏に科学的世界像を構築し得たのである。それを，今ごろになって「いかにして主観的な経験を説明するか」に頭を悩ますのは，完全密閉式の家を建てておいて窒息しかけ，いかにして内部で空気を作り出すかのむずかしい研究に着手するのと等しい。別れ道に戻って主観性の道をたどり直してみることを，一人称的認識論の構築とよんで(3)で扱おう。

(2) **「心≠脳，コンピュータ」だが心（の存在そのもの）は科学によっては説明できない**

神経学者エックルス（Eccles）によって代表されるが，科学に限界を設け，「心」を科学的世界像の外側におく超越的二元論に行き着くため，科学者，科学哲学者の多くはこれに反発する。

［追記］エックルスにはシンポジウムでは言及する時間がなかったが，最近の意識科学の展開に絡めて，ひとこと追記しておきたい。彼の著作群を概観すると，悪名高いその二元論的哲学の原点が，18歳の時のある体験にあることがわかる。「なぜ私は他でもないこのジョン・エックルスの脳に結び付けられていて，他の脳に結び付けられていないのだろう。18歳の年のある日，この問題にふっと思い付いて，生涯を脳研究に捧げる決心をしたのだった。……」（エックルス，1970，p81。なお，この体験の全体像と意義については，渡辺（1989, p185-188）に詳しい）。エックルスとはまったく独立にであるが，意識科学国際会議において，ロバーツ（Roberts, 1988）が，ついで筆者（Watanabe, 1999）が，この種の問題に「意識の超難問（harder problem of consciousness）」という名を与え，それぞれ考究を試みている。

「いかにして脳が意識を生み出すのか」が意識の難問（hard problem）であるとすれば，「いかにしてあの脳でなくこの脳の生み出す意識が私の意識であるのか」が，意識の超難問（harder problem）というわけである。エックルスの二元論哲学は，この問いへの１つの解決たるべく構想されたものとも見ることができる。すなわち〈私の意識〉＝〈魂〉とみなして，魂がたまたま特定の脳と結び付いた，とする解決である。しかしながら，魂の多数性を認める限り，「いかにしてあの魂でなくこの魂が私の魂であるのか」という「魂の超難問」が生じてしまうので，解決として少しも前進したことにはならない。なお，エックルスの18歳時の体験のような「超難問体験」がけっして例外事象ではなく，自我発達上意味ある体験である可能性が，発達心理学の方でも気づかれつつある（たとえば，渡辺・小松，1999；渡辺，2000）。

(3) **「心≠脳，コンピュータ」だが心（の存在そのもの）は科学によって説明する必要がない**

［追記］これについてはシンポジウムでは言及する時間的余裕がなかったのであるが，シンポジウムに先だって各シンポジストに送付した「企画趣意書」にある程度載せてあるので，その後の考察を増補して本章の締めくくりとすることにする。この立場は，「いかにして脳が心を生ずるか」という意識の脳科学（ここでの２節の(2)，３節の(1)）の問題設定自体が「問題」であるというもので，筆者自身の立場でもある。問題設定自体の問題は，以下の２点に分けられる。

①人称的視点の混乱。「問題にしている心とは，誰の心のことか」に対する無自覚さ。

「科学性＝観測の公共性：誰が観測しても同じ結果がでる」という方法論的要請によってあらかじめ人称的視点が捨象されているのが，自然科学的世界像である。対照的に，人称的視点の違いでまったく違うパラダイムができてしまうのが，心理学・人間科学である（渡辺，1994）。自然科学的な科学性を心の科学にもち込めば，かつての行動主義や操作主義のように，「研究対象としての人間は，研究者にとって他者とみなされる」という，「他者の心理学」，三人称的視点（third-person perspective）の心の科学になるであろう。この場合，

「私の痛み」のような主観的一人称的な経験は観測データとは見なされず，私を1人の他人と見なした上での痛みについてのいろいろな反応の測定値のみが，公共性あるデータとなる。三人称的な心の科学は自然科学となじみがよく，自然科学的世界像の一部をなすことができる。

ところが意識の脳科学者たちはこれに満足できず，主観的一人称的な経験をも観測データとみなしてしまい，客観的視点に基づく脳生理学の知見によって因果的にそれを説明しようとする。すなわち，「光（赤色）が網膜の感覚細胞を刺激し，興奮が電気パルスとなって脳に伝えられ，情報処理がなされる」ところまでは，「客観的＝科学的」なことばで語り，「そのようにして，赤の感覚という主観的経験の世界が構成される…」というところで，一転して「主観的」な語りに転じるのである。これでは，〈私〉のいない他人ばかりの三人称的宇宙に，突如〈私〉を湧出させようとするようなものである。心を研究対象とする以上は「観測の公共性」という自然科学的科学性ではなく，「人称的視点の整合性」という人間科学的厳密性を取らねばならない。一方で私たちはすでに，三人称的視点に徹したチャーチランドの神経哲学＝消去唯物論を，すでに所有している。もう一方で，生理学的認識論をいったん括弧入れし，一人称的主観的視点に徹した認識論を構想する必要がある。その上で，両者を突きあわせて見るのである。

②物理的世界が直接経験できないのであれば，それにクオリアがないなどと主張すること自体無意味となり，「クオリアなき物理的脳からいかにしてクオリア（＝意識経験）が生まれるか」という問題自体が，無意味になりはしないか？　私の知覚する世界は，脳が生み出した「知覚像」などではなく実物なのだという素朴実在論の直観に戻る必要がある。クオリアなき物理学的世界像とは，クオリアにあふれた実在からの抽象ではないか。

以上の2点を念頭に置くと，一人称的視点に徹し，かつ素朴実在論の直観を生かしたた認識論ということになるが，そのような認識論は可能なのだろうか。

実のところ，一人称的視点に徹した認識論の試みは，けっして少なくない。現象学は，そのような例といえよう。アフォーダンス論も（Gibson, 1976），脳神経系が意味を生み出すのではなく，環境世界にすでに先在する意味を抽出

するのであって物理学的時間空間は環境からの抽象にすぎないという環境一元論を採る限り，一人称的認識論に通じる。ここで特に紹介したいのは，最も自覚的な一人称的認識論の試みを平易なことばで語っている，哲学者大森荘蔵の知覚の脳透視説である。まず，私の見る世界は，脳が生み出した「知覚像」などではなく，実物なのだという素朴実在論の直観に戻る必要がある。たとえて言えば，私は感覚器官・神経・脳という望遠鏡を通して外界という「実物」を透視するのである。「水晶体が白濁する白内障にあっては外部風景（瞼も含めて）がかすんで見える。明らかに，我々は水晶体を「見透し」てその向こうをみているのである。ただ健康な目ではそれは清澄な空気と同じく「透明」なのである」「……我々は網膜をもまた「見透かし」ている，といわねばならない。網膜の異常はそれよりも前方の風景の異常をもたらすからである。さらに我々は視神経をも「見透かし」ている」「視神経や大脳は外部から見れば不透明体であるが，健康な状態にあっての視覚風景にあっては透明に「見透かされて」いる……。脳や視神経に異常が生じればそれは私の視覚風景の中でも不透明になりうるのである。そしてそれらより前方以遠の風景にも異常が生じる」（大森，1982，p134）

「脳変化は外部風景変化の原因であるが因果的原因ではない」なぜならば，私は脳が生み出した知覚像を見ているのでなく，実物を見ているからである。赤メガネを掛けると白い紙が赤く見える。同じ1つの「実物」が，メガネをはずした状況で「透視」されれば白く見え，赤メガネを「透かして」見れば赤く見える。同一の「実物」が異なる前景を「透かして」見れば異なって見える。「私はそれを前景因とよびたい。/この前景因……は，因果系列を逆方向に「透視」したものだとみることができる。たとえば，爆発→光の進行→眼球→網膜→視神経→脳，という因果系列を，今現在という一瞬に「逆透視」したのが今現在の視覚風景である」（同書，p136）

つまり，私の脳と私の意識の間の因果関係を説明する必要はない。両者の間には，因果ではなく制約条件の関係があるのみだからである，ということになる。

まとめると，

心を論じる以上は「観測の公共性」という自然科学的科学性ではなく，「人

称的視点の整合性」という人間科学的厳密性を取らねばならない。結論から言えば、他者に対しては三人称的な（他者へ対する）視点を貫き、自己に対しては一人称的な（自己に対する）視点を貫けば、問題は解決するのである。そもそも他者に対しては他者へ対しての視点を取り、自己に対しては自己に対しての視点を取る以外には、論理的にありようがないではないか。

　これはどういうことかと言うと、
①心に対して一人称的視点を取ると、心は意識として、しかも自己意識としてのみ理解されることになる。
②自己意識の了解をくみ取る源は私の自己意識のみである。
③したがって、他者であるシステムAに自己意識があるか否かの問題は、私がシステムAである事態が想像できるかという、私の心理的問題に帰する。
④したがって、意識を因果的に脳から発生するものとして説明を試みる、「意識の脳科学」は見当はずれである。脳科学には「行動の脳科学」すなわち、私の行動と似た行動を生じることを説明するための脳科学があるのみである。それが、脳科学という三人称的視点に立つ認識の営みにとって、整合性を維持する道であろう。
⑤私の脳と私の意識の間の因果関係を説明することはできない。両者の間には、因果ではなく制約条件の関係があるのみである（渡辺、1999も参照のこと）。また、他者の脳に関しては、「私がその脳である事態が想像できるか」という、私の想像にとっての適合性の関係があるのみである。私がシステムAである事態が想像できるかという問題は、私の意識とシステムAの間の適合性を問う問題だからである。

　以上の考察によって、じつは、心理学者にとっての真の問題が明らかになるのである。一人称的に私の意識としてしか了解できないはずの意識が、なぜ、「他者の」意識として了解されているのだろうか。別のことばで言えば、「他者Aであるとはどのようなことか」と想像するとき、なぜこの想像が単なる空想でなく、実在の他者の裏付けがあると思ってしまうのだろうか。

　他者理解の発生論へと問題は差し向けられるであろう。
［追記］以下の諸章について注記すると、新田の章（1-2）のみが、シンポジウム当日の発表と、指定討論者のコメント（1-6）への後日の反論が区別されて

いてわかりやすい。しかしながら他の章ではこのような区別がなく，とりわけ須賀（1-4）と茂木（1-5）の章は，指定討論への反論をはるかに超え，ごく最近の成果をも盛り込んだ，事実上の新稿となっている。したがって，これらの章と指定討論の章との対応関係は，かならずしも明瞭なものとなっていないことを断っておく。

新田　徹
(*Tohru Nitta*)

■■■1-2　心機能場の実現に向けて―心に迫る情報科学―

★

1．はじめに

　本章では，情報科学の研究者として，心というものに迫る試みについて述べる。つまり，工学的に役に立つ情報処理方式を提供しようという立場から心というものに迫る試みについて述べる。よく言われることであるが，飛行機は鳥そのものを作りあげることによって実現されたわけではないように，心そのものをコンピュータ上に実現することを意図しているわけではなく，いかにして心に関する知見から工学的に有効な概念や原理，構造を抽出し，コンピュータに取り込むかということに目標を置いている。

　心を機能的な観点から，知性的な部分（学習，判断，推論，記憶，連想など）と非知性的な部分（感情，情動，無意識など）とに分けて考えると，知性的な部分を実現しようとする試みの1つにニューラルネットワーク（Neural network）の研究がある（甘利と向殿,1994）。脳にヒントを得て1943年から始まったニューラルネットワークの研究は2回のブームを経験し，現在は地道な研究が進められており，学習，連想，概念形成などの心の機能が実現できるということで期待されている。2節では，ニューラルネットワークの研究を概観する。

　一方，非知性的な部分については，今まで情報科学の研究として取り組まれた例は少ない。筆者が所属する電総研では1997年4月より研究室制が廃止され，ラボとよばれるグループが部の中にいくつも存在し，それらは柔軟に生まれたり，消滅したりするラボ制となった。そのラボの1つとして，心機能場をコンピュータ上に実現することを目的として，心機能モデルラボが創られた。心機能場とは，現段階で理解することのできる心の概念である。3節では，非知性的な部分も含めた心に関する我々のグループ（心機能モデルラボ）の取り組みを紹介する。

2．ニューラルネットワークの研究

　本節ではニューラルネットワークの研究を概観する。

ニューラルネットワークの最初の研究は，解剖学や生理学の成果に刺激された形で，1943年にマカロッツ（MaCulloch）とピッツ（Pitts）が提案した小数の非常に簡単なニューロンが結合した回路網のモデルに関する研究であり，彼らはそれによって論理関数の計算ができることなどを示した。

現在のニューラルネットワークの原型は，1958年にローゼンブラット（Rosenblatt）によって提案されたパーセプトロンとよばれるモデルである。その後，問題点を指摘され，1970年代になって研究は下火になった。その問題点とは，パーセプトロンは非線形分離問題などを解くことができないということであり，そのことはミンスキーとパパート（Minsky & Papert, 1988）によって数学的に証明された。非線形分離問題とは，直感的に言うと，複雑に絡み合った多次元データを識別する問題のことである。すなわち，パーセプトロンは単純な問題にしか適用できないということが指摘されたのである。

その後，1980年代に入ってふたたびブームを迎えたが，現在は皮相的なブームは鎮静化し，地道な（地に足の着いた）研究が進められている。

1980年代のブームの契機の1つは，ラメルハート（Rumelhart）らが1986年に提案した階層型ニューラルネットワークに適用されるバックプロパゲーション（Back-propagation（誤差逆伝播），BP）とよばれる学習アルゴリズムである。階層型ニューラルネットワークは，信号が一方向に流れるタイプのニューラルネットワークである（図1-2-1）。ここで，ニューラルネットワークを構成するニューロンについて簡単に述べておく（図1-2-2）。ニューロンは複数個の信号を受け取り，それらに対して"重み"とよばれるパラメータによって重み付けを行ない，その結果を足し合わせた後，さらに"閾値"とよばれるパラメータを加え，その結果に非線形関数（入力に対して出力がやや複雑な値をとるタイプの関数）を施した値がそのニューロンの出力値となる。ニューラルネットワークの学習とは，その構成要素である各ニューロンの"重み"と"閾値"の値を徐々に（場合によっては一気に）修正することによって，所望の出

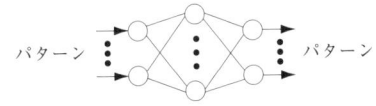

図1-2-1　階層型ニューラルネットワーク

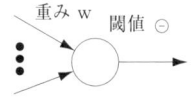

図1-2-2　ニューロン

力値を得ることができるようにすることを指す。

　学習には、大きく分けるとニューラルネットワークに「このような出力値が欲しい」という情報（教師パターン；ここで、パターンとは複数個の信号の集まりのことである）を与える"教師有り学習"と、教師パターンを与えない"教師なし学習"の2種類があるが、バックプロパゲーション学習アルゴリズムは教師有り学習である。完全に学習が完了していないと、通常、教師パターンとニューラルネットワークが出力するパターンとの間には、誤差が生じる。その誤差を、信号の流れとは逆の方向に向かって各ニューロンに伝えてゆくことによって、重みや閾値といったパラメータの値を修正する。これがバックプロパゲート（Back propagate、逆誤差伝播）の由来である。このバックプロパゲーション学習アルゴリズムは、パーセプトロンの問題点を克服したものであった。すなわち、非線形分離問題を解くことができるということで、多くの研究者が注目したのである。

　このように、階層型ニューラルネットワーク上でバックプロパゲーション学習アルゴリズムを使うことによっていくらか複雑な学習ができるわけであるが、その一方で、学習終了後の階層型ニューラルネットワークには"汎化能力"とよばれる能力が生じる。汎化能力とは、学習していないパターンに対してもそれなりの答えを出力してくれるというありがたい能力である。これは、さまざまな分野に応用される際に非常に重宝されている。図1-2-3に示すように、学習が進むにつれて、誤差は徐々に減少してゆく。しかし、あまりにも同一の学習パターンで学習しすぎると汎化能力が落ちてしまうといった問題（過剰学習）が指摘され、研究が進められつつある。

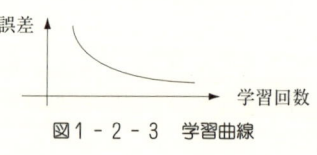

図1-2-3　学習曲線

　ニューラルネットワークブームのもう1つの契機は、1982年にホップフィールド（Hopfield）らが提案した相互結合型ニューラルネットワークである（図1-2-4）。相互結合型ニューラルネットワークは、信号が一方向に流れるだけでなく、逆方向にも流れ、信号が何度も同じニューロンを流れることのできるタイプのニューラルネットワークである。このネットワークの動作は非常に単純である。すなわち、まず任意に1つのニューロンが選択され、簡単な計算

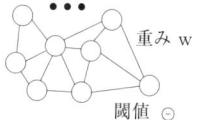

図1-2-4　相互結合型ニューラルネットワーク

が行なわれる。そして、その計算結果が他のすべてのニューロンに伝えられる。

ホップフィールドらは、相互結合型ニューラルネットワーク全体が集団としてどのようにふるまうのかを示す1つの指標として"エネルギー関数"というものを定義した。そして、一般にエネルギー関数は時間の経過とともに単調減少するという性質を数学的に証明した。さらに、このエネルギー関数の単調減少性を利用することによって、組み合わせ最適化問題を近似的に高速に解くことができることを示した。たとえば、ホップフィールド型ニューラルネットワークを用いて、巡回セールスマン問題を解くことができる。巡回セールスマン問題とは、1人のセールスマンがN個の都市をそれぞれ1度だけ訪問して、出発点の都市に戻るような経路のうちで、距離を最小にするものを求めるという問題である。都市数が増えるにつれて組み合わせの数が爆発的に増え、問題を解くための計算時間が指数関数的に増加してゆくという性質をもつ。

また、エネルギー関数の単調減少性を利用することにより、連想記憶を行なうことができる。たとえば、「りんご」に相当する数値をホップフィールド型ニューラルネットワークに入力すると、その属性である「赤い」や「丸い」といったものに相当する数値を出力することができる。また、不完全な文字列（図1-2-5では、余計な点列が付加されているA）を入力することによって、完全な文字列（図1-2-5では、A）を取り出したりすることができる。そのしくみは次の通りである。すなわち、あらかじめ、エネルギー関数の極小値に"完全な文字列"（A）を対応させるように相互結合型ニューラルネットワークの重みや閾値といったパラメータの値を設定しておく。これにより、不完全な文字列に相当する相互結合型ニューラルネットワークの状態は、エネルギー関数の単調減少性に従って、自動的に完全な文字列に相当するエネルギー関数値の状態に収束するのである。

また、1989年にコホーネン（Kohonen, 1995）らは、ニューラルネットワ

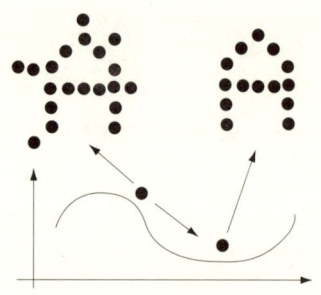

図1-2-5　文字列の連想

ークを使って概念形成を実現できることを示した。ここで，概念形成とは，大量データの自動分類を意味する。かれらが用いたニューラルネットワークの摸式図を図1-2-6に示す。複数個のニューロンが配置された2次元平面を2つ用意する。1つは入力パターンを受け付ける"入力層"，もう1つは出力結果を出力する"出力層"である。入力層のニューロンと出力層のニューロンは，重みパラメータによって重み付けられている。重みは，ヘブ学習によって，その値が修正される。ここで，ヘブ学習とは，ニューロンの活性値に従って重みパラメータの値を変化させるというものであり，活性値が大きいほど重みの修正量は大きくなる。

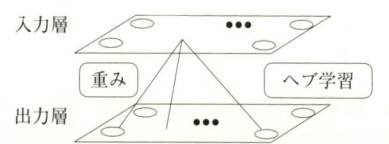

図1-2-6　コホーネンのニューラルネットワーク

概念形成の例を図1-2-7に示す。複数個の動物名とその属性をニューラルネットワークの入力層に与えて，ヘブ学習させると，出力層（2次元平面）には自己組織的（自動的）によく似た動物どうしが集まるようになる。図1-2-7では，「あひる」，「たか」，「にわとり」といった鳥類が，空間的に近いニューロンを発火させている。また，「馬」と「しま馬」も近いニューロンを発火させているし，「きつね」や「狼」といった類いも空間的に一塊のニューロンを発火させている。

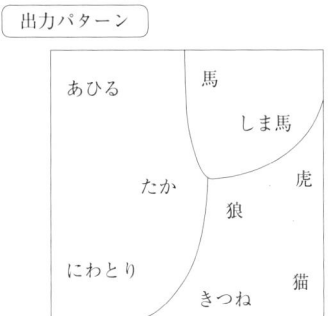

図1-2-7　コホーネンのニューラルネットワークによる概念形成の例

　また，1991年に新田（1995，1996，1997）は階層型ニューラルネットワークを複素数に拡張し，その後3次元，4次元に拡張している。複素ニューラルネットワークは，重みと閾値がすべて複素数であり，入力されるパターンと出力されるパターンもすべて複素数である。そのような複素ニューラルネットワークに対して適用される学習アルゴリズムは，先ほど述べたバックプロパゲーションを複素数に拡張した"複素バックプロパゲーション"（Complex-valued back-propagation，複素BP）である。複素BP学習アルゴリズムには，（通常のBPには備わっていない）2次元アフィン変換学習能力（図形変換学習能力）という特異な性質が備わっていることが示されており，すでに画像処理に応用されている。3次元に拡張するためには2つの方法がとられた。1つは3次元ベクトルを用いる方法で，もう1つは3次元行列を用いる方法であった。また，4次元に拡張するためには，（複素数のさらなる拡張である）4元数とよばれる4次元の数が用いられた。

　応用という観点から見ると，ニューラルネットワークに対する最も大きな期待は学習能力である。定式化が困難な入出力特性を事例学習によって実現できるため，非線形性を含む予測，直観の必要な診断，非線形系の同定などが効果

的な適用対象とされている。

3．心機能場の研究

本節では，筆者らが現在取り組んでいる研究を紹介する。研究の目的は，人間の「知性的な部分」だけではなく，感情・情動・無意識といった「非知性的な部分」をも含めた（現段階で理解することのできる）心の機能をコンピュータ上に実現することである。これにより，人間とコンピュータとのコミュニケーションがスムースになることが期待される。現在，「自我状態モデル」と「感情記憶モデル」という2つのモデルを研究している。

自我状態モデルの研究では，精神分析（おもに，交流分析（中村と杉田，1984））などから知見を収集し，その知見をもとにして心の状態を表わすモデルの構築を試みている。交流分析とは，1957年に米国の精神科医であるエリック・バーン（Eric Bern）が創設した，口語版の精神分析である。自我状態モデルの概念図を図1-2-8に示す。交流分析に基づいて，ここでは心を「批判的親」，「保護的親」，「大人」，「自由な子ども」，そして「順応な子ども」という5つの自我状態，および自分自身をどのように評価しているかを示す「自己」，他者をどのように評価しているかを示す「他者」という2つのモジュールから成り立っているとする。「自己」と「他者」は，あわせて「基本的構え」とよばれている。

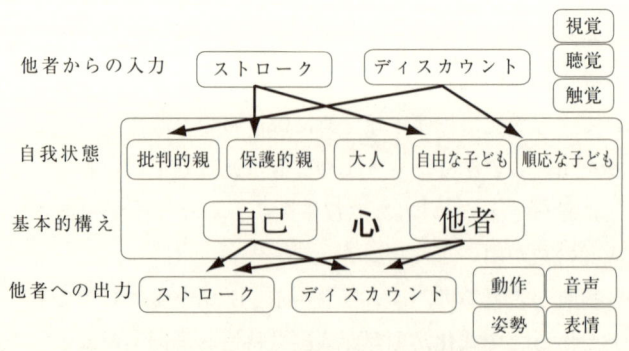

図1-2-8　自我状態モデルの概念図

まず，外界から視覚，聴覚あるいは触覚を通して言語的あるいは非言語的なメッセージが心に入力される。メッセージには肯定的なメッセージである「ストローク」と否定的なメッセージである「ディスカウント」の2種類がある。メッセージが入力されると，5つの自我状態がそれに応じて変化し，さらに基本的構えがその影響を受けて変化する。他者への出力にはやはり，ストロークとディスカウントの2種類があるが，それらは自我状態と基本的構えに応じて決定される。そして動作，音声，姿勢，表情として出力されることになる。このようなふるまいをいかにして定式化し，コンピュータ上に実現していくかを研究している。

一方，感情記憶モデルの研究では，感情と情報を結び付けて記憶し，感情とともに情報を想起したり，連想したりすることのできる記憶モデルの構築を試みている（Nishida et al., 1999）。図1-2-9に，感情とともに情報が記憶される例を示す。「りんご」を見たり，食べたりした時に，それが身体にとって有用であるか否かを評価し，有用であると判断されれば，たとえば，「好き」という感情エージェント（エージェントとは自律的に動くソフトウェアのこと）が活性化し，それに応じて，「りんご1」というインスタンス・エージェントが活性化する。そして，「甘い」，「酸っぱい」，「赤い」，「丸い」という感覚エージェントと「好き」という感情エージェントと「りんご1」というインスタンス・エージェントが組になって記憶されることになる。

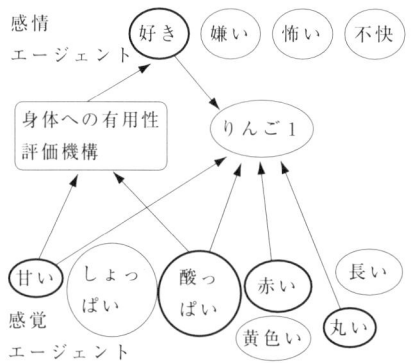

図1-2-9　感情記憶モデルによる感情と情報の記憶

4．終わりに

　情報科学の立場から心に迫る試みについて述べた。最後に，「心とは何か？」との問いに対しては，心は心である（心は脳でもなく，コンピュータでもない）と考えている。また，心が自然科学によって明確に説明される時代が来るものと期待している。

指定討論へのコメント
　黒崎先生からいただいた1つ目のコメントは，「90年代に入って，ニューラルネットワークの研究はあまりうまくいっていないのかなという印象を受けた。地道な研究の後，2000年に入るとブレークスルーを引き起こすような感じがするのだろうか？」というものであった。
　誤解を与えるような言い回しであったかもしれないが，90年代に入ってからのニューラルネットワーク研究があまりうまくいっていないという意味ではない。例をあげると，バロン（Barron, 1993）は，3層ニューラルネットワークによる関数の近似は，級数展開やフーリエ変換などの通常の有限個のパラメータを用いた伝統的な関数近似と違って，「次元の呪い」から自由であるという著しい特徴を明らかにした。次元の呪いとは，多変量関数を近似する場合，関数の変数が多くなるに従って，必要なパラメータ数が指数関数的に恐ろしく大きな数になることを指す。すなわち，3層のニューラルネットワークの関数近似能力が伝統的手法に比べて驚異的に優れていることが示されたのである。
　また，日本理論心理学会のシンポジウムが終わったその足で参加したニューラルネットワークに関する国際会議（International Conference on Neural Information Processing（ICONIP'97））では，「独立成分解析」（Lee, 1998）の話題で盛り上がっていた。独立成分解析とは，カクテルパーティにおける話し声のように，多くの話し手の声が混ざり合った信号から，信号の独立性を利用してそれぞれの情報元からの信号を分離する手法を指すが，ニューラルネットワークは独立成分解析に有効に利用されるということで研究が精力的に進められている。
　ブレークスルーは非線形的に起こるのが常であるという意味で，正直なところ2000年以降の見通しについてはなんとも言えないが，少なくともそれに向けて，ニューラルネットワークの研究者は日々，地道な努力を積み重ねている。結果としてブレークスルーを起こすような研究活動は，たとえば，「アンダー・ザ・テーブル」研究（表立った研究テーマの水面下で内緒で行なう研究）に見られるように，表面的には意外と地味な（地道な）ものではないだろうか。
　黒崎先生からの2番目のコメントは，「80年代のニューラルネットワーク研究のリバイバルはフレーム問題を越えるものと期待されて生じたものと理解しているが，結局フレーム問題を抱えたままのスタンスで研究が続けられているのではないか？」というものであった。
　80年代，私はエキスパートシェル（expert shell）の研究開発に携わっていた。そこで感じたのは，問題としている分野に関する知識をできるだけ多くコンピュータに詰め込んでゆくだけであり，結果として得られるのは詰め込んだ知識に依存した限られたものだなあというものであった。当時は，恥ずかしながらフレーム問題という用語は知らなかったが，その主張している内容は肌で感じていたよ

うである。その後，私は1990年にニューラルネットワークの研究に従事するようになったが，本章でも述べたニューラルネットワークの汎化能力は面白いと思った。つまり，教えた学習パターン以外の未知のパターンに対してもそれなりの答えを返してくれるという性質に，エキスパートシステムには無かったものを感じた。しかし，残念ながら，このことがフレーム問題の主張するところを本質的に解決しているというものでもないようである。

松原と山本（1987）は，フレーム問題に対して，次のような見解を述べている。「フレーム問題は，一般的には決して解決できない」，「従って，解決を目指すことに意味がない」，「人間もフレーム問題を一般的には決して解決してはいない」，「人間が，あたかもフレーム問題を解決しているかのように見えるのはなぜか，を解明することこそが，未解決の興味深い問題である」。この主張に従うならば，ニューラルネットワーク研究がフレーム問題を抱えたままであることは無理もないことではある。そして，松原と山本の最後の主張を解決できるのは，脳を完全に理解できたときではないかと考えている。（人工的）ニューラルネットワークの研究がその一助になるものと期待している。

最後に，シンポジウム当日の発表内容に関して，2つほど補足させていただく。

まず，交流分析は比較的短期間に症状を回復させることのできる有効なものであるが，口語版の精神分析というだけあって，理論的にはやや表面的な部分があると感じたため，精神分析の知見を中心に自我状態モデルの研究を進めた結果，葛藤と防衛機制に着目した「人格モデル」というものを提案した（Nitta et al., 1999；Nitta, 2000）。

また，シンポジウム当日は「心は脳でもなく，コンピュータでもないと考えている」と述べたが，その後考えが少々変わった。現在は，脳を完全に理解できれば，心を完全に理解することができる，そして，「心＝脳＝コンピュータ」を満たすようなコンピュータを実現することができるだろうと考えている。

有田秀穂
(Hideho Arita)

■■■1-3 心に迫る脳生理学

1. 呼吸と心

　近年のめざましい神経科学の発展に伴い，心，情動，記憶，認知など，従来は哲学や心理学の領域で扱われてきたテーマが，神経科学のことばで少しずつ説明されるようになりつつある。私は，呼吸，覚醒，情動に関する神経生理学研究を行なってきているが，特に，呼吸が「心の表出」あるいは「心の調整」に深いかかわりがあることに注目し，検討してきた。

　そもそも，心とは何かを厳密に定義することは容易ではない。しかし，心の動揺が呼吸リズムを乱し，逆に，呼吸リズムを整えることが心をおちつかせる，ということを誰しも経験的に知っている。また，呼吸という運動を広義に解釈すると，笑いや泣きも，特殊な呼吸運動であることがわかる。すなわち，喜怒哀楽の感情の表出は呼吸筋を使って発現される。同様に，歌うこと，気合いを入れること，退屈なときにあくびをすることなども，すべて呼吸の特殊な形態である。さらに，不安な心は，呼吸を速くし，極端な場合には窒息感まで起こし，過呼吸症候群やパニック発作などを招く。高次なコミュニケーション手段である会話も，呼吸筋の働きなしには実行できない。このようにみてくると，呼吸という非常に限定された生理的側面から，心という哲学や心理学で扱われてきた概念に迫ることが可能になる。呼吸を通じて心に迫るという私の立場は，このような背景の中にある。

2. 座禅の呼吸

　脳死の判定には，自律的な呼吸リズムの有無が不可欠の条件になることからもわかるように，呼吸は生命活動の基盤である。この呼吸リズムは，産声をあげるとともに始まり，24時間，寝ているときも休まずくり返され，臨死の直前まで続く。人間の筋肉の中で，睡眠中も休まず活動し続けるのは，心臓と，呼吸筋の横隔膜だけである。

　この自律的な呼吸リズムは，脳の下部構造である，脳幹の延髄によってコントロールされる。ここに存在する呼吸性ニューロンは，延髄から上位の脳構造

がなくとも，24時間，リズム性活動を自律的に発生させる。厳密には，数種類の呼吸性ニューロン群のネットワークが，自律的な呼吸リズムを形成するのだが，このニューロンネットワークは外部に対して開かれていて，非常に柔軟な制御システムとなっている（図1-3-1）。すなわち，ちょっとした外部からの入

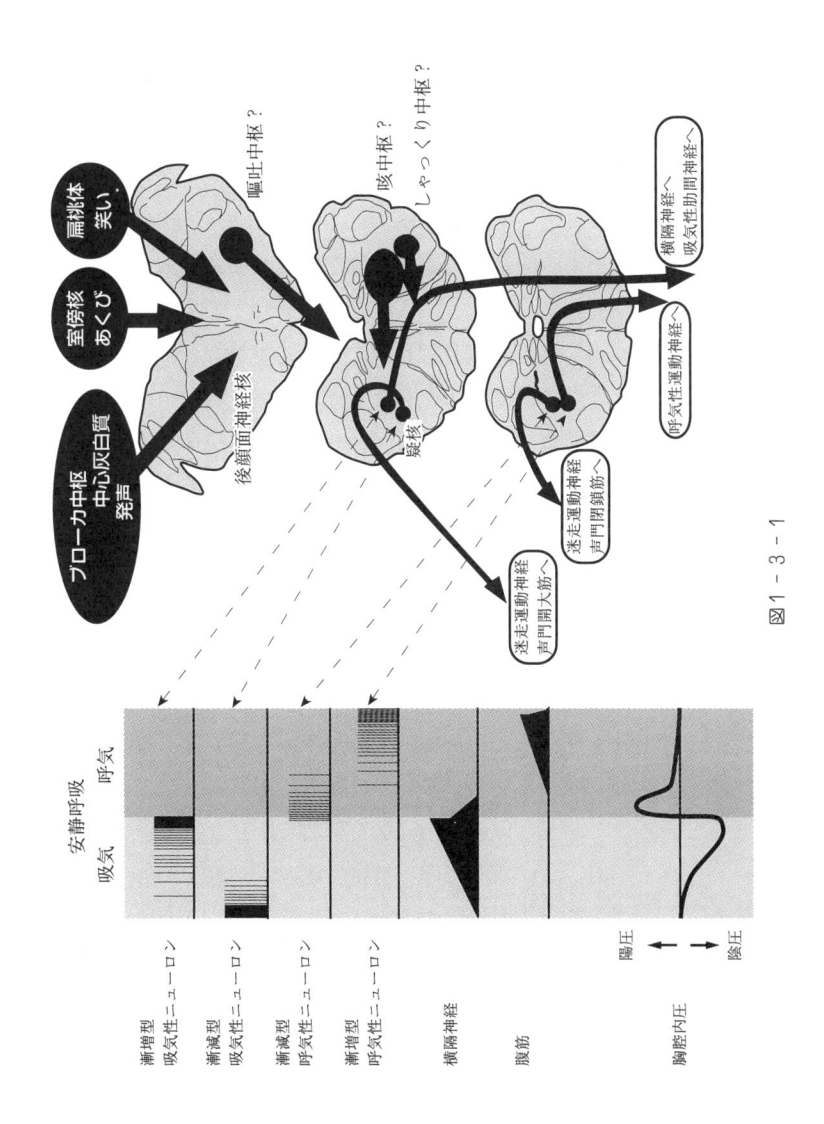

図1-3-1

力によって，それまであった呼吸リズム形成の回路を中断させて，呼吸筋に別の仕事を一時的に許容する。咳をしたり，あくびをしたり，笑ったり，会話をしたりなど，さまざまな呼吸筋を使った機能を一時的に許可する。一時的というところがポイントで，あまり長い間，呼吸リズムを中断させ続けると，ホメオスタシス維持機構から酸素欠乏の強い警告が発せられて，自律的な呼吸リズムを確保するしくみになっている。このように，呼吸関連システムは柔軟性と堅牢性を兼ね備えた構造になっている。

さて，この自律的な呼吸リズムを，意識的にまったく別の呼吸リズムに変えたら，何がおきるだろうか。これが本論の主題である。体調だけではなく，心の状態にも変化が現われる。それを体験的に実証したのが，釈迦である。紀元前にアナパーナ・サチの呼吸法を見いだした釈迦の功績である。

釈迦は，呼吸法を発見する以前に，6年の歳月をかけてあらゆる手段で自らの肉体と心をも苦しめ，最大級の苦行を積んだ，とされる。仏教のことばでは苦行ということになるが，医者の眼からすると，自らを被験者にして，徹底的に人体実験をやってのけた，と見られる。それも中途半端なものではない。あらゆる種類の肉体的，精神的な負荷を極限まで与えて，人間がどのように反応し，どこまで耐えられるかを，徹底的に調べあげた。ところが，釈迦は，苦行によっては自らの求めた境地（悟り）を得られない，と結論する。「苦行の森を出て，川をわたり，菩提樹のもとに草を敷き，足を結跏趺坐に組み，静かに座り，禅定に入った」とされる。

この呼吸法の効能について，釈迦は弟子たちに次のように語っている。「弟子たちよ，入息出息を念ずることを実習するがよい。かくするならば，身体は疲れず，眼も患まず，観へるままに楽しみて住み，あだなる楽しみに染まぬことを覚えるであろう。かように入息出息法を修めるならば，大いなる果と，大いなる福利を得るであろう。かくて深く禅定に進みて，慈悲の心を得，迷いを絶ち，悟りに入るであろう」（雑阿含経）と。ここにある「入息出息法」が呼吸法のことになる。

釈迦の呼吸法は，達磨によって中国に伝えられ，さらに，道元によって日本にも伝えられた。したがって，インドのヨガも，中国の気功法も，日本の座禅も，すべて釈迦の呼吸法に関係がある。なお，私たちには座禅がいちばんなじ

み深いので，これ以降，釈迦の呼吸法ではなく「座禅の呼吸法」という表現を用いることにする。

　座禅の呼吸法は，自律的な呼吸とはまったく異なる。自律的な呼吸は横隔膜による吸息が中心だが，座禅の呼吸法はまったく逆で，腹筋による呼息が中心である。座禅の奥義をきわめた大森曹玄の記述によれば「下腹部の圧力で胸底から上腹部までがカラッポになるまで，十分に息を吐き出します。吐きつくしたら下腹部の筋肉の緊張をゆるめると，吸う努力をしなくとも，瞬間に自然に鼻から空気が入ってくる」（大森，1991）とある。

　このような呼息を主体とする呼吸は，延髄の呼吸中枢によって自律的に発生させ得るものではなく，大脳皮質からの指令によって意図的に調節されるものである。呼吸パターンが意識的に逆転されるだけではなく，呼吸回数も一分間に数回にまでにコントロールされる。このハードな呼吸努力をお線香一本分，約30分間，継続することになる。それは，座った姿勢で30分間ジョギングするのにも匹敵する程，たいへんにきびしい努力性の呼吸運動である。

　この座禅の呼吸法を実践すると，誰しも心身に多かれ少なかれ変化が現われる。一言で表現するならば，心身ともに「元気」になる。身体に力が沸いてきて，筋肉に適度に緊張が表われ，内臓の働きも良くなる。気持ちの上でもポジティブな感情が沸いてきて，不安や雑念も気にならず，感覚が透明に澄んでくる。まさに「元気」がでてくる。

3．座禅のセロトニン仮説

　私は，セロトニン神経の役割を呼吸や睡眠との関係から研究しているが，その過程で，セロトニン神経が座禅の呼吸法によって活性化されることに気づいた。他方，セロトニン神経の生理作用を文献的に調べてみると，座禅によってもたらされる効能と非常によく対応することもわかってきた。そこで，座禅の呼吸法によってもたらされる「元気」という心身の状態が，セロトニン神経の活性化によって説明できるのではないか，という仮説に到達したのである。この座禅のセロトニン仮説について，これまで収集してきた情報を基に，以下に具体的に検証していく。

セロトニン神経が脳内で同定されたのは1950年代である。それ以来，セロトニン神経の役割について，睡眠や覚醒との関係，うつ病や不安との関係，性や食欲などの本能行動との関係など，多方面から検討されてきた。しかし，座禅や「元気」との観点から，議論を展開したものはこれまでにない。最近出版された"Zen and the Brain"（Austin, 1998）でも関連する記載はない。そもそも，神経科学の専門家の中には，セロトニン神経がいったい何をやってるのかよくわからないという人の方が多いのが現状である。このような状況のもとで，本論が展開されていることを初めにお断りしておく。

セロトニン神経と座禅との関係では，次のようなエピソードがある。団塊の世代の人々は，1970年代に世界各地で学生運動が起こった時に，フォークソングを歌い，反戦を訴えていたヒッピー族のことをご記憶のことと思う。彼らの中には，インスタント禅と称して，LSDという薬物を使って，無我の境地を体験したり，サイケデリックな夢の世界を旅したり（トリップ）する者がいた。このLSDこそが，セロトニン神経に関係する薬物なのである。LSDの使用は邪道だが，セロトニン神経の活性化が座禅の効能とよく似ていることを示す興味深い証拠である。

それでは，セロトニン神経のユニークな特徴を順次見ていこう。まず第一の特徴は，セロトニン神経が脳の正中部に存在することである。右脳とか左脳ということばをよく聴くと思うが，脳は基本的に左右対称の構造になっている。ところが，セロトニン神経は左右の縫い合わさった部位，縫線核という部位にある。しかも，大脳皮質などに比べると，発生学的に古い脳である脳幹に位置する（図1-3-2）。このような場所に居を構えるということは，何か生命活動の根幹にかかわる印象を与える。

第二の特徴は，脳の広汎な領域に投射することである。通常の神経は限定されたある特定領域との結合関係をもち，それが特定の機能と対応するわけである。ところが，セロトニン神経は，大脳をはじめ，本能や情動の中枢のある辺縁系や視床下部，さらに，小脳，脳幹，脊髄など，非常に広汎な領域に投射する。縫線核のセロトニン神経の総数はせいぜい数万個で，投射する神経の数は数十億を越えると考えられる。単純にわり算しても，1つのセロトニン神経が数万個の神経に投射することになる。その役割は，個々のこまかな指令の伝達

図 1 - 3 - 2

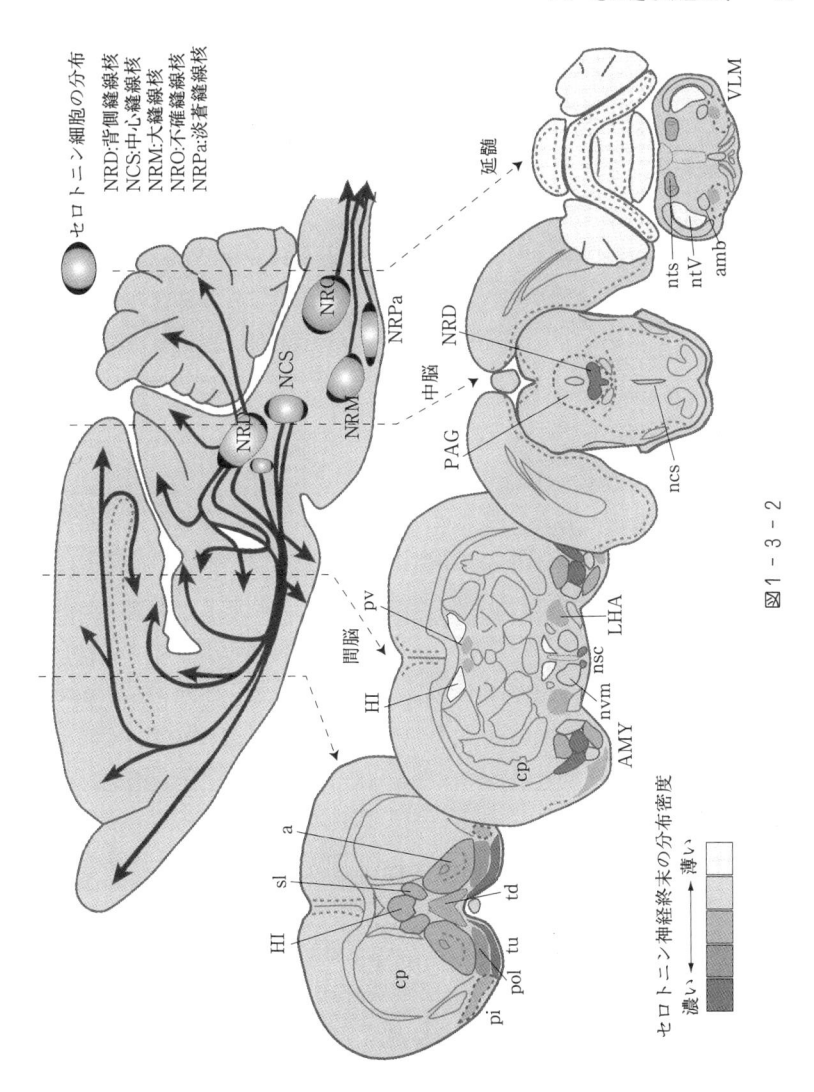

ではあり得ない。全般的な内容，たとえば意識レベルとか，元気の状態などを伝える他ない。

　第三の特徴は，セロトニン神経のユニークな活動様式である。睡眠中にはほとんど活動していない。ところが，起きて動き始める直前から，セロトニン神経は活動を開始する。神経活動を音で表現することができるが，そのリズムは

非常に規則的で，覚醒している時には，時計のような一定のリズムを刻み続ける。神経の働きは基本的に情報伝達だが，リズムをもった情報の継続は，バックグラウンド音楽のように，一種の雰囲気やムードを対象の神経に与える。セロトニン神経の活動リズムが速ければ元気になり，遅くなれば元気がなくなる，といった効果を発揮するのに適している。

車のエンジンをかけると，アイドリングの状態になるが，セロトニン神経も睡眠から覚醒に切り替わると，その活動はアイドリング状態になる。エンジンのかかりがよく，アイドリングの状態が良好であれば，車のコンディションが良好なのと同じで，朝の目覚めとともに，セロトニン神経のリズム性活動が順調に始まり，適切なレベルに安定していれば，それは一日を元気に働けることを意味する。

セロトニン神経が，ある状態（たとえば「元気」という状態）を発現するのに適していることが，微細構造の特徴にも見いだせる。通常の神経ではシナプスという非常に狭い間隙に伝達物質が放出されて，標的となる神経に瞬時に確実な情報伝達がなされる。ところが，セロトニン神経の場合には，標的となる神経に対して比較的離れたところから，セロトニン放出が起こる。それはじわっとした緩徐な作用を標的神経群に与えることになる。これは，元気という状態が徐々に出現して，比較的長時間持続するのとよく対応する構造的特性と考えられる。

これまでの情報を整理すると，セロトニン神経は覚醒とともに活動を開始し，きわめて規則的な活動を継続し，それは一定のセロトニン分泌を脳全体に与え，脳の全般的機能をある状態（たとえば，「元気」の状態）に維持する働きをする，と言える。

それでは，セロトニン神経を興奮させる，あるいは活性化する因子は何だろうか。覚醒時に活動するので，各種の覚醒刺激が有効であろうと想像される。大きい音を聞かせる，痛み刺激を与える，脅かす，拘束する，窒息させる，などさまざまな覚醒，ストレス刺激を与えてもまったく動じないで，一定のリズムで活動を続ける。先ほど，釈迦の苦行の話をしましたが，それらの刺激はセロトニン神経にはまったく影響を与えないと言える。それでは，何が活性化させるか。興味深いことに，セロトニン神経を賦活する因子は脳内のパターン形

成機構によるリズム性運動である (Jacobs & Azmitia, 1992)。咀嚼のリズム性運動（チューインガムを嚙むなど），歩行のリズム性運動（ジョギングやマラソン），そして呼吸のリズム性運動（座禅，ヨガの呼吸法）などがセロトニン神経の活動をより活発にするのである。ここに，座禅の呼吸法がセロトニン神経を活性化する実験的証拠が見つかったことになる。

　それでは，座禅の呼吸法を実践すると，本当にセロトニン神経は活性化されるのだろうか。これに関してヨガの実践者のデータが報告されている。尿中のセロトニン代謝物を調べると，ヨガの呼吸法の後に明らかな増加が認められる。健常対象者と比較すると，ヨガ実践者は，呼吸法実施後のセロトニン増加の程度がより大きいという結果も得られている。これらのデータは「座禅の呼吸法がセロトニン神経を活性化する」という私の仮説を支持するものである。

　さて，次に，セロトニン神経の活性化は，座禅の効能と対応するのか，という課題を検証してみよう。座禅をすると，外見的には，背筋がしゃんと伸びて，顔にも締まりがでてくる。これは，抗重力筋（姿勢筋）に適度な緊張が現われている，と生理学的に表現される。セロトニン神経は脳幹や脊髄にも投射して，特に抗重力筋の運動ニューロンに濃厚な分布をしている。こまかな動作（手先や目の動きを調節するなど）に関与する運動ニューロンへの投射はわずかであるという違いがある。したがって，セロトニン神経の活性化は，抗重力筋を選択的に興奮させる。これが，座禅によって背筋に芯が一本はいったような外見的印象を与えることになる。

　気合いとか集中力が筋力に影響することが，運動生理学では注目されている。セロトニン神経の活性化はそのような効果とも結びついている可能性がある。具体的には，促通という生理学用語で表現される現象である。セロトニン神経をいくら刺激しても，運動ニューロンを脱分極させて筋肉を収縮させることはできない。ところが，あらかじめ，大脳皮質運動野を刺激して運動ニューロンを脱分極させ，筋の収縮を発生する状態にしておいて，セロトニン神経を同時に活性化させると，発生する筋力が非常に強くなる。これが促通効果である。ふつう，筋力を増強させるには，筋肉自身を鍛えるのだが，脳や神経の側から筋力をアップさせるメカニズムとして，セロトニン神経による促通効果が考慮される。

この現象を体験的に示すエピソードがある。オイゲン・ヘリゲル著「弓と禅」(1992) という翻訳本がある。ヘリゲル氏はドイツの哲学者で明治時代に東北大学の客員教授として数年間日本に滞在した。日本文化を知る一助にと弓を習うことにしたのだが、実際に始めてみると、簡単には弓を引けない。ところが、日本人の師範は小柄でけっして筋骨隆々とした人ではないのだが、やすやすと弓を引く。どうしたら師範のように弓が引けるようになるのか、その秘訣を得ようと、いろいろと試行錯誤を行なう。最終的に得た結論は、座禅をマスターすることであった。座禅をきわめることと、弓が引けるようになることは、表裏一体の関係にあったと、興味深い体験を綴っている。この座禅の効能は、セロトニン神経の活性化による運動ニューロンの促通効果で説明できる。

座禅の効能には、その他に、食欲や性欲など、本能的欲求を抑えることも知られている。これに対応して、セロトニン神経の活性化が視床下部の摂食中枢や性中枢を抑制する、という働きが報告されている。また、セロトニン神経は自律神経系のうち交感神経の活動を賦活する効果があるが、それは、覚醒時に自律神経の状態を上述の「アイドリング状態」にするものと、解釈できる。

それでは、心への影響はどうだろうか。うつ病で自殺した患者の脳内セロトニンを剖検で調べてみると、極端に低下している。したがって、セロトニン神経の活動レベルが病的に落ち込んでしまうと、うつ状態になる。「元気」がなくなってしまう。この事実は、セロトニン神経の活性化が心理的な「元気」の状態を発現させる証拠となる。うつ病治療の補助的手段として、座禅が試みられてはいるが、必ずしも一般的ではない。一方、うつ病の治療薬として、セロトニン神経を活性化する薬が最近開発され、注目されている。ただし、その薬の効き方が通常の場合と違っている。それを、座禅と関係づけて検討してみよう。

座禅には「只管打坐の仏法」といって毎日実践しないとその効能が現われないという厳然たる経験則がある。座禅の奥義を極めても、毎日やらないと、効能が消えていく。この現象をセロトニン神経の特徴から説明してみよう。セロトニン神経を何らかの刺激(座禅でも薬でもよい)で活性化すると、オートレセプターを介して自己にネガティブフィードバックがかかり、増えた活動が抑えられるという、やっかいな特性がセロトニン神経には備わっている(図1-3-

3）．このため，簡単にはセロトニン神経の活動レベルをふだんから高い状態に維持し続けることができない．これは，座禅を一朝一夕には極められないこと

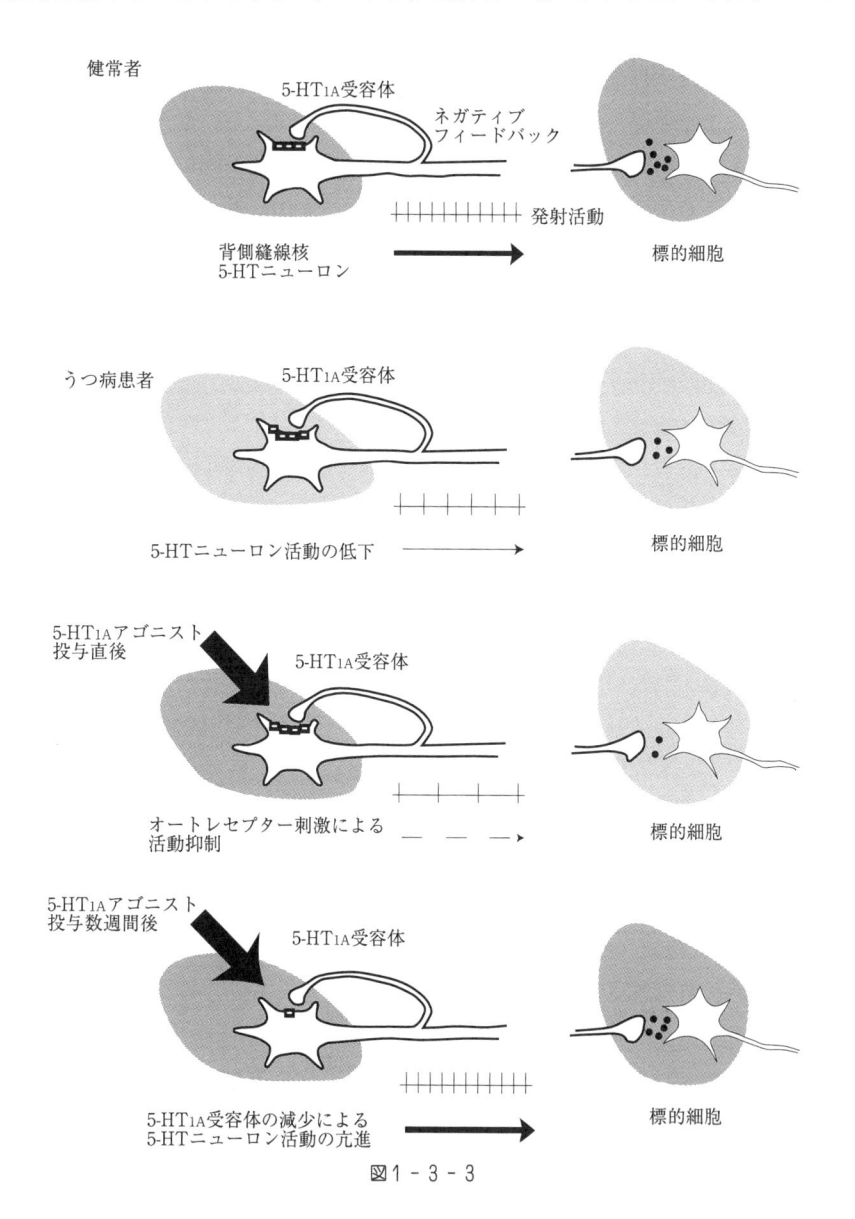

健常者
5-HT1A受容体
ネガティブフィードバック
発射活動
背側縫線核
5-HTニューロン
標的細胞

うつ病患者
5-HT1A受容体
5-HTニューロン活動の低下
標的細胞

5-HT1Aアゴニスト投与直後
5-HT1A受容体
オートレセプター刺激による活動抑制
標的細胞

5-HT1Aアゴニスト投与数週間後
5-HT1A受容体
5-HT1A受容体の減少による5-HTニューロン活動の亢進
標的細胞

図1-3-3

と対応する現象である。それでは，日々座禅を実践しつづけると，どういうメカニズムでセロトニン神経系をふつうの人よりも高いレベルに維持できるのだろうか。上に述べたセロトニン神経のオートレセプターが変わってくることが予想される。その根拠となるデータがうつ病治療薬の研究から得られている。

うつ病の治療薬は，セロトニン神経のオートレセプターに直接に働きかけるものだから，薬を内服すると，はじめは，うつ病の症状を逆に悪化させる危険がある。ところが，内服を数週間継続すると，やがて，オートレセプターの数が適応性に減少してくる。そうすると，オートレセプターによるネガティブフィードバックの働きが減弱して，セロトニン神経の活動レベルが高く維持されることになる。これがうつ病治療薬の薬理効果のメカニズムである (Artiga et al., 1996)。

同じことが，座禅を毎日実践すると起こると考えられる。座禅によってセロトニン神経を活性化すると，オートレセプターを毎日刺激することになる。それはうつ病治療薬の場合と同じように，オートレセプターの適応性の減少を誘発すると考えられる。こうして，ふだんでもセロトニン神経の活動レベルが高く維持されることになる。それが，座禅の奥義をきわめることに通じるのかもしれない。

以上が，私の仮説「座禅の呼吸はセロトニン神経を活性化して，心身ともに元気の状態を発現させる」という考えの根拠となったデータと資料である。今回説明していないことに，「無」の境地がある。これも脳内の感覚情報処理の特性として，セロトニン神経で説明できる。いずれにせよ，まだ十分な検証がすんでいるとは言えないが，私自身としては，座禅とセロトニン神経にはかなり密接な関係があることに正直驚いているというのが現在の印象である。

4．「元気」とサイエンス

ところで，このような検討をしている過程で，たえず気になっていることばがある。「元気」である。座禅の呼吸法は，紀元前の釈迦から始まり，それが，現代まで脈々と生き続けている現実がある。当時の医学概念である「気」についても，私たちの日常のことばの中に受け継がれ，使われてきている。そこで，

紀元前の医学概念である「気」の周辺を少し調べてみた。

　日本の「気」の概念は中国から伝えられたものである。春秋戦国時代（紀元前3-5世紀）の医学の古典「黄帝内経」の「素問」に「気」の概念が最初に現われている。「天地万物の根本となる気を呼吸し，心を清らかにして精神を充実させれば，体内は強健となる」と記されている。「気を呼吸する」ということからもわかるように，気は呼吸によって身体にとりこまれる。一方，今日，私たちが使う「気」の付くことばの中には，気質，気分，陽気，陰気，狂気など，心との結びつきがあるものが多くある。深い人間観察に基づく，呼吸と心の関係を想像させる。

　他方，私たちは西洋医学を基本にして仕事をしてきているわけだが，西洋にも似たような「気」の概念がある。紀元前2-3世紀のアレキサンドリアで活躍したエラシストラストのプネウマチズム（pneuma 説）がその始まりである。そのすぐ後に出たガレヌスの「精気論」は1000年近く信奉され続けた。それより前，有名なアリストテレスの著書には出てこないので，外部から輸入された考え方の可能性がある。ナイル川の河口にあるアレキサンドリアは，東方遠征で名を馳せたアレキサンダー大王に因んでつけられた都市名である。東方であるインドには，プラナ（prana）という気の概念がすでにあったので，それが伝えられた可能性が考えられる。いずれにせよ，西洋ではプネウマ（pneuma）すなわち精気が，医学思想の中心的原理として中世まで信じられていた。

　精気論はアレキサンドリアで医学を学んだギリシャの医師，ガレヌスによって著わされたものである。彼は，ローマ皇帝の侍医として活躍する一方で，当時の医学思想を集大成して「精気論」をまとめた。この中で，プネウマ（pneuma，精気）は3つの異なる要素に分けられて，説明されている。食物からとりこまれる自然精気，呼吸によって吸収される生命精気，脳神経系が分泌する精神（動物）精気である。精気論では「呼吸によって体内に取り込まれた空気は心臓に達してここで生命精気となり，この精気の一部が脳に達して精神精気となり，これが神経によって全身に送られる」と説明されている。

　精気論は非常に説得力があり，1000年以上にわたり西洋医学で信奉された。その後，西洋では実証を重んじるサイエンスが，ルネッサンスや産業革命と一

致して，開花した．それに伴って，生命精気は酸素という今日誰でも知っている物質として同定され，自然精気はブドウ糖（クロード・ベルナールによる発見）を始め，血液中の諸成分として明らかになりました．実証に裏付けられたサイエンスによって，精気論はしだいに消滅，あるいは，書き換えられていったのである．最後に残った精神精気も，最近40-50年間の神経科学の発展に伴って，脳内の神経活性物質としてその実体が明らかになりつつある．ドパミン，アセチルコリン，ノルアドレナリン，セロトニン，麻薬様物質など非常に多くの物質が発見されてきている．それぞれの神経活性物質の役割についても，さまざまの脳精神系の機能と関連づけて検討されてきている．たとえば，針麻酔が脳内麻薬用物質によって説明されつつあるし，分裂病はドパミンとの関係で検討が進んでいる．私の仮説「セロトニン神経の活性化が座禅とよく対応する」も，このような流れの1つと位置づけることができる．

　最後に，本シンポジウムのテーマ「心は脳か，コンピュータか，それとも……」について，私の意見を述べておく．呼吸を通じて心に迫るという立場からすると，「元気」という心身の状態は，じわーっとした生理現象であって，デカルト時代からの神経学の流れを汲む神経インパルスの伝達では説明できない．ガレヌスの精気論における精神精気の存在が不可欠である．その点で，大量の情報を高速処理するコンピュータとは基本的に違うと言える．それでは，心は脳にあると言い切れるか．精神精気は，生命精気や自然精気の存在のもとに形成されているわけで，これを考慮すると，「心臓」が動いて血液（気）が循環することが心の発現の前提条件であると考えられる．ガレヌスの精気論を現代のことばで書き直す作業の中に，心の問題を解く鍵があると考えられる．

須賀哲夫
(Tetsuo Suga)

■■■1-4 L（brain＝mind）・M（brain＝computer）―相互モデル論の提案―

★

1．予備考察―モデル的意味論について―

数学では形式的な公理系に具体的なモデルを当てはめて意味解釈することが行なわれる。これは公理系の無矛盾性を立証する簡明な手続きでもある。一例を示す。

射影幾何学の公理系：
公理1　異なる2点を通る直線はただ1つ存在する。
公理2　一直線上には異なる点がすくなくとも3点存在する。
公理3　同じ直線上にない3点が存在する。
公理4　3角形の頂点を通らない直線が，この3角形の2辺に交われば，残りの1辺にも交わる。

最後の公理4のために，公理系は常識に反し意味不明のようにも思われる。ふつうは2つの斜辺を横切って底辺と平行な線がいくらでもあると考える。そのために公理4は意味解釈不能（不合理）となるのである。しかしここに視覚世界をモデルとして当てはめると困難は解消する（図1-4-1）。

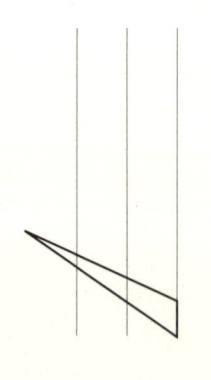

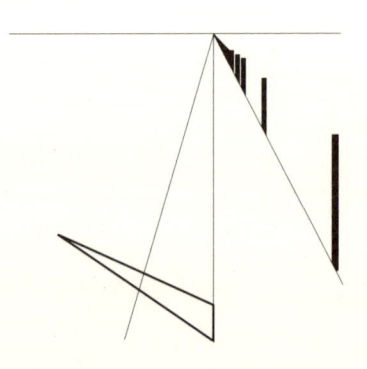

平行線は交わらない　　　　平行線も交わる
（ユークリッドの世界）　　（デザルグー　見え方の世界）
図1－4－1

形式的言明（文）に「意味解釈のために具体モデルを当てはめる」という数

学的な段取りは，じつは数学以外の文章でも同様に実行されるというのが私の主張である（モデル的意味論とよぶ）。文の解釈は，文に見合う何かの具体的なイベントや状況をあてはめることによりなされる。あてはめられる事例は意味解釈のためのヒナ型であり，モデルである。このモデル的意味論という主張は（私の経験に照らす限り）奇妙な主張と受け取られがちであるが，「文の意味をイメージする」というのはふつうのことである。私はイメージといういくぶん曖昧な用語を「事例モデル」とよびかえて，数学の意味解釈の手順と統一したにすぎない。この手順のはたす役割は意味不明な文に出合った場合に鮮明に浮かびあがる。そのことを確かめるためちょっとした思考実験を試みることにする。

　まず，（Mと名づける）次の文章の意味を吟味せよ。
　M：「文はそれにあてはまる具体モデルがなければ意味解釈できない」
　上の主張Mの意味はどう解釈されただろうか。Mの意味を明らかにするために，意味解釈のむずかしい例文をいくつかあげて説明を試みる（下記E）。
　E：意味解釈の思考実験「次の各文の意味を解釈せよ」
　例文①「太平洋では凸のそばに凹がある」
　例文②「生きることは意味に耐えることである」

　2つの文章について（これまた私のテストした経験に照らす限り）一般に適切な意味解釈の下せるひとはまれである。意味解釈のためのモデルを以下にあげる。これにより上の文の意味は（1つの仕方で）確定するはずである。

　意味解釈の具体モデル：
　モデル①極地方式の授業中その小学生たちは太平洋の地図をつぶさに調べた上で「茶色に塗られた島という突出構造の傍には必ず濃いブルーの海溝という深い谷がある」ことに気づいた。
　モデル②薔薇は蝶や蜂に蜜をすわれる。蟻はバラの枝を通行する。花屋は好きな枝を鋏で切りとる。薔薇は栄養源，通路，商売品，こうしたさまざまな外部の与える意味に耐えなければならない。ほかの生きものとて同じことである。ひとは他人から役にたつ奴とか気のいい奴とかスネ者などと（しばしば不本意

ながら）見なされる。他人の身勝手な意味づけがいやなら死ぬほかないのであろう。この事情をユクスキュルは簡潔に上の例文のように表現した。

以上で実験Eは終了した。意味不明だった文の意味は具体モデルを当てはめることによって確定したであろう。もしそうなら実験Eそれ自体が形式的な文Mの意味モデルとなり，Mの意味も定まったであろう。

以上に述べたモデル的意味論は文章や数学以外でも同様である。たとえば，モナリザの絵は微笑みを浮かべたジョコンダ夫人という具体モデルで意味解釈される。古典力学の理論は（誤解されがちなのであえて書けば，リンゴや棒切れのような雑多な実物運動の事実ではなく），質点という（雑多な事実から理想化された）具体モデルで意味解釈される。

このようなモデル的意味論の考えを踏まえて，脳と心の関係を以下に論じることとする。

2．脳と心の関係をめぐる3つの立場

(1)機能主義

脳と心の関係についてもっとも常識的とみられるのは機能主義と言われる見解である。脳はモノであるが，心はモノではない。そうではなくて，心は脳の機能であり，脳の動作により生じることである。機能というのは難解なことばなのでいくつかの意味解釈モデルを示しておくと，

表情：顔はモノである。しかし表情はモノではない。表情は死者の顔には生じない。デス・マスクには輪郭や形状はあるが表情は生じない。表情は顔が動くときに現われることである。

社会関係：考古学者が発掘する人骨や装飾品はモノである。しかし社会関係はモノではない。古代の人々の社会関係が発掘されることはない。社会関係は生きている人々が交流するときに，その場合に限って，必然的に生じることである。社会関係は生きている人々の機能として出現することである。

こうした考察との類推において機能主義では次のように考える。

　心：心はモノではない。それは脳が生きているときに生じる機能である。死後にも脳は残るが，死んだ脳を解剖しても心はみつからない。

　機能主義は常識的な見解で，私自身もつい先年までこう考えていた。しかしながらドラクール（Delacour）の「脳－心同一説」に接して，私は目からウロコが落ちる思いで誤りに気づかされた。その誤りとは脳をモノと考えることである。死んだ脳はモノであるが，生きた脳（心との関係を問われる場合の脳）はモノではない。それは脳ではなく，脳機能なのである。このことが機能主義では忘れられているのではなかろうか。

(2)還元主義

　この立場は日常人の素朴な見解と一致しない（非常識的である）。この立場では，日常知に通じる心についてのことばは研究の進展に伴って脳科学の術語に置換されていき，究極においては消滅すると考える。チャーチランド夫妻らは彼等の立場を「脳科学の知識がやがて常識の誤りを除去する」という意味でeliminativism（「せん滅主義」と訳したい）と名付けている。

　これは素朴な潔癖主義者がいつの日にかこの世界からあらゆるビールスを除去しようと決心することに似ている。それが仮に可能であったとしても，そうすることが良いことなのか疑問である。私はこのテロリズムには（考えるとつい笑ってしまい）反論する気も起こらない。今日の脳科学をいかに熱心に学んでみても，私が心的なことばによって考え，生きているという事実は少しも動かない。「悲しみ」という心的なことばがあるがゆえに「悲しみ」の脳機能を分析する動機が生じる，という事実も動かない。究極において「悲しみ」という心的機能が脳科学のことばに対応づけられることはあり得ることなのであろう。しかしながら，「悲しみ」ということばの意味モデルが脳科学の分析的術語にリプレイスされることは私が心的なことばにおいて考え，生きている限りあり得ないのである。

(3)心脳同一説

　心は脳の機能である。しかし脳がモノであるという機能主義の考え方は誤りである。なぜなら，心との関係を問題にする場合の「脳」は生きている「脳」だからである。脳科学者が研究するのは死んだ脳ではない。そうではなくて生きた「脳」の動作，その機能を研究するのである。伝達物質，イオン交換，血流などみな動作の分析のための術語である。海馬，基底核，角回などの解剖学的なことばですら，それ単独ではなく他の解剖学的部位との連絡関係が追及される。解剖学者は実際には死んだ脳を調べることが多い。しかし解剖学者の関心もまた，死んだ脳そのものに向かうのではない。死んだ脳で分析された組織の結合関係というモノを踏まえて，生きた「脳」の動作がどのようなからくりで達成されるのか推測することに向かうのである。

　以上を要するに，心が脳の機能であるだけではなく，「脳」もまた脳の機能である，と言わなければならないのである。私がこのように斬新な考え方に初めて接した事情はすでに述べた。これは何千年の哲学の歴史になかった考え方である。[注1]誤解を避けるために，機能という語の意味をめぐり，いくつかの具体的な意味モデルを提示する。

「機能」の意味モデル①： $f(x) = x^2$
　この関数は1を1に対応づけ，2を4に対応づけ，10を100に対応づける。日本語ではこれを関数とよぶのだが，英語では機能も関数も function という同一語で表現される。私は西欧の用法が簡潔でよいと考えている。
「機能」の意味モデル②：手の機能
　菓子皿から菓子をつまんで口に放り込む手の機能は，初めの菓子の位置（皿）を菓子が放りこまれた位置（口のなか）に対応づける。また，水道栓をひねる手の働きは，蛇口（閉じている状態）を蛇口（出水状態）に対応づける。（機能はこれ1つに限らない。水道栓をひねることは水道使用料メータをXからYに単調増加で対応づける，など。）ボクサーのストレートパンチは相手の戦闘状態を昏倒状態に対応づける。手のこれらの機能は状態Xを状態Yにマッピングする関数であることが理解される。

「機能」の意味モデル③：運動視の機能

ヒトの運動視の成り立ちは一連の下位機能の統合によると想定される。たとえば，ヒトが頭部を縦に動かす（「肯定の合図」）と横に動かす（「否定の合図」）などの区別が行なわれる過程にはおよそ次のようなことが含まれていると想定できる（表1-4-1）：網膜への入力の系列→空間周波数フィルタリングにより（a）高域周波数成分（b）低域周波数成分に仕分けする→（a）により対象が太郎であって次郎でないことの識別を出力し，これと別の経路で同時並列的に対象の動きは縦であって横ではないという識別を出力する→対象の出力特性と運動の出力特性を統合して「太郎が頷いた」という知覚印象（その意識）を最終出力する（須賀と中島，1997；内田ら，1998）。詳細は省略せざるを得ないが，どの下位機能においても厳格な時間的限界（100ミリ秒と250ミリ秒という性質の異なった2つの定数に縛られている）のなかでX（たとえば網膜像）からY（ろ波された低域周波数成分）へのマッピングなどの状態変換が行なわれる。

表1-4-1 2種類の周波数応答チャンネルの並列処理と総合出力表

周波数応答経路	弁別特性	特性値	
Magno	水平回転	レ	／
	垂直回転	／	レ
Parvo	人物A	レ	／
	人物B	／	レ
最終知覚出力		A氏の否定合図	B氏の肯定合図

以上の例に限らず「機能」ということばはつねに関数という意味モデルで解釈することができる。脳と心の関係を論じる際の「脳」機能とは脳の状態がXからYへと時間とともに変化を起こす，そのことである。「脳」科学はその変化のすべてを見渡してその秩序を探究しようとする研究分野なのである。

もう1つ重要な点は，ある「機能」を理解しようとする際，理解の視点も仕方も一様ではない，ということである。その意味モデルを提示する。

「機能」定義の多様性の意味モデル①：自動車の機能

ドライバが自動車を定義する際の視点と修理工のそれとは異なる。ドライバ

は何といっても「移動」という機能（現在地Xから目的地Yへのマッピング）で定義するだろう。その定義を支えるこまかな定義は，前進する，止まる，回転する，エンジンをふかせる，などである。これに対して修理工は自動車という機械的からくりの動作全体で定義するだろう。各種の部分的装置の動作がいかに同期し，円滑な共応を示すかについての記述が定義内容を構成する。エンジンのシリンダ（あるいはロータ）の動きとキャブレタの作用の同期具合，ブレーキペダルの圧力とブレーキオイルの粘度やブレーキシューとディスクの摩擦具合，などが下位の定義項目を構成する。2つの定義はまったく定義の形式を異にしている。しかしどちらも定義を誤っているわけではない。（「せん滅的還元主義」の認識論者なら，修理工的な定義が完成した暁には素朴なユーザ的定義は除去されて，もっと精密な定義にリプレイスされる，と主張するところだが，そうはならない。修理工的な定義は完成しているが当の修理工自身もドライバのときはドライバ的定義に依存する。）どちらの定義も誤りではない。また，両者はたいていの定義部分について相互に翻訳可能でもある。出発するというドライバ視点の機能（静止から前進状態へのマッピング）はギアをかみ合わせるという修理工視点の機能（エンジン回転のみの状態からエンジンと車輪の同期的回転状態へのマッピング）に対応する，というように。

「機能」定義の多様性の意味モデル②：「脳」機能

　ある特定のひとの「脳」機能を考えよう（その特定の人を「私」とよぶことにする）。さて「私」は心のことばで考え，心において生きている。（もちろん身体をもち，その一部として脳をもっていることを考えることもでき，身体において生きていると考えることもできるのだが，そうしたこといっさいが心のことばに集約表現されていて，そのことにおいて生きているのである。）「私」は心が脳の作用で生まれていると考えているが，見たり聞いたり考えたりなどの心的機能を平易な心のことばで述べることができる。（これが心理学的知識をつくる。）「私」には考えようによっては自分がいわば脳という装置のエンドユーザのようにも思われる。「私」が示す心の定義はじつは「脳」のエンドユーザの視点からの定義のようである。「私」はまた脳科学者の研究対象となることもできる。PETなり（f）MRIなりの観測装置の被験者として，「脳」研究者の標本となる。事後に研究者が与えてくれた説明は難解なのだが，「私」

はそれが脳機能の科学的な定義にかかわっていることを承認する。「私」には「私」自身が行なう心のことばによる心の理解と，脳研究者が提供してくれる脳科学のことばによる「脳」の理解とは独立に構成されているように思われる。しかしながら両者の間には翻訳が成り立つ場合がたくさんあるだろうという確信がある。(現に「私」を被験者に調査した研究者はPETの画像を示しながら，「ホラあなたが明るい光が見えると思ったときの脳はこうなっていたのです」などと教えてくれる。)

以上を前置きとした上でようやく心脳同一説という考え方を提出する。

3．脳機能の同一性

①心は脳の機能であるということが承認されるとしよう。(それは意外で承認しにくいというひとがあり得ることを私は知っているが，ここでは承認されたものとするのである。)
②研究者の研究する脳もまたモノではなく，脳の機能であるということが承認されるとしよう。

①と②を承認するなら帰結はこうなる。

帰結：心と「脳」とは脳装置の機能であるという点で同一である。(自動車の機能のドライバ的定義と修理工的定義とが，自動車の機能という点で同一であることに比べられる。(注2)

さらに2つの定義間の翻訳関係について追加する。

③現代の認知科学は人間精神の理論として並列-分散処理 parallel and distributed processing (PDPモデルと略称)という方向で探索している。これもまた初めて聴いてすぐわかることではないのだが，その意味解釈モデルとして先述の運動視の機能を見直してみよう。運動視では空間周波数の高域周波数成分に反応するパターン分析の処理系と低域周波数成分に反応する運動分析の処理系とが独立の処理を進め，しかも同時に処理が進行するのであった。仕事は分散され，並列して進行するのである。

④ PDP モデルは認知科学の理論であるにとどまらない。それはまた脳科学の理論でもあり，上記の運動視の2つの処理系はパーヴォ・システムおよびマグノ・システムとよばれる視覚脳の神経機構として解剖学的にも生理学的にも強固な裏付けを蓄積しつつある。

③と④から帰結はこうなる。

帰結：心の理論と「脳」の理論とはPDPモデルという形式を共有している。両者は同一である。

ドラクールの提起した心脳同一説は，私が私の流儀でまとめると，以上のようなことになる。私はこの立場を支持するものである。理論心理学会のシンポジウムを終えて2年後の今日，私はこの立場をいっそう先鋭化し，洗練した「唯情報論」（中村）という新しい理論に接する機会があったことを記しておきたい。(注3)

4．心，「脳」とコンピュータ（機械）の関係

心脳同一説を承認してなお残る問題がある。コンピュータはそこにどうかかわるかという問題である。あるいは，ヒューマノイドの原理的実現可能性の問題である。私は肯定的な見解を採る。その理由は（強調しておきたいのだが）まず科学研究者としての立場上の要請である。さまざまの懐疑的または否定的な見解や疑問が提起され得る。（提起されてみると自分でも同様の疑問を考え済みだったことが珍しくない。聞かされる疑問や反論に新鮮なことはむしろ稀である。）そうした疑問のすべてに確信のある答えがあるわけではない。しかしながらあらゆる科学理論の成功は神秘主義に陥らず，科学者の立場上の要請にしたがって取り組んだことのたまものだったのではなかろうか。そのような立場により，私はコンピュータが心や脳の科学的理解の強力な道具となりうるという予想を表明しておく。コンピュータはたとえばPDPモデルを組み込んだヒューマノイドを具現化する道具として心と脳の理論的解明に重要な役割をはたし得ると予想するのである。私にとって「心＝脳」という同一説は必然で

ある。しかしコンピュータについての私の（楽観的な）予想は，私自身にとっても必然ではなく，可能性のレベルにとどまっている。ここではその楽観的な立場からよく提起される疑問について楽観的な見解を述べておく。

疑問①：コンピュータ（機械，ロボット）が意識を有し得るだろうか。

自分が意識を有するのと同じように他人も意識を有しているのかどうか直接に確認する手は私たちにはない。それにもかかわらず他人も意識を有していることを（考えてみると奇怪なことだが）私たちは疑わない。なぜ疑わないのだろうか。私の考えでは，〈1〉他人も意識を有していることを信じる本能が私たちにはそなわっており（3歳2か月とか7歳6か月ころにそれに気がついたという具合に，しだいに発達して開花するようなことではないらしいので，これを簡単に本能と言ってしまうのだが），〈2〉他人も意識を有していると信じていてつじつまが合うように他人がふるまうからである。ロボットが意識を有し得るかどうか，という問題も同じことである。ロボットXが「ワタシハキョウスコシユウウツナノデス。キノウモウシアゲタコトニハショウショウイスギタブブンガアッタヨウナキガシマシテネ」などと言い，それらしい表情をつくるとすれば（そうしたことがいたるところで人間と同じようにできるとすれば），私たちはロボットXには自分と同じように意識があることを信じざるを得ないに違いない。なぜなら私たちは上の〈1〉と〈2〉を充足する他の存在に意識を認めるほかはないからである。そう信じたことに驚きや悔しさや（制作者ならば）喜びを感じ，更めて疑い直してみることはありそうなことである。しかしいかに疑い直してみても事態は変わらない。なぜなら他者の意識を直接証明する手だては（今日のところまだ）ないからである。

疑問②：コンピュータ（機械）が主観を有し得るだろうか。

疑問③：コンピュータ（機械）が意味を理解し得るだろうか。

疑問④：コンピュータ（機械）が推論し得るだろうか，創造性を発揮し得るだろうか，など。

これらについては須賀と久野（2000）を参照されたい。

（注1）：日本の哲学者は西欧のsubstanceを「実体」ということばで表現した。substanceというこ

とばが西欧では日常語であるのに対して，実体ということばは日常語ではない（哲学以外の領域ではだれも用いない）。西欧の辞書では substance ということばの意味は物質とか実在とかである。以上を勘案して私は実体ということばを用いず，単にモノと表わしている（これは thing の意味と混同される欠点があるのだが）。なお心脳同一説としては U.T.Place の同一説などがあるが，ドラクールの考え方がこれとはまったく異なることを記すにとどめる。

(注2)：①や②を承認しないひとにはこの帰結は得られない。もっともこの帰結が得られないひととはそれで特段に損も得もするわけではないであろう。

(注3)：中村は3つの同型の定義を提示し，脳と心の相互還元不能性を主張し，あわせて脳も心も情報処理の系としてまとめられるとした。（念のため記せば，中村自身は二元論として提唱している。しかし私には唯情報論という一元論でもあると思われる。）中村の定義を以下に引用する。

　唯情報論：①生命は情報である。②情報から情報処理機能によって生じたものは情報である。③以上のみが情報である。

　生体モデル：①生命は生体である。②生体から生体機能によって生じたものは生体である。③以上のみが生体である。

　心的モデル：①生命は心である。②心から心的機能によって生じたものは心である。③以上のみが心である。

茂木健一郎
(Kenichiro Mogi)

■■■1-5 クオリアと因果的物語論

★

1. 心脳問題とクオリア

　私たちの心的表象が，さまざまなクオリア（感覚質）に満ちているということは，今さら取り立てて指摘する必要のないくらい自明なことである。しかし，一方で，物理学に代表される定量性を規範とする自然科学の中では，クオリアという世界の明白な断面が，捨象されてしまう傾向があることも事実である。実際，長い間，自然科学の定量的な記述で世界の実在は記述し尽くせると考えられていたからこそ，最近になってやっとクオリアの問題が深刻な問題として再び意識されるようになったのであろう。
　しばしば，私の感じている赤と，あなたが感じている赤が同じかどうかは確認できないとされる。すなわち，クオリアは私的なものだから，客観的な科学の対象にはならないと言われる。しかし，クオリアは，私的なものであると同時に，客観主義科学にとって最も重要な「データ」をも支える公共的なものでもある。早い話が，実験科学者が機器の目盛りを読む時，彼（女）の心にあるのは，視覚的クオリアの固まりではないか。いわゆる数量化された「データ」は，この視覚的クオリアからある抽象化の過程を経て獲得されるものに過ぎない。
　私たちは，クオリアの存在を，世界に関する最も明白な事実の1つとして受け入れなければならない。もし，世界が数的，量的な自然法則に従う存在であるという世界観に，クオリアおよびその背後にある主観性を容れる余地がないのだとしたら，それはクオリアが存在しないことを意味するのではない。単に，クオリアを許容しないような世界観は狭きに失し，変更されなければならないということを意味するだけである。
　ところで，脳の機能を考える際に，身体性や，環境との相互作用を考えることの重要性がしばしば指摘される。身体性や環境が重要なファクターとなるような議論の場面はむろん存在する。しかし，その場合でも，クオリアなどの心的表象が，脳の中のニューロンの活動から生じるという事実はくり返し確認される必要がある。脳が身体とつながり，さらに環境とつながっていること。そんなことはわかり切っている。そのわかり切ったことは前提にした上で，あら

ゆる心的表象が、脳の中のニューロンの活動に伴って生じることは、現時点の神経生理学の知見からして疑う余地がないくらい自明のことである。心の起源に関する問いを、心脳問題として定式化することは、論理的な必然だ。

田森佳秀は、インプットとアウトプットが完全に再現された、いわゆる水槽の中の脳（培養脳）の思考実験を議論し、「心脳問題を考えるステージをこのような培養脳の中だけに限定できるのは明白である」と断言している（田森、2000）。私にとっても、この命題は明白であるように思われる。しばしば、身体性や環境との相互作用、さらには社会性を重視する議論が、この明白さを回避、ないしは混乱させるような機能をはたしているのは、残念なことだ。心脳問題に関して言えば、身体性や環境との相互作用は、脳のニューロンの活動を因果的に記述する際の連鎖を通して副次的な意味をもつのみであり、やはり、第一義的には、脳の中のニューロンの活動からいかにして心的表象が生じてくるかということが問題になるわけである。

2．認識におけるマッハの原理と相互作用同時性

では、脳の中のニューロンの活動と、我々の心に生じるさまざまな表象の間には、どのような関係があるのだろうか？　私は、現時点では、次の2つの命題は疑い得ないと考えている（茂木、1997；1999a Mogi, 1999）。

まず第一は、あらゆる心的表象の属性を決めるのは、脳の中のニューロンの発火の間の相互関係だということである。このような考え方を、同じような相対的原理を提唱し、アインシュタインの相対性理論の成立に影響を与えたオーストリアの哲学者エルンスト・マッハの「マッハの原理」にちなんで、「認識におけるマッハの原理」（Mach's Principle in Perception）とよぶ。認識におけるマッハの原理は、きわめてあたり前のことを主張しているに過ぎないように思われる。しかし、従来の脳科学がその分析の手段としてきたような、外界のある特徴と脳の中のニューロンの活動状態の間の対応関係（反応選択性）を通しては、心的表象の起源を説明することはできないとしている点で、きわめてラジカルな主張を含んでいる。

第二に、脳の中で、ニューロンからニューロンへ相互作用が伝播する際には、

物理的時間が経過しても，心理的時間は経過しないということである。このような考え方を，相互作用同時性の原理（Prnciple of interaction simultaneity）とよぶ。相互作用同時性の原理から，心理的な時間の性質について，次のような結論が導かれる。まず第一に，心理的な「瞬間」は，物理的時間の中ではある一定の幅をもつ。この心理的瞬間の幅は，認識におけるマッハの原理の下でクオリアを生み出すのに十分な関係性をもつニューロンの活動のクラスターの中を情報が伝わるのに必要な時間で決定される。たとえば，視覚で言えば，第一次視覚野からIT野へ情報が伝達される際に必要な，100ミリ秒程度が心理的瞬間の幅になる。第二に，隣り合う心理的瞬間の間には，オーバーラップが存在する。つまり，心理的瞬間は，バラバラの点の連なりとなって存在するのではなく，おたがいにチェーンのように重なりあっているというわけである。最近の下條らの実験（Kamitani & Shimojo, 1999）からも，心理的瞬間が100ミリ秒程度の幅をもち，またある心理的瞬間と隣合う心理的瞬間の間には重なりがあるということが示唆されている。

　相互作用同時性の原理は，因果性の概念と深いかかわりをもっている。そもそも心的表象は，なぜ存在するのか？　因果的に発展する世界の中で，心的表象は，何らかの役割をはたしているのか？　何らかの役割をはたしているとしたら，それはどのような役割なのか？　この重大な問いに関して，相互作用同時性は，何らかの示唆を与えるものと思われる。この点については，後にまた触れたい。

3．人生という物語に埋め込まれたクオリア

　クオリアが，脳の中のニューロンの活動から，どのように生じるか？　これは，まさに，「むずかしい問題」（hard problem）である（Chalmers, 1996）。
　しかし，さらにむずかしい問題は，さまざまなクオリアが現われては消える我々の心という舞台で起こる，人生という物語の本質は何か，そもそも，そのような人生の物語が，いかにして生じるのかという問題である。実際，さまざまなクオリアは，人生という物語に埋め込まれた形で，私たちの心に現われる。
　夏目漱石は，「それから」（1909）の最後を，次のように赤いクオリアの奔流

1-5 クオリアと因果的物語論

で締めくくった。

　たちまち赤い郵便筒が眼に付いた。するとその赤い色がたちまち代助の頭の中に飛び込んで，くるくると回転しはじめた。傘屋の看板に，赤い蝙蝠傘を4つ重ねて高く釣るしてあった。笠の色が，また代助の頭に飛び込んで，くるくると渦を捲いた。4つ角に，大きい真赤な風船玉を売ってるものがあった。電車が急に角を曲がるとき，風船玉は追懸て来て，代助の頭に飛びついた。小包郵便を載せた赤い車がはっと電車と擦れ違うとき，また代助の頭の中に吸い込まれた。煙草屋の暖簾が赤かった。売出しの旗も赤かった。電柱が赤かった。赤ペンキの看板がそれから，それへと続いた。しまいには，世の中が真赤になった。そうして，代助の頭を中心としてくるりくるりと焔の息を吹いて回転した。代助は自分の頭が焼け尽きるまで電車に乗って行こうと決心した。

　この短い文章の中に，「赤」ということばが10回も出てくる。そして，その赤のクオリアが，急展開を告げる代助の人生という物語の中に埋め込まれている。

　科学は，再現性と普遍性をメルクマールとして発展してきた。脳科学も例外ではなく，たとえば運動残効の実験をする時は，さまざまなパラメータをコントロールして，誰にいつ同じ実験を施しても，同じ結果が出るように心掛けなければならない。しかし，上の文章に描かれたような，クオリアが私たちの人生という物語に埋め込まれているようすを省察すれば，そもそもコントロールされた環境下で行なわれる実験を通して，クオリアが脳の情報処理に，さらにはそれを使って生きている私たちの生の実体に迫ることはきわめてむずかしいということが納得されるだろう。なぜなら，人生の物語は，けっしてくり返さない一回性が積み重なっていくことこそが本質だし，また，1人ひとりに特有の，きわめて個性的なものでもあるからである。そして，脳は，そのような一回性の出来事の積み重ねを有機的に蓄積するメカニズムをもっている。

　エスノ・メソドロジーのように，このような一回性に潜む普遍性を見ようという試みもあるが（Garfinkel, 1964），いまだ，閉鎖空間でコントロールされた実験に対する深刻な挑戦者となるにはいたっていない。

4．因果的物語論への道筋

ところで,「人生の物語」と言う時に, それを単なる認識論の枠組みの中でとらえていては, 物理主義に対する深刻な挑戦は呈示されない。認識論的物語論からは,「それから」のようなすばらしい文学作品は書けるかもしれない。しかし, 認識論にとどまっていたら, 世界がまさにそのように発展してしまうという, 因果的暴力性の起源を説明する上で, 物理学にとってかわれるような理論は生まれない。もちろん, 物理学の因果的発展の法則はそのまま無傷で存在し, その上に我々の認識が被さるだけだという世界観を取ることもできる。しかし, それでは, そもそも我々の認識がやはり因果的暴力性の下で発展させられる脳のニューロンの活動から生まれるということをどう考えるのか, その核心に迫り得たとは思えない。

ここで生まれてくる興味深い可能性は, 私たちが認識論の枠内で世界を見た時に生まれてくる「一回性が積み重なった物語」という世界の実相が, 同時に, 世界の因果的な時間発展の形式にも関係している可能性である。

因果的時間発展を説明する原理としての物理学では, 1つひとつは個性をもたない均質の要素（素粒子）が相互作用し合う結果として世界が発展すると考える。このような見方からすれば, 個々のイベントの一回性とは, 物理学でいう「初期条件」, あるいは「境界条件」の一回性に過ぎない。別の言い方をすれば, 普遍的に成立する自然法則は,「つねに同じに」成立しており, システムの変化は, 単にシステムを構成する要素の配列（configuration）の変化に他ならない。

一方, まさにそのような要素の配列の変化に伴って, 私たちの心の中のクオリアは成立している。そもそも, なぜ脳の中のニューロンの活動に伴って, クオリアなるものが生じる必要があったのか？ 小林秀雄は, その講演「現代思想について」の中で, 心的表象がニューロンの活動の随伴現象であるという考え方について,

> たった1つでいいじゃないか。随伴現象って, 同じ現象平行した現象どうして2つ要るん

1-5 クオリアと因果的物語論

です？　わからないじゃないか。常識から考えたって。むだだね。自然っていうものはそんな贅沢を許さないんですよ。

と批判している。では，心的表象が，因果的に何らかの能動的役割をはたす可能性はあるのか？　過去，ノーベル賞学者を含む多くの人が心的表象に能動的役割を付与しようとしてきたが (e.g. Eccles, 1994)，むき出しの二元論にならずに，あるいは従来の物理学で積み上げられてきた因果的世界観と整合性のある形で心的表象の能動性を導入できた例はない。

　私は，心的表象のはたす因果的役割を，従来の物理学と整合性のある形で導入できるきわめてか細い道が，「因果的物語論」にあると考えている。ここに，因果的物語論とは，ある特定の要素の組み合わせが生じることが，ある特定の因果的役割をもつ，すなわち，システムのふるまいが，ある特定の要素の結びつきが生じることで変わってくるという考え方である。もちろん，エネルギーや運動量の保存則など，従来の物理学の示す拘束条件と整合性のある形でこのような考え方を導入しなければならない。

　脳で言えば，少なくとも表象のレイヤーにおいては，ニューロンの発火のあるコンビネーションができないと，ある特定のクオリアが生じない。つまり，要素の相互作用を通した結合のある特定のパターンが生じない限り，それに対応したクオリアも生まれないことは事実である。ある種のクオリアはめったに生じない「珍しい」ものになる。つまり，ある特定の要素の結合パターンが生じないと，クオリアという物語の「要素」が生まれない。このような，要素のコンビネーションによって生じる「稀な」クオリア，ないしは物語の要素が，因果的に見てもじつは意味をもってくるということがあるのではないか。つまり，このようなクオリア，ないしは物語の要素が生じることによって，客観的に見たシステムの時間発展が変わってくるということがあるのではないか？　このような可能性を，私は，「因果的物語論」と名付けたい。

　この問題に関して，おそらく将来的に必ず問題になってくると思われるのが，数学的言語と自然言語の関係である（茂木，1999b）。従来，自然言語は数学的言語に比べて，世界の客観的な時間発展の記述においては劣るものとされてきた。確かに，物理学の異常な成功を見れば，そのような見方も頷ける。しか

し，本当にそうなのか？　自然の中にある一回的な出来事は，自然言語を通してよりよく記述される。一歩進んで，世界の因果的発展が，自然言語的なフォーマリズムに従って起こるという可能性もあるのではないか？

5.「一回性の普遍性」の把握を目指して

　私たちが人生の各場面でもつ心的表象は，原理的に一回性のものである。もう少しふつうの言い方をすれば，脳は厳密にはけっして同じ状態に戻らない。
　しかし，一回性を，それぞれバラバラな，1つひとつ独立してユニークなイベントとしてとらえているだけでは，私たちは良き人生の実践はできるかもしれないが，いまだそのような一回性が重なって発展していく世界のあり方の本質を摑んだとは言えない。私たちは，「一回性の普遍性」を，何とかしてとらえていかなければならないのである。私は，ツイスター（Penrose & Rindler, 1984）のような変換を通して，物理的時空の中の要素の結びつきを，いったんコンパクトに圧縮するような世界の見方が，「一回性の普遍性」を把握する上での鍵だと考えている。そして，このような圧縮の過程で生まれてくるのが，クオリアだと考えている。しかし，ここには，因果性に関するさまざまな困難があって，一朝一夕にはいかない。
　現時点で，因果性に関する困難な議論を回避してこのような「一回性の普遍性」にかろうじて迫ろうとしているアプローチとしては，たとえば力学系を通した複雑系のアプローチがある。このアプローチは，最終的な解答につながる道ではないが，あらゆる自然法則の背後に潜む意味論の困難を明らかにするという意味では教育的である。
　一般の物理系をシュレディンガー方程式や，ニュートン方程式で記述する場合，方程式によってシミュレートされた系のふるまいと，それによって記述される自然現象の間の対応関係には，ほとんど恣意性がない（ように見える）。一方，力学系のふるまいを，脳を含む生物のふるまいのモデルとする場合，多次元空間の中の質点の運動を現実の生々しい現象に写像するプロセス，解釈するプロセスが本質的な問題になる。往々にして，力学系のふるまい自体よりも，それをどう現実の事象に写像するかというプロセスの方がむしろ研究の要にな

るし，そこには一種の独創性も要求される。まさにこの点にこそ，力学系アプローチの可能性もあるし，限界もある。

　ここには，シュレディンガー方程式やニュートン方程式などの，一見解釈の恣意性がないように思われる自然法則においては露に表われない，「自然が定量的自然法則に従う」という言明にまつわる意味論の困難が現われている。そして，この自然法則の根本に横たわる困難について真剣に考えることが，じつはクオリアの難問題の本質的解決にもつながる道であると，私は考えるのである。

　確かに，数学的フォーマリズムに従って，世界は動いているように思われる。一方，一回性の積み重ねとしての物語は，自然言語を通してよりよく記述される。数学的フォーマリズムに従って世界が動いているということの意味論が解体された時，世界の因果的発展を自然言語的なフォーマリズムで把握する可能性が開かれてくる。その時，はじめて，いわゆる言語論的転回は成就することになるし，クオリアの難問題にも新たな光が当るだろう。

黒崎政男
(Masao Kurosaki)

■■■1-6 指定討論：哲学者のみる，心・脳・コンピュータ問題

★

私は哲学，カント哲学の研究が専門です。素人の強味で不躾な質問をいっぱいしたいと思います。

まずはじめに，機械に心はあるのか，あるいは，機械は知能をもちうるのか，こうした物言いはどういう意味をもっているのかということを述べておきたいと思います。というのは，知能や心というものは〈どこかにある〉ものなのか，そうでないのか，ということを考えておかないととんでもない議論になりそうだからです。

私は，「実体論的把握」と「関係論的把握」という2つのレベルを導入して考えなければ，〈機械の心〉問題は混乱に陥るだろうと考えています。たとえば次の俳句を考えてみましょう。

　　古寺に斧こだまする寒さかなわが恋は空の果てなる白百合か

これは，実は俳人が詠んだ俳句ではなく，コンピュータの俳句プログラムで出力された「作品」です。おそらく五七五の単語が大量に入っていて，初めの五文字はこれ，次は，というふうにその組み合わせで成立しているものでしょう。さて，「この俳句の作者は誰か」という問題を考えてみましょう。2つの答えが考えられます。

(a)作品は読み手に読まれようと読まれまいとすでに成立しているのだから，作者はコンピュータ。そういって悪ければプログラマーだ。

(b)作品というものは，読まれることによって初めて成立する。作品とは，あたかも「実体」のように存在しているのではなく，認識する者との関係が不可欠である。読むという行為において，読み手はこれらの句の背後に（意識するしないにかかわらず）虚焦点としての作者を想定しており，そこから読み取ってくるものは実は読み手自身の心情や思想にほかならないのだ。実作者の存在する俳句においても実は同じことが起こっている。その意味で，作者は読み手なのだ。

私は整理の意味で(a)の態度を作者の「実体論的把握」，(b)を作者の「関係論的把握」とよんでおきます。あらかじめお断りしておくならば，この態度のうち，どちらかが正しく，またどちらかが誤っていると主張するつもりはありま

せん。ただし，どちらか一方の観点を忘れてしまうとき，議論は混乱し泥沼にはまり込んでしまう，とそう主張したいのです。

この観点を今日のAI論議のうちに引き入れてみましょう。すると問題は次のように言い替えられると思います。知能というものはある存在者（人間やコンピュータ）そのものに内属している性質なのか，これは先ほどの(a)の立場，つまり知能の実体論的把握です。それとも知能は他の存在者との関わり場において成立する事態なんだろうか。つまり(b)の知能の関係論的把握の立場です。

ここではあの「イライザ」というコンピュータソフトのことが思い出されます。これは，1960年代にワイゼンバウムの作った精神分析医の真似をするプログラムで，こちらがタイプした発言の内容を「I」を「You」に変えて，ほとんどオウム返しに文を出力してくるものです。

たとえば「Hello」と入力すると，コンピュータも「Hello」と返してくる。「I am fine」には「Are you fine ?」と返してくるんです。「元気です」と打つと「元気なの？」と聞かれてしまうから，人間の方は「そういえば自分は落ち込んでるんだ」と思ってしまう。そこで「落ち込んでいる」と打つと，また「落ち込んでるの？」と聞いてくるから，「いや，待てよ，そうでもないのかな」と自分で自己分析を始めてしまうんです。

このプログラムは実に簡単なものですが，開発者のワイゼンバウムの秘書が，この"ドクター"はすばらしいと，すっかり夢中になってしまったというエピソードもありますし，半数以上の人が本気になってコンピュータに向かったといいます。しかも，症状が改善してしまったという人も現われたという傑作なプログラムです。

さて，ではこのイライザが知能をもっているのか否か，という問題を考えてみましょう。かつて，コンピュータに知能があるかという問題を解くときに，判定する基準としてチューリングがあるテストを考えました。1950年代のことです。人間とコンピュータの端末が相対して，嘘をつき合う。人間とほぼ変わらないくらいの確率でコンピュータが対応できたらそのコンピュータは知能をもつといってよいというのがチューリングテストです。

さて，このイライザやアニマルが知能をもっているのかどうかという問いに関しては，知能をどちらのレベルで把握しようとするかによって，両極端の答

えが可能になります。つまり，

(a)イライザは見かけ上，こちらの言っていることを理解しているようにみえるが，実は単なる機械的レスポンスをしているだけで，その実体は知能というにはほど遠い。これで治ってしまう人は単にだまされているのである。すなわち，知能の実体論的把握です。人間が実際に有している知能とか理解力とかは，そんな機械的操作では説明できないもっと高級なものであり，少なくともイライザ程度のものでないことは明らかである。特にこのプログラムを開発した側は当然こう言うでしょう。

一方，(b)プログラムの内容がどんなに貧弱なものであれ，実際，イライザ女史はある範囲では精神科医としての役割りを果しているのだから，すでに知能をもった存在者と見なしてよい。実際の精神科医とイライザ女史のやっていることはまったく違うと言う人がいるかもしれないが，では実際の精神科医のやっていることについてその人はどの程度把握しえているのであろうか。イライザ女史を悪く言うなら我々は次のように言おう。「精神科医は見かけ上，こちらの言っていることを理解しているようにみえるが，実は単なる機械的レスポンスをしているだけで，患者は治ってしまう。これで治ってしまう人は単にだまされているのである」と。

チューリングテストはいうまでもなく，「知能の関係論的把握」の典型例です。というのは，このテストでは，機械が人間と同様に見える反応をしたら，その機械は知能をもつと言ってよいと定義づけているからです。そもそも，機械が人間の知能とまったく同じ働きをする人工知能をもっているかどうかを，実体としてテストすることは不可能です。テストするということそれ自体，関係論的把握の立場をとらざるをえないとも言えます。

たとえば，「火星にたんぱく質はあるか」という問いに対して，実体論的に答えようとするなら，火星に出掛けてたんぱく質検出機を使って測定すればよいわけですが，「この機械に心はあるか」という問いに対し，機械の中に入り込んで心検出機を用いて取り出すというわけにはいきません。人間にしても，死後解剖で心を取り出すことはできません。心臓や脳味噌はあっても，それが実体としての心や知能ではないからです。人工知能のテスタビリティーの問題はまさにこの実体論的，関係論的把握の交錯の問題を含んでいます。

〈機械は心をもつか〉問題群にとって,「関係論的把握」の視点はどうしても必要なのだ,というのが私の基本的立場です。

これが私の題材の前置きです。さて,非常にさまざまな分野の方が集まってこういうシンポジウムができるようになったわけですが,10年前はこういうことをやるのも何となくおそるおそるだったような感じがします。でも,もう,今日ではそれがふつうになり,かつ,ある種の有意義なインターラクションが成立し始めているんじゃないかなという実感をもちました。

新田先生のお話「心に迫る情報科学」についてです。先生は,80年代にコネクショニズムが,そしてニューラルネットが妙に盛りあがった後,地道な研究になったと,お話になりました。しかし,90年代に地道な研究に戻ったということは,じつはその後,AI研究があまりうまくいってないことの証拠ではないかと感じます。ニューラルネットワークは,では,この地道な研究の後2000年に入ると,ブレイクスルーを引き起こすような可能性があるのだろうか,という点について伺いたいわけです。というのも,先生の発表を伺っていますと,―ニューラルネットが80年代にリバイバルしたのは,それまでの古典的機能主義といいますか,計算主義といいますか,それがあまりに繁雑だし,またすべてをコンピュータに定義して教えてやることは,そもそもむずかしいのだということが非常によくわかってきたということが原因だと思います。思想系の方ではそれはフレーム問題という形でだいたい一括していますけども,知識は定義の形で教えてやることはきわめて困難だ,ということがわかってきたのです。というなかで,こちらが教えるのはたいへんだから,機械にちょっと自分で考えてもらおうという発想が,80年代のリバイバルの1つのモチベーションだったと思うんです。―しかし,90年代の「地道な」研究というのは,すべてをあらかじめ定義して設定しようとしてうまくいかなかった,あの古典的機能主義のやり方を何となく踏襲してしまっていて,結局非常にこまかいところにまで入って設定してやる。どうも方向が80年代に始まった意図とはずいぶんズレてしまっているのではないか,という感じが素人ながらにしました。もちろん研究が進んでいくとどうしても,ある種細分化していかなければなりませんが,古典的機能主義が犯してしまった過ちを踏襲しているんではないか,というようなイメージを持ちましたので,コメントさせていただきました。

二番目の有田先生のお話は，何か実におもしろくて，やはり実学をやっている人は自信をもって言えるのでいいなあという感じがしました。研究が実におもしろい側面に入っていったという感じがしました。どうもものごとの本質というか，人間の本質と言っていいのかよくかわかりませんが，それは呼吸であるというのはなかなか感心させられました。自然科学的発想で迫っていくと脳だけに限定して，そこで知能が成立するかどうかを考えることの空しさをうまくいい当てている。身体性全体をある意味で表現しているんじゃないかと思ったんです。しかし，ここから研究の方法はおそらく二方向にいくだろうと思います。1つは，セロトニン神経系の研究と，ある種従来の自然科学的な発想とその方法論に乗った研究の方式，これはもちろんやらなくていいんだという気はしないし，むしろ実験的にこれが確かめられていくというのは，非常におもしろいから続けていただきたいと思うんです。

　もう1つは，先生がお書きになっている最後のところ，これが非常に気になったというか，おもしろいと思ったわけです。「私は『心臓』が動いて血液が循環することが前提条件であることを強調したい」ということをお書きになられている。これはまさに，脳だけでは，知能の問題や心の問題というのは駄目だよということを，おそらくはっきりとおっしゃっているんだと思います。しかもそのなかで非常に興味深いのは，「気」ということばが入っていることです。じつはうちの妻が西野流呼吸法をやっていて，それで私も10年ほど「気」をもらっているんです。私は体調が悪くなったり，体調だけでなく気分が落ち込んでいると，妻に「気」を入れてもらうんですね。そうすると非常に元気になり，気持ちがいきいきとしてくるという体験を日々味わっています。それが「気」なのかどうかわかりませんが，哲学的にどうこういうことよりも，実用的に私は使っているわけです。「気」の存在というのは，ある意味で半分物のようであって，しかも物のようでないというような，従来の物と物でないものっていう二元論をうまく越えるような側面をもっているんじゃないか。そして，「気」は呼吸とはもちろん深い関係があると思うんです。

　先生は今後どういう方向に研究を進められていくのか非常に興味があって，あくまで科学的な研究方針を貫きながら，しかも他方，直観的な，あるいは今のところ科学には入り切らないかもしれないようなものを展開していっていた

だきたいという風に思いながら伺っていました。

　やはりここでのポイントは，具体的に研究をなさっていて，心とか人間とかいったものが単に脳味噌の情報処理なんかのやり取りだけで成立しているわけではない，ということを明らかにしている。生まれてから息を引き取るまで，呼吸というのはじつは，我々の根底を作っているのだと。その視点は心の問題とか知能の問題を考えるときに見逃されがちですけども，決定的に重要な視点ではないかという風に思いました。文科系の者が言うときは，「いや，身体も重要だ」と，そのくらいしか言えないんですね，脳だけじゃなくて，身体もじつは重要な知能の要素になっているんじゃないかと。そこだけで止まってしまうわけですけども，もし呼吸というところから始めて，従来の研究にはちょっと乗りにくいんだけども，ぎりぎり乗っているこの研究と，それから科学的な研究の方の話がもしも有機的につながっていくとすれば，人間の本質というものに非常に迫るのではないかという気がしました。

　三番目の須賀先生の発表は，なかなか刺激的だったんですけれども，私が最後まで気になったのはマッピングということで，それが何をするのかっていうことについて結局，わからなくなったんです。私は，心という目に見えない機能・働きと，脳という目に見える空間的な位置との対応をつけるのがマッピングだというように理解しています。

　心と脳っていうのはデカルト的にいうと，後者は「モノ」で，前者は「こと」なわけですから，「こと」の機能と「モノ」の機能っていうことを同一に並べておいて，だから，これとこれは同一だというのはカテゴリー・ミステイクを犯しているんじゃないかなという気がしました。これについてはもう少し考えてみないとわかりませんが。それから，死んだ脳を研究する奴はいないということですけれど，それは当然なんで，死んだ脳っていうのは機能しない脳なわけですから，研究しようがないわけです。しかし，機能するなんとかといった場合には，これは実体が入るというか，物が入ると思うんですね。もちろん，これは私の理解不足かもしれません。

　茂木先生の「自然法則としてのクオリア」に関しては，興味深く聞かせていただきました。

　ただ，哲学史についての理解について気になった点を少し指摘させていただ

きたいと思います。Vorstellungがまちがえてrepresentationと訳されたために外にあるものの再現という意味になった，とお話しされましたが，それは，そうじゃないんです。最初にロックとかヒュームのrepresentationがあったんです。つまり，我々は物を受け取るだけなんだと。受け取って，その受け取った物を我々の中で整理していくんだ，というのが最初にイギリス経験論として成立していました。それに対してカントが，それだけじゃうまく説明できなくて，つまり我々の認識がみんな受動だったら，確実な認識なんかありえないっていう形で主体が能動的に関与するVorstellungをたてるんです。主観主義に陥る危険性をつねに含みつつも，対象が我々の認識に従うんだということを言ったのがカントのVorstellungということばで，これがつまりコペルニクス的転回ということです。ですから，まず時代的に違うわけで，誤って訳されたのではないわけですね。

それから，その外界の事物との一致対応，我々の認識と外界の事物とが対応しているのが真理だというこの発想は，茨木先生が言うように非常に根本的困難を含んでいるわけですよね。だって心のなかにある対象の認識と思われるものと，それの外にある外界とを比較しようと思っても，その外をどうやって知るのかと言ったら，その外を知るときは，またそれについての我々の認識になってしまう。だから外そのものと我々の認識とが一致しているのか一致してないかということを認識できないというのが，じつは近世の思想の根本前提なわけです。最近気づかれたわけではなくて，これがむしろ認識とは何かという思想を進めるドライブになってきたわけです。この真理観，つまり，事物と認識との一対一対応が真理だといった真理観は，近世だと経験論であれ合理論であれ，いちおう否定されるっていうか，これを正面に据えなくなっている。これはアリストテレスの定義なんです。Adaequatio rei et intellectuといって物と知性との合致が真理だと。これはまさに外界の事物と，レイというのはラテン語のレス（res）でthingを意味し，インテレクトゥスというのは認識だと思っていただければよくて，これとの対応が真理である，というわけです。

これを否定する立場は真理の定義としては新しいんですが，一対一対応を確証っていうか，それに従ってものを考えることができないっていう断念が，近世の哲学を創っていったわけなんです。茂木さんは全部脳のニューロンなんだ

からとおっしゃる．しかし，この発想は，まさに外界との事物との一対一対応が真理なんだという問題がうまく解けないんだっていうことに突き当たった，バークレーやロックの考え方にほぼ匹敵するわけです．バークレー的ロック的に言えば，外界の事物などというのは知りえないというか，すべては心のなかの問題だ，と．茂木さんが脳のニューロンの問題だと言っていることに対応します．そして，それを超えようとしたのがカントなんです．つまり，我々が知りえるのは，我々の心のなかだけかもしれないけれど，しかし，確実な現実存在っていうのは，おそらくありえるだろう．この内実についてはちょっと長くなるので言いません．結局，カントの Vorstellung はけっして主観的観念論に陥るわけではない，というか，むしろカントは，自分の説を出したときに，おまえバークレーと同じに主観的観念論じゃないかという風にいわれたのですが，まさに自分はそうじゃないんだと主張したわけです．現実存在，物が現実存在しているということは，じつは認めたいんだ，と．我々が見ることができるのは物自体 Ding an sich じゃなくて，Erscheinung（現われ），現象にしか過ぎないんだ，と．しかし，その現象こそが客観的事物なんだということを言ったのがカントの認識論なわけです．ですから茂木さんが，全部脳のニューロンなんだからって言う言い方は，まだ考察として，思想的に言えば，ある種の段階にとどまっている感じもします．

　むしろ，全部ニューロンのはずなのに，我々には頭のなかで何かが起こっていると感じずに，我々の体の外に物があるっていうように，そういうふうに我々は感じていること自体が，とても不思議で興味深い事態だと私は思います．意識内在論的な発想にとどまることなく，議論を展開されていったらよいのではないかと感じました．

　以上放言をしてしまいました．再反論をいただけたら，と思います．

間奏曲

対談：ツーソン会議と東京'99

石川幹人
(Masato Ishikawa)

渡辺恒夫
(Tsuneo Watanabe)

0. はじめに

〈渡辺〉 合衆国はアリゾナ州のツーソンで，1994年から隔年で Toward a Science of Consciousness（通称：ツーソン意識科学国際会議）が開かれるようになり，2000年には4回目を迎えました。また，1999年5月にはその分科会とも言うべき Toward a Science of Consciousness−Fundamental Approaches：Tokyo'99（略称：東京'99）が，東京の国連大学で開催されました。

意識科学というと，私たち心理学者は複雑な思いにさせられます。19世紀末，ヴント（Wundt, W.）らによって近代科学としての心理学が創設された当時，心理学の対象は意識でした。ところが20世紀に入り，ワトソン（Watson, J. B.）の行動主義心理学の台頭によって，意識のような主観的なものは科学としての心理学の研究対象としてふさわしくないとされ，心理学の領域から追放されたまま，長い間，いわばタブー視されて来たからです。

じっさい，ツーソン会議の記録（Hameroff, Kaszniak & Scott, 1996, 1998）を瞥見してもイニシアチヴを取っているのは，ペンローズ（Penrose, R.）のような数理物理学者，ハメロフ（Hameloff, S. R.）のような脳生理学者，ヒリス（Hillis, D.）のようなコンピュータ科学者，チャルマーズ（Chalmers, D. J.）のような認知哲学者であって，心理学者はいささか影が薄いと言わざるをえません。心理学が意識を遠ざけている間に，聖域（タブー）の存在を許さないほどに成長した「理工系」の諸科学が，一部の哲学者をも巻き込み，先手を取って果敢に突撃を開始してしまったという気がします。

いずれにせよ，意識科学を語るのは，心理学者だけではいささか手にあまります。幸い本書の編者の1人石川さんは，生物物理学出身の人工知能学者であって第3回ツーソン会議にも参加し，また東京'99でも実行委員を務めてもいるので，意識科学国際会議の現況を対談形式で報告していきたいと思います。

〈石川〉 明治大学の石川です。よろしく。

〈渡辺〉 まず，第1部は，ツーソン会議について，石川さんに質問をするとい

う形で進めます。第2部は,私も参加した東京'99について,4日間の印象を語り合います。第3部では,心理学者として意識科学に貢献していくためには,といったことにも少し触れられればと思います。

1. ツーソン会議篇

〈渡辺〉 まず,石川さんがツーソン会議に参加されたきっかけといったものから始めて,ツーソン会議について簡単に紹介してください。

〈石川〉 私がツーソン会議に興味をもったきっかけは,人工知能研究の視点からです。何かアメリカでは,ペンローズ,サール (Searle, J. R.),チャーチランド (Churchland, P. M.),デネット (Dennett, D. C.) らが集まって,コンピュータが意識や心をもちうるかという議論をしている。そういううわさを聞いて心が惹かれました。その後,日本では,学研の『最新脳科学』(矢沢サイエンスオフィス, 1997) などで詳しく紹介されました。

なぜこうした議論が私にとって重要であったかというと,80年代後半から私は人工知能の研究をはじめていたからです。「2001年宇宙の旅」や「鉄腕アトム」などの,映画や漫画の影響があったのかもしれませんが,70年代後半から,人間の代わりをするロボットがゆくゆくできてしまうのではないか,という気運が高まりました。日本でも通産省が中心になって,第五世代コンピュータプロジェクトが発足し,13年にわたって人工知能の研究開発が行なわれました。私も,そのプロジェクトに6年間在籍し,研究活動を行ないました。

私が手がけたのは,エキスパートシステムといって,人間の専門家が業務上行なっている知的な判断をコンピュータによって実現しようというものでした。ところが,いざ人間を目指して研究開発をはじめると,あるところで壁にぶつかるのです。人間はやはり長年の経験で,人間の行動や社会に関する膨大な知識を備えているのですね。そういった情報がコンピュータに入力しきれない。また,これはうまく言い当てられないのですが,人間は社会的な価値に照らした状況判断とかいうものが上手なのです。コンピュータにやらせると,やたら時間がかかる反面,突飛な結論やあたりまえの結論ばかり出てきて,人間のような柔軟な結論が出てこないのです。

サール（Searle, 1980）やドレイファス（Dreyfus, 1976）といった人たちは，コンピュータの働きにかねてより懐疑的であって，人工知能は不可能だといった論陣を張っていました。しかし人工知能研究者はあまりに気にとめず，どんどん進歩するコンピュータ技術を取り入れながら，とにかくできるところからやろうという発想で進みました。けれども，基礎的な理論や技術は生まれるのですが，なかなか実用的なところまで到達しないのが現実でした。80年代後半から，人工知能に対する消極論も目立ってくるのです。推進派のなかからもウィノグラードのように転向（Winograd & Flores, 1986）する者も表われました。

　人工知能技術が実用的な段階になかなか至らない間に，工学的志向で人工知能研究を行なっている研究者は，より実りの多いインターネットの分野に次々とくら替えして行きました。私自身は物理学出身のためか，コンピュータ技術がここまで進展しているのに実現できない人間的な知性とはなんだろうか，という興味がいっそう強くなりました。そこで注目したのが，数理物理学者のペンローズの主張（Penrose, 1989）でした。彼は，量子過程の物理学が人間の知性の実現に不可欠である，と指摘するのです。チャーチランドのような発想に基づいて脳を模倣したコンピュータをつくろうとも，それが「古典的」物理学にのっとっている限りは，コンピュータは意識をもたないのだとしています。

　ツーソン会議を主催する中心メンバーは，ペンローズと共同研究をしているハメロフであり，94年，96年と，こうした議論を含めた，意識や心の科学的・哲学的アプローチがなされていました。私は，それらの議論を聞き及び，98年の会議には参加したいものだと思っていましたが，その折に，99年の東京会議の実行委員をやってくれないかという話が舞い込みました。ふたつ返事で引受け，その責任上98年の会議にはぜひとも出席せねばならないと，万難を排して98年春アリゾナ州ツーソンへ発ちました。

　ツーソンは，アリゾナ州南部で，メキシコ国境までも数十マイルの町です。メキシコまでずっと連なるソノラン砂漠のまん中で，柱状のサボテンがいたるところに自生したエキゾチックな雰囲気のする町です。スペインの文化を思わせる古い建物が点在し，郊外には西部劇に使われたスタジオも残されています。もちろん，ハメロフが教授をつとめるアリゾナ大学をはじめとした現代的建物

もあります。ちょっと車で足をのばせば，砂漠ならではの特徴を生かした，キットピーク天文台や，大陸間弾道ミサイルタイタンの発射場，閉鎖生態系実験設備バイオスフィアなどを見に行くこともできます。

　98年のツーソン会議は，4／27から5／2の6日間開かれました。43の集中講演と，115の並列セッション発表と，302のポスター発表がなされ，参加者は総勢で900名を越えたようです。発表分野は，コンピュータ科学はもとより，神経科学，認知心理学，生理心理学，進化生物学，物理学，科学哲学，さらに異常心理学，倫理学，文学から，民間信仰までに及びました。集中講演には，各分野の著名な研究者が名前を連ねており，第一線のホットな話題を次々と聞くことができました。

〈渡辺〉いま，名前があがった中で，ペンローズ，ハメロフ，ウィノグラードはともかくとして，サール，チャーチランド，デネット，ドレイファスは哲学者ですよね。アメリカでの論争をかいまみて感心するのは，こういった科学哲学者たちが人工知能なり認知科学なりの専門知識の上に立って，内在的な批判や擁護を行なっていることです。人工知能の側でも本気で反論なり応答なりを試みているようです。特に人工知能史上一時代を画したウィノグラードの深い哲学的省察（Winograd & Flores, 1986）には感銘を受けました。日本ではこういうわけにはいきません。個別科学者の側では，哲学者の言うことは無視する傾向があるし，そもそも「哲学的」という形容詞が悪口なのですね（笑）。また，哲学者の側でも，科学の十分な知識をもっていないことが多いのです。共通の土俵がないというか。ともあれ，心だの意識だのは，1つの科学だけでアプローチするにはあまりに大きくかつ困難な問題領域なので，いろんな分野からの参加が必要ですが，科学の異分野どうしは，しばしばコミュニケートしあうのが困難です。そこで，デネットのような諸科学全般に通じた科学哲学者が，いわば共通の土俵作りの役を――意識的かどうかは別として――している気がします（たとえば，Dennett, 1991）。

〈石川〉その通りなんです。さらにおもしろいのは，一部，自然科学者と哲学者が逆転しているような印象を受けることです。ペンローズのような物理学者や数学者が，イデア論をもちだして，この物理的世界は，数学で記述されるようなプラトン的世界の反映だと言うのです。その一方で，チャーチランドは哲

学者ですが，脳だけで心はないのだと消去的唯物論を展開しています（Churchland, 1995）。デネットも哲学者ですが，昔からの人工知能擁護者として知られていて，ペンローズのアプローチはスカイフックだと揶揄します。彼のいうスカイフックとは，心が生まれた要因に，天からの啓示などの形而上学的要素を含めて考える傾向を指します。ペンローズが量子過程から意識が生まれるとする説明に，プラトン的世界が現われることがスカイフックなのです。デネットがよしとするアプローチは，彼のいうクレーンです。クレーンとは，心や意識が生まれることの説明を，生物進化の枠組みのなかに位置づけようとすることです。生物が自らを精神の高みに向けて押しあげるイメージが，クレーンなのです。デネットはこのクレーンを自ら実践し『ダーウィンの危険な思想』（Dennett, 1995）という本を書いてます。

　クレーンのアプローチ（デネットは目的機能主義とも言っている）は，我々の心がこのような認知形式をもったのはなぜかという問題に，次々と，ある種の解答を与えています。我々が裏切り者を敏感に発見できることや，我々の感情や道徳の起源についても興味深い議論があります。これらは，今では，進化心理学とよばれる分野を形成しつつあります。ツーソン会議では，視覚の研究（1966）で有名なグレゴリー（Gregory, R.L.）が，哲学的な難題であるクオリア（感覚質）に，生物進化上の適応的説明を与えていたのが注目されます。グレゴリーは，クオリアは「現在を示す（flagging the present）」働きがあるというのです。人工知能の研究者として，この説明には，何かピンとくるものがありました。認知機能を構成するうえで，現在の知覚と過去の記憶上（あるいは想定上）の知覚との区別は重要なのです。物思いにふけっていても，その前提となる現在の知覚（あるいは痛みや空腹感）は，つねに忘れずに注意しておく必要があります。そうしないと，外界に適応して臨機応変に行動できる認知主体にはならないのです。クオリアとは，推論や思考を行ない，ときには空想する心をもった動物が，それであっても現実に直面している重要な情報を見失わないよう，進化的に身につけた機能であるということができるでしょう。

〈渡辺〉 私は大学院のころ知覚をやっていたので，グレゴリーは親しい名ですが，クオリアの問題に本気で取り組み，しかも進化心理学的説明を与えようとしているのは驚きです。これからの心理学の方向づけにとってとても示唆的な

ことに思われます。

2. 東京'99篇

〈渡辺〉 意識科学の難問（hard problem）と言われるクオリアの問題が出てきたところで，東京会議に移りたいと思います。まず，ツーソン会議の分科会ともいうべき国際会議が東京で開かれるようになった経緯と趣旨を，石川さんの方から簡単に。

〈石川〉 はい。ツーソン会議が隔年で3回開かれ，その裾野も広がってきたので，そろそろ世界へ展開したらどうかという話がでました。そこで，ツーソン会議が開かれない年に，小さなテーマを絞った会議を世界各地で開こうということとなりました。1999年には，日本とヨーロッパで小会議が開かれたのです。日本の実行委員長は物理学者の保江邦夫先生で，哲学者のチャルマーズが海外側の実行委員代表に加わりました。開催テーマは，意識研究の基本に立ちかえるという意味で Fundamental Approaches とし，国連大学高等研究所の協力も得て，5／25〜28の4日間，東京青山の国連大学で開催しました。海外からの招聘講演者が20名にのぼり，きわめて国際的な会議となりました。予想以上に参加者が集まり，国連大学の会場定員300名を上まわり，開催日の直前には数10人にのぼる方々をお断りしなければならない事態になってしまいました。国連大学は治外法権なので，参加者は会場定員相当の登録性なのが誤算でした。

〈渡辺〉 物理学者と哲学者が代表だなんて，今の意識科学の，心理学者にとっての「頭越し」的性格を象徴しているようですね。そんな中で，京大の苧坂直行教授が日本側の実行委員に加わっているのは評価されます。私も途切れ途切れにしか聞いていないのですが，1日目は「私たちは何ものなのか」（What are we ?）という総題で，哲学的なアプローチが主体になりました。ここでの目玉はチャルマーズの講演です。彼が，クオリアは意識のハードプロブレム（難問）であるという説によって第1回ツーソン会議で脚光を浴びたことは，学研の『最新脳科学』でも紹介されています（そもそもこの本の副題が「心と意識のハードプロブレム」です）。なじみの薄い方のために超簡単に説明します。

意識研究において扱われている多様な問題のうち，脳はどうやって環境中の情報を弁別するのか，それらの情報は脳の中でどう統合されて行動を制御するのかといった，機能的な側面についての問いを，彼はイージープロブレム（易問）とよび，脳の過程・活動がなぜ，クオリアを伴う意識的経験という状態をもたらすのかという問いを，相対的により困難という意味でハードプロブレム（難問）とよんで区別します。両者の問いが混同されてきたところに意識研究の混乱があったとするのです（Chalmers, 1995）。

ちなみに科学者の中でハードプロブレムのハードさを真っ向から受けとめている1人が，東京'99には現われなかったのですが，ペンローズだと思われます。なにしろ科学的世界の中に意識を位置づけるには，量子力学の革命が必要だと唱えているのですから（Hameroff & Penrose, 1996）。

これに対してチャルマーズは，意識は基本的に他の何かに還元されるものではなく，自然界の一面として「空間」や「時間」の概念と同様に，まず受け入れるべきものだ，という立場のようです。今回の講演でも，そのような自然観を pan-proto-psychism（汎・原・唯心論）と名付けています。そして，物理学者のめざす「森羅万象の理論」は，意識の法則をも含むものでなければならないとし，意識も物質界も含むこの基本法則に迫る鍵が，情報の概念にあるとしているようです。

1日目のセッションは，チャルマーズに限らず，科学的世界観の中に主観性をどう位置づけるか，という議論が中心になっていたようです。もっとも，主観性にはマイナスイメージがあるということで，一人称的視点（first-person perspective）や一人称的データの語がもっぱら用いられていましたが。意識に関するデータは，「私が……と感じる」という一人称形式の報告からなるため，客観性公共性を旨とする科学からは方法論的に排除されてきたわけです。それを再び科学的世界像の中に位置づけようとすると，チャーチランドのように意識は存在しないという直観に反する立場を採るか，チャルマーズのように意識を最初から実在の一面として認めてしまうか，ペンローズのように物理学の革命をめざすかの，3つの選択肢しかないというのが，この会議を通じての私の印象です。

2日目は，「心とは何か」（What is mind ?）と題して，認知科学・心理学

からのアプローチが中心でした。夢の活性化＝合成仮説で知られるアラン・ホブソン（Hobson, A., 1988），20年ほど前に意識のホログラム説（1971）で一世を風靡したプリブラム（Pribram, K.），オートポイエーシス論（Maturana & Varela, 1980）のヴァレラ（Varela, F. J.）などが講演をしました。この顔ぶれからも想像されるように，認知科学・心理学といっても，科学の方法や世界観から考え直していかなければ意識の問題には歯が立たないという認識が，強くなっているようでした。日本側からは苧坂教授の講演のほか，本書の執筆者でもある生物物理の茂木健一郎さんが，一般講演で発表をしていました。認知科学・心理学といっても，実際は脳科学に属するものが多かったのです。

1日目と2日目にあったポスター発表では，68名中の41名が日本勢でした。ざっと見た印象では，外国人勢が大胆でほとんど空想的な理論展開をする例が少なくないのに対し，日本側は実験データに基づいた，意識科学としてはこまかすぎる研究が主という，対照が感じられました。なお，本書の執筆者の発表は，私を含めて新田さん，蛭川さん，茂木さんの4名でした。私のは，タイトルにチャルマーズの向こうを張った「ハーダープロブレム」（超難問）が入った，自前の発達心理学的データ（渡辺と小松，1999）の紹介に基づいたものです。掲示時間が1時間と短いうえ，コミュニケーションが取りにくく，何が何だかわからないうちに終わってしまったのが心残りでした。この発表の一部は，大学の紀要にのせておきましたから（渡辺，2000）ご希望の方には抜刷りをお送りします（笑）。

3日目は「実在とは何か」（What is reality ?）と題して，物理学的アプローチが主でした。ここで，保江先生の共同研究者の治部さんの話を聞いたのですが，治部と保江（1998）が進めている量子脳力学について，石川さんの方からお願いします。最後の4日目は，私は入館章を忘れて入場できなかったので，これもついでに（笑）。

〈石川〉治部と保江の基本スタンスはペンローズと同様です。つまり，自由意志をもつ心を，脳を基盤にして物理的に誕生させようとすると，量子論が必要であるというスタンスに立ちます。ペンローズとハメロフは意識の座として微小管に注目したのですが，理論的な不整合がありました。治部と保江の理論で

は，脳全体の水が形成する場に取り込まれているとされるトンネル光子の凝集体に注目し，量子電磁場の理論を展開します。トンネル光子が実際に観測されるなどの傍証が集まれば，今にもまして話題になると思います。

3日目には，さらに独創的な理論が日本から提起されました。中込照明の量子モナド論で，現代物理学の問題を一気に解決しようという斬新な理論です（中込, 1998）。その結果として，万物はモナドであり，おのおののモナドはすべてのモナドの影を内包しているという唯心論的な世界観が提示されています。チャルマーズのpan-proto-psychismと通底するところも感じられます。

続けて4日は「生命とは何か」（What is life ?）で，生命科学ということだったのですが，ノーベル物理学賞を受賞したジョセフソン（Josephson, B. D.）が講演するなど，そうそうたる講演者が名を連ねました。この日も内容は少し物理学に寄った話が多かったですね。哲学的な議論が盛んになると，もっとおもしろかったのでしょうが，日本の哲学者で国際会議で議論できる方が少ないのが難点ですね。海外参加者から「それは，日本の禅の教えと関係があるのではないか」という質問がなされても，会場に禅の専門家がいないという事態が露呈し，なんとも残念な気持ちがしました。

会議の最後には，「宣言」が発表されました。脳と心の研究は，核開発と遺伝子操作に継ぐ，3番目の脅威になるのではないかという懸念がありますが，脳と心の研究を，人類の平和と福祉にのみ役立てるとし，けっして洗脳や意識消去などへ応用しないという宣言が満場一致で採択されました。

3．終わりに―日本における意識科学の可能性―

〈渡辺〉意識科学に心理学は乗り遅れぎみではないかという話を冒頭でしましたが，今回の東京会議でも心理学者の参加が十数名と少なかったのは，心理学者の1人として残念なことです。言われるように，20世紀前半の新しい物理学の誕生，後半のDNA発見以来の生命科学の発展について，21世紀には脳と心の研究が人類の最大の科学的挑戦，もしくは脅威になると思います。その中でも意識研究は枢要な位置を占めるでしょう。予定の枚数もつきかけているので，今後，日本の心理学者が意識科学の発展にどう寄与していけるのかについては，

読者の方々の宿題として残しておくことにします。とりあえず，そのような課題を論ずる場としては，本書の母胎となった「心の科学の基礎論」研究会あたりがふさわしいのではないかと思いますが，石川さん，この4年間の研究会の歩みをふり返って，そしてその最初の目に見える成果である本書について，いかがですか。

〈石川〉「心の科学の基礎論」研究会の研究会概要を見ると，「自然の科学と同様の意味で心の科学は成立しうるのか，科学的認識の主体である人間が自らを科学的に認識するとはどういうことか，そもそも心とは何か，等々の根源的問題を，心理学2500年の歴史と，人工知能・神経科学などの最先端科学の成果を共に踏まえて根源的・徹底的に論じ合うための場として発足した研究会です」とあります。この4年間，まさにこの精神が実践されてきて，その成果が本書に結実したことは，感慨深いものがあります。根源的問題を各分野から多角的に論じてきた点が，次章以降のラインナップに反映されていますし，また，研究会が徹底的に論じ合うための場であることは，特に次章に表われていると思います。そういった面で，本書は研究会の活動をよく写し出していると感じています。

〈渡辺〉本書が積み残した課題の1つとしては，知覚心理学の出自であるにもかかわらず認識論に大きな影響をおよぼしつつあるギブソン（Gibson, J. J.）のアフォーダンス論の解明があります。また，心の科学の方法論の歴史的な反省を体系的に行なうことも，心理学者が意識の問題に正面きって取り組む体制づくりとして，必要なことと思います。これらの課題については，本書の姉妹篇として準備中の『心理学の哲学』をはじめとして，いろいろ企画を検討中なのでご期待下さい。では，この辺で。

＊この対談は，『理論心理学研究』（Vol. 1：57-60, 1999）掲載の展望記事「意識科学国際会議の現況」（渡辺恒夫，石川幹人）を元にしていますが，引用文献表を入れるなど学術的価値のあるものに全面的に作り直し，別稿として発表するものです。

第2部

研究会（「心の科学の基礎論」研究会）討論の記録

- 2-1 人工知能と心理学
- 2-2 心の科学―物理学からのアプローチ―
- 2-3 進化論と心理学
- 2-4 エスノメソドロジーと心理学
- 2-5 ウィトゲンシュタインと心理学

西川泰夫
(Yasuo Nishikawa)

月本　洋
(Hiroshi Tsukimoto)

■■■2-1　人工知能と心理学

★1．心はコンピューター心は記号を計算する機械である—
★2．記号的人工知能の限界
★3．対論

1. 心はコンピュータ ─心は記号を計算する機械である─ (注1)

西川泰夫

(0) はじめに

　本論は，「心とは何か」をめぐる論点への現在の学問のフロンティアにおける典型的な回答例の1つを紹介することを目的とする。その際の基本概念は，数字や文字に代表される「記号系」とこれらの記号どうしを結び付ける「操作ならびにその際の規則，ルール」のセット，そして操作の具体的な内容である「計算」である。論点への歴史上の過去からの流れを引き継ぐ正統派を自認するこの学問分野は，現在「認知科学（心の科学）」とよばれるようになった。そしてこの分野の多くの研究者によって共有される「心」の定義は，次のような主張に集約される。

　すなわち，「『心』とは，『記号』を『計算』する『機械』（一般的には，オートマトンとよばれるシステム［その論理的原型としてのチューリング・マシン］，あるいはその具体形である現在のコンピュータ）である」。

　そこでまず以下で，このように心を定義する前提になにがあるのかみてみる。人類の精神史の中で哲学者をはじめ科学史や科学基礎論に携わった多くの人々の思索の歴史がある。この間一群の人々によって担われたものの見方や考え方や方法論，そこから得られた原理や理論を，科学史家のクーン（Kuhn, 1962）にならって「パラダイム」とよぶが，その典型的なものを紹介する。まず，「心は機械である」とはどういうことをさすのか。つづいて，いったい「計算する機械（システム）」とはなんであろうか。その概略を説明する。そして，より一般的な議論として，記号の処理・操作システムとして最もよく知られる機械，「コンピュータ」やその論理的原型である「オートマトン（受機）」は，はたして記号（ことば）を理解するのか検討する。もしそうだとすると，発端の命題の逆にあたる，「機械は心をもちうる」のだろうか。この他にも最新の話題の一端をめぐって，かいつまんで紹介する（なお，ここでの論旨展開は，別に行なった筆者の論考と相互補完関係にあるのでそれらを参照のこと。たと

えば，相場と西川, 2000, 西川, 1994, 1996, 1997, 1998, 1999)．

(1)認知科学（心の科学）の基本前提，パラダイム

①心とは，知を実現するシステムである．

あらためて心を規定すると，それは混沌とした無秩序状況の中から何等かの秩序を，すなわち意味や知を生成するシステムである．この生成過程での営みが，計算，つまり数字やことばに代表される記号の処理，操作に他ならない．そして，計算とは，記号を一定の規則にしたがって並べたり順序付ける操作を指すより広い概念である．狭い意味では数字を結び付ける操作である四則演算（加減乗除），つまり数の間の計算に相当する．

したがって，意味や知を生成するシステムである心を，記号を計算するシステム，あるいは記号操作機械とよぶことができる．なお，生成された秩序は，一般的には知識や概念，意味などに該当する．また生成過程は，思考過程，推論・推理過程，問題解決過程，創造的思考過程，あるいは認識，理解などともよばれる多様な高次心理機能全般を指す．

②システムとは，まずその内部にある時点での任意の内部状態（初期状態）をもつ．そしてその時点で外部から入力される入力と内部関数をもとに内部状態を変える．この状態変化を，写像ないし変換という．これも計算である．その結果，あらたなある内部状態（終局状態ないしは均衡状態．基本的には外部の構造と同型ないし準同型である状態）を生成する．そして，その結果とその際の入力とある出力関数のもとで，何らかの出力をする機能をもったものである．これらは何らかの構造体によって実現される．

③こうしたシステムは，一般的には「オートマトン（automaton，ないし受機，acceptor）」という．この概念はあらゆる生物や機械に共通してあてはまり両者を区別しない包括的な概念である．これを力学系システムともいう．つまり，時間とともに変動する，運動する物体，物理システムという意味においてである．現実の具体物をあげるとすべての生物のもつ「脳」システムはこの典型的なものである．物理工学的には，現行のさまざまな機械，その代表格となる「コンピュータ」をあげることができる．

あらためてオートマトンを定義すると，以下のような要素から構成される集

合である。

$A = (I, S, O, f, g)$

ただし、I；有限の入力集合。S；有限の内部状態集合。
O；有限の出力集合。f；内部状態関数、$S = f(I \times S)$。
g；出力関数、$O = g(I \times S)$。

なお、狭義にはあらためて以下のような集合をもってオートマトンを定義する。

$A = (I, S, So, F, f)$

ただし、I；有限の入力集合。S；有限の内部状態集合。
So；内部状態集合のある要素で、これを初期状態とよぶ。
F；内部状態集合に含まれる部分内部状態集合で、これを終局状態集合、ないしは均衡状態集合という。
f；内部状態集合の任意の要素と入力集合の任意の要素からなる集合（直積集合）を、ある内部状態集合へ写像、あるいは関係付ける関数で、これを内部状態関数という。

すなわち、$F = f(I \times So)$、なお、$F \subset S$

狭い意味での知の生成過程は、上のような関数fによって、内部状態をその初期状態からある終局状態へ状態を変換、ないしは写像することにあたる。つまり、入力された入力記号列をその時の内部状態とその際の写像、変換関数によって変換し、何等かの記号列を生成することである。これを記号の処理、操作（広義の計算）とよぶ。

こうして生じたある内部状態に伴う記号列をもってこのシステムによってこの記号を「受容」した、ないしは「理解」したとみなすことができる。オートマトンを受機とよぶのはこうした論理内容からでてくることである。すると、次のような事柄が問題となる。

④記号（ことば）とその受機

まず、受機によって受容される記号（ことば）とはどのような内容のものだろうか。どんな記号系も受容可能か。それとも特定の内容をもった、つまり固有の論理構造、一般的に言って言語のもつ文法構造に制約された言語であろう

か。より一般的には，オートマトンに理解可能な言語，使用可能な言語とは何か，と問うことになる。翻って，そもそも人における言語，自然言語とは何かという基本的問いにも通じることである。

さらに，オートマトン内部で行なわれる内部状態の変換とは，具体的にどのような内容の変換であろうか。それは記号間の計算，あるいは記号の作るパターン間の変換計算であることは改めて論ずる。しかも，計算とは，文字通り数の間での四則演算に相当する。この点はあらためて論ずるが三段論法以来の記号論理学並びに数学基礎論からの帰結である。

以上の論旨展開をまとめると，「心」をとらえる前提となる3つの特性が明白になる。

つまり，心は，

①記号並びに記号パターンの処理・操作，変換システムである。
②処理・操作とは一定の規則に則って個々の記号と記号を結び付けることである。これは，広義の計算並びに写像，変換対応を指す。また，その際の規則とは，構文構造規則ないしは写像対応関係規則である。
③記号の全体（記号系）と個々の記号どうしを結び付ける規則とのセット（集合）は，現実の意味論にあたる。

これらをふまえて，さらに以下のような第4の論点が導出可能となる。そのもとでの研究分野を，「人工知能研究」とよぶ。すなわち，

④上記のような心のもつ3つの特性をもった記号処理・操作システムである機械を具体的に作ることができる。言い換えると，心を実現する機械，考える（知性をもった）機械を作ることができる。

こうした発想のもとで行なわれる研究活動が人工知能研究（artificial intelligence, AI）とよばれるにいたった経緯は，1956年夏にダートマス会議を主催したマッカーシーがそう命名したことによる（詳しくは，マコーダック [McCorduck, 1979]）。したがって，彼を人工知能研究のゴッド・ファーザー（つまり名付け親）と，哲学者のホジランド（Haugeland, 1985）はよぶ。ちなみに，ホジランドによると，人工知能研究の祖父はホッブス（Hobbes, T.）であり，父はチューリング（Turing, A.），そしてその使徒はサイモン（Simon, H.A.）とニューウエル（Newell, A.）ということである（この会議

に彼等の持参したプログラムはロジック・セオリストといい，コンピュータ上で実際に作動したことによる）。

その考えることのできる機械とは，「コンピュータ」に他ならない。

また，コンピュータの原理的な原型となる論理機械は，チューリング・マシンであることもいうまでもない。これが最も高級なオートマトンであることは，後述するいくつかの受機たるオートマトンが処理可能な記号系とそれらの処理・操作に用いられる規則のもつ関係構造，論理構造から明らかになる。この点も以下の論旨展開に譲るとして，以上のまとめの論旨から，次のような命題を導くことが可能である。

すなわち，「心は，コンピュータである」，と。

しかしながら，この命題は，いかなる意味において的確といえるのであろうか。この命題の適否を検討するためにまず以下のような三段論法の適否を問うことから始めよう。

〈問題〉
以下の2つの前提文から導き出された帰結文は，論理的に正しい命題文か。
①心は，記号の処理・操作システムである。……大前提文
②コンピュータ(機械)は，記号の処理・操作システムである。……小前提文
ゆえに，心は，コンピュータである。……帰結文

(2)命題「心は，コンピュータである」，その適否

1) 論理的整合性の検討

規則にしたがって前記のような任意の2つの文章命題（前提文）から第3の文章命題（帰結文）を導く過程は，三段論法として知られる「アリストテレス論理学」といわれるものである。この観点から以上の問題を構成する各命題（大前提文と小前提文）から導かれる帰結文の論理的整合性を調べてみよう。この帰結文，「心は，コンピュータである」は，必ずしも正しいとはいえない。たしかに三段論法の推論形式を踏んではいるが，この帰結は一般的には，真ではない。これは，たとえば次のような三段論法による帰結文が誤りであるのと同じである。

「男は動物である。オオカミは動物である。ゆえに，男はオオカミである」。もっとも，この誤りは，帰結文自体のもつ直接の意味内容に関するものではない。もちろん，各前提文の言明内容や意味に関するものでもない。あくまでも個々の文章命題（主語・述語文）を構成する主語・述語にあたるおのおのの語と，これらの語と語を結び合わすルール，つまり構文関係構造規則に照らして行なわれた論旨展開，計算結果の誤りである。

なぜなら，動物集合の部分集合に命題中の男集合もオオカミ集合もともに含まれるが，これらがおたがいに重なりあう同一の部分集合，あるいはおのおのがいずれか一方の集合に含まれる関係にあるような集合であるということはけっしてない。それゆえ，「男はオオカミである」，とはいえないのである。したがって，この帰結は構文構造に照らして誤りである。

なるほど，日常の何らかの文脈や，意味論上から深くうなずく人があってもである。さらに「満月に大変身する狼男がいるではないか（オオカミ集合と男集合が少なくともこの人物に限って重なるという意味で）」というのは，これは上質（？）のユーモアか巧みなレトリックとして，あるいは虚構としては有効であろうが，あくまでも構文論上は相互に独立の集合であるので，誤りということになる。また，ようするに結論先取り（だってそうなんだもの）という誤りを犯してはならない（そうであることを論証しなければならないのだ）。日夜繰り広げられるサラリーマンの連帯にあえて異を唱えるつもりはさらさらないが，これもその類いだ。「オレはあの課長が嫌いだ。オレもアイツが嫌いだ。だから，オレとオマエは仲間だ。サー，もう一杯」。また一方には，「敵の敵は味方だ」，というのも世の意味論の世界では周知の高等戦略（？）であろうが，この類いである。

しかし一方，個々の文章の意味内容並びに文章を構成する個々の語の意味概念にかかわる議論は，あらためて意味論上の検討を必要とすることは明らかである。これは記号構造に対する形式的な議論に加え，メタ記号による議論，意味論による議論や語用論に基づく議論である。その上で，帰結文の意味内容の成否が問われる。ただし，もちろんその場合でも，論証過程そのものは記号系のもつ論理構造，規則に左右されるのはいうまでもない。しかし，問題の核心は，「心」や「機械」という語の意味構造，概念内容，そして両者の関係にあ

ることになる。この両者はあらためて集合論的にいって包含関係にあるのか，それともまったく相互に独立な関係にあるのかが問題なのだ。この点はしかしながら，論理的導出にかかわる論理的整合性をめぐっての議論というよりはむしろ，基本的には心や機械の意味論，あるいは個々の文章命題の意味論にかかわるもので，本論では以下に若干触れる以上のことには立ち入らない。

本論における記号計算の観点は，あくまでも構文論，構文構造論によるものであることを断る。パース（Pierce, C.S. 1839-1914）のいう狭い意味での意味論（semantics）や語用論（pragmatics）ではなくまさに構文論（syntactics）に立脚する。先の心の営みである記号計算が現実の意味論になっているという，③の主張は，この構文論からでてくることをここに強調しておく。

2）心と機械をめぐる意味論的検討

哲学史の上での基本的な争点として，心身二元論と一元論の対立がある。

それぞれの代表者を近代を代表する哲学者に求めると，前者がデカルト（Descartes, R. 1596-1650）であり，後者がホッブス（Hobbes, T. 1588-1679）であることに異論はないであろう。しかもこの両者は，まったくの同時代人である。こまかなことをいうとホッブスの方が年長でありしかも長生きしたという違いがあるが。

㈎デカルトの心身二元論

デカルトは，心と身体とを明確に区分し，両者をそれぞれ独立の存在とした。この結果，デカルト自身「自らの手をあげようとすると（心の意図）難なく手があがる（身体の運動状態）」という事実をいかに説明したらよいかという意味で，「心身問題」に悩まざるをえなかったことは周知のことである。しかし現在では，心身の間に深い関係のあることはいろいろな事象を通じてよく知られる。その代表的な例として，心身医学における「心身症」の存在や，私たちの心身の健康を考える上で重要な要因として，日々の何気ない心的意図（食べ物の嗜好や飲酒や喫煙など）が，身体の健康を危険に陥れる危険因子として理解されるにいたっている。その結果，最近にいたりこれまでの「成人病」という名称をあらため「生活習慣病」（たとえば，西川，1998を参照のこと）とよぶことになったのもこうした理解の促進の結果である。さらには，心身医学に対比される行動医学（たとえば，西川，1981）の中でも等しく議論されてきて

いることも周知であろう。その身近な典型例が心因性のストレスのもとでの身体反応である。その症状として，胃潰瘍や急性心不全，冠状動脈疾患，さらには本態性高血圧症，糖尿病や肥満などがよく知られている。

ところで，この問題解決にデカルト自身は，心の働きを担う「動物霊気（アニマル・スピリット）」が今日では常識の神経機構に該当する身体の中の管を伝わって，手足をはじめ身体諸器官へ伝えられ，心と身体が統合されるというしくみを想定した。これは，当時の最高の技術の成果である，歯車や針金でできた機械，カラクリ人形のしくみを人体にも当てはめた，といってよいだろう。その動物霊気を制御する機構として，これも今日では常識の「脳」という器官の働きを想定したのであった。この意味では，デカルトは，脳の機能を認識した1人でもある。ただし，当時の身体器官の理解はまだ十分ではなく，今日ではホルモンの分泌器官でしかないと知られる松果体を脳とみなしたのであった。もっとも，その時代ようやくハーベイ（「心臓と血液の運動」，1628）によって，「心臓」が血液循環のためのポンプであるという事実が明らかにされたことから，当時の機械技術に加えこうした事実を踏まえ，あらためて身体を「機械」とみる観点を培っていったといってよいだろう。

もちろん，この動物霊気の正体が電位現象（パルス）であることが証明されるのはもっと後のことである。電気の理解も長い歴史的経緯をもつのはいうまでもない（この点の紹介として，たとえば，西川，1999bをあげておく）。さて，その「身体」であるが，それは人間以外の動物を含めて「機械」と位置づけたのはいわば当然であろう。そしてその作動原理を「反射」に求めた。なお，この「反射」をきちんと学問的に究明したのは，20世紀に入ってのことで，ロシアの生理学者であったパブロフ（Pavlov, I.P. 1849-1936）によってである。それが条件反射学である。彼は，そもそもの研究（消化腺の研究であった。彼はこの研究で,1904年度のノーベル生理・医学賞を受賞）では妨害現象でしかなかった「精神的分泌（1897）」と名付けた消化液の分泌現象を究明すべく研究に取り組み，この条件反射学を打ち立てたのであった。その際の方法論として，「条件付け操作」を開発した。その結果，精神的分泌は，原因不明の理由（いうならば心因性というような，心という理由）から生じるものではなく，脳の物質過程のもたらす機構と機能から説明付けられることを実証したのであ

った。しかも，生きた脳を直接観察する手段のない当時において，唾液腺から滴る唾液の分量を計測するという客観的手法によってそれを可能にした。それをもとに，脳のモデルを提唱し，その基本機能として，興奮と抑制過程をおいた。この結果も，デカルトの主張とは異なり「心の機械論」，ないしは「物質還元論」をより鮮明にするものとなっていることは明らかであろう。

さて，いささか先を急ぎ過ぎたので，もとに戻って，デカルトの主張に帰る。

身体の議論の一方，彼の思索の中心を占める心であるが，その「心」を司る第1原理に当たるものは，「思惟」，つまり「考えること」であると結論した。それはよく知られるように，この世に存在する事柄のその存在を疑って疑った揚げ句に，最後に残るのは，その存在を疑っているこの自分の心がある，存在するという確信であった。この思索の結論は，「ego cogito, ergo sum」（私は考える，それゆえに私は存在する），に集約される。この点は，じつはホッブスの主張と何等かわらない。両者を決定的に分ける点はすぐ後で述べるのでこの点への言及はしばらく保留する。

以上の主張は，今日の我々が抱く日常の常識の源にも当たるものであると指摘できる。つまり，心の中心的な機能として，知性をあげることはあまりにも当然であろう。その結果，人間を理性的・合理的存在とみなす立場でもある。これに比して身体は非合理的存在とみなされる。それに加え，心はことばを操ることと自由意志をもつということから，そうではない動物を，この心ある存在と区分けするための規範として機能している。したがって，身体や動物は機械であるというわけだ。これが「動物観」を大きく左右したであろうことはいうまでもない。それとともに「心」にきわめて顕著な独占的位置を与えることになる。

これはひいては，この世界の中での人間の位置づけ，動物の位置づけ，それらの創造者の位置づけといった，より広い世界観を抜きにしては論ぜられないだろう。

これが可能になるためには，世界のそもそものはじまりから，物質の生成，そして宇宙の誕生，太陽系第3惑星の誕生，無機物質から有機物質の生成，生命の元の誕生，各種生命体の生成，そしてついには人類への生成，変化，その生命体に宿った精神の誕生，こうした全宇宙の出来事のすべてが科学的に説明

できてのことであろう。

　少なくとも，認知科学はこれらをも視野にいれながら勇ましく歩み始めていることだけはとりあえず言及しておこう。その成果はなお未知数であるが将来に期待したい。

(b)ホッブスの一元論—計算論・機械論—

　一方，ホッブスは「心は，計算する」という命題を明確に表明した。これは，心と機械とを区別せず，心は機械である，という心身一元論である。また明らかに人間機械論でもある。

　彼の主張を，彼の著作の中のリバイアサンに聞いてみよう（リバイアサン（一），第5章，推理と科学について [p.84-85]）。少し長くなるが引用してみよう。

> 「推理（リーズン）とはなにか」
> 　人が推理するとき，かれがするのは，諸部分のたし算によって総額を概念し，あるいは，一つの額から他の額をひき算して残額を概念することに他ならない。それは（もしそれが語によってなされるならば），すべての部分の名辞から全体の名辞への連続，あるいは，全体および一部の名辞から他方の部分の名辞への連続を，概念することである。そして若干のものごとにおいては，（数においてのように），人々はたし算とひき算とならんで他の操作を，かけ算とわり算と名づけるけれども，それらは同じものである。なぜなら，かけ算は，ひとしいものを，いっしょにたすことにほかならず，わり算は，ひとつのものを，できるだけ何度もひくことにほかならないからである。これらの操作は，数だけにともなうものではなく，いっしょにたしたり，一方から他方をひいたりできるような，あらゆる種類のものごとにも，ともなっている。すなわち，算術者が，数において，たしたりひいたりすることをおしえるように，幾何学者は，おなじことを，線，形（立体および平面），角，比率，倍率，はやさとつよさと力の度合いや，その他類似のものについておしえ，論理学者は，おなじことを，語の連続についておしえ，ふたつの名辞をいっしょにくわえて断定をつくり，ふたつの断定をいっしょににくわえて論証をつくり，そして，三段論法の要約すなわち結論から，かれはひとつの命題をひいて，もうひとつの命題をみいだすのである。

　以下，政治学の著作者，法律家にも言及するが，それらは省略する。

　引き続き，「推理の定義」へと論を進めている。

そこでは，「推理は，我々の思考をしるしづけ（これは，自分自身で計算する場合である），あらわすため（他の人々に向かって，我々の計算を証明あるいは立証する場合である）に同意された一般的名辞の連続の計算（すなわちたし

ひき）にほかならない」と述べる。

これらは，本論の立脚点である心の計算論，ないしは記号論が主張する中心的な論点が，みごとに表明されていることがわかる。

ホジランドが，ホッブスを単に人工知能研究の祖父と位置づけたのにとどまらず，より一般的に心の計算論，そのものの祖父，といっても過言ではないといえよう。

(C)歴史的背景，その源流としてのギリシャ・ローマ時代

この両者の論点は，さらに歴史をさかのぼると，結局古代ギリシャ・ローマ時代の哲人プラトンやアリストテレスに端緒を求めることができる。そして，歴史を下って，デカルトやホッブスを引き継ぐ，ライプニッツ（Leibnitz, G. W. 1646-1716)，パスカル（Pascal, B. 1623-1662) をはじめ後継者たちも多岐におよぶ。そして19世紀から今世紀の初頭にかけて大きな変化と進展を迎える。なお，これらを担った人物に言及する紙数はないので，たとえば，拙著（西川,1994など）に譲る。

それでは，心や機械（コンピュータに代表される）を記号処理・操作系ととらえることを可能にする前提を吟味することにする。この立場は，人や機械の知の作用に内在する形式を演繹体系（公理系と定義から論理規則に基づき導出した定理系の総体）のもとでとらえる記号論ないし計算論からのものである。これは記号論理学や数学基礎論を基本背景とするものである。

(3)記号論理学の変遷

1) アリストテレス論理学―主語・述語命題と三段論法―

三段論法の一般的な基本構造は以下のようなものである。まず，個々の命題とは，主語・述語から構成される1つの文章をいう。その基本構造を示すと以下のように書き示すことができる。このことはその際の3文に限らず任意の命題すべてにあてはまる。

それは，以下のような構造をもった文章形式である。

「～は，～である」。

また，任意の命題は，上の文章構造の中のおのおのの箇所に任意の主語，述語，つまり任意の記号を入れることで可能であることを前提とする。しかも，

それらの記号どうしは「交換可能」であるとみなす。これに加え，まず，主語のところにくる記号は，その「すべて」についての言明なのか，「ある」ものについての言明なのかが区分される。「すべて」や「ある」を，量限定詞（全称詞と存在詞）という。さらに，個々の述語については，それを「肯定」する場合と「否定」する場合がある。つまり，「～である」の場合と，「～でない」の2通りがある。これより，1つの主語・述語文（命題）は，基本的には次の4通りの文型，タイプがあり得ることになる。それを一覧にすると，以下のようになる。なお，各文のタイプの違いを示すためにアルファベットの小文字で示してある。

  すべてのSはPである。　　　SaP。
  すべてのSはPでない。　　　SeP。
  あるSはPである。　　　　　SiP。
  あるSはPでない。　　　　　SoP。

このような命題を基に行なわれる三段論法の推論過程の構造と，その論理的に可能な組み合わせの数が何通りになるのかみてみよう。まず大枠として以下の4つのタイプ（核ないしは図式ともいう）があることがわかる（表2-1-1）。

表2-1-1

核（図式）	①	②	③	④
大前提	MP	PM	MP	PM
小前提	SM	SM	MS	MS
帰結（結論）	SP	SP	SP	SP

そのおのおのの核の文章命題の主語・述語の間には，さらにa, e, i, oの4文字が入る。また，大前提文で4タイプ，小前提文で4タイプ，帰結で4タイプの文型があることになる。そしてもともとの核の4タイプで，総計，$4 \times 4 \times 4 \times 4 = 256$通りとなる。つまり，三段論法の可能な数は全部で256通りということを意味する。それでは，そのすべてのタイプが論理的に整合性をもつのであろうか。アリストテレスは，その正当なタイプを確定したことが

その業績である。それによると，以下の19通りが論理的に整合性をもつということである（たとえば，Devlin, 1994）。

その19タイプを核ごとに，a，e，i，oのパターンだけを示すと以下のようになる。

① aaa, eae, aii, eio
② eae, aee, eio, aoo
③ aai, iai, aii, eao, oao, eio
④ aai, aee, iai, eao, eio

ただし，パターンの重複を除くと全部で10通りということになる。

2）現代記号論理学―命題論理学，述語論理学―

ところでこのパターンの中になお2つの誤り（第3格のaai, eao）が含まれることが証明されるのは，19世紀に入ってからのことであった。このことは，二千数百年にわたって，アリストテレス論理学が，人の思考とは何かという問いに対する答えとして，またその際の論証過程の絶対の規範として無謬とみなされていたことを物語る。その突破口を開いたのは，ブール（Boole, G. 1815-1864）であった。今日その成果をブール代数とよびならわしている。

こうした試みをきっかけにして論理学は，現代論理学へと変遷を遂げることになる。その背景にブールが試みたような論理学の数学化という方向と，他の人々の手による，数学の論理学化という両方向からの新たな進展が起こったことによる。この変遷を担った人々として，次のような名前がきら星のように並ぶ。

カントール（Cantor, G. 1845-1918）（集合論），フレーゲ（Frege, F.L.G. 1848-1925），ペアノ（Peano, G. 1858-1932）（命題論理学，述語論理学），ラッセル（Russell, B. 1872-1970）（記号化），ウィトゲンシュタイン（Wittgenstein, L. 1889-1951）（真理値表），ツェルメロ（Zermelo, E.F.F. 1871-1953）（集合論のパラドックス），ヒルベルト（Hilbert, D. 1862-1943）（公理主義，演繹体系），ゲーデル（Gödel, K. 1906-1978）（不完全性定理），チューリング（Turing, A. 1912-1954）（チューリング・マシン，チューリング・テスト，計算可能関数），フォン・ノイマン（Von Neumann, J. 1903

-1957) らであるが各自の詳細は, 一部を除き省く (詳しくはたとえば, 西川, 1994などを参照)。

ポイントだけ述べると, 論理学は命題論理学と述語論理学をもって構成されること。命題論理学における命題間の関係結合構造は, 4つの基本規則に還元できること。それは, 基本的には数の間の論理構造, 四則演算と同型であること。つまり, 任意の文章 (命題, あるいは記号) と文章 (命題, あるいは記号) を結び合わせる規則は, and, or, not, そして if〜, then…の形式をもつ4つであることである。それらがいかなる計算に該当しているのかは, 以下の表2-1-2にまとめたので参照のこと。より詳細な内容紹介は, 西川 (1997) などに委ねる。

表2-1-2 命題論理学の基本論理構造

p	q	p and q	p or q	not p	not q	if p then q
1	1	1	10	0	0	1
1	0	0	1		1	0
0	1	0	1	1		1
0	0	0	0			1

なお, 表中の記号 p, q は任意の文章命題を示す。そして, それらは, 二値状態を取るものとする。その状態を表わすために, 数の世界, この場合は, 二進数の世界に置き換えることにする。すると, 任意の文章は, 1 あるいは 0 の値を取ることになる。それを, 真あるいは偽と読み替えることも可能であるが, 真偽判定の問題を避けるためには, 文章のとりうる状態をあらかじめ, 2つであると規定することでその基本構造を事前に論理的に究明することが可能になる。

以上の内容から, and計算が, 掛け算に, or が, 足算に, not が, 1－p, あるいは, 1－q, という引き算に, そして, if, then が, $p(1-q)=0$ という恒真式に当たることがみてとれよう。

つまり, 私たちが, 文章を結びあわせて論旨を展開する際の思考や, 推論という営みが, 加減乗除という数の間の計算と同型であることが明らかになる。この点は, すでにホッブスが述べたことをきちんと論理的に裏付けるものである。

3) 論理計算の機械化

では以上の内容を,機械によって実行することが可能であろうか。

一見むずかしそうであるが,表2-1-2に示されるような計算機能を実行可能な機械は,きわめて簡単な仕掛けで可能になる。それは,電球と,電線と,スイッチを電池に結び,1つの電気回路を作ったとき,そのスイッチの機能において,まさしく今の計算の基本構造が実現されることがわかる(図2-1-1参照)。

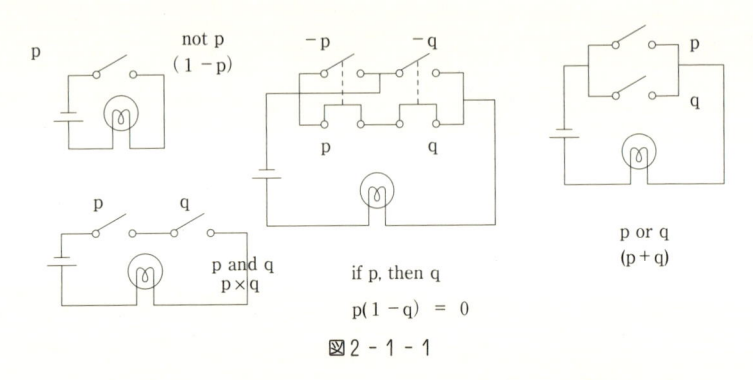

```
       p        not p              -p    -q                    p
                (1-p)                                          q
                               p          q
                                                             p or q
    p    q                                                   (p+q)
              p and q        if p, then q
              p×q            p(1-q) = 0
                    図2-1-1
```

単独のスイッチの機能は明らかに,onとoffという二値状態を実現する。ということは,単独のスイッチは,pあるいはnot pを実現したことになる。そうしたスイッチを2つ直列に並べたとき(直列結合)の回路の状態をみてみよう。明らかに,電球に明かりが点るのは,p and qの場合,その時に限る。ということは,直列に並んだ2つのスイッチは,掛け算を行なったことになるではないか。

他方,このスイッチを並列に並べてつないだ場合は,p or qの計算を行なったことに該当する。そして,少々複雑になるが,連動スイッチを図のように結んだ回路は,if, then計算を実行することがわかる。

このように,思考過程の基本にある論理構造は,人の手で行なう計算という範囲を越え,より一般的に論ずることができる。しかも,スイッチというきわめて簡単な機構によって実現することがわかる。

いうならば,二値状態を実現できるものであれば,それが真空管によって実行されても,あるいは,トランジスタによって実践されても,実践内容は,基本的な論理計算そのものである。この帰結は考える機械を作る可能性に大きく

道を開く。

　実際にその可能性を示した機械であるコンピュータの基本動作は，こうした二値状態をもとに計算を実行する。もちろん，論理計算をより有効に実践するために，この他にいろいろな回路をあらかじめ組んでおく。そうした技術的成果が，きわめて身近に存在する現在のワンチップ・マイコンと称されるものであるのは，いうまでもない。

　一方，述語論理学は，命題論理学をより拡張する。命題論理学では，文章をことの出発点にしての議論であった。しかし，その文章自体の内部構造をきちんと議論しておかなければならない。そのために，工夫されたことが，任意の主語を導入することによってすべての命題を述語化することであった。このことは，任意の主語を変数とする命題の関数化を意味する。また，そのような文章構造を基にもとの文章がいかに再現されるかを論じ，そこに命題論理学の結合規則を適用する道を開いた。同時に，三段論法でも問題にした量限定詞と文の肯定，否定によって関数化した命題の結合関係が論じられる。

　かくして，任意の命題を基にした論理的推論を一般的に扱うことが可能になった。このことは同時に，心を記号処理・計算システムととらえる基本的な基盤をより普遍的に提供する。

4）論理的整合性をめぐる論点－ゲーデルの完全性定理，不完全性定理－

　しかし，この結果，述語命題の全体の論理的整合性の問題が発生する。

　この点は，チューリング・マシンの計算可能関数という論点と，ゲーデルによる命題の論理的整合性をめぐる完全性定理に求められる。幸い，命題論理学と，1変数の述語命題に基づく論理的世界の完全性は証明されている。しかしながら，それ以上の高次の述語命題を基にした論証命題が無矛盾であるにせよ，全体の論理的な整合性（完結性）は証明できない，不完全である。また無矛盾にせよ，それ自体を証明できない。こうしたことが証明されている（第1不完全性定理と第2不完全性定理）。このことは人の心の知の機能の限界を，同時に機械の知の限界を意味するだろうか。問題は開かれたままに残る。

　なお，ゲーデルの証明に関する平易な紹介は，たとえば，ナーゲルとニューマン（Nagel & Newman, 1958）などに譲る。

(4) オートマトン（受機）と言語

あらためて，ことば（記号システム）とルールのセットを現実の言語と重ねて論ずるとどうなるのかみてみよう。この分野の研究としては，チョムスキー（Chomsky, N. たとえば，1959）による，生成変換文法（構文構造論）の研究に代表される。これは，言語学の数学化というまったく新たな試みである。この分野を数理言語学という。その研究成果はきわめて重大である。オートマトンが処理・操作できる記号系とその記号どうしを結びつけるための規則，言語学でいう文法，をめぐる議論が大筋において整理されたことである。それを以下の表2-1-3に示す。

表2-1-3　言語とオートマトン（受機）

言語	型	オートマトン
一般の成句構造言語 (phrase structure)	0型言語	チューリング・マシン
文脈言語 (context sensitive)	1型言語	線形有界オートマトン
自由言語 (context-free, 自由言語, コンピュータ言語)	2型言語	プッシュ・ダウン・オートマトン
線形言語	3型言語	有界オートマトン

この中で1つ注目すべきことは，自由言語である。これが自然言語やコンピュータ言語のよきモデルになることが明示されているが，一方少なくともそれがそのまま逆に自然言語そのもののモデルであるとはいえない点である。いうならば，当該モデルの限界と，自然言語に内在する十分にとらえきれない部分の存在を示唆するものである。しかし，確かにそうであるにせよ，このモデルのもつ有効性と意義は高く評価しなければならないだろう。オートマトンとそれらが受容可能な言語系が何であるかについてのこれらの検討結果の内容は，科学的アプローチのもたらす驚異的な成果であることは明らかである。

こうした観点を総合してみると，「心は，コンピュータである」という命題の意味論上の内容は，文字通りそれが意味するように意味する，といっても過言ではない。かなり正当な意味内容ではないだろうか。

(5) コンピュータから形式ニューラル・ネットワーク（非線形力学系モデル）へ

　心をコンピュータとみなす観点はそのおのおのの意味論からいってかなり正当であることは以上の概観で明らかである。しかしながら，当のコンピュータが現在の技術的な制約や，その基本構造の制約によって別の問題をはらんでいることも明らかである。特にアーキテクチャー（フォン・ノイマン型とよばれる）に内在する制約がそれである。最大の論点はプログラムと記号処理方式にある。まずプログラムであるが，これは先のオートマトンでの記号処理操作の手順を一定の順序で指示する記号列に当たるものである。

　この時間を追って1つずつ行なわれる処理を直列処理という。すると当然ながら計算が複雑になるほど計算量とともにかかる時間が膨大になることになる。多くの記号列を万遍なく調べるので組み合わせ爆発が生じるわけである。どこかで適当に見繕って答えを出すというわけにはいかない。あるいは手間を省くといった要領もない。とにかくありうるすべての可能性を調べ尽くさないとならない。これがソフトウエアー危機と一般に称されるものである。さらに，あらかじめ完成されたまちがいのない完璧なプログラムを用意しておかなければならない。これらにいかに対応するかが問題である。計算速度をあげるというのも対策の1つであるが，抜本的な対応策も求められる。

　たとえば，コンピュータが自ら学習し，自己組織化を図ることはできないだろうか。適当に見繕ってそれらしい答えを出すような，そのために欠かせない常識や周辺知識をもたせることはできないだろうか。それが可能であればプログラム問題は軽減できるにちがいない。また，時間を追って順次1つひとつ処理する直列処理に代わって，一時に同時に並列分散処理方式は取れないだろうか。計算量と時間の問題は大きく解消されるであろう。

　このような観点に立った時，生物の脳が実際に行なっている処理方式と計算過程が解決の大きな糸口となるという期待とともに新たな研究動向をもたらしている。その1つの方向が，脳神経科学の知見を踏まえた，「形式ニューラル・ネットワーク研究」である。

　これは，生きた脳の構成単位である脳神経細胞の基本的な機能を数理モデルによって再現し（非線形閾値素子モデル），これらを結合した形式ニューラル

ネットワークによって脳全体の機能をシミュレートしようという試みである。そうしたネットワークとして，1960年代のパーセプトロンというアイデアにはじまり，現在もっとも関心を集めている非線形力学系モデル（ホップフィールド・マシン[Hopfield machine]やボルツマン・マシン[Boltzmann machine]）から最先端のファジー，カオスといった複雑系にいたる研究の推移をみることができる（詳しくは，たとえば，相場と西川，2000；合原，1989；甘利，1979；西川，1997, 1998b などを参照）。

このネットワークにおいて行なわれる計算の特色は，個々の記号間の結合計算というよりは，個々の記号の作るパターンの間のパターン変換計算である。たとえば，何らかの物理刺激の作るパターンをある2つのカテゴリーに分類するような，パターン認識，変換計算である。これは，ネットワーク上に外部構造と同型ないしは準同型なパターンを自己組織化，つまり誤り訂正などの学習原理に基づき構築することによって達成される。しかし，その学習の収束原理にも制約があり（特にパーセプトロンの学習収束原理についての難点があり，研究は一頓挫をきたした。排他的 or 計算ができないことによる），事態の抜本的な解決にいたるにはパーセプトロンにかくれ層の導入，追加などさまざまな工夫が加えられているが，なお問題解決にいたるには問題が多いのが現状である。今後の展開を待ちたい。

なお，問題解決の途上であるにせよ，これらが明らかにしていることは，従来の私たちの抱く常識的理解とはまったく異なり，「心は機械である」という命題の「信頼性」と「有効性」はますます高まってきている，と行なってよい。それは，さらに命題の「妥当性」にまでなろうという勢いである。

(6) 終わりに

以上，「心は記号を計算する機械である。すなわち，心はコンピュータである」という命題の論理的整合性の検討にあたり，まず「心」，「機械」，「記号」，「計算」，などのおのおのの語の意味をめぐる意味論的検討を加えた。そして，「心の科学である認知科学」における基本パラダイム，記号論・計算論の基本的な主張点，パラダイムの現状紹介を試みた。また同時に，オートマトンという受機一般（その具体的な実現形としての現状のコンピュータ）を基にそれが

受理可能な記号系，つまりどのような「記号」を理解可能かという観点から「心は記号処理・操作システムである」という「心の機械論」のフロンティアの一端を概括した。これらを踏まえ，「考える機械」の可能性ならびに実現にあたっての論理的論点を概括した。

こうした考察とともに，現実には「心」や「機械」をめぐる最新の出来事が，私たちのいだく結末の認識を問い直すべくあらためて問い掛けてくる。

その中でも最も象徴的な出来事は，1997年に世界の人々の注視する中で公式のルールにのっとって行なわれたチェスのゲームで，グランドチャンピオン，カスパロフを破ったコンピュータ（IBM製のディープ・ブルー）の出現をどのように受け止め，また評価するかは，「心の機械論」，ならびに「考える機械」を考える上で，格好の試金石となる。

ちなみに，前年の1996年2月に行なわれた6回の対局では，最終的には，3勝1敗2引き分けで，名人のカスパロフが勝負を制し，40万ドルの賞金を手にしたのであった。その再対戦である1997年の勝負では，カスパロフは初戦こそ勝利を納めたものの，最終的には，1勝2敗3引き分けで，今回はディープ・ブルーの勝ちであった。ある新聞はこれを報じて，最終戦の行なわれた1997年5月11日は，「人間の頭脳が人工知能に負けた日」，そんな記念日になるのかもしれないと書いた（朝日新聞）。

ディープ・ブルーの知性の根拠は，1秒間に10億回の計算をするスーパー・コンピュータのチェス専用の計算ボード256枚にあった。まさにチェスのために特化した専用のマシンである。とはいえ，もたらされる心，知性は計算であることはいうまでもない。

もちろんこうした事実を前にしてなお，人の知（チェスを指す能力に限定するにせよ）は，そうした計算とは本質的に違う，と異を唱えることは可能にせよ，そうした感想だけでは「計算する心」への論理的な反証にはなり得ない。では，なにがどう違うのか論証されねばならない。

その他にも多くの議論をよんだ事柄として，1999年にいたってようやく実施の運びになった，脳死判定に伴うはじめての臓器移植をめぐる出来事であった。当然のことであるが，論点は生死の判定に中心的な関心が集まった。人の死とは何かは同時に人が生きているとはどういうことかを鋭く問うことになる。そ

してこれは，生死判定の基準でもあるが，意識の有無（おもに身体の反射機能の有無，瞳孔反射の有無，脳波の出現の有無，自発呼吸の有無など）にはじまり，そもそもの意識とは何かが論点となる。

一方では，脳死判定をもとにして行なわれる臓器移植からは，あらためて心身問題への考察が問われる。仮に肝臓や腎臓や目はよいとして，では心臓は，とここまでくると心臓に心が宿るという従来の常識のもとで他者に移植することへの抵抗がないかどうか，そして当の脳移植はといった事態にいかに対処できるだろうか。

さらには，クローン技術によって生み出されたクローン羊は，自己とは何か，自己認識などにかかわる抜本的問題を突き付けてくるに違いない。さらに人の生死に絡んでいうと，これは個人の永遠の生命を可能にするのであろうか。私たちの人間観，心観を根底から問い直さざるを得ないだろう。

これらをめぐる議論の例として，別の機会に試みた拙論（西川，1998a）があるのでそれに譲る。

また，本論ではいっさい割愛したが，以上の「心の機械論」に対する鋭い批判のあることをあらためて指摘する。これも哲学史上つねに問われ続けてきたもう1つの論点であることは論を待たない。

これは一括して，「反計算論」，ないしは「反記号論」とよばれる。

その批判点となる基本点をかいつまんでいうと少なくとも次の3点をあげる

①知の領域固有性（知の文脈依存性，状況依存性）。
②感性や経験に基づくものこそ知の根源にあるものであるという知の身体性。
③そして，知の意図性（知の志向性や欲求）である。

一口にいうと，心は計算と規則に還元できないもの，つまり機械ではない，と心の機械論を真っ向から否定し批判する。そして，それではない何かをもったもの，とみることが不可欠であるという立場である。その何かが，身体を通して受け止められる感覚であったりその積み重ねの経験であったり，身体それ自体を含むより広い文脈や状況がむしろ決め手であること，さらには，心を方向づける意図や欲求が基本となることを主張する。

その際の典型的な論点は，「フレーム」問題（デネット・信原，1987）や

「スクリプト」などにみることができよう。ようは心の計算論が主張するような明示的な規則に乗らない，あるいはそれに還元されない，無数の暗黙の知識，周辺知識，あるいは常識，それを担う文脈や状況を欠いた抽象的な論理によらないもの，直感や意図・欲求に決定的に左右されることを強調する。

こうした批判は，しかし，けっして今に始まったことではないことは指摘しておく。心や知の源を問う際に繰り広げられてきた伝統的な論点であり争点であったことである。

これは，おおまかにいって，心を所与とみる立場（プラトン）とそうではなく白紙とみる立場（アリストテレスのタブラ・ラサ），いわゆる遺伝論（所与論）と環境論（経験論）以降の対立を受け継ぐものであるといってよい。

これらの論点への今日的な考察は，たとえば，哲学者のドレイファス（Dreyfus, 1972）や，物理学者のペンローズ（Penrose, 1989）などに代表されるが，詳細はこれらに譲り，本論では「心の機械論」を一貫して強調しその趣旨，基本となるパラダイムを紹介した。

なお，あえて最後に加えると，「心の機械論」は，おそらく「心」ということばの日常的・常識的理解にとどまる限り，その意味論的制約から「心」を「機械」と結び付けること自体に抵抗があることであろう。

そこで思考停止している限り，一見機械論を否定できたように感ずることも可能であるが，それ以上でも以下でもない，まさにそこまでである。したがって，「心の機械論」はまさにそうした文脈には乗らないが，この意味することは厳然とその先に明確に存在していることを強調して本論を閉じる。

（注1）：本稿は，「心の科学の基礎論」研究会第2回例会（1996年12月21日，上智大学にて開催）において行なった筆者による講演（演題は，「心はコンピュータ？」）原稿を基に新たに加筆，修正を行なったものである。なお，当講演の概要は，本論とは別に拙論として公刊されている（西川，1999 a）。

2. 記号的人工知能の限界

月本 洋

(1)はじめに

　まず「記号的人工知能」ということばであるが，これは簡単に言えば記号（ここでいう記号は数値も含む）の操作，計算による人工知能のことである。別の言い方をすれば，現在の計算機上のソフトウエアで実現できる人工知能のことである。この「現在の計算機上のソフトウエアで実現できる」とは，現在の計算機上でソフトウエアを動かして実現できる，という程度の意味であり，どのように発展するか定かでない将来の計算機を含んでいないし，センサーとアクチュエーターを有して実世界を動き回るようなロボットも含んでいない。以下では「現在の計算機上のソフトウエアで実現できる」を，簡単のため「ソフトウエアで実現できる」と略記する場合もある。また「ソフトウエアで実現できる人工知能」と「記号的人工知能」を同義に用いる。現在の計算機上のソフトウエアで実現できる人工知能，すなわち記号的人工知能の限界を検討すること，換言すれば記号的人工知能の限界設定の問題が，本稿の主題である。

　計算主義人工知能，記号主義人工知能等のことばもあるが，計算主義は人間の知能（もしくは心，または認知）は計算過程であるという立場であり，記号主義はそれが記号の計算過程であるという立場である。計算主義と記号主義の違いは後者が狭義の記号の計算に限定している点である。それぞれ人間の知能（もしくは心，または認知）に対して特定の見解を有しているので，計算主義人工知能，記号主義人工知能等のことばを用いると，そのような立場に立っていることを意味すると思われるので，そのようなことばを使用しないことにする。筆者は計算主義，記号主義に賛同しないし，それらに代わる特定の主義を本稿で提示するわけでもない。

　知能に関しても，種々の意見があり，統一的な見解はない。筆者は，人間の知能の本質的な部分は言語的な知能，言語知であると考える。暗黙知というものがあるが，これよりも言語知の方が重要であると考える。

記号的人工知能の限界を検討するために，人工知能不可能論のおもな根拠である身体性，状況依存性，志向性を簡単に考察することによって，意味の理解という問題に議論の焦点を当てる。意味の理解は，2つに分けられる。1つは一人称的意味の理解であり，もう1つは三人称的意味の理解である。この2つは「意味の理解」と同じことばで表現されているが，全然異なるものであり，明確に分けて扱う必要がある。

　一人称的意味の理解とは，我々人間が経験等を通して自分自身でわかってしまうような，想像力に基づく，内部観測的な理解であり，我々人間が身体性，状況依存性，志向性を具備していることによって実現している。三人称的意味の理解とは，差異が意味であるような記号操作を通して得られる外部観測的な理解である。

　人工知能は，人間の知能の模倣を目指しているので，一人称的意味の理解を実現するのが人工知能の目標になる。しかし，一人称的意味の理解は記号的人工知能では実現できない。なぜならば，一人称的意味の理解には想像力が必要であり，想像力には身体が必要である。ところが，現在の計算機には身体がないので，想像力もなく，したがって一人称的意味の理解が実現できないのである。記号的人工知能で実現できるのが三人称的意味の理解だけである。

　そうすると，記号的人工知能の限界とは，最も一人称的な意味の理解に近い三人称的な意味の理解ということになり，これは結論から言うと，一人称的な意味の理解である想像の記号操作となる。ところで，想像の記号的側面はメタファーである。したがって，記号的人工知能の限界は，メタファーの記号操作（もしくは形式）になる。ここで言うメタファーとは，経験を可能にしているようなメタファー，すなわちそれなしでは経験自体が成立しないようなメタファーのことである（Lakoff & Johnson, 1980；Johnson, 1987）。

　メタファーの（記号操作の）形式であるが，これは経験の可能性の条件，すなわち経験の形式とよばれるものと同等である。その形式は経験から得られるのではなく，逆に経験を可能にしているもの，もしくはそれを通してしか経験できないような，経験の制約として機能する形式のことである。そしてその経験の形式とは，結論から言えば，カントの先天的な認識形式（Kant, 1787）の拡張である。

記号的人工知能の限界として、メタファーに基づく人工知能（Metaphor Based Artificial Intelligence: MBAI）を提示するのであるが、それは基本領域とそれが投射される応用領域から成り立っている。MBAIも記号処理システムであるが、従来の人工知能との最大の差は、MBAIでは、想像力の記号操作が可能であり、想定されなかった状況に対応できること、である。想定されなかった状況に対応できないのは従来の（記号的）人工知能の大きな欠点として指摘されてきたことである。

なお、記号的人工知能の限界を超えるには、計算機に身体をもたせることである。身体をもった計算機、これはロボットである。したがって、ロボットによる人工知能はこの限界を超えることが原理的に可能である。現実的にいつ可能になるかはわからないが。

本稿の構成であるが、最初に(2)で人工知能不可能論について述べる。(3)で意味と理解について考察し、(4)で、記号的人工知能の限界が一人称的意味の理解の形式（＝経験の形式）であることを述べる。(5)では経験を可能にしているメタファーについて述べる。(6)では、メタファーに基づく人工知能の素描を行なう。(7)ではメタファーと論理の関係について述べる。

(2)人工知能不可能論について

従来の人工知能は基本的に、計算主義とよばれる、記号の計算を計算機で行なうことによって人工的に知能を実現する、もしくは実現できるという立場を、意識的であろうがなかろうが、前提にしているが、この方法による人工知能の可能性を否定する人は多い。代表的な論客としてはドレイファス（Dreyfus & Dreyfus, 1986）、サール（Searle, 1983）、フォーダー（Fodor & Pylyshyn, 1988）、ウィノグラード（Winograd & Flores, 1987）があげられる。彼らの議論のおもな論拠は、知能の本質であると考えられる志向性、状況依存性、身体性を現在の計算機が有していない、もしくは処理できないということにある。志向性とは知能の本質的部分である意識が志向性を有しているということである。状況依存性とは知能が関心、欲望等の支配下で環境、状況に埋め込まれているので、環境から知能だけを分離することは不可能であるということである。身体性とは知能の主要部分が身体に依存していると

いうことである。ここではこの志向性，状況依存性，身体性について簡単に述べる。

1）志向性について

志向性とは意識の志向性である。意識の本質は自意識である。したがって志向性が人工知能に必要ならば意識，自意識を実現せねばならない。意識，自意識，自己に関しての議論は種々ある。たとえば「意識とは他者のシミュレーションである（Humphrey, 1993）」「対他的自己は『役柄存在』と『被視存在』に留意して把握すべきである（広松，1972）」「自己とは役割である（広松，1992）」他にもこのような議論があって，自己が，社会性，集団性と密接な関係があることは否定できない。さらにもし意識が付随的なものならば，（完全な）ロボットに意識はいらない。もしそうでなくとも，ロボットにはロボットなりの「意識」があってよいのではないか。なにも人間と同じような意識が必要なわけではないであろう（広松，1972）。ところで我々の経験にはつねにこの自己（意識）というものが伴っていることもまた事実であり，何かを理解するとはこの自己（意識）というものを抜きには考えられない。

この自己（意識）も，進化の結果の産物であるから，環境に適応する過程で獲得されたものであると言える。しかし，人間が環境に適応する過程で，と言うよりは，人間集団が環境に適応する過程で，と言った方が適切であろう。自己意識とは，人間集団が環境に適応する過程で獲得した構成要素（人）間の相互作用であろう。

2）状況依存性について

記号主義，計算主義は，個々の記号の意味もしくは操作が全体から独立に定義でき，全体はその集まりである，という仮定を（暗黙に）前提にしているが，これに対して，そのようなことが不可能ではないかという議論がある。すなわち全体を考慮して始めて意味，操作が可能になるという議論である。また知能においては，個々の表象の操作よりは，状況，背景などの原理的に表象不可能なものが重要な役割をはたしているという議論もある（Winograd & Flores, 1987）。

状況依存性は人間が何に焦点をあてているか，何に関心があるかと深く関連する。そしてそれらはその人間の目的，目標，価値と関連があり，そしてそれ

らはさらにその人間の欲望，欲求と関連してくる。このように考えてくると，状況依存性は，人間が世界の中でもしくは社会の中で生存（競争）していることに大きく関係してくることがわかる。従来は客観的とみなされる知能もしくは知性がそのような主観的もしくは主体的な欲求と切り離せると考えられてきたが，切り離せないとすると知能を実現するにはそれと切り離せない欲求も実現しなければならなくなる。

状況依存性の主要部分は，環境の中で欲求，目的を有して生きていく主体である人間が，その欲求や目的を充足するために対象に価値を半ば無意識的に付与する行為に基づいている。そしてその欲求や目的が広義の身体の維持に基づいていることを考えれば，状況依存性の主要部分は身体性と同義になると考えられる。

3）身体性について

人間の知性における身体の役割の重視は今世紀になって広く認められるところとなっている。身体が世界の意味の分節を行なうのである。簡単な例は以下の通りである。我々はなぜ上下が理解できるのであろうか。それは，重力の存在と身体が上下非対称だからであろう。たとえば全方位に対称な動物，すなわち目等の知覚器官が各方位に均等で，足等の歩行器官も各方位に均等であるような動物を考えてみよう。その動物は上下の意味を理解できないであろう。無重力状態で生息する全方位対称の動物に上下は無意味である。

このような事柄はその他種々存在するが，空間的なもしくは物理的な身体が意味を分節するだけではなく，その身体に基づく行為や欲求も世界の意味の分節を行なっているのである（Johnson, 1987）。たとえば戸とはなんであろうか。あるものが戸として意味をもつのは，戸の材質とか色とかではない。戸の材質が木であろうが鉄であろうがプラスティックであろうが（通常）固体であれば何でもよい。色も同様である。白だろうが茶色であろうが何でもよい。形も通常は矩形であるが，稀に楕円のものもある。このように材質，色，形等で戸を定義することはできない。あるものが戸かどうかはそのあるものが戸と機能するかどうかであり，戸として機能するかどうかは人間の歩行とそして歩行を規定している身体にかかわっている。人間が高くても2メートル程度の高さの身体をもち二次元上を水平方向に前進するという行為をするので，ある空間

とその空間と隣接する別の空間との交通を制御をするようなものであれば戸として機能し得るのである。そのような戸は飛ぶ鳥には戸でないであろう。飛ぶ鳥には戸も窓もその物理的形態を別にすれば同じであろう。(もっとも，鳥は歩くのでその限りにおいては人間と同じである。)すなわち我々の歩行が一枚の板を戸として現出させるのである。同様なことが欲求についても言える。我々の身体が水を飲料として現出させるのであり，我々の身体が路傍の木の切株を椅子として現出させるのである。世界は我々の身体，およびそれに基づく行為，欲求によって意味付けされて我々に立ち現われてくる。

(3) 意味と理解

前節の人工知能不可能論の論拠である志向性，状況依存性，身体性を有することによって我々人間は何を可能にしているのであろうか。

志向性：志向性，自意識は我々の経験に付随する。すなわち自意識なき経験は存在しない。すなわち自意識を有することによって，我々は経験を我が物とする，すなわち理解しているのである。

状況依存性，身体性：空間的な身体や，身体に基づく欲求があるからこそ，上下の意味や，食物の意味が理解できるのである。したがって，その価値の源泉である欲求を有していなければ，対象に価値を見いだし得ることもできなくなり，上下の意味も理解できなくなるのである。

このように考えれば，人工知能不可能論者の議論は一言で言えば「現在の計算機が身体，自意識を有していないがゆえに，意味を理解できないから，(本当の)知能を実現することはできないのである」と言ってよいと思う。ここで言う「意味の理解」とは後述する一人称的な意味の理解である。また本当の知能とはその一人称的な意味の理解ができるような知能のことである。

そこで，まず意味について記号論的な観点から簡単に述べる。記号論的には意味とは差異であるが，差異で我々の意味がすべてつくせるわけではない。そこで次に差異ではとらえきれない意味について述べる。この意味を一人称的意味と命名する。そして，この一人称的意味の理解と，記号論的意味の理解である三人称的意味の理解の違いについて述べる。

1）記号の意味

記号の中でも中心的な言語（記号）についての記号論の見解を述べる（丸山, 1981）。

(a)言語記号＝記号表現＋記号内容

言語記号はシニフィアンとシニフィエからなる。このシニフィアン，シニフィエは signifier という動詞の現在分詞，過去分詞から作られており，直訳すると「意味するもの」と「意味されるもの」である。シニフィアンは能記とも訳されるが記号表現という日本語をあてる。またシニフィエは所記とも訳されるが記号内容という日本語をあてる。以降記号表現，記号内容を使う。たとえば犬という言語記号の記号表現は／inu／という「音」もしくは「犬」という「図」等である。音と図に「　」をつけたのは記号表現が物理的な音もしくは図ではなく，心的存在だからである。たとえば我々は物理的な音，図を伴わずにイヌを想起できるからである。記号内容はたとえばイヌという概念である。したがって記号内容は記号表現と同様に心的存在であり，物質的な犬を指し示すのではない。物質的な犬はレフェラン（指向対象）であり，記号内容とは区別される。なお記号内容は意味とほぼ同義である。

この記号表現と記号内容の特徴の１つに不可分離性がある。すなわち記号表現と記号内容という２つの即自的に存在する実体が結合して言語記号ができるのではなく，記号表現，記号内容は１つの言語記号の分離することの不可能な２つの側面であるということである。

ところでこの記号表現，記号内容という構成は言語記号すべてに共通のものではあるが，いくつか例外的なものがある。たとえば固有名詞である。固有名詞にはもちろん記号表現はあるがその記号内容，すなわち概念はない。固有名詞にあるのはレフェラン（指向対象）だけである。

(b)恣意性

言語記号には２つの恣意性があるがその１つに，記号表現と記号内容の関係の恣意性がある。これは記号表現と記号内容に自然的，必然的な関係がないことである。イヌという概念を日本語では犬，英語では dog と記すのがその一例である。もちろん，擬音語や象形文字等は記号表現と記号内容に自然的な関係があるといえるかもしれないが，これらは例外的である。またもう１つの恣

意性は言語体系内の言語記号どうしの関係にみられるものであり，個々の言語記号の価値は他の言語記号との対立関係から決定されるという恣意性である。すなわちこの恣意性は現実の連続体が非連続化されてゆく際のその区切り方の恣意性のことである。

(c)差異の体系

　言語記号間の対立関係は言語記号間の差異に基づいている。「すべては対立として用いられた差異に過ぎず，対立が価値を生み出す。(Saussure, 1972)」「言語の中には差異しかない。差異と言うと我々はその間に樹立される積極的な事項を想起しがちである。しかし，言語の中には積極的な事項をもたない差異しかない。(Saussure, 1972)」たとえば犬の意味は現実の犬がいるから決まるのではなく，言語記号の中の猫とかがあるから決まるということである。またたとえば英語のfoot／feetのfeetに複数なる概念を与えるのはfootとの対立以外の何ものでもなく，feetに内在するいかなる性質とも無関係である。

　2）一人称的意味

(a)意味の諸説

　しかし，言語（記号）の意味は差異だけであろうか。意味に関しては諸説あり，現在のところ万人が同意するような定義はないのではないかと思うので，ここでいくつか代表的な説を列挙しておく。「言語の意味はそれが指し示す現実の対象である」「言語の意味は個別的な心像もしくは概念である」「言語の意味は発話を引き起こす刺激，状況と，発話によって引き起こされる聴き手の行動である」「言語の意味は言語におけるその使用法である」等（立川，1990)である。しかし以上の諸説はいずれも部分的に妥当であるが，意味のすべてを汲みつくしているとは言えない。より一般的に意味を定義しようとすれば次のようになるのではないだろうか。「何にせよ見かけは重要でないものごとがより重要なものごとと密接な関係にあるとわかった時に我々は前者が意味をもっているという。すなわちそれは後者より重要なものごとを意味するのである。(Bloomfield, 1971)」たとえば／hi／という音はそれ自体では物理的な音に過ぎないが，それを聴く主体である我々がその音を日，火，比等に文脈に応じて結びつけた時に，／hi／は意味をもち記号になるのである。だから，意味とは，主体がある現象をある文脈においてその現象と結びつけられたそれより重要と

見做すなにものかのことである。だからそのより重要ななにものかが現実の対象であろうが，心像であろうが，行動であろうがそれは大した問題ではなくなる（立川，1990）。

(b)理解する文脈と主体

ここで，上の文章の中で2つのことに注意してもらいたい。1つは「文脈」であり，もう1つは「主体」である。文脈に関しては，意味は文脈に依存するということである。すなわち，語の意味は文というまとまりの内で問われなければならず，孤立した状態で問われてはならない。これを，意味という語にも適用されなければならない。すなわち，意味という語の意味は文というまとまりの内で問われなければならず，孤立した状態で問われてはならない，となる。すなわち意味とは何かと問うのではなく，意味という語が含まれる文の意味を問わねばならないということである。ここでいう文脈とは状況とほぼ同義である。このような考え方は言語をその他の人間の行為とは別のものと特別視して，言語だけ切り放して扱う方法自体への懐疑となり，言語行為論，社会的行為論へと発展するものであるが，本稿では詳述しない。

次に主体であるが，ある物理的存在が意味をもつにはそれを処理する主体である我々人間が介在するということである。すなわち理解する主体である人間を抜きにして意味に関する理論を構築することはできないということである。理解と言う行為を抜きにしてはいかなる文も単なる図柄でしかない。意味に関する議論をいくら客観的に装ってみても最後のところではそれを理解する我々人間が関与しているのであり，そして関与せざるを得ないのである。我々人間に理解できないような議論は議論にすらなり得ない。理解という行為が非常に我々人間に密着していて，我々自身が気づかないくらい手前にあるので，通常は理解という行為を見逃してしまうが，それを意識的に顕在化しなければならない。したがって意味だけ単独に議論してもむだであり，意味を議論する時には，その意味とかかわる主体であるところの我々人間の理解という行為といっしょに議論せねばならない。

ある事柄の意味はそれとかかわる生物ごとに異なる。すなわち各生物ごとにその事柄の意味の理解は異なる。たとえば「雨」の意味は人間と花では違う。その事柄の意味，すなわちその事柄の意味の理解は，生物の数だけ存在する。

しかし，我々は通常「意味」とだけ書けば，暗黙のうちにその意味とは我々自身にとっての意味であると決めつけている。しかし人間にとっての意味だけが唯一絶対の意味ではないのである。人間にとっての意味は人間以外の数多くの生物にとっての意味と基本的に同格であり，その中の1つにすぎないのである。だから我々人間は，日常的に我々人間が理解している世界の種々の事柄の人間にとっての意味を，ほぼ無意識のうちにその事柄に措定してしまって，その意味がその事柄固有の性質であり，他の生物にも同じ意味を有し，あたかもその意味が客観的に存在するかのごとく見なしている場合が多いが，そのような先入観から我々自身は自由にならなければならない。

だからある事柄の意味とはその事柄が有している意味ではなく，我々人間との共同作業で成立しているものを我々人間がその事柄に付与しているものなのである。その共同作業の人間側の表現が理解であり，対象側の表現が意味なのである。したがって意味とは何か？という形での設問は片手落ちであり，意味の理解とは何か？という形ではじめて設問となり得るのである。

(C) 一人称的意味と三人称的意味

いままでの議論で，「我々人間にとっての意味」，もしくは「我々人間による意味の理解」という表現を用いてきたが，これをもうすこし厳密に議論するためにここで一人称的，三人称的という概念を導入する（渡辺，1994）。心の概念と同様に意味の理解と言う概念も一人称的と三人称的に分けられる。我々は自分で理解という現象を一人称的にわかる。また他者の理解という現象を基本的には三人称的にしかわからない。もちろん一人称的な理解を他者に移入して理解はしているが，本当にその他者の理解と自分の理解が一致しているかどうかは外部観測的にならざるを得ない。

一人称的な意味の理解は我々が自分自身で行なっている行為，すなわち内部観測に基づくものである。「喉が乾いた時に水がおいしい」という文の意味が理解できるのは我々自身が自分でそういう体験を有しているからであり，直観的にわかるからである。これに対し，三人称的な意味の理解とは他者の行為を外から見て判断する場合である。すなわち外部観測に基づくものである。ある人間が四則演算ができれば，その人間は四則演算の意味を理解していると見なされる。この三人称的な意味の理解とは基本的に差異が意味であるような記号

の体系を形式的に処理できることである。たとえば，四則演算の足し算を理解しているかどうかを確認する場合であるが，$1+1=2$とか$8+9=17$とかで，足し算を理解していると判断できるかもしれないが，それだけでは不十分である。なぜならば，掛け算で，$1\times1=2$とか$8\times9=17$とかと答えたならば，その人は，掛け算を理解していないのみならず，足し算も理解していないのである。このように，三人称的な意味の理解での，足し算の意味の理解や掛け算の意味の理解は，それぞれ実体的に存在するのではなく，他との差異に基づいているのである。なお，この一人称的意味の理解と三人称的意味の理解はディルタイの有名な，生の内面からの「理解」と自然法則に基づいた「説明」という，区別（Dilthey, 1907）と類似している。

　このように考えると，差異であるところの記号論的な意味とは三人称的な意味になる。したがって記号論的な意味で落ちているのは一人称的な意味である。三人称的な意味で満足できないということは，我々が自分でわかってしまっている一人称的な意味がその三人称的な意味に含まれていないからである。別の言い方をすれば，三人称的な意味にはそれを理解する主体とそれを理解する文脈が基本的に抜けている。

　一人称的意味と三人称的意味の間には大きな乖離が存在することも強調しておきたい。たとえば，色であるが，簡単のために世界が赤と青の二色しかないとしよう。その場合に2人の人間が同じ色をみて「赤である」と合意したところで，その当人らが見ている「赤さ」が同じ保証はない。すなわち一方の人間の「赤」が他方の人間の「青」であっても言語的対応さえついていれば言語的同意には何の障害ももたらさない。そしてその言語的対応は通常は幼児の時に母親等の身近な他者から教示されるので，その他者とその二色の色に関する差異さえ一致していれば問題ないのである。言語的には問題なのは差異だけであり，その当人らが見ている色そのものは問題にすらならず，その見ている当人にしかわからない。すなわちその「赤さ」，「青さ」は他人には語り得ないのである。色の三人称的な意味は単なる差異でしかないが，色の一人称的意味はその当人が見ているその色そのものである。このように2つの意味の差は大きいのである。

　今まで，「意味の理解」という表現は，一人称的意味の理解と三人称的意味

の理解の2つを指していた。しかし，上述したように一人称的意味の理解と三人称的意味の理解は大きく異なる。この大きく異なる2つのものが同じ語で同一に扱われてきたが，この2つはおのおの別のものとして扱わねばならない。この2つの大きく異なるものを同じ「意味の理解」という表現で同一に扱うことは議論を混乱させるだけである。

三人称的意味の理解は言語（記号）の次元の問題であり，一人称的意味の理解の問題は，正確には感覚と言語の2つにまたがっているのだが，基本的には感覚の次元の問題である。言語は公共的であり，感覚は私秘的である。言語を用いて行なう行為はすべて公共的である。言語を用いて行なう行為とは，会話，思考等がある。会話が公共的であることには異論はないであろうが，思考は1人で行なうので，公共的ではなく私秘的であると思われるかもしれないが，思考とは自分自身という社会的他者との会話であることに注目すれば，会話の一例，特殊な一例である。思考とは，私が私と会話をしているのである。その会話は音声や文字は用いていないが，疑似的な音声（内言，聴覚イメージ）か文字（言語イメージ）が頭のあたりに存在する。このような現象に注目すると，考えるという行為はことばが自分で展開しているのである。その現象を「私」という主語を用いて表現すると「私が考える」と言う表現になるだけのことである。「人間は自分が仲間とコミュニケーションできる限りにおいて，しかもそれと同じ手段を用いてしか，自分自身ともコミュニケーションできない。私は自分と話すことを，私が他者とよぶであろう迂路を通じて学んだのである。私と私の間に媒介者として他者がいる（Varely, 1973）」また言語，思考の公共性はウィトゲンシュタインの私的言語批判とも通ずる（Wittgenstein, 1953）。

3）一人称的意味の理解と想像

前節の冒頭で「言語の意味はそれが指し示す現実の対象である」「言語の意味は個別的な心像もしくは概念である」「言語の意味は発話を引き起こす刺激，状況と，発話によって引き起こされる聴き手の行動である」「言語の意味は言語におけるその使用法である」と4個の意味の定義を述べたが，このうち前者2つが一人称的な意味であると言える。そしてこの前者2つはどちらも基本的に像である。「現実の対象」は実際の知覚像であり，「心像」は表象，イメージ

である。

　我々は，たしかに「理解できた」というような場面では何らかの表象を頭の中で作っている。それが作れない時は理解できないと言うことである。そしてその表象を作る時には想像力を使っている。したがって表象できないということは想像できないということである。たとえば，「黄金の山」は現実には存在しないが想像できる。しかし「丸い四角」は想像できない。したがって，「黄金の山」は想像できるので（一人称的に）理解できるけれど「丸い四角」は想像できないので（一人称的に）理解できないのである。また，3次元空間は想像できるけど，7次元空間は想像できない。これはこのような空間的なものばかりでない。もちろん聴覚的，触覚的なものもあるし，さらには他人の気持を理解する時とか，抽象的な文を理解するときでも，我々は何らかの表象を頭の中で描いているのである。このように考えると「黄金の山」，3次元空間は一人称的に意味を理解できるが，「丸い四角」，7次元空間は一人称的には意味を理解できず，三人称的にしか意味を理解できないと言える。7次元空間の三人称的意味の理解とは，7次元空間に関する記号操作，すなわち7次元線形空間もしくはユークリッド空間等の記号操作ができることである。

　しかしこれに対しては，次のような反論があろう。「我々は事物と表象を介してつながっているわけではない。……ハンマーで釘を打つ時に，わざわざハンマーの表象を使う必要はない。釘を打つことができるというのは，『釘を打つ』という行為に私が馴れ親しんでいるからであり，『ハンマー（そのもの）』についての知識があるからではない。(Winograd & Flores, 1986)」たしかにハンマーで釘を打つ時はそうであろう。しかしだからといって「我々は事物と表象を介してつながっているわけではない」とまで言うのは言い過ぎであって，「我々は事物と表象を介してつながっていない部分もある」と言うべきである。そこでいま，検討しているのは我々が理解する局面である。上記の「ハンマーで釘を打つ」というのを理解する時に，私は何らかのそのような場面を思い浮かべる，すなわち表象を描く。したがってやはり理解する時には表象が必要なのである。その行為をするには表象はいらないかもしれないが，その行為を理解するには表象は必要である。これは，(1)はじめに，で述べた，暗黙知と言語知の問題に関して暗黙知より言語知を重要視すると言ったことに対応す

る。
　想像できるとはどういうことか。それは実際の経験と形式を共有しているということであると言える。想像するとは，実際に経験，知覚した事柄を用いて，色，形，大きさ，組み合わせを変えて適当な表象を作ることである。そしてその時に実際の経験，知覚と共有しているものがあり，それはその形式である。そしてその形式を有する経験は可能的な経験であるとも言える。そのような形式をもたないような事柄を想像することはできない。この形式が一人称的意味の理解の形式である。経験の形式と言うと，カント（Kant, 1787）の認識形式と深く関連があるので，後述する。

　今までの議論で，一人称的に意味を理解できるとは想像可能であるということであり，三人称的に意味を理解できるとは，記号操作できる，ということである。それでは，三人称的な意味の理解と一人称的な意味の理解の関係はどのようになっているのであろうか。

　たとえば，記号操作である四則演算でも，応用がきくような理解をするには，イメージを伴った理解をすることが必要である。イメージ抜きで記号操作を理解するのは，丸暗記することであるが，通常，丸暗記は困難であり，また応用がきかない。多くの人が経験しているであろうが，このような「理解」は身につかない。本当にわかるには，イメージを伴った理解をする必要がある。無意味な記号操作を理解するのは非常に困難であり，イメージに基づく記号操作の理解は比較的容易である。あえて，誤解を恐れずに言えば，数学の多くの記号操作を理解するとは，その記号操作の体系のイメージを理解することである。

　このように，我々は，三人称的意味の理解を一人称的意味の理解に基づいて行なっている，と言える。すなわち，言語的理解，会話，対話等をイメージ等の操作を経て行なっている。日常的な多くの場合は，機械的に，すなわちイメージ操作を経ずして，三人称的意味の理解を行なっているけれど，新しい状況に接した時等はイメージ操作を必要とする。

　なお，用語であるが，「イメージ」と「想像」を同義に用いる。また，「想像」と「想像力」もほぼ同義に使う場合もある。

4）想像，身体等について
　一人称的意味の理解は想像に基づいているが，この想像は，基本的に身体に

基づいている。たとえば（藤岡, 1974）には以下の実験報告が記載されている。「たばこに火をつけて口にくわえているという想像をする時には唇に筋電図が現われた。現われなかった人はたばこを目で追っていたと言うので、眼筋に電極をあててみると目の動きに相当する筋電図が現われた」このように、想像するのは単に大脳だけが働いているのではなく、その想像に関係のある筋肉が参加しているのである。すなわち想像するには身体が必要なのである。これは最近の脳科学の非接触測定（PET, f-MRI）等の実験によっても裏付けられている。たとえば（Porro et al., 1996）は次の報告をしている。「自分のペースで指を使った運動を利き手で実際にやらせるタスク（MP）と想像させるタスク（MI）を14人の右利きの被験者に課して、f-MRIをつかって中心領域の活動の強度および空間分布を計測した。コントロールタスクとしては視覚的な想像を行なわせた。その結果、MIとMPが大脳皮質において神経回路網を共有していることがわかった」すなわち我々は想像する時に、仮想的に身体を動かしているのであり、想像を行なうには身体が必要なのである。

しかし、上記の想像は、（自分自身の）身体運動の想像である。一般的な想像ではない。馬が走っているのを想像しているのではないし、豚が飛んでいるのを想像しているのでもない。また詩を読んでいる時の想像でもないし、抽象的な哲学書を読んでいる時の想像でもない。したがって、上記の実験で確認したことは、「（自分自身）の身体運動の想像は、仮想的な身体運動である」である。一般的な想像に関しては、このような知見は何も得られていない。

サルトルは想像的意識を、感性的な知覚と概念的な知との間、無意識と反省的意識の間に位置づけた（Sartre, 1944）。またイメージとはベルグソン（Bergson, 1896）によれば、「我々が感覚器官を開ければ知覚され、閉ざせば知覚はされないが依然としてあるがままに存在する、そういうものであり、つまりは素朴な常識が信じている通りの物質である」「物質とは我々にとってのイメージの総体である」となる。イメージとはものの形もしくは輪郭だけなのではなく、もののまるごとの姿、その姿のうちにある質（物質）を備えているのである。さらに、イメージは慣性、惰性等の物質性を備えている。これはイメージ操作が仮想的な身体運動であることからもわかる。このようなイメージは2つの面（感性と概念）を有するので、これが認知科学でのイメージ論争に

つながると考えられる。さらに，このイメージの二面性はカントが指摘した，悟性と感性の両方にかかわる図式の必要性，そのものである（Kant, 1787）。

5）想像力批判の必要性

本節の議論をまとめると，意味の理解は，一人称的意味の理解と三人称的意味の理解に分けられる。一人称的な意味を理解できるとは想像できることであり，三人称的な意味を理解できるとは記号操作できることである。三人称的意味の理解（記号操作）は一人称的意味の理解（想像）に基づいている。したがって，議論は想像へと収斂していく。想像が重要なのである。しかし，我々は想像に関して，あまりよくわかっていない。（自分自身の）身体運動の想像に関しては仮想的な身体運動であることが確認されているが，その他の一般的な想像に関しては，特にこれと言った知見は何も得られていない。想像を知ることが急務なのである。

想像力は，今までの学問の歴史では，嫌われものであった。想像力は曖昧で，いい加減で，不透明であるから，絶対性，厳密性，透明性等を好む哲学，もしくは哲学者には，嫌われてきた。しかし，人間の認識，言語行為の現場を直視するならば，その基盤ではこの曖昧でいい加減で不透明な想像力がうごめいていることを認めざるを得ない。想像力抜きでは認識，言語行為は不可能なのである。想像力抜きで，認識，言語行為を語ることはできないのである。現に，この文自体を理解するのに，（読者の）多くの想像力がうごめいているであろう。

想像力が曖昧で，不透明ならば，その想像に基づく我々の認識，言語行為も，やはり，曖昧で不透明なのである。したがって想像力を認識，言語行為の基盤として，認めることによって，哲学（者）が好む，絶対性，厳密性，透明性等はある程度失われるであろう。しかし，想像力が人間の認識，言語行為に不可欠であるのだから，自らの好みに合わずとも，その事実を認め，絶対性，厳密性，透明性等が失われるのを受け入れざるをえないのである。

しかし，我々は，想像（力）の曖昧さをそのまま甘受するわけではない。可能な限り，想像（力）の曖昧さを排除すべく想像（力）に関する知見を得べく努力しなければならない。それは，1つには，上述した非侵襲計測による想像に関する実験科学的知見の獲得であるが，これだけではない。もう1つは想像

に関する批判が必要である。

　多くの（哲学）議論で，「……を想像してみよう」と言う文句に出くわす。そして，我々は通常，その筆者の言う通りに想像できたとして，その議論に参加する。しかし，正直なところ，多くの言説の「想像してみよう」には，想像不可能なものも多いのではないだろうか。想像できないにもかかわらず，想像できたふりをしているのではないだろうか。想像できないにもかかわらず，想像できたとして行なわれる議論は意味があるであろうか。それは不毛な議論であり，排除すべきものであろう。（哲学的）議論はこの手の想像できないことを想像できたとして進める不毛な議論が多いのではないだろうか。想像できる限界を設定し，想像できないことを用いた議論は排除すべきではないのだろうか。

　これはちょうど，カントが，認識に関して，認識し得ないものに関する不毛な議論を排除しようとしたことや，ウィトゲンシュタインが，言語に関して，語り得ないものに関する不毛な議論を排除しようとしたこと，と共通の問題意識である。カントは，人間が，理性をその能力の限界を省みずに使用しているとして，理性の限界設定を試みた。しかしながら，理性の問題の基盤には，言語の問題が存在することがわかってきたので，ウイトゲンシュタインは，言語の限界設定を試みた。そして，さらに，言語の問題の基盤には想像力の問題があり，その想像力の使用に関してはほとんど野放図の状態である。想像力がその能力の限界を省みられずに使用されている。したがって，想像力の限界設定，すなわち想像力批判が，今，必要なのである。

　想像は心理学もしくは認知科学的にはいくつかの解釈が可能であろうが，そのような解釈は記号処理の一種であり，その記号処理を行なう時にもやはり想像が必要である。ここでは，想像は人間の記号処理の最も基本的な要素であり，他のもので解釈されるような二次的なものではない，という立場を取る。

　すべての言説には，未定義語が必要である。それは，経験とか，意識とか，言語とかであったりする。本稿の言説では，その未定義語は，想像（力），イメージである。経験，意識，言語を未定義語として多くのことが語られてきたが，想像（力）を未定義語とした言説はほとんど見受けられない。そのような言説が必要なのである。

(4) 記号的人工知能の限界

 ここでは，一人称的な意味の理解をソフトウエアで実現することが不可能であることについて述べ，ソフトウエアで実現できるのは差異が意味であるような記号操作に基づく三人称的な意味の理解だけであることを述べる。そしてその三人称的な意味の理解の中で最も一人称的な意味の理解に近いものを考える。それがソフトウエアで実現できる人工知能，すなわち記号的人工知能の限界である。結論としては，「三人称的な意味の理解の中で最も一人称的な意味の理解に近いものは一人称的な意味の理解の形式の記号操作である」となる。一人称的な意味の理解の形式とは想像の形式である。

1) 人工知能はどのように批判されるか

 (2)で述べた人工知能不可能論は一人称的意味を理解する人工知能を作成できないと言っていることとほぼ同義になることがわかる。すなわち「意味を理解できないから，本当の知能を実現することができない」とは「我々自身が一人称的に意味を理解してしまうような形で，人工知能が理解することはできないので，本当の知能を実現できない」と言っていることと同義である。そして先にも述べたように我々自身が一人称的に意味を理解できるのは，志向性，身体を有しているからであり，これらを所有しない限り，一人称的な意味の理解もできないし，本当の知能も実現できないのである。

 いくら三人称的に知能をうまく模倣できたとしても，我々は一人称的にわかってしまうために，「自意識がないから，それらしくふるまっていても，それは本当に理解してそうしているのではない」とか「志向性がないから人工知能とは言えない」とか「身体がないので，本当にわかっていない」等の批判ができるのである。

 これがこうもりならばそうはいかない。我々はこうもりの気持ちはわからない。こうもりの人工知能を作るとすれば，我々は，外部から観測をして，データを集めて，モデルを作って，データに合うようにパラメータを調整したりするであろう。そしてもしこうもりの人工知能ができたとするならば，それがこうもりの人工知能かどうかの試験は，やはり外部から観測して判断するしかないであろう。こうもりの場合は，人間の場合に使えた自分自身でわかってしま

うという方法は，使えないのである。すなわちこうもりの一人称の人工知能は作れないので，こうもりの人工知能を作った場合には，それが正しいかどうかを調べるには外から観測するしかない。

ところで，人工知能を批判する時でも，言語知が本質的で，暗黙知は非本質的であると言える。なぜならば，人工知能を批判する場面では，我々が一人称でわかってしまうから批判できるのであり，その一人称でわかってしまうのは言語知であり，暗黙知ではない。暗黙知は我々自身にもよくわからないのである。だから，ある人工知能を批判する時には，言語知で批判できても，暗黙知では批判できない。

2）記号的人工知能では一人称的意味の理解は実現できない

人間の人工知能をどう作ろうが，必ず我々人間は自分で一人称的に理解してしまうので，それは人工知能ではないと批判できるのである。それでは，その批判に答えるにはどうしたらよいか。身体，自己意識を実現すればよいのであるが，これはロボットになってしまう。したがって，人工知能不可能論者に対する回答は，ロボットによる人工知能の実現となる。それでは，記号的人工知能（計算機上のソフトウエアによる人工知能）では一人称的意味の理解はできないのであろうか。計算機には身体がないので，想像ができないので，一人称的意味の理解はできない。しかし，身体がなくても想像をソフトウエアで模倣できないであろうか。

想像の一部である身体運動の想像に関しては，仮想的な身体運動であることがわかっている。ソフトウエアで（仮想的な）身体運動の模擬的実現ができるであろうか。我々の身体はこの世界の因果律の束縛の中で動いている。これに対しソフトウエアは，その因果律から開放されている。ソフトウエアで身体運動を模倣するには，身体が，現実の世界，宇宙で受けている因果律，法則をすべて枚挙せねばならない。現在の人類の有している，世界，宇宙に関する知見がすべてであれば，すなわち，我々人類が世界，宇宙のことをすべて知っているのであれば，その知見に基づいてソフトウエアで因果律，法則を模擬的に実現することができる。現在の人類は世界，宇宙のことをすべて知っているであろうか。筆者はそうは思わない。人類にわかっていない法則，因果律は無数にあるであろう。したがって，現在の人類はこの世界，宇宙のことをすべて理解

していないので,現段階(西暦1999年)で,ソフトウエアで身体運動を模擬的に実現するのは不可能である。したがって,人工知能を実現するために必要であるとされる想像の一部である身体運動の想像をソフトウエアで模擬的に実現するのは不可能であるとする。身体運動の想像の模擬的実現ができないので,想像が完全には模擬できない。それゆえに,一人称的意味の理解はソフトウエアでは実現できないのである。

記号的人工知能にはロボットは含まれていない。すなわち実世界を動き回る能動的な計算機であるロボットによる自己の実現に基づく人工知能の可能性は否定しない。したがって「ソフトウエアで実現できる人工知能」はロボットと比較すれば観想的な人工知能といえる。この「観想的」とは動き回らずに座って考えているだけで世界のことを認識しようとする態度のことであり,人間の認識という行為を他の行為と同様な一行為として扱うのではなく,他の行為とは別の特権的なものとして扱う態度のことである。この観想的な態度は近世の認識論の背景に存在するものであり,従来の人工知能も踏襲してきたものである。また将来の計算機による人工知能の可能性も否定するものではない。

3) 記号的人工知能の限界は一人称的意味の理解の形式である

現在の計算機で,一人称的意味の理解を可能にする人工知能は作成できないとすると,それでは記号的人工知能でできるのはどこまでなのか。すなわちソフトウエアで,どこまで一人称的意味理解に迫れるかという問いが出てくる。ところで,ソフトウエアで実現できるのは,差異が意味であるような記号操作の範囲,三人称的意味理解までである。しかし記号体系は種々ある。ある記号体系は全然一人称的意味理解と関係ないかもしれないし,ある記号体系は一人称的意味理解と関係あるかもしれない。我々は,その記号体系の中で一人称的意味の理解に最も近い記号体系を選択したい。その最も近い記号体系の記号処理を計算機上に実現することが記号的人工知能の限界である。そしてその一人称的意味の記号体系に最も近い記号体系とは一人称的意味理解の形式の体系である。この一人称的意味理解の形式の体系とは,一人称的意味理解を記号操作(三人称的意味理解)の世界に射影したようなものである。

この最も近い人工知能とは,自然知能である人間に現象的にそして機能的に最も近い人工知能という意味である。すなわち良くも悪くも人間に似ていれば

よいという立場である。したがって、人間が不得意なことはできなくてよい、もしくはできない方がよいという立場である。

一人称的意味の理解の形式とは、想像の形式である。形式は記号操作可能であるから、形式と言うことは、同時に、言語的もしくは記号的形式を意味する。したがって、想像の形式とは、想像の言語的（記号的）形式であり、これは想像の言語的側面であるメタファーの形式になる。

(5)経験を可能にしているメタファー

想像の言語的側面であるメタファーについて述べるのだが、その前に、経験を可能にするようなメタファーの形式が経験の形式になっていて、この経験の形式がカントの先天的な認識形式の拡張なので、まずカントの認識論を概観し、その認識の形式が、拡張、転換されることによって、我々が求めている経験の形式になることを述べる。そしてそれはレイコフとジョンソン（Lakoff & Johnson, 1980）以来注目されている類いのいわゆる死んだメタファーであることを述べる。そして最後に論理もそのメタファーの1つであることを述べる。

1）先天的な認識の形式について―カントの理論―

カントは純粋理性批判で経験を可能にしているような条件、形式を明確にしようとした。理性がどこまで語り得るのかを、すなわち理性の限界を設定しようとする試みを行なおうとした。この理性の限界設定にかかわる議論は、カントの結論自体は種々問題があるにしても、今日でも示唆に富むものであり、その有効性は否定できない。

カントの議論は、我々人間が知覚、認識している通りに世界は存在しない、ということであり、我々人間は種々の知覚、認識の形式を有しているのであり、それらの形式は経験によって得られるのではなく、先天的に有しているのであり、我々の知覚、認識はそれらの形式を通してしか可能ではないということである。すなわち、我々はすべて経験から学ぶのではなく、その経験をそうとしか経験できないような先天的形式が我々に備わっているということである。別の言い方をすれば外界の存在の形式を人間の認識の形式に転換したのである。カントは自分の理論を経験的実在論であるけれども超越論的観念論であると言っている。これは経験的に、すなわち常識的に考えた場合の対象の実在性を否

定はしなけれども，超越論的には，すなわちメタ的にはその対象の観念性を主張するものである。その先天的な認識形式は感性の形式と悟性の形式に分けられる。

　感性の形式としては時間と空間がある。3次元空間はふつうに考えれば世界の存在の形式である。しかしすこし考えてみれば，その3次元空間は我々人間の認識形式であるかもしれない。すなわち，我々人間が世界をそう見ているだけで，「本当に」世界が3次元として存在していないかもしれない。ひょっとすると我々人間より高等な知性が存在しその知性にはこの世界は6次元に見えているかもしれないし，空間，次元とはまったく異なる枠組で世界と接しているかもしれない。

　悟性の形式としてはいくつかの純粋な概念であるカテゴリーとそのカテゴリーを客観的に使用するための数個の原理がある。このカテゴリーは現在で言えば論理である。現在の論理学との厳密な対応は取れないが，たとえば，分量は述語論理の存在記号，全称記号と関連するし，関係は述語記号と関係するし，様態は様相論理と関連する。当時の論理学のレベルからしても，カントのこのカテゴリーの部分にはそれほど忠実である必要はないであろう。後述するが，論理もメタファーの一種として取り扱う。原理は，カントによれば，先天的な認識を基礎づける先天的な総合判断を言うが，これは対象の対象性を可能ならしめるものとしてとらえられ，それゆえ，上記の原理は対象の対象性の制約であり，換言すれば，経験一般の可能性の制約である。上記の原理は後述するメタファーにつながるものである。たとえば直観の公理の原理，知覚の先取的認識の原理は空間のメタファー，存在のメタファー，容器のメタファーにつながるものである。

2）経験の形式

　ところでこのような形式は本当に先天的に人間に具備されたものなのであろうか。後天的に学習等で獲得した形式ではないのであろうか。これに関しても，多くの議論があり，後天的であると言う人も，先天的であると言う人もいる。しかし発生心理学的な議論，もしくは哲学的な議論をひとまずおいて，発育終了後のふつうの人間に話しを限定すれば上記の3次元空間みたいな経験の形式は「先天的」であると言ってよいであろう。後天的であるか先天的であるかの

いつ終わるともしれない議論に拘泥したくないので，そのような形式を発育終了後の通常の人間が有していればよいとする。これは先天的認識形式の非先天的認識形式への拡張を意味する。

次にその認識形式であるが，たとえば空間という形式が存在形式なのか認識形式なのかは議論のあるところであり，どちらが正しいかは決着がつかないかもしれない。本稿では，やはりこのような議論に捕らわれたくないので，これらの形式が存在形式か認識形式かは議論せず，経験の形式として理解しておく。たとえば，空間という形式が存在形式か認識形式かはわからなくても，我々人間の経験の形式であることは否定できない。すなわち我々人間には世界は3次元に見えるのであり，我々人間は世界を3次元空間として経験，理解しているのである。

さらに，経験の形式を究明するには，カントのように純粋意識だけの制約を考えているだけでは不十分である。知覚の制約としての身体，さらには人間の日常的な関心を究明する必要がある。そして客観的に妥当し得る経験の形式を求めるには，言語に先立つ意識，内観において問うのではなく，言語自身において問わなければならない。したがって，もともとカントでは心理次元にあった問題設定を心理次元から言語次元へ転換せねばならないことになる。

3）メタファー

以上のように問題設定を転換すると，我々の求める経験の形式とは，我々人間の経験を可能にしているような，すなわちそれなしでは経験自体が成立しないようなメタファーになる。そして特に死んだメタファーが重要である。ここでいう死んだメタファーとは「彼は一匹狼だ」のような文学的なメタファーではないという意味である。たとえば「彼女の気持ちは私に伝わって来なかった」は導管のメタファーである。「気持ち」が「彼女」と「私」をつなぐ導管の中を「伝わって来る」と表現していて，「気持ち」を導管の中を流れるものとしている。このようにメタファーで我々は表現するし，さらに言えばこのようなメタファーを用いずに表現することは困難もしくは不可能である。レイコフとジョンソン（1980）では，「思考過程はメタファーで成り立っている」「概念体系がメタファーによって構造を与えられ，規定されている」と述べている。

次の文は（瀬戸，1995）に載っている長尾真「人工知能と人間（長尾，

1992)」の一部分である。

　「人工知能研究は人間の知的活動がどのようなものであるかをコンピュータプログラムで模擬的に実現することによって，その内容を明らかにしようとするものである。これは公理論的立場，経験主義的立場のいずれにも共通しており，両者ともにこれを実現するのに記号を基礎におく。これには記号論的立場の記号という意味が含まれてはいるが，もっと単純にアナログに対するディジタルという意味合いが強い。……」

　上記の文中のメタファーは次の通りである。

［もの］：存在のメタファー　［内容］：容器のメタファー
［明らか］：視覚のメタファー　［立場］：空間のメタファー
［共通］：空間のメタファー　［両者］：擬人のメタファー
［基礎］：建築のメタファー　［含まれ］：空間のメタファー
［対する］：空間のメタファー　［強い］：力のメタファー

　この例からも，メタファーは非常に多く使われていることがわかる。抽象的な表現は一般的にメタファーに基づく表現であり，身体性等に基づく（共同）主観的な表現であるとも言える。

4）メタファーの物質性

　メタファーは，文ではあるが，必ずしも命題ではない。ここで命題とは，真理値をもつ文のことである。「彼は犬だ」を命題として扱い，字義通り解釈すればこの文は偽である。また「彼女の気持ちは私に伝わって来なかった」も同様であり，この文を命題としてして扱い，「伝わる」を字義通り解釈すればこの文も偽になってしまう。このように，メタファーを命題として扱えば，メタファーはほとんど偽になってしまう。このように，メタファーは命題として扱うことも形式的には可能であるが，そうすれば我々の言語行為が機能しないので，実質的には不可能である。このような文を半命題と呼ぼう。メタファー等の半命題は，命題のように何らかの解釈（L1→L2）に基づいて現実世界に照らし合わせ（L2→W1）て，真か偽かを判定されるような文ではなく，その逆に，その文が真であるように現実世界を解釈（W1→W2）せざるをえないような文なのである（図2-1-2参照［菅野，1985］）。

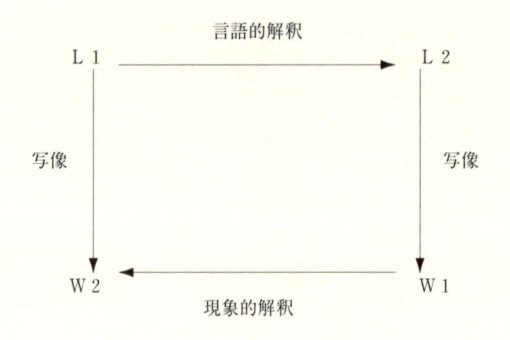

```
          言語的解釈
    L1 ─────────────▶ L2
    │                  │
写像│                  │写像
    │                  │
    ▼                  ▼
    W2 ◀───────────── W1
          現象的解釈
```

図2-1-2 メタファーと世界

　このような半命題は，メタファー以外にもある。たとえば「私は人間である」というような文である。この文を命題として扱おうとすることは可能である。すなわち，何らかの解釈に基づいて，この文を解釈して真か偽かを判定しようと試みることは可能である。判定を試みることは可能でも，判定するのは不可能であろう。我々は自分が人間であるということを前提にして生きているのであって，このようなことを疑問の対象にすることはできても，それはそのようなことができるというだけで，現実にそのような疑問に答えることはできない。「私は人間である」というような文は疑問の対象になるような文ではなく，むしろそれが真であるとしなければ，すなわち，そのように信じなければ，我々自身の生活，知識体系が成立しないような文である。すなわち，「私は人間である」は我々の言語行為の前提であり，我々の言語行為を支えているのである。このような文は，真偽を問われるのではなく，他の真偽を問えるような文，すなわち，命題を解釈する時に使われるような文である。多くのメタファーも同様であり，他の真偽を問える命題を解釈するのに使われるような文である。

　このように考えてくるとメタファーを始めとする半命題は従来のモデル論的意味論が問わずに所与のものとしてきた記号とモデルの対応関係を具体的に与えるものであることがわかる。すなわち，モデル論的意味論を補完するものであるともいえる。

　また，上記のようなメタファーの性質は，メタファーが仮想的な身体運動である想像の言語的側面なので，想像が有している慣性，惰性等の物質性を備え

ている，とも言える．

5）メタファー理論について

メタファーに関しては種々の理論があるが，ここでは必要最小限のことしか述べない．詳細は（瀬戸，1995），（菅野，1985），（Johnson, 1987）等を参照．

「あの学者は政治家のようだ」のように「ような」「ごとく」を用いた，あるものごとを別のものごとと比較して表現する方法を直喩という．「あの学者は政治家だ」はメタファー（隠喩）である．メタファーは，直喩の「ような」「ごとく」が省略された短縮形であるというのが，比較説である．類似説とも言われる．この説が最も長く受容されてきた説である．この説では，「AはBである」のAの意味もBの意味もすでに確定していて，その2つを比較しているだけであり，隠喩によって新しい意味を創造するということはない，としている．これに対して，リチャーズ（Richards, 1936），ブラック（Black, 1955）等は，メタファーおよびメタファー的想像力が，我々の経験に新しい構造を創造すると主張した．すなわち，メタファーはあらかじめ存在する類似性を報告するのではなく，その類似性を現実に創造するのであり，メタファーはすでに存在する概念の単なる別の概念での言い換えではなく，新しい概念の発見であり，創造なのである（菅野，1985）．

メタファーに関する理論はレイコフとジョンソンの「レトリックと人生」（Lakoff & Johnson, 1980）によって大きく転換した．彼らは日常言語の存在基盤にメタファーを見た．たとえば「意味が伝わらない」は「意味」を導管の中を流れるものとして表現している．すなわちここでは「導管のメタファー」を用いている．このような装飾としてではない日常のメタファー，思考や行動を条件付けている本質的・深層的認識への転換を彼らは強調した．

(6) メタファーに基づく人工知能MBAI

記号的人工知能の限界であるメタファーに基づく人工知能MBAIの素描を行なう．このシステムは単独で何か現実的な問題を解決するというわけではなく，他の具体的なシステムといっしょにそして背景で動くものである．

1）構成

基本領域とそれが投射される応用領域から構成されている．図2-1-3参照．

基本領域とはたとえば，以下の通りである。空間で言えば内外（包含），上下，前後，等であり，その他には道，周期，容器，充満，建築物，導管等がある。応用領域とは上記の基本領域が投射される領域であり，たとえば，経済，教育，政治等の領域がある。

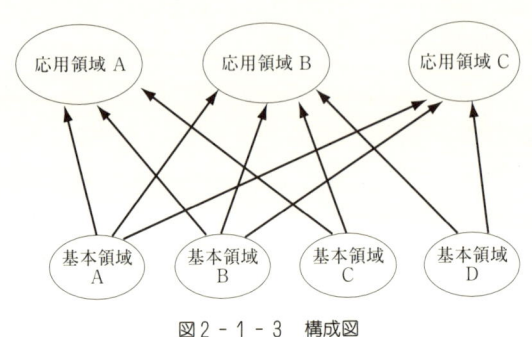

図2-1-3 構成図

2）基本領域

レイコフ，ジョンソン，瀬戸等がいくつかの領域をあげているが，それぞれ異なる。たとえばジョンソンが列挙した基本領域は以下の通りである（Johnson, 1987）。容器，妨害，力の可能性，道，周期，部分―全体，充満―空虚，反復，表面，バランス，対抗力，牽引，つながり，遠―近，境界，適合，接触，対象，強制，制止の除去，質量計算，中心―周縁，はかり，分割，重ね合わせ，過程，集められたもの

3）基本領域の形式

各基本領域にはその形式が存在する。たとえば，包含のメタファーの形式は（古典，直観主義等の）命題論理である。たとえば空間メタファーで包含の次に基本的なメタファーであると考えられる上下に関する形式の1つは，上下を導入したベン図（図2-1-4），すなわちある方向に非対称なベン図の包含に関する，命題論理と同様の形式的な体系になるであろう。別の形式としては様相演算子を用いた形式も考えられる。建築のメタファーの形式としては，設計，基礎，主構造（床，壁，屋根），副構造（柱，窓，ドアなど）が考えられる。これはいわゆる人工知能でのオントロジーである。したがって，論理とオントロジーとはメタファーの基本領域の形式としては同一視される。この基本領域の

形式は一意に決まらない。包含の形式として古典命題論理と直観主義命題論理の2つがあるのがその例である。

4）応用領域への（組み合わせ的）投射（推論）

たとえば建築→理論，戦争→議論，金→時間等の投射がある。また組み合わせ的投射としては建築，戦争→理論，議論等がある。この投射が頻繁に使われているのが，死んだメタファーであり，あまり使われないのが生きたメタファーである。そして頻繁過ぎて固定化されたような投射は死んだメタファーというよりは，基本領域に戻ることが語源を知ることになるようなものであろう。さらに初めて使われるような投射は文学的なメタファーなのであろう。

5）形式的表現方法と自然言語との対応

たとえば，「この文章の意味が伝わる」は導管メタファーであるが，これのメタファーレベルでの表現の一例は「動き（導管 in 文）」となろう。なお，1つの自然言語表現に対応するメタファー表現は1つではなく複数存在する。逆に1つのメタファー表現に対応する自然言語表現も複数存在する。

6）他の人工知能との比較

メタファーに基づく人工知能（以下MBAI）と言っても，結局記号処理システムであることには変わりはないのである。そうするといったいどこが従来の人工知能と違うのであろうか。

従来の人工知能を現実世界におくと，非常に硬直した動きしかできず，環境に柔軟に適応することができない。すなわち，あらかじめ想定された状況では適切に処理はできるが，想定されなかった状況にはほとんど無力である。これは，一言で言うと，意味を理解していないからである。MBAIは想像ができるので，正確に言うと，想像の形式の記号操作ができるので，想定されなかった状況でも対応できるのである。

最も基本的な例は包含のメタファーであろう。この場合にMBAIには包含はわからない。しかし包含を理解している人間が包含を理解していない人間に具体的な図を用いずに記号操作のみで教える場面で行なう記号操作，すなわちその1つの形式化である古典命題論理を記号的に操作する限りにおいては，MBAIは同等の能力を有するのである。したがって従来の人工知能も古典命題論理を実装しているのならば，包含のメタファーを（三人称的に）理解して

いるのである。したがって包含のメタファーに関してはMBAIと従来の人工知能の能力は同じである。しかしそれ以外では異なるのである。MBAIでは包含以外の種々のメタファーを実装する。空間のメタファーで言えば，たとえば上下，前後等のメタファーであり，他の基本領域では，容器のメタファー，道のメタファー，建築のメタファー等々である。たとえば建築のメタファーの形式化としては，設計，基礎，主構造（床，壁，屋根），副構造（柱，窓，ドアなど）の関係が記述されることになる。詳細に関しては，（月本，1999）を参照。

(7)メタファーと論理の関係について

論理は，我々人間の認識の形式という側面を有している。したがって，論理は，経験を可能にするようなメタファーと深く関係する。そこで，最後に，メタファーと論理の関係について述べる。

1）包含の形式としての命題論理

命題論理は通常は，文単位の論理，もしくは（かつ，または，等の）接続詞の論理と考えられている。しかし，論理を，想像力の言語的側面であるメタファーの形式であるという観点から考えると，命題論理は空間メタファーの中で最も基本的な包含のメタファーの形式である。ベン図（図2-1-4）は命題論理を理解する時に補助的に使われる図であるが，単なる補助手段でなく，基本的なものであることを主張したい。なぜならば，我々は命題論理の計算規則なしで，このベン図だけで包含は理解できる。しかし，ベン図なしで命題論理の計算規則だけで包含を（一人称的に）理解することは，非常に困難であるか不可能である。したがって，命題論理よりもベン図の方が我々人間の理解にとって，

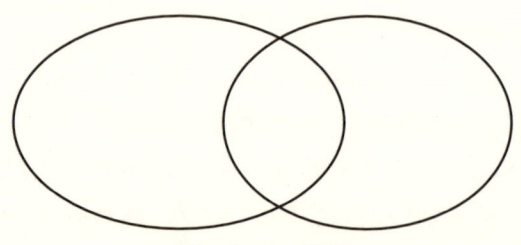

図2-1-4　ベン図

より基本的なものなのであると言ってよいと思う。

　命題論理と言っても，古典，非古典いくつか存在する。古典命題論理はベン図の線の部分を独立したものとみなさない包含の形式化であり，直観主義命題論理はその線の部分を独立したものとみなした包含の形式化である。その他の非古典命題論理のいくつかはこのような解釈ができるかもしれないし，また別のいくつかはこのような解釈ができないかもしれないが，それは重要な問題ではない。なぜならば非古典命題論理は古典論理の規則を部分的に除去等して作られたものであり，包含等のメタファーの基本領域と対応が取れるように，その規則の除去はなされていないからである。したがって，包含等のメタファーの基本領域と対応がとれないような命題論理は，記号論理であることにはまちがいないが，現実世界での理解可能なモデルをもてないので，単なる記号操作体系にしか過ぎないと言ってよいと思う。

２）論理と自然言語の対応について

　次に，古典論理（以下「古典」を省く）と自然言語の関係について簡単に触れる。通常，雑な言い方をすれば，論理は自然言語の形式化であると言われている。しかし我々人間は，ものを考える時は自然言語を用いてはいるが，想像力すなわちメタファーに基づいて考えているのであるから，「ものの考え方のパターン」である論理は，自然言語の形式化であるというよりは，想像力すなわちメタファーの形式化であると言える。

　論理と自然言語の間には乖離がある。論理和，論理積，論理的否定，論理的含意等の論理接続詞が自然言語の接続詞と対応がとれないという問題が存在している。たとえば最も典型的なのが論理的含意であり，論理的含意の違和を除去するために適切論理という論理も研究されている。あまり議論されないが，論理的含意以外の論理接続詞にも違和がある。たとえば論理積は日本語の「かつ」と対応するが，英語の"AND"とは対応しない。たとえば"He is…"に対して，"He and she are…"となり，"AND"により量的に増えるが，これは論理的"AND"とは合致しない。英語の"AND"は日本語の「かつ」と「と」に対応し，「と」は論理積とは対応しない。また"OR"に関しても，"He or she is…"であり，"OR"により量的に増えないが，これは論理的"OR"と合致しない。否定に関しても同様に，論理的否定と自然言語の否定は

対応がつかない。

しかし上記のように，命題論理を包含のメタファーの形式化であると考えれば，論理は自然言語の直接的な形式化ではなくなり，論理的接続詞が自然言語の接続詞と対応がとれていなくともよいことになる。すなわち自然言語と論理の対応がつかなくてよいわけである（図2-1-5参照）。

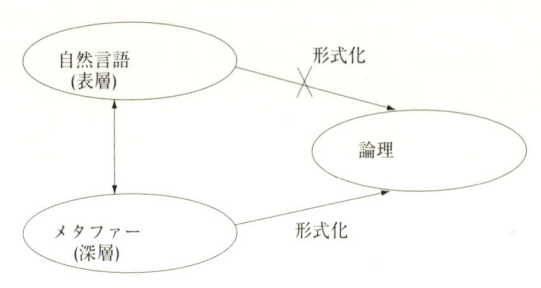

図2-1-5 メタファー，自然言語，論理の関係

3）述語の「命題化」

さて，次に述語であるが，たとえば，「AはBに含まれている」をIn（A，B）と2項述語Inを用いて書くこともできる。以降，簡単のためにこの記法を述語記法と言う。ところで包含は，現在の命題論理の論理和，論理積，否定を用いなくてもInのような述語を用いて述語記法で書ける。しかしこれを述語記法とせずに特殊な記号としたのは，これらが最も基本的な空間メタファーである包含のメタファーの形式だからであろう。そこで以下で，現在の命題論理と述語記法について簡単に比較する。

In（A，B）とソフトウエアで実装しても，計算機にはその包含の意味はわからない。In（A，B）ではなく，Out（A，B）と書いてもスペルの違いを除けば同じである。人間はこのIn，Outという英語表現から内，外を読みとれ，現実世界の内，外を想像することができるが，計算機にはそれができない。個々の（表層的な）自然言語の語彙は単なる人間向けの註にしか過ぎない。計算機にわかるのは単にスペルの違いだけであるが，我々が計算機にわかってもらいたい違いはスペルの違いではない。

しかし，ブール代数でも形式体系のLKでもよいが，命題論理の記号操作をソフトウエアで実装すれば，計算機は少なくとも，包含の（一人称的）意味は

わからなくとも，包含の記号操作はできる，すなわち三人称的に意味の理解はできる。たとえば In（A，B）OR Out（A，B）＝T（真理）と書けば，In，Out に他の記号操作とは違う何らかの関係を与えたことになる。もちろんOR，＝，T はこの式で同時に定義されることになる。包含に関するこのような関係をきちんと与えたのが命題論理である。この命題論理の記号操作が他の記号操作と違う点は命題論理が包含の形式的な意味であるということである。

述語記法で表現可能な包含が命題論理として形式化できるのであるから，他の述語もその（基本）領域の形式化を行なうことで「包含」のように「命題論理」で記述することが可能ではないかと考えられる。これは現在の述語論理で述語表現されている述語を「命題論理化」することを意味する。このような「命題論理化」により，計算機はその述語の三人称的意味を理解できるのである。たとえば，Father（x）と書いても計算機は父親の一人称的意味も三人称的意味もわからない。父親，母親，子ども等の家族に関する関係を定義することによって，はじめて父親の三人称的意味が計算機にはわかるのである。

4）差異に基づく意味

前項で述べた三人称的意味とは，差異に基づく（記号論的）意味のことである（Saussure, 1916；丸山, 1981）。包含の形式化である命題論理と上下の形式化である論理（これを「上下論理」とよぶ）は記号操作の体系が違う。記号処理の範囲では，この記号操作の差異が意味なのであり，これ以外の意味はあり得ないし，これ以外もしくは以上の意味を求めるには現実が必要である。モデル論的意味論は，現実を理解している人間にとっては意味論であるかもしれないが，現実を理解していない，すなわち想像できない計算機にとっては意味論ではない。計算機にとっての意味とは記号操作の体系の差異だけなのである。たとえば，包含の形式化である命題論理の（記号論的）意味は，それ単独では，ないのである。なぜならば，それと比較されるべき他の記号操作体系，論理が存在せず，差異が存在しないからである。上下を形式化した論理（たとえば様相論理），もしくは導管，建築等のメタファーの基本領域の記号操作体系が存在してはじめて，包含の形式化である命題論理は，比較されるべき他の記号操作体系を有するので，（記号論的）意味すなわち他の記号操作体系との差異を有し，意味を有することになる。我々人間は身体があり想像力があるので，お

のおのの基本領域の意味すなわちその領域が指し示す現実世界の事柄をわかってしまうが，計算機で実現される人工知能には身体がなく想像力がないので，それができない。

上記のように，差異に基づく意味論を展開する必要があるが，それに伴いモデル論的意味論は重要でなくなる。モデル論的意味論が重要でなくなると，完全性等も重要でなくなる。すなわち証明と真偽との対応はそれほど重要ではなくなる。その代わりに不完全性が重要になってくる。実際の人間の記号処理は完全ではない，すなわち正しいことでも証明できないことが多い。したがって，どのように不完全であるかがむしろ重要なのである。

5）代入とプロトタイプ

述語の代入に関しては，記号操作としての代入処理は一人称的にはプロトタイプで理解していると言える。たとえば，父親（Father（x））は括弧の中に誰か入れればその誰かの父親になるが，述語「父親」を一人称的に理解する時には，すなわち想像する時には，通常は自分の父親を想像する。他の例としては，家具でも同様であり，家具という概念はその典型例（プロトタイプ）で（一人称的に）理解するのである。また，たとえば，「坊主が屏風に坊主が屏風に書いた坊主が屏風に書いた坊主が屏風に書いた坊主の絵を書いた」の文は，「坊主が屏風に（（（坊主が屏風に書いた）坊主が屏風に書いた）坊主が屏風に書いた）坊主の絵を書いた」と構造化され，それなりに理解できる。「坊主が屏風に書いた」は文法的には何回でも挿入できる。すなわち我々はそのような文を文法的に正しい文として受け入れねばならない。すなわち，我々はそれを理解せねばならない。しかし，あまりにもその挿入の数が多くなると，我々は理解できなくなる。我々はそのような文を理解できると言うべきなのであろうか，理解できないと言うべきなのであろうか。この問題は，そのような文は三人称的には理解（記号操作）できるけれど，一人称的には理解（想像）できないということで整理できる。数理論理学に基づいた記号処理の方法では上記の文の代入は何回でもできる。これは三人称的に理解できる，すなわち記号操作できるということに対応する。これに対し，上記の文は一人称的には理解できない，すなわち想像できない。人工知能の記号処理は，この「一人称的には理解できない，すなわち想像できない」に対応する記号処理が望ましいのである。

すなわち，自然知能である人間が何回も挿入のある文を一人称的に処理できないのであるから，自然知能の模倣である人工知能もそのような文は処理できなくてよいし，処理できない方がよいのである。

代入の代わりにプロトタイプで処理するには，近似操作が必要になってくる。近似操作をするには実数を導入する必要があり，このためには論理の方も実数を扱えるようなものでなければならない。このような論理は現在研究されている部分構造論理にいくつか存在する。

今までの議論を整理すると，数理論理学と人工知能のための論理学の対応は以下のようになる。

数理論理学	人工知能の論理
モデル論的意味	差異に基づく意味
代入	プロトタイプ
パターンマッチング	近似
完全性	不完全性

(8) 終わりに

本稿では記号的人工知能，すなわち現在の計算機上のソフトウエアで実現できる人工知能の限界について検討した。まず人工知能不可能論に密接にかかわる身体性，志向性を概観することを通して意味と理解の問題に焦点を当てた。その結果，意味の理解には一人称的意味の理解と三人称的意味の理解があり，人工知能不可能論は基本的に一人称的意味の理解から人工知能の不可能性を主張しているとおさえた。そして記号的人工知能の限界はこの一人称的意味の理解の形式の体系を実現することであるという結論に達した。この一人称的意味の理解の形式とは，想像の形式であり，経験一般の制約であるような形式，すなわち経験の形式であり，これはカントの先天的認識形式の拡張であり，経験に構造を与えるようなメタファーの形式である。今後は本稿で議論しなかった以下の項目を検討する予定でもある。①換喩，提喩，②言語行為論等による状況，③暗黙知，④ロボット

3. 対論

「心はコンピュータ―心は記号を計算する機械である―」の論評

月本　洋

　西川論文の目次は，以下の通りである。

(1)認知科学（心の科学）の基本前提，パラダイム
(2)命題「心は，コンピュータである」，その適否
(3)記号論理学の変遷
(4)オートマトン（受機）と言語
(5)コンピュータから形式ニューラル・ネットワーク（非線形力学系モデル）へ

　内容を概観すると，(1)で，心とは，知を実現するシステムである，と定義して，そのシステムがオートマトンになることを述べている。(2)では，心がコンピュータである，ということを，デカルトやホッブスを引き合いに出しながら，述べている。そして，(3)では，記号論理学の歴史を，アリストテレスから始めて，現代記号論理学，論理回路，(不)完全性定理の順に述べている。そして，(4)では，オートマトンを再説し，(5)では，ニューラルネットワークについて述べている。

　筆者の論評は，いくつかあるが，要約すると，以下の通りである。

①記号計算機械という心の定義が狭い。
②心を記号計算機械と定義すると，それから先の議論は，ほとんど自動的な展開である。
③心を記号計算機械とする定義であるが，記号計算に限定しても，その記号計算にはイメージが必要であり，そのイメージが記号として扱えないので，記号計算だけで機械を作ることができない。別の言い方をすれば，記号計算は記号だけで閉じた系を構成していない。
④記号計算の仕方に関して，（現在の）記号論理学の枠組みをそのまま使って

いるが，それでよいのか。

　まず最初の心の定義だが，心を，記号を計算する機械とし，知を実現するシステム，意味や知を生成するシステム，としているが，たとえば，心の状態である喜怒哀楽が，意味や知を生成しているとは思われない。したがって，心が知を実現するシステム，もしくは，意味や知を生成するシステム，とするのは，心の定義としては狭いし，記号計算にかたよりすぎているように思われる。また，西川氏の，心は記号計算機械という定義に従うとすれば，喜怒哀楽も記号の処理・操作から取り扱うことになると思われるが，その処理・操作の内容が，一定の規則にのっとって行なわれる計算であり，「喜怒哀楽」はこの計算に付随する現象という解釈も可能である。たとえば，計算どおりに行けばうれしいし，計算どおりに行かないと哀しい。しかし，計算はしているが，記号計算をしているのだろうか。記号を広義に解釈すれば，そうかもしれないが，西川氏の記号の定義は数字，言語を中心とした狭義の記号であるから，そうともいえないのではないか。このように，計算という観点から，感情などを位置づけることもできるが，このような感情のとらえ方は，はたして適切なとらえかたなのであろうか。記号計算を重視しすぎているように思われる。

　記号計算と喜怒哀楽のような感情の関係であるが，記号計算が基本であるのか，感情が基本であるのか，と問われれば，進化の歴史からすれば，感情の方が基本的である，と思われる。(あまり，この主張には固執するつもりはないが)

　喜怒哀楽は別にしても，心は意味と知を生成する，とあるが，心は意味や知を生成しなければいけなのだろうか。筆者なんか，そういわれると疲れてしまう。心は，意味や知を生成しているだろうが，生成してなくてもよいではないかと思う。現に，意味や知を生成していない心は多いのではないだろうか。

　なぜこのような記号計算，知を偏重する心の定義を西川氏はするのだろうか。西川氏の心の定義の背後には，西川氏の人間観があるように思われる。筆者が推測するには，西川氏は，人間をかなり合理的な存在，と思っておられるのではないだろうか。だから，合理的な計算を心の中心的な機能とする定義を採用しているのではないであろうか。また，もう１つ，考えられるのは，心に関す

る議論を科学的に行ないたいという欲求である。科学的な議論を行ないたいから，心を記号計算機械と定義するのではないだろうか。

　人間観に関してであるが，筆者は，人間をそれほど合理的な存在とは考えていない。自立した合理的な個人という近代合理主義的人間観は，それほど，現実の人間を的確にとらえているとは思われない。筆者および，筆者の周辺の人間を観察してきた限りでは，人間は，自立もしていないし，合理的でもない。それは，筆者や，筆者の周辺にいる人間が，人間集団としてかたよっているのかもしれないが，そうではないと信じたい。

　科学的議論であるが，記号計算機械ととらえれば，科学的議論ができるというかもしれないが，科学的議論ができたからといって，それが，心の本質的な部分をとらえていなければ，何を議論しているのわからなくなるだろう。記号計算機械という概念が心を的確にとらえているのであろうか。この問いを考えるときには，常識的な，日常的な心の概念を考える必要がある。

　心に日常言語的，あるいは常識的，直感的な思いを盛り込んで，心を議論することは，心を解き明かすことにはあまり貢献しないであろう。心を究明するには，常識的な，日常的な，心の概念に固執してはいけないが，だからといって，常識的な，日常的な心の概念を無視するわけにもいかない。いわゆる素朴心理学の問題であるが，筆者は，素朴心理学の存在をそれなりに認める立場を取る。素朴心理学は，神経科学に解消されないという立場を取る。したがって，心理学などの心に関する科学的議論は，日常的な心の概念をそれなりに尊重すべきであり，日常的な心の概念から逸脱した心の議論は，あまり有意義ではないと考える。

　手垢のついた日常的心の概念をまずは疑ってかかるべきだが，議論の後に戻っていくのもこの手垢のついた日常的な心の概念である。日常的な心の概念が手垢に汚れていようがいまいが，ここの日常的な心の概念より優先されるべき心の概念はない。我々の生の生活を記述，説明できないような心の議論は，あまり有益な議論とはいえないであろう。

　記号計算機械という心は，心としては狭いと述べたが，狭いけれども，それなりに有効であることは認める。しかし，筆者は，そのような記号計算機械で説明できる，もしくはうまく説明できる，心の機能は，あまり多くないのでは

ないかと思う。

　次に，3番目の論評についてだが，筆者は，たとえ，心が記号計算機械であったとしても，記号計算は記号だけで閉じていないので，記号計算機械を構成することはできない，と考える。理由は，記号計算にはイメージが必要であり，このイメージを記号としては，扱えないからである。ちょっと話がズレるが，西川氏は，心は，数字やことばに代表される記号の処理，操作に他ならない，と言うが，ここで，「数字やことばに代表される記号」といっているが，画像等はどうなるのであろうか。人間は，画像も記号として扱っている。画像等を扱えるオートマトンはない。話を元に戻す。人間が行なっている心的表象，イメージ（心像），想像（以降，イメージ）の操作はどのようになるのだろうか。イメージの操作は心の働きである。イメージを記号とするならば，心は記号計算機械になるであろう。しかし，イメージは記号になり得ない。理由は，イメージは，それをイメージする人にはわかるが，他人にはわからないからである。イメージを外に出すことはできない。イメージもどきの画像を描画することはできるが，それはイメージそのものではなく，イメージに似た画像である。数字，ことば等の記号計算に限っても，それらの記号計算を可能にするために，記号計算の外の事柄が必要である。外の事柄の1つは，イメージである。イメージ抜きでは，記号計算は可能にならない。したがって，記号計算を実現するには，イメージが必要であり，そのイメージが，記号でない以上，記号計算機械を構築することはできない。ここでの機械は，オートマトンみたいなものを指す。

　さて，4番目の論評に移る。記号計算の仕方に関して，（現在の）記号論理学の枠組みをそのまま使っているが，それでよいのか，という議論である。西川論文では，記号，計算，論理学，記号論理学と，記号ということばから自動展開的に，議論が進む。現代の記号論理学やその周辺の科学の成果をもちいるのはかまわないが，用いるときに，心を議論するのにそのような成果を用いてよいかどうかの検討がもう少しされてもよいのではないかと思う。いかなる論理的枠組を用いるべきなのかの議論が必要であろう。

　西川論文では，数字とことばを同じ記号としていっしょに扱っているが，数字とことばでは大きく異なる。数字は，数学的に処理できる。論理と集合論で

形式的に議論できる。そのような数字の議論の仕方がよいかどうかは別にして。これに対して，自然言語は論理と集合論では形式的に議論できない。そして，記号の形式体系として，古典述語論理をあげているが，そのような数学的な世界の記号は形式体系化ができるが，自然言語は，そのように形式的には処理できない。少なくとも，現状では，処理できていないし，将来もできないであろう。自然言語は，古典論理のような手法で形式体系化できるほど単純ではない。古典論理と自然言語の間隙は非常に大きいと考える。

西川論文では，論理では記号論理学，言語ではチョムスキー流の言語学をもとにして議論を展開しているが，これには同意できない。現在の記号論理学は，数学のために作られたものである。その記号論理学が，心を語るときに適切であるかどうか，を吟味せずに，そのまま使うのは問題があると思う。心を語る枠組みとして，現在の記号論理学の枠組みが適切かどうかを検討すべきものと考える。結論から言うと，現在の記号論理学を，そしてその枠組み（述語記述，モデル意味論など）を，そのまま心を語る枠組みとして用いるのは，不適切である，と考える。その理由に関しては，「記号的人工知能の限界」の(7)メタファーと論理の関係をご覧いただきたい。

また，言語に関しても，チョムスキー流の言語学の妥当性にも疑問である。構文論，意味論，語用論の区分を無批判に前提とするのにも疑問である。この辺の枠組みが，妥当なのかどうか検討する必要がある。これも，結論から言うと，チョムスキー流の枠組みは，言語現象を記述するには不適切である。たとえば，言語現象を他の現象，たとえば，認知現象から独立して議論するという方法論自体が疑問である。言語現象を記述する枠組みとしては，チョムスキー流言語学ではなくて，認知言語学の方が適切である，と考える。認知言語学は，細かい言語現象の記述に関しては，いまだ，稚拙であるが，その基本的な枠組みは適切である。たとえば，言語機能を，他の機能，たとえば認知機能，から独立した機能とみなすということを否定して，認知機能と言語機能を関連あるものとして扱う。

記号論理の枠組みが心を語るのに不適切であるとすれば，何が適切なのであろうか。筆者は，自然言語の記号計算（の理解）が想像力に基づいているので，その想像力の形式操作が，心を語るときの適切な論理である，と考える。想像

自体は，客観的に，公共的に，科学的に，議論できないので，想像の言語的側面であるメタファー等（メトニミー，シネクドキ）を，議論の対象にせざるをえない。そこで，メタファーの形式操作が論理になるわけである。自然言語の形式体系化の一手法がメタファーに基く人工知能である。

　心理学者ならば，なぜ，命題論理を人間は理解できるのだろうか，と問うべきだと思う。なぜ，命題論理は，他のありようではなく，今のようなようなありようなのかと問うべきではなかろうか。なぜベン図を理解の補助に使うのであろうか。論理はしばしば自然言語を抽象化したものであるという説があるが，論理の最も基本的な核であると思われる古典命題論理は自然言語とうまく対応が取れない。最も有名なのが，ならば（論理的含意）である。しかしこればかりでなく，論理積，論理和，否定も，自然言語とうまく対応が取れない。詳細は「記号的人工知能の限界」をご覧いただきたい。命題論理は，自然言語の文の論理といわれるが，そのような見方は正しくなく，ベン図を形式化したものと見るべきなのである。ベン図は包含を表わしている。したがって，命題論理は，包含の形式化とみるべきなのである。

　包含を述語表現すれば，古典論理の，命題論理の部分はなくなる。なぜ，包含を述語表現して，命題論理としたのであろうか。それは，包含が人間にとって，最も基本的なものだからであろう。我々は世界の中で袋として存在している。内外はつねに，意識せざるを得ない。だから，包含に関しては，述語表現せずに，命題論理としたのであろう。

　他の述語も，包含のように，述語表現を「命題化」する必要がある。計算機に，「父親」と入力しても，計算機は父親を理解はしない。その計算機には，父親もいなければ，家族もいないからである。計算機に父親をイメージさせることはできない。しかし，家族に関する何らかの形式化ができれば，その形式の記号操作体系を入力すれば，計算機は，家族に関する，そして父親に関する，記号操作はできる。述語表現では，計算機は何も理解できないが，「命題」表現では，計算機はそれなりに記号操作できるのである。これが，身体のない計算機には，想像はできないが，記号操作はできる，ということである。すなわち，計算機には，一人称的理解はできないが，三人称的理解はできる，ということである。

西川論文では、「心は記号計算機械」であると定義しているが、このような表現を用いて、誤解を恐れずに言えば、筆者の定義は次のようになる。「心は、科学的に扱える範囲では、記号計算機械でよく近似できる。ただし、ここでの記号は、数字、言語以外にも、画像等も含む。この画像等は、イメージの類似物である。計算は、特に限定されない。記号論理的計算もあれば、初等代数的計算もある。また、部分的にはオートマトンとして定式化されるであろう。用語の定義が違う以外には、「よく近似できる」と「科学的に扱える範囲では」の二点が西川定義と違うところであるが、「よく近似できる」は、イメージそのものが、客観的に、公共的に、科学的に、扱えないので、イメージに類似のもので代用するということである。メタファーもイメージの言語的側面なので、イメージの代用物である。画像などでイメージを代用することも考えられる。

次に「科学的に扱える範囲では」であるが、筆者は、心に関する議論がすべて、科学的に扱えるとは考えていない。科学的に扱える範囲は、言語的に検証可能もしくは反証可能な範囲（内）であるが、あきらかに、心はこの範囲を超えている。最も顕著な例は感覚質である。色の識別が言語的に検証（反証）可能の範囲を超えている。感覚質が、言語的差異以上の差異があるかどうかは、言語では、検証も反証もできない、すなわち、色の感覚質を科学的には議論できない。このように、心に関する科学的議論は、心の一部分に限定される。感覚質が科学的に議論できないからといって、感覚質が言語で議論できないわけではない。言語による議論は科学的議論だけではない。文学的にも、芸術的にも、宗教的にも語りうるのである。心に関する議論がすべて科学的である必要はない。科学的に語れないものに関しては、その他の語り方で語ればよいのである。

また、言語的差異以上のことは、どうでもよいではないかという人もいようが、筆者にとっては、言語的差異以上の差異は重要である。たとえば、色の感覚質であるが、赤色と白色がひっくり返っている世界を、元の世界と同じと思えといわれても、筆者はとてもそれを受け入れられない。

最後に、ニューラル・ネットワークであるが、これは、非線型回帰モデルであり、それ以上の意味があるとは思われない。筆者は、これを、ニューラル・ネットワーク、すなわち、（人工）神経回路網とよぶこと自体、止めたほうが

よいと考えている。神経回路網のモデルとしては，あまりにも実際の神経回路網を単純化しすぎているからである。

西川論文の論評への回答

西川泰夫

〈はじめに〉

　月本氏によるコメントの骨子は4点からなることは，月本氏自身が冒頭の要約として述べていることである。しかし，これらの4点は相互に絡んでおり実質的には1つのことを，さまざまなバリエーションのもとで展開するものである。それは，認知科学の基本的性格，前提を規定するパラダイムをめぐる争点である。あらためてくり返して述べるまでもないが，心の「記号・計算論」と「反記号論・反計算論」との間でくり返されてきた論点の再現である。ところで，筆者の前提は，いうまでもないが，「心の記号論・計算論」である。そして月本氏のそれは「反記号論・反計算論」である。そしておのおのの基本論点は，筆者や月本氏に固有のものというよりは，おのおのの立場に立つ一群の認知科学者の間で共有されるパラダイムの基本的な前提をそのまま踏襲したものである。

　ところで，このように立場の相違を指摘すると，月本氏からは自分はあくまでも「計算論」に立つという声，あるいはつぶやきが聞こえてきそうであるが（月本氏との直接的な議論の場ではそのように主張されているので，筆者の空耳でないことを期待するが），筆者へのこの論評の骨子からは明らかに，反記号論・反計算論からの指摘である，とそう断ぜざるを得ない。

　このように筆者が理解する根拠は，月本氏の言及される論点は，明らかにすでにドレイファスによって提起された論旨を最も端的に引き継ぐものであることによる。また，本書で西川が月本氏の論文へのコメントとして行なった論評もこうした前提の相違を基にしたものであること加えておく。月本氏自身がこの前提をどの程度自覚してのことであるかは問わないが，記述の骨子はそうといえるのである。もし自覚していないとすると，ドレイファスの意図的な論考が今日普遍化し広く一般的常識化していることの証拠であろうか。本書の読者諸氏も当然このことに気づかれているであろうが，あえて指摘する。また，必要ならば原著（とその翻訳）に当たって確認してほしい（ドレイファス・黒崎・村若訳，1987）。さらに，デネット（ミンスキー他著・佐伯胖編・野矢訳，

1986)によっても，いささか過激な表現であるが両パラダイムの相違，論争点をはっきり浮かびあがらせているという点で興味深い論考があるので，同じくそれを参照されるとよい。

また，筆者自身による争点紹介も別途試みているのでそれに譲る（西川，1994，1995，1997）。これらを通じて論点を整理してみると明らかなように，月本氏の依拠する論点が，確かに反記号論・反計算論を基にしたそれであることが明白である。

もちろん，他方，記号論・計算論の観点は，それを強力に主張する，ニューウエル（ノーマン編・佐伯胖訳，1984），ピリシン（佐伯胖監訳・信原幸弘訳，1988）やミンスキー（安西祐一郎訳，1990）の論考や著書を今更指摘するまでもない。また，言語学の数学化を押し進め，独自の言語論（数理心理言語学）を展開するチョムスキーの姿勢にも重なる（たとえば，西川，1999での紹介などを参照）。

筆者の論文の骨子は，「心の記号論・計算論」を踏まえて「心の科学（認知科学）」がどのような「心観」，ないしはパラダイムに立った営みであるか，またそこから派生してくる諸研究の一端としてどのようなものがありうるか，この分野に必ずしも明るくない方々をはじめ，専門家でも自らの土台について無自覚な方々に，基本点を紹介することにある。

以上，筆者の論文への月本氏よりの論評に対する回答は，その前提の相違を引き継ぐことになるのはいうまでもない。その結果議論のかみ合わないことになるのは必然である。

筆者はこのことを明確に認識するが，月本氏および読者諸氏はどうだろうか。

さて，月本氏が展開する個々の論点への回答を以下に記す。

〈論点①，②について〉

まず①，②の論点は彼自身がそうしているように一括して取り扱う。そのおのおのの指摘は，こうである。

①記号計算機械という心の定義が狭い。
②心を記号計算機械と定義すると，それから先の議論は，ほとんど自動的な展開である。

「心とは何か」，これへの「記号論・計算論」からの回答は，くり返すが，

a．心とは記号の処理・操作システムであること。
b．記号の処理・操作とは，記号と記号とを結び付ける一定に規則に則った計算であること。
c．記号系と規則の全体は，現実の意味論であること。

以上につきる。

この前提を狭い，と指摘する根拠として，月本氏は，感情（喜怒哀楽）の扱い，および記号の内容をあげる。

まず，感情に関しても，それは記号計算に付随する現象であることを指摘するだけで十分だろう。感情を記号計算から切り離して独自の位置を与えなければならない根拠はなんであろうか。後の議論にも重なるが，それは感情という語への日常言語的な思い込みに重点をおくからであろうか。それは合理性や理性（つまり，知性や思考）とは対極にあるもの，つまり計算といったようなこととはまったく別であるという，日常常識を規範としての指摘である。この点は，ひいては「心」への日常言語的な思い込みを大切にすべきという指摘にも通じる。この結果，心の定義が狭いという指摘につながる。そして日常心理学（あるいは通俗心理学とも日常言語心理学ともいう）における「心」の概念をことの出発点におかなければならないことを主張する。

こうした主張に対しては，帰るべき「心」の概念は，日常的直観的理解では不十分であること。すべきことは，仮に日常言語が有効であるにせよ，そのような理解の正当性を根本から吟味することである。無制限に，また安易に日常用語に戻るべきではない。吟味の結果得られた心の概念がいかに日常的な理解とは遠かろうと，またそれに反しようと，きちんと吟味された結果を故なく否定すべきではない。心を科学すること，科学的認識の基本姿勢はここにあるはずである。

以下に，月本氏の指摘が，デネットの論点にいかに重なるかを示すだけで十分だろう（ミンスキー他著，佐伯胖編・野矢訳，1986）。

彼は以下のように整理し反記号論者の主張点の特色を明示する。

「禅的全体論—反記号論・反計算論—この立場の人々は，先の教義（心の記号論・計算論，のこと。筆者注）をにべもなく否定してしまう。当然のように，規則に支配された計算的なレベルの記述などありはしないと主張する。思考は脳の中で進行する何ものかではあろう。だがしかし，それは断じて計算ではない。思考とは全体的（holistic）で創発的（emergent）—有機的で曖昧で血のかよった，そして一なる，神秘的な，そういうものなのである」

なおあえて，筆者からのコメントを加えると，「心」ということばへの過大な思い込み，あるいは期待が強すぎることへの危惧である。心理学を専門とする筆者には，まさに「心」ということばに染み込んでしまった思い込みをいかに払拭し，これこそ「心」である，というものを科学的にきわめるという，きわめて禁欲的な作業と心得ている。この姿勢の違いだろうか。

この意味で，反記号論・反計算論者の「心観」に危惧を抱く。その危惧は，まさに「神秘的な」の表現に端的に現われていることを指摘する。「心」をそうしたものとみなすことによって，現実にいかに多くの弊害が生じているかを指摘するだけでよいだろう。「神秘主義」，「オカルト」，「超感覚・知覚現象への過度の関心と興味」などなどである。

ところで，この点は，月本氏も言及する「人間観」—合理的人間像と非合理的人間像—における相違にも重なる。そこにも，「疲れる」，と表現されるように身体感覚に根差した人間の在り方への直観的・感覚的思い込みが濃厚である。これ自体が，まさに，「心」を「感覚質」においてとらえようという，情緒的姿勢，ならびに非合理的存在性を示すものとなっている。月本氏の論調からは，一貫した主張ではあるが，その前提をみれば明らかに，反記号論・反計算論に特有のそれに立つものであることはいうまでもない。

以上の①，②にかかわる論点への言及を終えるが，1つ，月本氏は記述しているものの詳しい言及のない点，「心を記号計算機械と定義すると，その先の議論は，ほとんど自動的な展開である」，という点である。「自動的展開」ということで指摘したかったことがまったく見えない。

論理計算は自動的であるため，日常常識となっている心に内在する自由度（自由意志），あるいはぶれ（予測不能とはいわないまでも困難），あるいは気紛れ（規則性からの逸脱は常），を説明できない，ということだろうか。その

論理計算であるが、論理規則に則った論証過程が、一定の規則の適用によって遂行される、ということを自動的に行なえるといっているのであろうか。この点なにを言わんとしているのか文意不明である。

一方、心のもつ特性がもしここに指摘されているように、「ランダムさ」を基本特性とする、ということであるとすると、まずランダムかどうかをきちんと論証することが先である。常識的にそうだ、というだけでは科学的な議論ではない。これは、心理現象が確率事象としてきちんと論理的にとらえられることをもってはじめて、この主張が成り立つ。この手間を省いてはならない。この点に関する筆者の試みたいくつかの事例検討があるので、この点をめぐるきちんとした論旨展開はそれに委ねる（たとえば、西川、1973,1994など）。時間的に変動する系（物体）は力学系と一般的にはよばれるが、この観点から「心」を同じくとらえようということは現在ではあたり前のことである（たとえば、西川、1996,1998など参照のこと）。

これを扱うための数学的モデル、非線形力学系モデルが多数存在することを指摘することは、月本氏に対して釈迦に説法でしかないが、それは自動的展開であろうか。

いずれにせよ、筆者にとって「心」を科学する、ということは、常識の制約の中でことに当たることを意味するものではない。自明であろうと、その根拠を問い、それを論証できてはじめて「常識化」することが可能となる、という姿勢の表明である。

そうでないと、これは結論先取りでしかない。初めに結論があってそうなった、そうなるように意図的に誘導した、というような議論を展開したいとは思わない。

そして、けっして、「神秘的であり、一にして、曖昧」なものであるとすませておけないからである。月本氏が「信じたい」、あるいは「信念」とする事柄それ自体を吟味せずにおかないのである。これは共感という思い入れとは異なり、冷静な計算と論証によって行なうべきことである。そうだからといって、ただちに人が合理的であることを意味するものではない。根底に控える確率過程の存在はこのことを示す。

〈論点③について－イメージをめぐって－〉

　月本氏の論点③は，記号の内容にかかわるものである。中でも，記号計算論での記号には，イメージの扱いが欠けることによってその限界を指摘する。この指摘も，月本氏が，反記号論に立つものであることを明示している。

　ひところ「イメージ論争」が繰り広げられていた（その論争点をめぐる要約は，たとえば，宮崎，1980に詳しい）。別の言い方をすると，コスリンを代表とする，「イメージは，絵のようなもの」という主張と，ピリシンを一方の代表とする，「イメージは命題である」という立場の論争である。もちろんおのおのはそれぞれの主張を支持する実験データを基に論陣を張った。実験的検証という点では「イメージは絵（絵派）」とする立場に華々しい成果がある。たとえば，シェパードらの「心的回転」実験に代表される。これに対して「命題派」はおもに論理的議論を得意とする。

　いうまでもないが，絵派の主張点は，イメージ現象は，記号には還元できない，一にして全体的なもの，その特色は絵に代表される映像のようなものであること，それは直観的に感性によって把握できること，を強調する。いいかえると，これはアナログ情報に該当する。それに対して，命題派は，当然，イメージの絵的な性質は記号処理の結果として付随的に現われるにせよ，その基本性格は，あくまでも，いかに記号に還元し，その記号どうしの間がいかなる規則の基で結合されたものであるか，つまり命題として扱いうるかを主張するものである。

　こうした論点に照らしていうと，月本氏が，イメージを扱えない記号という主張は，その検証も論証も欠いたまま，必然的にそれを絵派の観点に結び付けてしまっていることから発する議論であることを指摘するだけで十分である。

　なお，もう一点であるが，「記号計算は記号だけで閉じた系を構成していない」という指摘は，記号という標記の指示対象に関する議論かと思うが，それ自体は，狭い意味での記号意味論，ないしは語用論からの指摘のようである。心の記号論における「構文論」にとっての議論に重ならないのではないだろうか。この主張は，冒頭に指摘したように記号論の第3の前提から明らかである。この点に照らしてみても，月本氏の論調の背後にあることが，反記号論であることが明らかになろう。

〈論点④について―心の議論と現行の記号論理学の枠組みの使用の適否について―〉

まず，この指摘の意味することの確認である。記号論理学を心の議論に適用することの是非は，論理的に不可能ということであるのか，それとも，心の定義が狭いということに重ねて，それは心の一部の議論にはなってもそれだけではないものがある，という指摘であろうか。

月本氏の指摘は，まずは筆者の記号論理学の理解に論理的欠陥があるということではないと理解する。この点への言及はまったくないのでこれでよいとみなす。しかし，論理学は，数学的な議論の根拠として有効であっても，心の議論にふさわしくない，という指摘であろう。その主張の根拠として，自然言語は数学的議論にはおさまりきれないことをあげる。

数理的・論理的モデルは自然言語のモデルとして有効であっても，その逆は必ずしも真ではないこと，自然言語ははるかに広大な領野を占め，それですべてを包括し得てはいない。もちろんこのことは承知の上である。

心の記号計算という観点で，どこまで論理的有効性を明らかになしうるかが，興味の関心で，その先をどのように論理的に議論すべきかを論理的に議論するためには，避けて通れない試みである。第一，こうした議論では心にせまれない，と指摘するだけであれば，科学的議論など最初からいらない。どのような議論であれ，論理的な吟味によってどこまでおして行けるか，それではなにが欠けるかは，あくまでも論理的な吟味以外に答はでてきようもない。これに類する議論で，よくあることだが，「心はそんなことしていない」という指摘もままある。しかし，「では心はどうしているのか」と，逆に質問しても，そんなことをしていないと指摘はしてもこの質問に対して真っ当な答が返ってきたためしはない。まさに常識や直感に反しようと，ことの在り方を探求する上で，論理的だから駄目，などということはまったくないはずである。

また，月本氏は，「心理学者ならば，なぜ，命題論理を人間は理解できるのだろうか」と問うべきだ，と親切にも強調する。

「心理学者の使命」を説いてくれてはいるが，「心理学の使命」をはじめ「そもそも心理学とは何か」をめぐる議論は，月本氏の指摘にとどまらず，多岐におよび，それらへの回答は現状ないに等しいことを申し添える。心理学者は，手をこまねいていたのではなく，「心」をいかにとらえるか，それ自体が，よ

うやく科学の対象となしうるようになってきたことの反映である。これからの展開に委ねたい。その一つの試みとして拙論をあげておく（相場と西川，2000；西川，1994, 1997）。

この点からも，過度の常識心理学（通俗心理学）を基にした議論は，「心を科学する」という基本的立場からはまったく別の営みであり，その擬似心理学へは注意を喚起したい。

元に戻して，少なくとも今の記号論理学の理解にかかわる心理学的検討の1つとして，いわゆる「4枚カード問題」をめぐり，実験的，論理的検討が行なわれ，広く論争が繰り広げられていることだけは指摘しておく。

この実験の骨子は，「If p, then q」の文章構造をもつ文章を基に，課題に要求されているカードの適否を検査するにあたり，どのカードを確かめたらよいか，という問題である（たとえば，ジョンソン=レアード，1988）。

それによると，世にいわれる「逆は必ずしも真ならず」の逆命題（If q, then p）と，必ず同値関係となる「対偶命題」（If not q, then not p）を混同することが指摘される。というより，かなりの知識をもった被験者でも，逆命題を元の文章と同値とするケースがほとんどであった。

一見このデータは，人は論理的な計算ができないことを示す格好のデータであり，仮に論理規則を知っていてもその規則を文脈とはまったく独立につねに的確に運用できない例としてはやし立てられている。つまり，人はけっして論理的でも，合理的でもない，というのである。その延長線上には，「直感物理学」もあげられる。

この事実は月本氏の主張を支持するようにもみえる。

では，こうした文章構造の論理構造をまったく理解不能か，というとそんなことはない。記号論理学における計算を的確に理解できるのである。論証や論旨展開が可能なことはこのことを明白に示している。しかも，運用上で生じた誤りの構造，なぜ誤ったのかも，その論理的構造をもとにしてきちんと理解することもできる。

この点は，子どもでも理解可能である。

「今日，ボクいい子でいたら，お父さんオミヤゲ買ってくるね」

出がけのこんなたわいもない約束ではあるが，子どもにはとても大切な約束

事である。

　だから、夕刻になって父親が返ってきた時の子どもの行動は当然だろう。

　オミヤゲの入った袋があるはずと、手元を探す。ない、ない。

　お父さんの嘘つき、今日僕いい子だったのに。

　きっと小さな拳を体ごとぶつけて、場合によっては、泣き出すだろう。

　約束事の破られたことに伴うこうした子どもの見せる感情も、じつはきちんとした合理的な計算の結果であることはいうまでもない。

　その文章構造が、明らかに、今指摘した「If, then」文の構造そのものである。

　オミヤゲのないことは、この僕が今日いい子でなかった、といっているのだ。僕はいい子だったのに。そうしたきちんとした論理構造が、お父さんの行動によって破られたのだ。

　クヤシー、という感情が沸いて出るのは当然だろう。

　ここから、よくあるように親子の断絶がはじまる、とまでは大袈裟であろうか。

　ともあれ、記号論理学が使えることは、心に内的に組み込まれたしくみによって実現するものであることを示している。なぜ理解できるか、それは、人に共通して組み込まれた論理構造に則してである。心に備わる基本構造である。

〈その他の論点について〉

　以上の論点に重なる指摘であるが、なおいくつかの指摘があるが、紙数の関係で一括してその他として括った。

　断片的に述べるが、「心を科学する」、これが認知科学の基本スタンスである。もちろん心をそれ以外の形で論じて一向差し支えない。しかし、それは、文学であり、芸術であり、その他もろもろである。しかし、心の科学を標榜する限り、科学的議論がここでの基本的立場になるのは当然である。それ以外の語り方が可能ということで話を逸らしてはならない。

　形式的ニューラル・ネットワークを基にした議論は、あくまでも実体としての脳を解明するためにとられた策であり、それで事足りるということではない。しかし、そうしたモデルによってどこまでことの解明にせまれるか、あるいはなにがたりないのか、そうして論点が論理的に明らかになることにこれを用い

る意味がある。ことが仮に複雑そうに見えるから複雑なモデルでないとならないということはけっしてない。むしろ、単純なモデルによって複雑な対象の基本構造が明らかにされるのであれば、モデルの有効性は高いのであって、現象的な単純さや複雑さによって惑わされる必要はまったくない。問題の究明すべきことは、ことの基本にかかわる論理構造であるからである。それは、基本的には記号への還元とそれらの間に成り立つ規則、論理構造によって明らかにされることである。

　最後に、月本氏がとるべき手段としてあげる、「メタファー」の件であるが、氏による記述では、こういう段落がある。

「メタファーもイメージの言語的側面なので、イメージの代用物である。画像などでイメージを代表することも考えられる」

　前半は、イメージを言語ととらえる点は、つまり、伝統的な言い方では、命題派の主張点である。ようするに、イメージを記号ととらえることに当たる。ところが、後半は、画像などで代表される、という主張は、同じく、絵派の主張である。

　この部分だけではなおわからない部分があるが、イメージをめぐる議論でのいわゆる絵でもあり命題でもあるという「折衷派」に鞍替えしたのだろうか。これまでの論旨では、「絵派」、つまり「映像派」を強調していたようにみえるが。だから、記号的処理の制約があると指摘を受けたはずである。

　ところが、メタファーの議論になると、どうしてもことの性格上、言語への言及が欠かせないので、「命題派」に変身してしまう。

　おそらく、彼の独自の主張は、この「メタファー」の扱いにあるのであろうが、この点の議論は、元の月本論文でもはっきりしない。

　以上、今後の論点の整理を期待することで、コメントを閉じる。

「記号的人工知能の限界」の論評—心観をめぐる伝統的な争点の再現—

西川泰夫

〈月本論文の特徴〉

　まず細部の細々とした議論はいっさいおき，当論文全体への筆者の読後感想を述べる。月本論文を，一言で表わすとするなら，科学的議論というよりも科学的随想，もしくは文学的作品である，というべきであろう。もちろん随想や文学自体は，1つの表現形式として広く認められた「様式」であり，そのこと自体は何ら非難の対象ではないことを断る。もっとも，その営みがそもそもの随想や文学という枠組みに制約されていればのことである。しかしながら，月本論文は科学的な議論を目指しているようでいながら，論調から明らかなように，科学の境界線を踏み出し擬似科学の様相を呈しているといわざるをえない。このことは，また一方では現在各分野で起こっているパラダイム移行に重ねた時，いたるところで生じているボーダーレス（無境界ないしは既存の境界線の崩壊，そこから派生するなんでもありの事態）状況の具体的な事例の1つであることを意味する。

　いたるところで境界線の崩壊が起こり，現実の科学活動もけっしてその例外ではない。その結果，これまでの科学的議論が意図的に抑制してきた身体感覚に根差した主観的視点や，直感や個人的感性を前面に押し出した自己主張が，一斉に解き放たれることになった。

　このことは既存の知の体系の抱える閉塞状況を抜本的に打開し新たな知の地平線を創造的に切り開くことを意味するのであろうか。単なる気分表明，あるいは文学的創作の域を出ないことなのか，現在だれも明確な答をもちあわせていない。しかし，あのパンドラの箱を開くことにもたとえられる所業に相当することは確かである。ひょっとすると今回はあまたの魑魅魍魎をまき散らしただけなのかもしれない。あの「希望」ははたして残されているのだろうか。ハローウインのように年に一夜だけのお祭り騒ぎですむことであろうか。中でも「心」の科学（その代表を，心理学，哲学，脳神経科学，コンピュータ科学，工学，物理学，言語学などを統合した学際領域でありかつ固有の一分野を目指す「認知科学」に求めることができよう）をめぐる状況ではそれが激しい。心

をいかにとらえるか，ここではさまざまな伝統的な見解を受け継ぎ百家争鳴の状況にあることは周知であろう。

そうした伝統的な議論を2つに区分すると，一方に「心の記号論・計算論」があり，他方には，これに反する立場を包括して，「反記号論・反計算論」がある。

明らかに月本論文は，「反記号論・反計算論」に立つ。論旨展開の骨子である「記号論・計算論」の限界をめぐる議論をはじめ基本点は明らかに，ドレイファス（黒崎・村若訳，1992）に代表される「反記号・反計算論」をそのまま踏襲する。この点について，本人の自覚と認識とはまったく異なるかのごとくであるが，評者には，この立場からの論点であると断定せざるを得ない。いかに反記号論・反計算論から投げかけられている批判をあくまでも記号論・計算論にとどまり克服できるかを検討した，とはとても読み取れない。それとも両者の折衷案を目論むものであろうか。彼の論調をはじめ切り口としたメタファー，なかんずくイメージの扱いは，反記号論・反計算論者の論点そのものといわざるを得ない。

なぜなら，彼のイメージへの立脚点は，「絵」のようなという立場そのものである。その一方の極に「記号列，つまり命題」のようなものとする立場がある。この両派の間では華々しい論争が行なわれたが，結局両立場を立てた（？）折衷案で終わり，現在ではなんとなくうやむやになっている（争点の簡潔なまとめとして，たとえば，宮崎，1980，などをあげておく）。

月本氏は，イメージを明らかに「絵」のようなものととらえる観点に立つ。その前提には，身体性，感覚が控えていることも添える。それはあくまでも反記号論・反計算論の観点であることをあらためて指摘する。そして月本氏のこの受け止め方にみられるように，評者との間に相違が生じることがいい証拠であるが，これはまさにボーダーレスであることがそのことを可能にする。

このことは，旧弊を修正あるいは克服するための新たな展開にとって，つまり知の組み替えにとって，欠かせないという生産的な主張にもつながるようだが，しかし依然として単なる議論の枠組みを曖昧にしたがゆえのことである可能性も否定できない。こう危惧するがゆえに，冒頭述べたように，随想，あるいは文学的という表現になる。この形式には内容を検証する客観的な方法論は

整備されていない。送り手，受け手双方の感性，直感が唯一の決め手であるといっても過言ではない。その結果は自らが納得すればよいことになる。したがって，共感がすべてである。受け手が了解しなければ，受け手のセンスのなさを指摘することで終わる。したがって，科学的観点からは，第三者によるいかなる形式を基に検証可能かが問題となる。

そもそも，当論文の骨格をなす点は，筆者自身の自己感性から発するメタファーによって構成されているので，それをどう読むかは月本氏のいう「一人称的」意味の理解に委ねられそれで事足りるともいえる。この作品によって読み手に何も伝わらなくとも，そもそもの導管メタファーによっては，何も伝わらなかったということである。ようするに互いの感性や皮膚感覚（身体感覚）の違いが鮮明になったということである。こうした作業とそれに基づく伝達の試みにおいて必然的に生じることであり，ことさら非難すべきことでもない。あくまでも随筆や文学作品では当然のことである。しかし，仮に文学作品といえども，それによって何かを読み手に伝えようと意図するならば，あるいはある一定の方向に人の受け止め方を導くという筆者の欲求や方向づけを充足することを志向するのであるなら（それを自ら自覚しているいないにかかわらず），直感や感性，気分やムードでそれを成し遂げることはきわめて非効率的であることは上の議論から明らかである。

そもそも文学の本質は論理的虚構を旨とするのであるから，いかにそれをきちんと構築するかは，相当の論理構造を組み立てられるかにかかっている。その際に数式で表現するかどうかは本質的なことではない。いかに論理を踏まえ，それに見合う表現を，ないしは記号を駆使しうるかにすぎない。もっとも記号自体にこだわることは明らかである。そのことを何と表記するかは，死命を制するくらいのたいへんな作業を強いられるはずだ。

ところで月本論文に戻すと，たいへん不思議なことに，文学作品の装いをもちながら，一見それとは異質な特色を備えている。当論文は，けっして直感や皮膚感覚にかけるといったような，そこまではギャンブル的でも投げやりでも何でもなく，あるいは，読み手の感性に全幅の信頼をおいているわけでもない。

したがって，きわめて煮詰められた思考展開を行ない，その裏付けとして実にみごとなまでも古今東西の著作にも通じそれらを巧みに多彩に援用する。

そこには哲学的素養の豊かなことがあからさまである。工学系研究者に従来欠けていた点（ひょっとすると，こうした表現，見方自体が，教条的メタファーであろうか）をみごとに克服した豊かな素養と，それらを縦横に読みこなし我がものとする秀でた知性は，感動的である。

そして，月本氏の最大の眼目である読者へのメッセージとなる氏の気分を伝えるためにとった手段は，経験それ自体の共有という身体性，皮膚感覚や触感に訴えるものではなく，つまり相互における一人称的理解でも何でもなく，まさしくそうした「経験の意味」の「形式化」に依拠したものであることは明白である。それを実践するためにとった手法は，しかし，この論文の主題でありその批判の対象である，記号の操作，計算そのものを緻密に駆使してのことである，という皮肉な結果になっている。しかも，筆者の主張はみごとに計算しつくされているというべきである。これは明らかに，コンピュータのメタファーにあたる（あるいは，こだわってサイバー空間のメタファーか）。

なににせよ，これこそ「三人称的」意味の理解を求めているに違いないのだ。

したがって，当論文を随筆や文学作品と断じた点は，大いに修正を必要とするかもしれない。ところが，当論文は，そうした深層構造に反し，あくまでも記号的アプローチを否定する，あるいは制約ないし限界をもつということに主眼がある（表層構造的にも深層構造的にも）。これは筆者にとっても，きっと本来の読者にとっても（そうでないかと第三者的観測に基づく推論を述べるが），おちつかない気分になる。そして困ったことである。というのも明らかに，論旨はパラドキシカルである。記号の使用の限界を述べつつその限界を記号で述べる，というスタイルであるからである。そしてその主張の正当性を論理，記号の意味によって納得させようというのだ。1人ひとりの皮膚感覚で，触感でわかってほしいとは，それほどにまで押し付けがましいところはまったくない。著者である月本氏のために評者はすすんで大いに弁護するが，むしろ，きわめて抑制の利いたきわめて論理的な構成になっていることを強調しておきたい。

それだけに，どうもむずむずと皮膚感覚がうずく。にもかかわらず，月本氏は冷静な計算結果を基にした記号処理に基づく意味の理解を求めている。

〈第三の読者（多数の読者の皆さん）へ〉

ところで，以上のような評者の月本論文へのコメントを読んでいる第三者である方々へ。以上の評者の感想，あるいは論点の指摘を的確に理解するには，いうまでもないことであるが，もとの月本論文をきちんと読了していることが前提である。その手間を省いて，コメントだけからわかったような気になること，あるいは評者のコメントの適否を表面的に云々することへの不適切さを指摘しておく。

少なくとも月本論文におけるキーワード，ならびにその概念体系，さらにはそれらを駆使しての議論の論旨をきちんとつかんでおかなければならない。もちろん，氏の引用する古今東西の著作にも通じていなければならないだろう。あるいは，読んでなくとも一向に差し支えないが，その時にはそうした引用の文言に目をくらまされてはならない。自分できちんと理解すればいいことで，いたずらに無批判に受け入れる必要はない。むしろ，そうかな，そうかもしれないし，そうでないかもしれない，と平衡感覚を磨き疑心暗鬼でいるくらいが中庸である。

〈科学的理解と意味の基本〉

この姿勢は，科学におけるものごとの理解や説明の基本である。そのもとにあるものを通常，仮説という。もう少し正確にいうと，「帰無仮説」である。これは，「そうではない」（一見そのように見えるが，偶然そうなっただけ），という見方に当たる。こうだ，こうにちがいない，という断定的前提は，「対立仮説」といって，この2つは区分される。したがって，科学的議論はこのいずれかの姿勢のもとでの作業であるが，基本となる前提を帰無仮説におく作業である。そう考えられるということが明明白白にみえても，そうではないのでは，と慎重である。そこで実験などの検証の結果，「そうではない」という仮説が棄却され「そうである」という結論がはじめてある範囲（有意水準，あるいは危険率という）で許される。この仮説が棄却され得ない時は，やはり「そうでない」ということになる。もちろん，「そうである」という結論が許されるにせよ，このことは「偶然ではない」ということを示しているだけで，では何がそれを可能にしているのか，新たな説明の論拠を探さなければならない。かくして，科学的活動は，仮説の設定とその検証，その結果の反証，そして新

たな仮説の設定，その検証，とたえざるくり返しを常とする。ある期間何らかの仮説も一定の法則，あるいは理論として認められるが，たえずそれは反証にさらされ続ける。新たなものの理解や説明は，そうした仮説を内に含みながらも，新たな仮説に成長を遂げるのを常とする。

これに加え，この作業の帰結を受け入れる際の留意点をくり返す。その1つは，いかにものごとの説明が，自己の感覚や感性身体感覚に照らしてこれに反しようと，ことは検証の結果が示す通りであることを受け入れなければならない。もちろん検証過程自体が，各自の皮膚感覚とは異なった論証過程である。そこでことを決する決め手は，論理構造である。この論理構造は，ものごとの間に成り立つ論理関係，あるいはその間に成り立つ法則を，最終的には数学的な論理体系に帰着することを意味する。それを最も純粋に取り出したものが，記号と記号の間に成り立つ論理構造である。記号というタームを無定義にもち出したが，現状では，記号という表記から引き出される日常的意味理解のままで一向差し支えない。大切な点は，記号と記号の間にある規則，その論理構造と，さらには，新たな記号を加えた論証の結果論理的に出てくる記号体系が重要である。ここで，記号としての命題のはたす役割の大きさだけを指摘する。命題，つまり通常の意味での文章，その基本となる，主語述語文のことをいう。記号におけることばの定義，意味論はあらためて以下の文脈で述べる。

以上の最小限にとどめたが，科学における科学活動，作業の基本姿勢のもとで，月本論文を再吟味しよう。

〈心観の伝統的な争点の再現〉

月本論文の論旨を，一言でまとめると，人類の歴史上たえず問い返されてきた「人間とは何か」，あるいは「心とは何か」における中心的論点である，ないしはパラダイムというべき「心観」そのものの争点の現代的な再現である。

それはもとになる「心の科学」つまり「認知科学」の成立根底にかかわる議論でもある。この議論は，散々くり返されてきており，それこそ多くの成書が古今東西多数ある。ここであらためてくり返すまでもないのが現状である。あえて，拙著を紹介しておく（たとえば，西川, 1994, 1998）。また，伝統的にはもっぱら哲学者の占有物でもあった。近代にまでさかのぼると，デカルトとホッブスの対比的な思索に行き着く。「心身二元論」と「心身一元論」である。

以上の心観を，一言で示すのが「記号論」，あるいは「計算論」と（記号論・計算論と一括されることが多い），それに反対する「反記号論」，あるいは「反計算論」である（同様に，反記号論・反計算論と一括されることが多い）。「反」の立場が固有の呼び名でないのは，内容が多岐におよびそれを一言で示すことが困難であることによる。

　こと伝統的な心理学に限定するなら，これは，心の「所与説，所与論」対「経験論」，あるいは「遺伝論」対「環境論」ということになる。「認知科学」の観点では，前者は，「心に内在するアルゴリズム」であり，後者は，外部から与えられる「データ」に相当する。こうした見方は，明らかにコンピュータ・メタファーである。

　この争点は，さらには，人における「知識」の根源を論ずる哲学的論争とも重なる。つまり「知の源泉」を，「心に内在するあるもの，人という種に固有のもの」とする立場に対して，身体を介して，「経験，つまり感覚を通して」，「外的環境」あるいは「物理的状況」からもたらされる，とする立場の対比に現われている。

　前者の観点では，内在するものは心的記号系（心的表象系ともいう）であり，それらの間の論理計算（数の間における四則演算に相当）を基に生成されることを意味する。この観点を鮮明にのべたのが，ホッブスに他ならない。また，その観点をその後引き継ぐものとして，「心の機械論」がある。これは現状の「人工知能研究」の基盤となる。その機械の具体物が現行のコンピュータである。その論理的原型が，チューリング・マシンである。チューリングは，知の実現を計算可能関数の基で実現できることを明らかにした。さらに，この計算可能という点についての論理的制約としてはゲーデルの不完全性定理がある。いささか先を急ぎ過ぎたので，この点は，先にあげた拙著，ならびにそこで引用紹介している多数の成書があることを指摘する。いや手短には，本書での拙論を参照のこと。

　そして，後者は，心はそこにあらかじめ何も書き込まれていない「白紙」ということになる。白紙だからこそ，それが豊かなものになるには外から与えられなければならないわけで（これを日常的には養育，組織的・体系的に行なうのが教育，学習である），それを可能にしているのが感性（感覚器官，それの

もとにあるのが身体である）をもとにする経験，その経験のもとにあるのが外界状況，環境，ということになる。

したがって，所与の心，つまり現代の脳神経科学が明らかにしてきたように，基本的にはその基盤は「脳」であるが，ひらたくいって「頭」に対して，身体という末梢器官に基盤をおく感性による経験との対立である。

この反目の中で，日常的に最も周知のことは，所与説への「頭でっかち」，現場のことを知らないで屁理屈ばかりいう，もっと汗をかいて現場のことをわかれ，という反感ともいうべきものが代表であろう。揚げ句に青二才とまでいわれてしまう。どうやら日常的な多くの場では，論理的に考えることに対するいわれなき反感が充満していそうである。ようは現場主義以外は認めないということであろう。

以上，簡単に振り返ってきたが，月本論文の主眼点は，この現場主義の再来である。

そして，彼は，記号論の限界として，以下をあげる。もっともこれは，基本的には，ドレイファス（黒崎・村若訳，1987）の主張そのものである。その他の多様なバリエーションは，月本論文にも引用されるサールやデネット（野矢訳，1986）をはじめとする論客である。哲学者ありコンピュータ科学者あり多彩である。コンピュータ科学者がそこにいることに奇異な感を受けるであろうが，そうでないことは，月本論文の論調そのものがこの反証例となる。

〈記号論の限界〉

もはやくり返すまでもないが，月本論文の基本的主張の根拠は，ドレイファスのそれである「身体性，状況依存性（文脈依存性），そして志向性」の3点セットである。

そしてその指摘にとどめる。論争はすでに当事者をはじめ，厳しい論争が多くの関係者を巻き込んで行なわれているので今更それに割ってはいるまでもないし，そのつもりもない。それに，月本論文が言及する，記号計算的人工知能研究が内包する限界ないし制約などは当の論点に立つ人々にとって周知であり，月本論文でこれに加わる何かがあるともみえない。ただし，あるとすると，意味論におけるメタファーの議論であろうか。

しかしこれも，筆者にとってあいにくであるが，制約を乗り越える斬新な解

決策とも思えない。それに，もともと意味論をめぐる議論としても，周知の議論の延長でしかない。あえてか，故意にか月本論文では，言及されているとはいえないのが，パースの「意味論」そのものである。これに絞って言及しよう。

〈意味論―月本論文の主眼点の要約として―〉

これまた，これについて評者が何か新たなことをいう余地はない。その道の専門かが厳しい議論を重ねていることである。その聞きかじりにも相当する論点だけを紹介することで，お茶を濁すが，それにしてもこの論点をキチンと押さえておくべきであろう。

パースの意味論は，それ自体が3つの内容から成り立つ。そのおのおのを，「狭義の意味論（semantics）」そして「語用論（pragmatics）」，最期に「構文論（syntactics）」ということも周知であろう。

これらを簡単に区分する上で，以下のような表（表2-1-4）を用いて説明するとわかりやすいであろう（たとえば，沢田，1962を参照）。

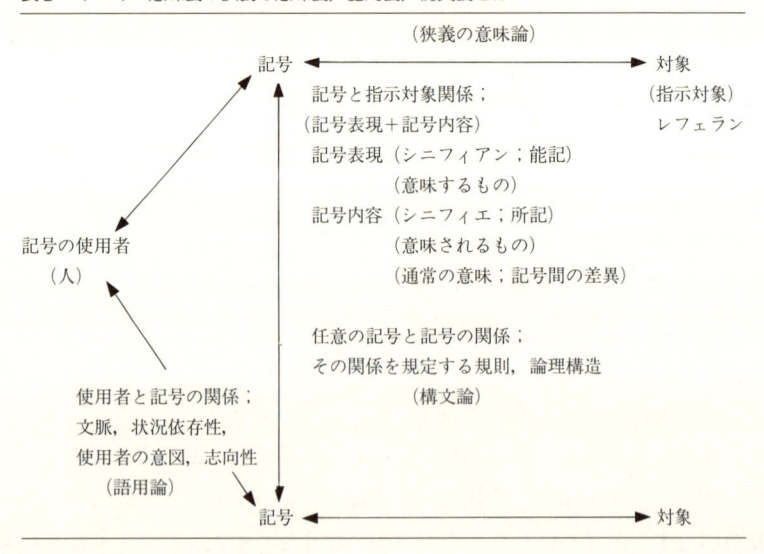

表2-1-4　意味論；狭義の意味論，語用論，構文論とは

```
                         （狭義の意味論）
            記号 ←――――――――――――――→ 対象
             ↑        記号と指示対象関係；        （指示対象）
             │       （記号表現＋記号内容）          レフェラン
             │        記号表現（シニフィアン；能記）
             │           （意味するもの）
             │        記号内容（シニフィエ；所記）
  記号の使用者 │           （意味されるもの）
    （人）    │        （通常の意味；記号間の差異）
             │
             │        任意の記号と記号の関係；
             │        その関係を規定する規則，論理構造
             ↓              （構文論）
  使用者と記号の関係；
  文脈，状況依存性，
  使用者の意図，志向性
    （語用論）
            記号 ←――――――――――――――→ 対象
```

〈狭義の意味論（semantics）〉

記号と対象関係によるものである。また，記号自体は，記号表現と記号内容をもち，これらは不可分のものである。その記号表現は，意味するものであり，

記号内容は意味されるもの，つまり通常の意味にあたり，対象は，指示対象である物理事象そのものである。また，記号内容は通常の意味を意味する。

〈語用論〉

これと狭義の意味論との区別は基本的にはつきにくい。記号表記と記号内容自体が，記号の使用者との関係を切り離して議論できるのであれば可能であるが，使用者の意図や，志向性，あるいは身体性に基づく記号の使用のための文脈や状況に決定的に左右されることから，記号表現もさることながら記号内容はそれしだいであるといわざるをえない。つまり，意味は状況に埋め込まれている，あるいは使用者の意図にあるといってよい。

ものを書くという際の机のもつ意味は，机という記号内容による意味規定にとどまらず，それをどのような状況で行なうかによって，時には人の背中も明らかに机であるし，大地を机にして便りを書くということもあるし，岩を机とすることも可能だ。

以上の観点をまとめると，意味は記号の内容，つまりそれ自体に内在するのではなく，おかれた状況や，文脈，したがって，それを理解できる根拠は，各自の感性，そのもとにある身体性や，意図・志向性にあるということになろう。

この観点から，人に認められる言語に代表される記号処理には，決定的に身体をはじめ，意図・志向性，あるいは意識そのものを不可欠の要因とする，という主張になる。

この主張からは，コンピュータによる人工知能の試みは，制約をもつにとどまらず基本的に不可能である，という主張となって現われる。

それゆえに，精々どこまで可能かは，その意味理解がどこまで可能かに集約されることになる。それにしてもその前提は意識をもつことというわけである。そして，それこそ一人称的理解であるということになる。

月本論文の主要な主張点をかいつまんでいうとこうであろう。

〈構文論〉

しかしながら，月本論文が意図的に省いたと思える大事な論点がなお残ることを指摘する。批判の対象になっている記号と記号の関係，つまり構文論それ自体への言及を省いている点である。

最初から制約と限界があるので議論するまでもない，ということであろうか。

その際の反証の可能性に目をつぶる理由は何であろうか。

単に意味論と語用論に立つからそれでよい，というのでは反論にはならないだろう。

というより，まったく前提のパラダイムが異なればそこから先の論旨展開が異なり，その結果別の論点が否定的に見えるだけであることを示しているだけで，同じ土俵の上でその論旨展開の正当性を論ずる論争とは何ら異なった，違う帰結をぶつけているだけである。そして，どうだまいったか，というような言い争いは，論争とも違う。

言及を避けていることは，記号と記号の関係，つまり記号どうしを結び付ける規則，その論理関係としての論理構造に関する論点である。それに真正面から取り組み，目を向ける必要がある。この論理構造に則した関係の輪をたどっていく先には，論証による（これを推論過程とも思考過程ともいう）論理命題が論理的に導出される。

その総体は，まさに現実の意味そのものである。

この記号論の主張を理由なしに否定することはできない。

コンピュータの上に実装できるアルゴリズム，ソフトウエアによる人工知能とは，まさにこれである。そこにあえてメタファーをもち込むことは屋上屋を重ねるだけといえよう。論理的に必要最小限度の要件をもとに論旨展開を図ることは思考の節約であり，単純さにおいても科学的議論の前提であろう。さらに言えば，説明のためのパラメターを増やせば，当然のことであるが，説明の可能性が増すにせよ，それは説明の一義性を怪しくするもとである。一見説明できたようでいてじつは説明にならない危険性をはらむ。どのような説明も説明として成り立つことになり，結局は何もいっていないことになる。いわんや，経験の「形式」を云々するのであれば，まさしく，経験を根底から支える基盤，論理構造こそ決め手である。それを可能にしているのが記号の処理・操作に他ならない。生の身体感覚や直感ではない。それを，まさにいかなる形式においてとらえたかが問題である。それを実現しているのが記号であり，それらの間の関係構造，論理構造にある。メタファーといえども文章の構造に支えられてのことである。それはくり返すまでもないが，記号と記号の結びつき，論理関係構造である。

〈人称詞をめぐって〉

　引き続き取り急ぎ，月本論文における論点で重要なキーワードである，「人称詞」をめぐって吟味することにする。そこでの主要な論点として，記号計算による計算機上で人工知能を実現することの不可能なこと（限界設定）を主張するが，それは，究極的には一人称による意味理解の不可能なことによるもので（言い換えると自己意識の欠如，ひいては身体感覚や直感の欠如），これを解消するための方法論としては，この限界に限りなく近づくための方途としてのメタファーの導入という彼の主張がなされる。

　ところでその際の人称詞の概念であるが，日常言語における用法をそのまま踏襲するもので，人称詞に関する無批判な運用と，したがってきわめて素朴な言語観，あるいは日常言語への過度の依存が隠されているようだ。話を拡大すると，これは心理学における素朴心理学，つまり日常用語による心理学にも通じる。これは素朴な「心観」，それも「心」という日常語で表記され意味されるものを土台とした常識に基づく心理学もどきである。それと，現在の心理学，アカデミック心理学との距離は大きい（この点は別途試みた拙論に委ねる，たとえば，西川，1994，1995，など）。

　もっとも，その論拠として，渡辺論文（1994）を下敷きにしているので，むしろもとの論文の吟味が不可欠であろう。しかし，それを受け継ぐという点では，人称詞への態度は両者において基本的に変わらないということでもあろう。したがって，直接には月本の論旨展開に重ねて吟味する。

　この点については，言語学者の鈴木によって行なわれた言語分析結果以上に示唆に富むものを知らない（たとえば，鈴木，1973，1993，など）。彼の報告を一読するだけでもまさに，目から鱗の落ちる思いと深く納得するのみならず，その緻密な分析により喚起される知的にきわめて興奮するものである。彼は，おもに古今東西の作品，文学作品に分析のためのデータ・ベースを求める。それに彼の各国語を解する多才な言語能力がこれに加わる。その結果をかいつまんで紹介する。彼によると，人称詞は，「自称詞」と「対称詞」の2つに区分するのが適当であるとの結論にいたる。

　自己を指示するのが一人称であり，そのための表記と意味内容がそれと理解されているが，それは日常用語の常識でしかないことは，ちょっとした日常的

な用法の中にも問題解決のヒントがあることに気づく。

自分を,時には,三人称的に表記し意味することもまれではない。

自分を小父さんなどというのは,血縁関係上だれかの伯父,あるいは叔父というだけでない。不特定多数に対して,そうよぶ。まさしく三人称的表記と意味内容のもとでの自己である。また。自分が自分に対して呼び掛ける際には,「君,あなた。おまえなど」これも日常的に頻発される。これは,二人称的自己であることもいうまでもない。

自分はつねに一人称的に表記され意味するというわけではけっしてない。それどころか二人称的にも三人称的にも表記され意味される。

英語の中にもこの点を明示する例が身近にあることに気づく。とかく会話などでは,なんと言うか,それを丸暗記してすまそうというわけだが,記憶だけに頼ることのむだと無理に気づくべきだろう。つまり身体感覚や直感ではなんともしがたい。問題は,なぜそういう表現がなされるのか,記号と記号とを結び付ける構造こそ,決め手である。言語では一般的に文法とよぶのは周知のことである。これが的確に把握できているときわめて応用が利くし,新手の状況におかれてもまごつかずにすむ。

これはさておき例をあげてみよう。

たとえば部屋を訪れた際に,ドアをノックしたとしよう。すると部屋の中からこう問い掛けてくるに違いない。

Who is it ? (Who are you ? ではない)

そしてあなたはこう答えるだろう。

It's me. (I am. ではない)

部屋の中の人物にとってあなたはドアーの向こうとはいえ,二人称ではない三人称としてとらえられている。

そして,あなたは,自分を一人称ではなく,その三人称で答ええる。

自分はつねに一人称であるわけではないのだ。もちろん相手もつねに二人称であるわけではない。むしろ無害な第三者に徹している。

同様のやり取りは,電話での会話にもまったく同じようにみられる。

Who is it calling ?

This is Dr. Nishikawa calling.

あるいは，同じように，
　　May I speak to Dr. Nishikawa ?
　　This is he.（あるいは，He speaking.）
ご覧のように自分だからつねにそれは一人称である，ということではけっしてない。

では，その背後にある関係構造とは何か。鈴木によると，自己と対象との緊張関係の有無，ということに帰着する。その対象の中に，いうまでもないが自己も第三者も含まれる。そして，自己と対象との関係が，白紙の状態である時には，それを表記し意味するために使用される人称詞が，従来の三人称に当たるというのだ。実際，上に引いた例もそうした関係の中で交わされ，それを明示する点で，表記と意味が確定する。

これはいわば，あなたも私もおたがいにとって無害な存在であることの意味をも含むものとなっている。つまり，互いに今は緊張関係にないことが前提とされている。

これに反し，白紙の関係でない何らかの緊張関係があり得たり，現にある時には，その対象は，直接の対峙すべき二人称でありそれは自分が自分に向き合う場合にも例外ではない，ということになる。

上にも述べておいたように自分を，君とよび掛けるのは，明らかに自分のおかれた状況が何らかの緊張を要する事態，問題解決であれ，心の逡巡であれ，それに取り組むに当たって自分を鼓舞したり，そんなことでくじけるなと元気をつける際，自分は明白な対象として意識されている。必然的にその場合は，自分は二人称として明確に対象化されていることを示す。対象だから三人称であるというわけではない。三人称的自己はむしろ中性的自己，無色の自己とも言えよう。

これを踏まえて考察すると，いわゆる実験や調査における観測とは，三人称的観測ではない。明らかに対象と調査者との間には何らかの関係，それを緊張というべきかは別だが，それがある。だから，測定には相当の方法や装置あるいは配慮が欠かせない。観測でデータの質がすぐに変容してしまうからである。すると，観測はけっして三人称的な方法ではない。むしろ，鈴木の議論に重ねると，従来の二人称的緊張関係にあることを意味する。これは観測の実態に重

なる。そして同時にそこにはつねに一方の対象である自己が鮮明に立ち現われていることを忘れてはならない。したがって，観測は必然的に一人称的なのだ。

従来観測問題とよばれ難問の1つといわれているが，そして三人称的観測からはけっして一人称的観測には到達しえないという批判も，肝心の人称詞をめぐるキチンとした考察を欠いたためとも言えよう。すると，それは難問ではなく単に疑似問題でしかないのかもしれないことになる。

あえて蛇足を加えると，ドイツ語による文学作品の楽しみ方にも同じことが指摘されている。登場人物がお互いをなんとよぶのか，その変遷で，両者の関係，緊張感系から愛憎関係まで，みごとに透けて見えてくるというしだいである。

初めお互いがよそいきに，Sie とよび交わしたのが，Du となり，そして，再び Sie となる経緯はその1つである。

これらの議論はさておき元に戻すが，鈴木は彼の分析の対象から，人称詞を「自称詞」と「対称詞」の2つに区分することを主張する。その主張の根底にあるのは，語への感性だの身体感覚ではない。記号と記号を結び付ける際の根底にある論理構造にその鍵を認めたことに要点がある。

すると，記号計算によるアプローチが三人称的であるゆえに，それが計算機上での人工知能の実現の限界であるという立論，またそれを乗り越えるための（限界設定に限りなく近づくという意味で）一人称的メタファーの導入であるという主張は，その前提の人称詞の扱いについての吟味が不可欠である。

以上の鈴木の立論に準拠すると，そもそもの自己にかかわる人称詞を自称詞でとらえるのか，対称詞でとらえるのかという論点になる。いずれにせよ自己自体は，関係構造いかんによって一義的に決まる。一方，限界設定が，記号計算に内在するというのであれば，再度くり返すが，それを限界にまで推し進めればよいことで，仮にメタファーのような介在物を要するものではない。それは屋上屋を重ねることでしかないだろう。もともとメタファーの機能は，記号間の関係構造によって規定されることであるからである。また悪くすると，単に説明のためのパラメターをいたずらに増やすことになり，なるほど説明になったようであるが，説明ができるというだけで，じつは何の説明にもなっていないことになる。なんでもありになりうるからである。それは科学における説

明，なかんずく一義的な因果律による説明という営みとは異なる。ここにもボーダーレス状況が垣間みられる。

それに計算機の上で実現されることが人の知性の実現とは別物というのであれば，それは感性や身体感覚が欠けているゆえにであると，それをもち出すことではない。むしろ論ずべきは記号論の限界を指摘するだけで十分である。しかもそれは，記号論においてすでに，たとえば，ゲーデルやチューリングによる計算可能関数の議論としてなされていることは，あえて指摘するまでもなくその道の大家の月本氏にとって釈迦に説法でしかないだろう。また，ゲーデルによる論理学における1階述語の完全性定理の証明と，2階述語以上に内在する不完全性の証明にゆだねればよい。それをいかに論理的に乗り越えられるかは，今後の論証，あるいは人知の認識の限界をめぐる議論において正当に議論を重ねればよいことである。それに代わって何かそこに介在させることは，悪くすると神秘主義の姦計に落ちることになろう。

科学的姿勢の最後の砦，科学の営みの制約を壊すことは，ひょっとするとあらゆる魑魅魍魎を新たにばらまく諸行にならないとも限らないのだ。そこにはもはや希望という名の何ものも残ってはいない。これは独創とも創造ともまるで違うことを心しなければならないだろう。冒頭本論を文学的作品，擬似科学的と表現したことは，以上のような諸点からの帰結である。

むろん，哲学的思索論，ないし思想論とみることは十分に可能である。その一方，これを科学的随想（SE，サイエンス・エッセー）と読むことも同じように十分に可能である。もちろんそのでき栄えについては，この面の評論家，批評家ではないので差し控える。

〈鏡像理解をめぐって―自己認識に関する心理実験から―〉

最後に，別の観点から，自己とは何か，自己認識をめぐる諸相を心理実験研究のエッセンスを借りて紹介し（詳細は，たとえば，Gallup, Jr, 1977；西川，1988などを参照），コメントを閉じることにする。あなたは，鏡の中にあなた自身を発見することはあまりにも当然であろう。それがどうした，といわれかねないほど常識の話だ。しかし，それが可能であることの背後に，問題の自己認識にかかわるきわめて重要な論点が隠されていることに気づかれるであろうか。鏡像理解（つまり，自己認識の形成過程）に関する発達心理学，あるいは

比較認知科学における実験データはきわめて示唆的である。それによると，大きくいって基本には4つの段階が区分される。

まず第1段階であるが，年齢的には1歳程度までの状況である。この段階は，鏡像をまったく理解できない。鏡自体は，あたかも素通しのガラスのようなものである。

というより，鏡自体の存在も認識しない。全面的に個体のかかわる世界は未分化で，あたかも深い霧の中におかれたようなものでしかない。したがって，それが連続した世界を構成していることも，そこには多数の固有の個物があることも理解しない。いうまでもなくそこに自己という固有な存在を認識することもないといってよい。この結果は，鏡像をいっさい理解しないことに端的に現われる。

それが，身体的にまた心理的にも成熟を遂げると，世界は未分化な一色のものではなく，そこには固有のものがそれぞれに存在することを，まずは離乳ということをきっかけに，自分ではない母親の存在という他者の存在の理解をきっかけに自己像の確立が開始される。その際の鏡像理解はどうかというと，これが第2段階であるが，他者としての自己を発見するにいたる。いうなら第三者としての自己の理解が成立するというこの観点は重要である。実際，行動的には，鏡の中の自己像を仲間と見立て，手にもったおもちゃをその像の手に手渡そうとしたり，お菓子を映像の口に押し込もうとしたり，など典型的な他者へ向けての行動がみられる。明らかに他者としての自己の発見である。

こうしたことが可能になる前提には，身体の成熟，二足歩行をはじめ精神世界の充実，意識の連続性や記憶機能の発達とそこに蓄えるための映像情報や各種記号，なかでもことば，言語の習得に決定的に左右される。

ところで，他者として立ち現われる自己認識は，その後の大人の日常の生活にもあたりまえのように活用されている。鏡像は，明らかに他者の吟味の中におかれた自己である。この観点から見ると，なぜ鏡を使い自己の身繕いや化粧に当然のように使用されるかは，明らかだろう。自己は，従来の人称でいうと三人称としてみごとに出現するといえる。

自己がつねに一人称として立ち現われるのではなく，自己と他者の関係構造によって規定されるものであることを示す。

そして第3段階にはいると，基本的には自己に根差した自己認識となる。これは，鏡像をもとにそれまでの他者視に代わって，当のこの自分のことという認識の成立である。

この結果，鏡像の意味をまさに自己の身の上のことに重ねられることを意味する。たとえば，寝ている間に顔にわからないように塗料を塗ったとしよう，鏡がないとそれに自覚的に触ったりすることは偶然にそうするだけである。このことを確かめてから，いざ鏡を与えてみよう。すると，どうだろう，鏡の中に見慣れない相手がいるとはけっして認識しない。慌てて鏡像を手掛かりに自分のその部位に触って，何事がこの身の上に生じたのかと，確かめる。明らかに，鏡像が意味するものはこの自分自身に他ならない。この身の上の出来事という認識である。ここにいたって自己認識と言えよう。

しかし，なおその先に第4段階がある。

それは，鏡像はあくまでも他者の視線の吟味のもとにある自己という認識と，こちら側にはこの自己がいるという自己認識との間の調和と，その問題解決段階である。

自己像と他者による自己像の統合と統一は，けっして単純に解決可能な課題ではない。

ちなみに，他者の吟味のもとにある自己像を，それは他者の認識であってけっして自己そのものの認識ではない，と切ってしまうことも可能だ。まずは，反抗期におけるような強烈な自己主張にも現われる。その結果発達過程における大きな問題点，精神発達における危機ともいうべきものとしての自己への引きこもりという問題である。単に内省的になるというのではなく（それはきわめて正常である），過度になると，世界への窓を閉ざすということになる（自閉や内閉は対応すべき課題だ）。したがって，バランスされた自己像の形成にとって，この時期をいかに的確に乗り越えていくかは大きな問題点である。また，生涯にわたって，この問題解決に取り組まなければならないことも多い。

この最終段階は，もつことのできた強烈な自己認識と第三者の吟味のもとにある自己との折り合いをとるものである。この両者の統一をもってはじめて最終的な自己認識へといたる。その際，自己をいかに表記し意味するか，その人称詞の変遷はみごとに心の世界を写し出し，また自己像がどのようなものかを

示唆する。

　まさに記号と記号の結合によって関係付けられた記号の総体が，心の現実そのものであるといってよい。構文論が主張するように，現実の意味論になっている。

　ところで，この形成過程は，そのまま逆に老化などに伴って起こる自我像や精神生活の崩壊が，このまったく逆の過程を伴って進行することも現実に指摘できよう。特に心の病の進行に伴って，鏡像理解の崩壊が生じ，まったく鏡の中に自己を発見できなくなってしまうことも指摘される。その結果まったく身だしなみやお化粧などに関心を見せないこともよく知られている。ところが，寛解（治癒）に伴って，そうしたことに関心が戻ることも指摘されている。まさに自己認識の本質にかかわる病であることが示唆される。

　以上，人称詞をめぐる議論での大切な論点の一端を紹介した。こうした人の心の発達・成熟に関しては，現状多くの批判があるにせよ，ピアジェの発生論的認識論には聞くべきものが多い。そこでの論点の骨子が，4つの操作期とそこで繰り広げられるさまざまな論理操作，保存や不変変換にかかわる数学的論理構造にあることは周知であろう。

　上に述べた鏡像理解の諸段階は，まさにこの発達段階にそのまま重なる内容をもつものであることが明らかであろう（たとえば，西川，1988を参照）。

　人称詞をめぐる議論は，あまりにも身近なため日常言語における用法を当然視してしまいがちであるが，それ自体の論拠をきちんと科学的に吟味する手間を省いてはならないだろう。自戒を込めて言及する。

　ところで，自称詞，対称詞の観点をもとに，記号計算による人工知能の限界としてその具体的な実現の手段である現行のコンピュータに意識が芽ばえなければ人の知を実現できないという指摘を再考しよう。少なくともここでの区分による対称詞においてもつ自己認識を認めることは可能だ。そこから先，ではメタファーがそれを可能にするかというと，そうした介在物によらずとも対自的自己認識，つまり，再帰的，自己モニターによって実現可能ではないだろうか。それは，コンピュータの自己増殖にもかかわることで，その可能性についての論理的帰結は，フォン・ノイマンのよって，すでに証明済みのことではなかったろうか。記号計算論の限界設定は，なお議論の余地が大いに残されてい

ると言えよう。

月本論文の論評への回答

月本　洋

〈はじめに〉

　まず，西川論評に対する筆者の第一印象を述べよう。西川論評の中では，「記号的人工知能の限界」の最も重要なキーワードの1つである「想像，イメージ」に関する論評が見られないのである。論評がないどころか，「想像，イメージ」という語自体が出現しないのである。筆者が読み落としていることはないと思うが。不思議であった。これが西川論評を読んだ後の最初の印象である。論評された筆者としては，西川論評は不思議な論評であるという感じをもった。キーワードの「想像，イメージ」に関して，肯定的であれ，否定的であれ，言及すらないのである。これでは，西川氏が「記号的人工知能の限界」（の主旨）に対して，どのような意見をもっておられるのか，筆者にはよくわからない。

　また，西川論評は，正面から論評するというよりは，側面から論評するというような形を取っている。たとえば，最初に「月本論文の特徴」で書き方に関する議論で始まり，いくつかの批判が書かれているが，少なくとも筆者には，「記号的人工知能の限界」の主旨に関する論評よりは，そうでない論評の方が多いように思われた。主旨に関する論評とは，たとえば，意味の理解を2つに分ける必要がないとか，想像が記号処理では重要でないとか，想像には身体が重要でないとか，というような論評である。このような論評が正面からの論評になると思われる。西川論評を読んだ限りでは，筆者は，西川氏が「記号的人工知能の限界」をどの程度理解していただいたのかよくわからない。筆者の「記号的人工知能の限界」の書き方が悪かったのか，「記号的人工知能の限界」を全般的にあまりよくご理解していただいていないか，誤解されているかもしれないという危惧をもつ。

〈「記号的人工知能の限界」の要約〉

　「記号的人工知能の限界」の説明の仕方があまり良くなかったかもしれない（筆者自身はそう思いたくないが）ので，もう一度，簡単に要旨を述べておくほうがよいと考える。そこで，西川論評に関して回答する前に，まず「記号的

人工知能の限界」の要約をしたい。

　記号的人工知能は，現在の計算機のソフトウエアでできる人工知能のことである。人工知能に関する多くの反対論が，「計算機が意味を理解してない」という主張に要約できると考えられるので，まず，意味の理解，に関して述べる。「意味の理解」ということばは，あいまいであるが，結構異なる２つの"意味"がある。この２つの"意味"は明確に識別する必要がある。意味の理解は大きく２つに分けられる。１つは，記号操作可能性（三人称的意味の理解）であり，もう１つは，想像可能性（一人称的意味の理解）である。たとえば，５次元空間は，記号操作ができるが，想像できない。これに対して，３次元空間は記号操作もできるが，想像もできる。意味を理解するとは，この２つの事をさす。想像は身体に基いているので，身体がない計算機には，想像はできない。したがって，記号的人工知能では想像可能性（一人称的意味の理解）は実現できない。これが，記号的人工知能の限界である。記号的人工知能で実現できるのは，記号操作可能性（三人称的意味の理解）であるが，最も自然知能（人間）に似ている，すなわち最も想像可能性に近いことができる記号的人工知能は，想像の形式的操作ができる記号的人工知能である。すなわち，記号的人工知能は想像そのものは実現できないが，想像の形式操作は実現できる。想像の形式は，経験の形式の拡張である。想像の形式は，想像の記号的側面であるメタファー（など）の形式である。このメタファーに基く人工知能が最良の記号的人工知能である。これは，メタファーの基本領域と，応用領域と，その領域間の投射から構成される。メタファーに基く人工知能から，数理論理学を眺めると，命題論理は，包含の領域の形式体系になる。述語は，包含という「述語」が「命題化」されているように，「命題化」される（べきである）。

　以上が，「記号的人工知能の限界」の要約である。

〈西川論評への回答〉

　以下に，いくつか西川論評への回答をしたいと思うが，西川論評の，後半にある，「人称詞をめぐって」と「鏡像理解をめぐって」の２つの部分は，「記号的人工知能の限界」のなかの(3)意味と理解の３）一人称的意味の理解と想像のところで，「一人称的に意味を理解できるとは想像可能であるということであり，三人称的に意味を理解できるとは，記号操作できることである」と明確に

定義していて，特に人称に関する議論が重要とは思われないので，「人称詞をめぐって」と「鏡像理解をめぐって」に関しては，回答を控えておく。

西川論評には，いくつかの月本論文への批判が書かれている。以下に3つあげ，簡単に回答する。

● 「科学論文ではなくて，文学である」

→科学論文か文学は，どっちでもよいのではないか。「記号的人工知能の限界」では，心に関する記号的手法に関するメタ的な議論をしている。基本的なことを述べようとすると，もしくは，科学の枠組を変えようとすると，文学的な，哲学的な議論にならざるを得ない。もし「記号的人工知能の限界」が文学的であるというならば，それと同様の理由で，西川氏の「心はコンピュータ」も文学的である，といえよう。心をコンピュータで比喩的に語る，というのも文学的であろう。西川氏は，文学的であることが悪い，と思われているように見受けられるが，文学的であることは，それ自体ではけっして悪いことではない。悪いことは，あいまいであるとか明晰でないということである。「記号的人工知能の限界」は，すくなくとも筆者は，明晰に記述したつもりである。曖昧なところがあるとすれば，もちろん，訂正せねばならないが。科学的な議論には，前提や仮説が必要であり，その前提や仮説をめぐる議論は，科学的ではなくなる。科学的でありうるのは，その前提や仮説にしたがって，行なわれる実験や理論展開に関する議論であろう。科学的であること自体は科学的ではない。

● 「ドレイファス等と同じであり，新味がない」

→筆者は，人工知能反対論者の趣旨は「コンピュータは，わからずに，やっている」，すなわち，人工知能の不可能／可能は，意味の理解の問題に集約できる，とまとめている。このようなことをドレイファス等が主張していれば，西川氏の指摘は正しいが，少なくとも筆者が調べた範囲では，ドレイファス等はそのような主張はしていない。筆者が，人工知能反対論者の議論を「意味の理解」に要約している点に注目してもらいたい。

● 「構文論への言及を省いている」

→(7)メタファーと論理の関係について，を読んでいただいたのか？ そこに，構文論への言及がある。構文は，メタファーの（基本）領域の形式としてとら

えられることを述べてある。筆者は，無批判に，構文論，意味論，語用論という枠組みを人工知能に使いたくない。それは，この区分自体に疑問がある，からである。筆者は，広い意味での論理と言う観点からすると，現在の記号論理学的枠組をそのまま人工知能に適用するのはあまり適切ではない，と考える。記号的人工知能の限界として提示したメタファーに基く人工知能は，新しい記号的人工知能の手法であり，記号論理学的手法をそのまま人工知能に適用するというものではない。論理を想像力の観点から再構成しようという試みともいえる。

〈「記号的人工知能の限界」の補足的説明〉

以下では，「記号的人工知能の限界」の内容を少し補足するために，知能，想像，身体，メタファー，ロボット，論理について簡単に述べる。

知能とは，特に断らない限り，人間の知能を意味する。人間の知能の特徴とは何であろうか。人間を他の動物と比較すると簡単にわかるが，その最大の差異は言語である。したがって，言語理解を人間の知能の最も主要な機能とする。その知能にとって，想像力は重要である。現にこの文章を読者が読んで理解するには，多くのイメージ（心的表象）を必要とし，想像力を必要としている。また，たとえば，「この炭酸飲料水はうまい」という文章の理解であるが，その炭酸飲料水を飲んだことがない人には，詳細はわからないが，だいたいはわかる。もしくは，わかった気になれる。他の類似の（本当に類似しているかどうかは定かではないが）炭酸飲料水の味を想像して，先程の文章を理解するであろう。

こういう記号処理の現場に注目する必要がある。想像力は，いいかげんで，曖昧なので，今まで，心理学，哲学の表舞台には登場してこなかった。哲学にしろ，科学にしろ，厳密な議論を目指しているので，想像力のような曖昧なものを基礎に置く議論は，心理学者，哲学者の好みに合わないのであろう。しかしながら，想像力を用いないと，この文章を理解することはできないのである。好みにあわなくとも，このような現実を直視する必要があるであろう。我々人間の理解とは，想像力に頼っているのである。想像力が曖昧であるとすれば，それに基づいている我々の理解（力）もしょせん，その程度の確かさしかないのである。筆者は，曖昧なことが好きなのではない。筆者も，より厳密な議論

をしたい。しかし、事実は事実である。我々の理解がそのような想像力に基づいているならば、想像力について、もっとしっかりした理解をしなければならない。

その想像力が身体を必要としている。最近の脳の非侵襲計測では、想像する場合と実際の場合で脳の同じ部位を使っていることがわかってきた。たとえば、指を動かすのを想像する場合と、実際に指を動かす場合では、同じ脳の部位が活性化されることが多くの実験で確認されている。正確に言うと、想像の場合には、筋肉からのフィードバックがないが、この事実は、（身体運動の）想像は仮想的な身体運動であることを意味する。画像（たとえば三角形）を思い浮かべるときも、眼球が運動していることが確認されている。したがって、我々が想像するときには、仮想的に身体を動かしているのである。これが、「想像には身体が必要である」ということである。

ある特定の画像の描像機能は、それ専用のプログラムと装置を製作すれば、実現できるかもしれないが、一般的な画像の描像機能は、眼球運動と同等のプログラムと装置を製作せねばならないであろう。別の言い方をすれば、一般的な画像の描像機能を実現しようとすると、でき上がるものは、眼球運動を模倣したプログラムと装置になるであろう。また、先程の炭酸飲料の例でも、味を理解するには、味覚の機構を構築する必要がある。このように考えると、想像を実現するには、身体そのものを作らねばならないことなってしまう。しかし、これは、不可能であるか非常に困難である。

現在の計算機で可能なのは、身体なしでできる範囲であり、これは、想像の言語的側面であるメタファー等の記号操作である。これがメタファーに基づく人工知能である。すなわち、メタファーに基づく人工知能は、想像の計算機による模倣である。

現在の計算機に限定しなければ、想像の実現方法として、ロボットが考えられる。身体のない現在の計算機は、想像できないので、想像できないゆえに、限界がある。しかし、ロボットは違う。ロボットは身体があるので、想像ができ、それゆえに、上記の限界は基本的にはない。たとえば、計算機の場合は、炭酸飲料水が飲めないので、その炭酸飲料水の味はわからないし、一般に飲料水を飲めないので、わかった気にもなれない。計算機ではなくて、ロボットの

場合には，何か飲むという行為は基本的に可能である。たとえば，ガソリンを飲むとかである。しかし，これの味は人間には理解できない。人間とロボットが，どれほどお互いに理解しあえるのであろうか。これは，むずかしい問題である。このような問題はすでに存在している。たとえば，人間と猿がどのくらいお互いに理解し合えているのであろうか。人間と猿の相互理解の問題と，人間とロボットの相互理解の問題は基本的に同じであろう。ところで，ロボットにしても，その言語的な部分は，メタファーに基づく人工知能と同様なものが必要である。

味に関しては，計算機が味覚をわからなくても，もしくは，ロボットの味覚が人間の味覚と同じでなくても，それなりに会話が成立するであろう。しかし，身体が無ければ，空間（存在）そのものが理解できない。身体が無ければ，存在そのものが理解できないので，味覚とは大きく違い，意味の理解の根幹そのものが成立しないであろう。しかし，この場合の身体とはどこまでを指すのであろうか。むずかしい問題である。

ロボットが，人間の知能にどれだけ近づけられるか，逆に，どれだけ近づけなくても，会話が成立するのか。これはわからない。また，どこまで，我々の想像が身体に依存しているかも不明である。これらは，これからの課題である。

記号的人工知能というと，論理による人工知能を思い描く人が多いと思う。論理というと，数理論理学を意味する場合が多い。しかし，論理とは，辞書には，ものの考え方，みたいなことが書かれている。ものの考え方なのだから，想像力をどう使うかが，論理になるであろう。すなわち，想像力の形式を論理とみなしてよいであろう。筆者は，この想像力の形式の方が，（人工）知能の論理としては，記号論理学より，適切であると考える。記号論理学は，数学のための論理学である。想像力の形式であるが，想像それ自体は，科学的に扱えない。そこで，想像力に関して，科学的に，公共的に，客観的に扱える，範囲となると，それが，想像力の記号的側面であるメタファーの形式となるのである。想像力の記号的側面はメタファーだけではなく，メトニミー，シネクドキとあるが，主要なのはメタファーなので，メタファーに注目する。

筆者の試みは，人間の理解に必須である想像を中心に，現在の論理等を，再編成してみようという試みともいえる。自然言語に関しても，想像を核とした

理論を構築しようという試みである。これに関しては，認知言語学の考えと同じである。

　最後に，意識，志向性についても，少し言及したいと思う。現在の計算機での意識の実現は不可能であると思う。ロボットでは可能であると思う。しかし，ロボットに，「心」をもたせるには，ロボットの集団が必要である。ロボットの集団，すなわち，ロボットの社会である。心は社会的であるから，ロボットの心には，ロボットの社会が必要なのである。

石川幹人
(Masato Ishikawa)

■■■2-2 心の科学―物理学からのアプローチ―

★

物理学は万物の科学である。物理学は,あらゆる工学の基礎であり,蒸気機関,電気照明,精密機械,コンピュータ制御,航空輸送,衛星通信などと,近現代の文明の発展に貢献してきた。物理学の方法論に則って比較的大きな複合物質を扱う化学や分子生物学も,衣料や肥料,薬品などを通じて,食料の増産や,公衆衛生の普及,医療の高度化などに重要な役割を担っている。一方で,文明の発展は,エネルギー問題,環境問題,そして遺伝子操作などの倫理的問題を起こしているが,その解決にも,新素材の開発,人工光合成の開発をはじめとした,新しい科学技術の発展に期待がかけられている。これほどまでに物理学は,我々の生活を支える礎となっている。

さて,「心」は物理学の対象であろうか。心が広い意味で「物」の範疇に入るのであれば,物理学の対象であろう。そうでなくとも,心が物と相互に影響をし合うのであれば,物理学の中に心へといたる水際のような境界面があるはずである。現に,心は,我々の四肢を操って物の世界に働きかけることが可能であるし,薬物は,我々の心の状態を変化させることが知られている。すなわち,物理学の中に心(少なくとも心の影のようなもの)を位置づけることは可能であると考えられる。そうした意味で,心の科学に物理学が貢献できる何らかの道があることは了解できよう。

現在のところ,心という形態にいちばん近い物理的工学的装置は,コンピュータを中核とした情報システムである。こうした情報システムで,心(あるいはその類似物)を構成しようとする工学の一分野が人工知能であり,それにまつわる理論的検討を,情報科学や心理学,神経科学などの側面から行なうのが,認知科学である。もしも情報システムで心が構成できるのであれば,心が広い意味で「物」の範疇に入り,物理学のなかに心が位置づけられたと言えるだろう。この是非をめぐる議論が,本書においても,ここまでたびたびなされてきている。

いまの認知科学の基本理念は「心の計算-表象的理解」にある。人間は心的表象をもち,その表象を計算操作するプロセスをもっているとしたうえで,そうした計算操作によって生み出された新たな表象が行動を生むとみなす。すなわち,認知科学は,知的な行為を,ある種の表象と計算に基づくモデルによって説明するのだ。しかし,この理念により心の機能を実現するには,もろもろ

のモデル化の手段(論理,ルール,概念,類推,イメージ,コネクション)が並立している状態である。このうちの,どの手段をとっても本質的な限界があることが判明しており,認知科学はまだ統一的なモデルを構築できてない(Thagard, 1996)。だが,心の機能を部分的にモデル化することや,そのモデルに従って,工学上実用的な情報システムを設計することには,多くの成功を収めている。

認知科学は,工学や化学,分子生物学などと同様,物理学の延長ととらえることができるが,統一的なモデルを構築できてない状況のなかで,現代物理学の立場から認知科学に反旗を翻す動きが生まれた。つまり,現在の認知科学の理念に基づく情報システムでは,物理学的にいって,心(あるいはその機能)をもち得ないという指摘である。本章では,この「人工知能不可能論」の指摘を通して,物理学から心の科学へいたるアプローチについて考える。

1. 物理学からの人工知能批判

1970年代後半から80年代にかけては,人工知能の黄金期であった。コンピュータ技術の爆発的な進歩から,人間の諸活動はやがてすべてがコンピュータによって置き換え可能であると信じられた。日本でも通産省の,いわゆる第五世代コンピュータプロジェクトが発足して,世界的な話題を集めた。

ところが,1980年代の後半から,そうした楽観的な見通しに陰りが見えてきた。コンピュータ技術の進歩に比べ,知的とされるコンピュータ処理,すなわち機械による言語理解とか,機械による学習の研究とかが思ったほど進展せず,逆に計算量の観点から限界らしきものさえ見え隠れし始めたのである。それに呼応するように,人工知能を批判するサールの意見(Searle, 1980)や,ドレイファスの意見(Dreyfus & Dreyfus, 1986)が注目されてきた。人工知能の開祖の1人とされるテリー・ウィノグラードも人間回帰のような趣旨の本(Winograd & Flores, 1986)を出版し,いよいよ人工知能も見捨てられたかと騒がれたのである。しかし,これらの議論では,コンピュータと人間との違い,言い換えれば,人間にあってコンピュータには欠けているものが,志向性や状況依存性などとされ,物理学の範疇の明確なことばではなかなか語られて

こなかったと言える。

　そんななかで登場したビッグバン宇宙論の権威であるロジャー・ペンローズ (Penrose, R.) が, 大胆な指摘をした。人間の知的な思考には, 量子過程の物理学が不可欠であり, 古典的な物理学をベースにしているコンピュータではそもそも人工知能は構築不能だというのである。この真偽をめぐって大きな論争が巻き起こった。ペンローズの主張は, 現状のコンピュータに基づく人工知能を批判する点で, 現在の人工知能研究者を敵に回してはいるが, 一方で量子過程の新たな物理学が盛りこまれた新型コンピュータならば人工知能が構築できてもおかしくないという点では, 将来の人工知能研究者の方は味方につけている。だから, サールやドレイファスのような, 心の働きはそもそも機械には還元できないのだとする議論を展開する人々とは, 同じ人工知能批判といっても一線を画している。

　ペンローズの論争の発端となったのは,『皇帝の新しい心 (The Emperor's New Mind)』(Penrose, 1989) であった (以下『皇帝』と略記する)。この著作は, アンデルセン童話の『はだかの王様 (The Emperor's New Clothes)』になぞらえたものであり, ペンローズは,『はだかの王様』に登場する少年のように, 素朴で鋭い質問を人工知能研究者に投げかけようとした。つまり, コンピュータは人間と同じように心をもちうるとする「強い人工知能」の立場は,「はだかの王様」であると批判し, コンピュータがもつという心は,「王様の見えない服」のように実体がないと指摘しようとしたのである。

　このペンローズの指摘は,「王様ははだかだ!」というように誰でもが納得する意表をついたものではけっしてなかった。「強い人工知能」の立場はすでに議論のただなかであったうえに, 指摘の論拠は, 数学や物理学の分野で古くから議論をよんでいる事柄であった (石川, 1991)。著者の意図に反し, 究極の人工知能にまつわる論争は綿々と続いているのだ。

2. ペンローズの意識論

　ペンローズの『皇帝』の発刊からすでに10年を経過したが, この本に書かれた内容は依然として輝きを失っていない。その内容は, 当然のこととして皆に

受け入れられるものでも，誤りとして簡単に退けられるものでもない。現在でも，心と意識に対する科学的議論の種を提供し続けている。

『皇帝』の日本語訳は滑らかな一般向けの文章で訳出されているが，500ページを越える大部になっており，数学と物理学（そして情報科学）の素養が多少ないと読み通すのが困難であろう。そこで，ここでは心の科学の観点から，数学や物理学の詳細に踏みこむことなしに，ペンローズの意識論の要旨を解説することにしよう。ところどころ『皇帝』に掲載されている図を参照している（翻訳書のページを付記した）ので，『皇帝』とあわせて読んでいただければ理解が深まると思うが，そうでなくとも議論が概観できるように努めた。詳細にはこだわらず，議論の骨子を把握されたい。

(1) 意識過程はアルゴリズムではない

現在のコンピュータは，計算の明示的な手続き（アルゴリズム）をプログラム命令という形式で記述し，それを順序正しく実行するということで，問題解決などの情報処理を行なっている。ペンローズは，人間の行なう反射的行動や無意識的行為はアルゴリズムに基づくとしても，意識過程はアルゴリズムに基づくものでなく，意識的行為の多くは，アルゴリズムとして表記して模倣することさえ不可能な行為結果を成し遂げていると主張している。

その根拠として登場する議論は，ペンローズタイルとゲーデルの定理である。ペンローズタイルとは，まさに彼自身が発見した形の異なる一対のタイルである。風呂場の壁面を埋めつくすタイルを想像されたい。標準的なタイルは正方形であろう。タイルの形を変えて，正三角形や，正六角形でも壁面を覆いつくせるが，正五角形ではどうしても隙間があいてしまい，壁面を覆いつくせないのがわかるだろう（もちろん壁の端のタイルは端の形状にあわせて切らねばならないが，それについては考えないことにする）。正五角形に加えて，その隙間を埋めるような十字手裏剣のようなタイルがもう1種類あれば，両方の種類のタイルで壁面を覆いつくすことができる（『皇帝』p.153，図4・7）。ふつうに考えつくようなタイルの配置を見ると，一定の間隔周期で同じ配置パターンがくり返しているのがわかる。

ところが，ペンローズタイルという特定の形状のタイル（2種類で1組）は，

なんと配置パターンの周期的なくり返しが起きずに，壁面を覆いつくすことができるのである（『皇帝』p.157，図4・12）。ペンローズは，このタイルを発見した自らの体験をもとに，人間の「洞察力」について考察する。ペンローズタイルを発見する人間の営みが，はたしてアルゴリズムなのかである。じつは，ペンローズタイルのように，非周期的に壁面を覆いつくすタイルの組を発見する作業は，アルゴリズムのような決定的な過程では実現できないことが，数学的に判明しているのである。それを発見するには，空間を大局的にとらえねばならず，単に局所的な探索ではうまくいかない。となると，ペンローズタイルを確実に発見する過程をコンピュータにプログラムすることは，原理的にできないことになる。ではなぜ人間（ペンローズ）はそれを発見できたか。それは，意識の過程がアルゴリズムではないからと，ペンローズは主張する。

　もう1つの根拠であるゲーデルの定理とは，クルト・ゲーデル（Gödel, K.）が1931年に証明した定理であり，歴史的には「自己言及のパラドクス」の議論に終止符を打った意義をもつ。ゲーデルの定理に関する詳しい解説には（Nagel & Newman, 1958）や（廣瀬と横田，1985）を参照するとよい。この自己言及のパラドクスとは，「私の言明は誤りだという私の言明」のように，正しいとしても誤りとしても矛盾が生じる言明である。自己言及のパラドクスがあると，論理の体系に不都合が起きるので，自己言及が発生している言明は注意深く取り除く方法を，数学者たちは模索していた。そうした状況でゲーデルは，ゲーデル数という巧妙なテクニックを開発して，自己言及は（自然数のような単純な体系であっても）知らず知らずに起きてしまうものであって，原理的に取り除けないと証明したのである。

　ゲーデルの定理によって，次のような論理体系の不都合が決定的となった。「私は証明できない」という種類の言明がその体系のなかにあり，かつ，その言明が体系のなかでは現に証明できないのである。だが，この当の言明は証明できないのであるから，正しいことは明らかである（と人間にはわかる）。つまり，簡潔に言い換えると，「ふつうに使う論理体系のなかには，正しいのにもかかわらず，その体系では証明できない言明が必ず存在する」となる。ペンローズは，こうした場合にも，言明の正しさを人間は直観できるので，人間の洞察は特定の論理体系に閉ざされているものでないと主張したのである。

さらに，コンピュータの基本原理を開発したアラン・チューリング (Turing, A.) によって，コンピュータの計算は (チューリングマシンという形式で) 論理体系における証明と対応づけられている。そのため，先のペンローズの主張は次のように言い換えられる。あるアルゴリズムよる計算ではけっして解にいたらない問題を，人間の洞察力によれば，その問題の解を直観できるのである。ペンローズタイルは，まさにそうした具体例だという。

ペンローズタイルやゲーデルの定理の議論を通して，ペンローズは，人間の意識が織りなす高度な営みが，けっしてコンピュータに記述されているプログラムの枠内におさまるものではないと主張したいのである。

(2)意識の基盤は量子論にある

現在のコンピュータが意識過程を構成できないとすると，人間は有しているがコンピュータの方は有していない，意識過程構成の重要な要件があるはずである。ペンローズは，その要件を量子論に求めるのである。彼の議論は，まず，我々の心についての内観に訴えかけることにより，心に欠くことのできない性質として「自由意志」があることを，我々に納得させることから始まる。我々の自由な意志というものは，機械論的で決定的なプロセスに立脚しているはずがない，量子論にこそ，自由意志が構成できる余地があるのだ，と論じるのである。

量子論は，現代科学技術の基礎として，数々の実験に裏づけられていることから，その理論的有用性はきわめて高いことがわかっている。しかし，量子論が記述する物理的対象の実在性については，大きな哲学的問題を残している。そこに，ペンローズは意識の性質との整合性を見いだそうとしている。量子論が抱える哲学的問題について，詳細な議論には (d'Espagnat, 1981)，一般向けの詳しい解説には (Herbert, 1985)，対話式の平易な解説には (Jauch, 1973) を参照するとよい。

量子論の問題の背景を理解するために，少し歴史を追って見てみよう。一時，物理学はニュートン力学によって完成されたとも思われていたが，20世紀に入り，物理的世界観を大幅に変更する理論的革命が相次いだ。1905年，アインシュタイン (Einstein, A.) は，光速度一定の前提から相対性理論を築き，時

間が空間の特別な場合として空間と同一視できること,絶対時空間は存在せず,あらゆる時空間は観測者ごとに相対的に首尾一貫していること,そして質量とエネルギーが交換可能である（これが原爆の原理であるとされる）ことを明らかにした。いまでは,ニュートン力学にこの相対論を含めた理論までを,古典論とよんでいる。

古典論ということばは,その後に発展した量子論に対比して用いられる。量子論の出発点は,光は「波」なのか「粒子」なのかである。「波」であれば空間を連続的に伝播し,「波」どうしの干渉（ぶつかることで弱め合ったり強め合ったりすること）が起きる。「粒子」であれば,ある特定の位置やエネルギーをもち,「波」の性質とは両立しないはずである。伝統的に光は「波」であると思われてきたが,光電効果によって離散的な「粒子」の性質ももつことがわかっていた（これを明らかにしたのもアインシュタインであり,彼はこの成果でノーベル賞を獲得した）。また逆に,伝統的に「粒子」であると思われてきた電子に「波」の性質を仮定することで,ニールス・ボーア（Bohr, N.）は,1915年,原子核のまわりの電子軌道の問題を解決した。これにより,あらゆる素粒子は「波」と「粒子」の双方の性質をもつのではないかと想定された。

「波」であり「粒子」であるとはどのようなことか。そのヴィジョンはさておき,現象を正確に記述する量子論が,2人の物理学者によって提唱された。ハイゼンベルク（Heisenberg, H.）による「行列力学」（1925年）と,シュレーディンガー（Schroedinger, E.）による「波動力学」（1926年）である。これらの理論の見かけはまったく異なるものの,同一の予測を与えることがあとで判明し,ディラック（Dirac, P.）によってより包括的な枠組みに統一された。しかし,1940年になって,ファインマン（Feynmen, R）が「経路積分法（歴史総和法）」という,まったく新しい形式の量子論を発見した。「経路積分法」は以前のものと同一の予測を与えるうえに,こみいった問題を解くのに,はるかに有効に働いた。「経路積分法」の概念だけを平易に解説した,ファインマン自身による本（Feynman, 1985）が出版されているので,ぜひ一読をお薦めする。

さて,量子論が規定するところによると,光や電子などの素粒子（物理的には,あらゆる物質は素粒子の組み合わせである）1つひとつは,「観測」され

てない状態では「波」の性質をもち，「観測」された時点で「粒子」の性質をもつことになる。「観測」されて「粒子」の性質となったときの素粒子は，古典論と整合的な，我々にも納得できる実体なのだが，「観測」されてない状態の「波」の性質の素粒子は，我々の想像力を超えた不思議な対象である。わかりやすい実験で解説しよう。

電球の前に，光を遮る板を置き，その向こう側にスクリーンを設ける。その板には，細長い切れ目をふたつ水平にあけておくのである（『皇帝』p.264，図6・3）。上の切れ目を通った光と，下の切れ目を通った光とは，古典論が予測するように干渉し，スクリーン上に干渉縞（明るい部分と暗い部分が交互に見える縞）が得られる。試しに，どちらか一方の切れ目を手でふさぐと，干渉縞は消え，一様に明るくなるのだ。

では，この電球の光をどんどん暗くしていったらどうだろうか。量子論に従うと，光の最小単位は，1つの「粒子」であるところの「光子」であり，60ワットの電球では毎秒，1兆の1億倍個の光子が放出されていることになる。これを，1秒に1個の光子しか放出しない光源で実験したらどうなるかが興味深い。スクリーン上に写真の印画紙をおいておき，この実験を行なうと，1秒に1点の割合（板で遮られる場合もあるから現実にはずっと少ない割合）で光の点が記録されていく。十分な時間が経過すると，印画紙のうえに干渉縞が形成される。そこにはほとんど1個の光子も到達しない部分（干渉縞の暗い部分）があるのだ。

疑問は，光子が1個しかないのに，どこで干渉の現象を起こすのかである。まるで，1つの光子が単独で，切れ目が2か所あることを知り，いたってはならないスクリーン上の位置を認識しているかのようである。古典的に考えれば，放出されてスクリーンへいたった光子は，上の切れ目か下の切れ目のどちらかを通ってスクリーンへ向かうので，干渉が起きる余地はない。この実験事実は，量子論によってのみ説明される。放出された光子1個は，「可能性の波」として広がり，あたかも板の両方の切れ目を通過し，その分離された「可能性の波」がたがいに「干渉」してスクリーンにいたる。スクリーンで「観測」される光子は，その「可能性の波」の振幅に対応する確率にしたがって，どこか1か所に確率的に見いだされる。干渉縞で明るい部分は確率が高く，暗い部分は

確率が低いのだ。広がった「可能性の波」が，いわば，一瞬にして1点に縮むようなこの現象を，「波束の収縮」とよぶ。「可能性の波」（「波束」や「状態の重ね合わせ」とよばれることもある）とは，一種の比喩であり，何かが揺れ動いて「波」を作っているわけではなく，「波」の形式の計算が合致するだけの，確率の値の分布なのである。

量子論を理解するうえでの難点の1つは，それが確率に基づいた不確定な実在を許すことである。「観測」によって「波束の収縮」が起き，どこかに素粒子が見いだされることが，確率的にのみ予測されるだけであって，「いまここ」といった確定的な予測はできないのだ（ハイゼンベルグの不確定性原理）。これは，我々の実験技術の限界によって確定できないのではなく，対象自体が不確定な（雲のようにぼんやりと広がった）性質をもつのである。アインシュタインは，この量子論の確率的解釈に異論を唱え，「神はサイコロを振らない」という有名なことばを残した。量子論は不完全であり，将来，別なより完全な理論に置き換わるであろうと，彼は考えたのである。

さらに，アインシュタインは，量子論の不完全さを強調する目的でEPR実験（1935年の論文の著者，アインシュタイン，ポドルスキー，ローゼンの頭文字からそう呼ばれる）という思考実験を考案した（『皇帝』p.319，図6・30）。EPR実験では，中央で，スピン0の素粒子（スピンという用語も一種の比喩であり，古典的に粒子が回転しているように思ってはならない）が崩壊して，正反対の方向に，正のスピンの素粒子と負のスピンの素粒子が飛んでいく場合を想定する。スピンの保存則により，片側の素粒子が正のスピンならば，もう一方は必ず負のスピンであることがわかっている。量子論に基づくと，スピンの正負は「可能性の波」状態で不確定であり，片方の素粒子のスピンを「観察」しない限り，正負どちらにも確定してないとなる。片方の素粒子のスピンを「観察」すれば，その時点で他方のスピンが確定するのだ。離れた素粒子の位置はそれぞれ確定しているのに，それらのスピンが確定していないことがあり得る。これはもはや「波」という比喩ではイメージできない。

EPRの思考実験では，2つの素粒子が反対方向に十分な距離を離れたのを見こんで片側のスピンの「観察」を行なうと，その測定情報が，光の速度を超えて他方に届くような現象が起きる。いまここの素粒子のスピンが負の方向に

「観測」されたので,はるか遠くに行ってしまったあの素粒子のスピンは,正の方向になったのだ,という具合だ。光の速度を超えてしまうと,相対論によって,ある時空間で原因Aと結果Bの関係にある事象Aと事象Bが,別な時空間では,因果が逆転して原因Bと結果Aの関係になってしまう。量子論ではこんな奇妙なことが許されてしまうではないかというのが,アインシュタインの指摘である。マーミン（Mermin, 1994）では,EPR実験の,もう少し理解しやすい変形が解説されている。

その後,科学技術の発展に伴い,EPRの思考実験が現実の実験として行なえるようになってきた。1986年のアスペ（Aspect, A.）らの実験をはじめとする一連の実験で,量子論が予想するような,光の速度を超えた測定情報の相関性が認められた（ただし,「観測」によってスピンの方向を制御できないから,SFでいうような超光速通信には利用できない）。この事実は,「可能性の波」状態の解釈に,次の2つの選択肢を与えた。第一の選択肢は,なにごとも「観測」できないものの実在をうんぬんするべきでなく,実際「可能性の波」状態に対する物理系は実在しないのだ,というものである。ボーアを代表とする,いわゆるコペンハーゲン解釈が,こうした実証主義的な立場をとった。物理理論が実体に対応しているかどうかを尋ねるのは無意味で,単に観測結果を正確に予言するかどうかが理論の決め手だという立場だ。第二の選択肢は,「可能性の波」状態は,古典的には分離できない,非因果的な量子的連関性のある実在なのだ,というものである。この立場に立つ代表的な物理学者のボーム（Bohm, D.）は,隠れた変数の議論から,世界の不可分な全体性を模索した（Bohm, 1957）。

ようやくペンローズの立場を解説する準備が整った。彼は,第二の選択肢に基づいて,「可能性の波」状態は意識の性質を反映しているのだと主張する。その傍証としてふたつの生理学実験をあげている。1つは,コルンフーバーの実験（『皇帝』p.497,図10・5）であり,その実験は,自発的な行為を行なう場合には,その決断に先だって1秒以上前から,準備電位が発生していることを示している。もう1つは,リベットの実験（『皇帝』p.498,図10・6）であり,その実験は,ある皮膚刺激を与えた後に脳に妨害刺激を行なうと,意識されるであろう「皮膚刺激が起きた時刻」より妨害刺激が後なのにもかかわ

らず，その皮膚刺激が意識されなくなることを示している。

ペンローズは，これらの実験から，意識の性質の一部に過去にさかのぼるような側面があると主張する。我々が複雑な討議をしているときに，相手の主張への反論を数分の1秒で行なえるのは，意識の過去にさかのぼる性質（事前に予測して反論の準備を行なっていたかのように働く性質）のおかげだというのだ。そして，そうした意識の性質は，「可能性の波」状態を考察することで合理的に説明がつくという。

(3) 意識はいつ生まれるのか

量子論を理解するうえでのもう1つの難点は，「観測」とはなんであるかである。「観測」によって「可能性の波」状態が終わり，実体的世界となる。ペンローズは，この「観測」に相当する「瞬間」に意識の棲みかを見いだそうとしている。

「観測」を理解するために，もう一度，先のスクリーン実験に戻ろう。光子1つひとつの実験で，2か所ある切れ目のうち，下の切れ目にセンサーを設置しておき，光子が下の切れ目を通ったならば，その通過を確認できるようにしておく。すると，切れ目をふさいでいるわけではないのに，スクリーン上の干渉縞が失われてしまうのだ。この実験事実は，量子論では「観測」による「波束の収縮」で説明される。つまり，光子はいったんは「可能性の波」になるが，切れ目の位置で「観測」されて「粒子」に戻ってしまう。そして光子は，ふたつの切れ目のうちのどちらか一方だけを通ってスクリーンへいたるので，干渉が起こらないのである。干渉があるとけっして光子がいたらない位置へも，センサーで通過経路を確認しただけで光子がいたるようになるのだ。

さらに不思議なことには，光子が上の切れ目を通ったときには，センサーには何も感知されない（センサーは下の切れ目に設置されているので）にもかかわらず，干渉縞はなくなる。下の切れ目で確認されない光子は（通過したとしたら）上の切れ目を通ったという間接的な証拠のみで，「観測」が成立するのである。

はたして「観測」とは何だろうか。いつどこで「波束の収縮」が起きるのか。量子論では，どんな状況が「観測」に相当するかが明示されていない。素粒子

どうしが衝突すると，衝突した素粒子をすべて含む「可能性の波」となると解釈される。物理的には，あらゆる物質は素粒子の集まりなのであるから，物理的な相互作用は，衝突した素粒子を次々と飲みこんで広がる「可能性の波」となる。しかし，我々の認識する世界は，古典的な実体的世界である。拡大した「可能性の波」は，どこかのレベルで「観測」の状況にいたり，古典的な「粒子」の集まりになるのだろうが，それは光を感知するセンサーの時点か，センサーの信号を処理する測定器の時点か，測定器表示を見る我々の目の時点か，それとも感覚に基づいて判断する我々の認識の時点か。

　伝統的なコペンハーゲン解釈は，測定器の時点で「波束の収縮」が起きるのだろうと，漠然と考えていた。ところが，著名な数学者のフォン・ノイマン（von Neuman, J）が，量子論の理論構造では，どのレベルの時点で「波束の収縮」が起きるかの合理的な「線引き」はできないことを明らかにしたのである。「観測」のためには，量子論の理論構造からは外部にある何かをもちこまねばならない。フォン・ノイマンは，不承不承，我々の意識が「観測」のために必要だという結論を受け入れた。しかし，この結論は，次の奇妙な事態を容認してしまう。我々が認識しない間の世界は「可能性の波」の広がりであり，すべては不確定な実体のない世界である。また，我々が認識しない間のネコは（ネコには意識がないとして），その行動は不確定であり，ときには生きているネコの状態と，死んでいるネコの状態とが1つの「可能性の波」のなかに織りこまれているかもしれない（シュレーディンガーのネコ）。

　こうした，「可能性の波」状態がどの時点で「観測」によって終了するかの解釈に（そもそも「観測」などないという解釈まで），諸説が提案されている。ここでは，いちいち取りあげないので，興味のある読者は（Herbert, 1985）や（Davies & Brown, 1986）を参照されたい。しかし，「観測」の問題に取り組んでいる物理学者（じつは理論物理学者のごく一部にすぎない）の趨勢としては，なんとか測定器以下のレベルで「波束の自己収縮」を起こすように，量子論の理論的拡張を試みている（町田，1986）。だが，整合的な理論構築にはまだいたっていない状況である。

　ペンローズも，多くの理論物理学者と同様に「波束の自己収縮」の道を探っている。現在の量子論は，そのなかに重力の理論が含まれていない。重力の理

論と調和がとれたかたちに量子論が拡張されるときに，ペンローズは「波束の自己収縮」が理論のなかに自然と現われてくると予測し，将来の「量子重力理論」に，「観測」の問題に対する解決の期待をかけている。ここまでは，ごく一般的な研究アプローチととらえられるのであるが，彼の議論はここから意識論へと展開する。

ペンローズの意識の位置づけは，ちょうどフォン・ノイマンが得た結論の裏返しである。すなわち，フォン・ノイマンが，物理過程の外部に超越的に存在する意識が「観測」を起こしているとしたのに対して，ペンローズは，「波束の自己収縮」が起きることが，いわゆる「観測」の現象に相当し，そこに「観測」の主体である「意識」（の感覚）が誕生すると考えたのである。

(4)意識の内容に反映するイデア

ペンローズは「波束の自己収縮」の過程から意識が生まれるとしたが，本来「波束の収縮」は，不確定な「可能性の波」状態から確率的に1つの「粒子の集まり状態」が決定されるだけである。これでは，仮に「波束の自己収縮」の過程から意識が生まれるとしても，その意識が創造的な洞察を実現できるということの説明にはならない。ペンローズタイルのような創造的な意識の内容は，いったいどこからくるのだろうか。ペンローズは，それはプラトン的世界からくるというのだ。

ペンローズの特異な世界観は，その後の著作（Penrose, 1994, 1997）のなかで，より明示的に表現されている。それはいわば三元論というべきものであり，物質的世界と精神的世界とプラトン的世界が，三角形上に互いに影響し合っている。この構図によって，ペンローズは次の主張を行なっている。第一に，物質的世界がこのように秩序だっているのは，プラトン的世界の一部である数学によって物質的世界が記述（物質的世界は数学に従う）されることに立脚する。第二に，精神的世界は，物質的世界の一部から構成される意識にその基礎を置いている。第三に，プラトン的世界は，精神的世界の一部に通じている。つまり，心のある局面で，我々はプラトン的世界の全体を把握できるという。我々人間が，この物理的世界でうまくやっていけるのも，究極には，心という精神的世界をもつことで，物理的世界の原理を規定するプラトン的世界のイデ

アを感知できるからとされる。

フォン・ノイマンは、意識自体を超越的な位置に置いたのに対して、ペンローズは、意識の現われ方を物理過程の内部に置くものの、意識の内容については（少なくとも部分的には）、超越的な存在を認める立場をとっている。

3．ペンローズへの批判

ペンローズへの批判は、人工知能研究者を中心に、数学者、物理学者、哲学者から、多岐にわたってなされた。インターネットのニュースグループでも激論が交わされた。しかし、先に述べたように、ペンローズの主張は多くの論点を含んでいるため、議論の記録から批判、再批判の論旨を汲み取るのは必ずしも容易ではない。ペンローズのある論点への攻撃と、他の論点への賛意が、1つの批判のなかに同居していることも多いのだ。

ここでは、前節の各論点との対応を明確にしたうえで、代表的な批判を解説していくとしよう。

(1)洞察とは思いこみではないか

ゲーデルの定理とアルゴリズム性に関する反論は比較的多くなされた。その反論と、ペンローズによる再批判は（Penrose, 1996）に詳しいが、数学的な細部にわたるものとなっている。ここでは、コンピュータ科学からの代表的な批判として、ダニエル・デネット（Dennett, D.）による批判をとりあげてみる。

デネットは、数々の著作を通して、終始、強い人工知能の擁護を精力的に続けてきた認知哲学者である。彼は、（Dennett, 1995）の第15章を、まるまるペンローズ批判にあてている。この章のモチーフになっているのは、「はだかの王様」ならぬ「王様の剣」（アーサー王物語の『石に刺さった剣』）である。石に刺さった王様の剣を引き抜ければ、その性質をもっており、引き抜けなければ、その性質をもってないということが、「王様の剣」というテストである。

ペンローズは、証明不能な定理の正しさを見抜く数学的洞察が心の特殊性（非アルゴリズム性）であるというが、デネットは、証明不能な定理の正しさ

を見抜くことが，はたして「王様の剣」に相当しているのかという批判を出している。つまり，人間が証明不能な定理に正しさを感じたとして，それは本当に正しさを見抜いたのか，単に，正しいと思いこんだだけなのかを，どのようにして区別できるのかが判別不可能だと指摘している。続いて，デネットは，実用的な人工知能が対象とする，ときには矛盾だらけの問題に対して，ゲーデルの定理が対象にする問題とはごく狭い（人工知能にとっては役に立たない）領域に過ぎないとも指摘している。

ペンローズの議論は過度に数学的である（彼は，もともと数学者なのだから当然なのだが），というのがデネットの主張であろう。人工知能，およびコンピュータ科学の主眼は，現実的にシステムが構成できるかにあるので，実用的な計算パワーで実用的な時間内に応答が得られるかが第一義である。その点，論理体系やゲーデルの定理に関する議論は，無限の計算能力がある理想的な場合の議論をしてしまっている。さらに人間の洞察についての議論も，本来，人間は矛盾のある事柄を正しいと誤認しながら生活していることを忘れてしまっている。矛盾を許さない論理体系と，人間の思考の形態とを相互に対応づけるのは，容易ではない。そんな人間が「正しい」と洞察することが，現実にはまれにしかうまくいかない単なる思いこみでないと，どうして言い切れようか。

(2) 意識は後づけの物語ではないか

自由意志に対するペンローズの思い入れは，結構大きなものがある。彼の宗教的信仰にも関係しているのかもしれない。見かけ上，自由な意志による行動を機械にさせるには，確率に基づくプログラムと乱数発生器を，その機械に装備しておけば足りる。人間のもつ自由意志がそれ以上の存在であると信じる証拠が，十分にあるのだろうか。

デネットは，すでに意識は説明されている（Dennett, 1991）とか，志向性は機械で実現できている（Dennett, 1987）とかいった議論を展開しており，自由意志についても（Dennett, 1984），それを希求する働きの結果にすぎないという可能性も指摘している。興味深いことに，(Dennett, 1991) のなかで，デネットは，ペンローズと同じコルンフーバーの実験とリベットの実験を取りあげながらも，異なった結論を導いている。

デネットによると、コルンフーバーの実験で、自発的な行為の決断に先だって現われる準備電位は、自発性の生成過程を暗示していると解釈される。つまり、自発的とされる行為は、自発的でない脳内の変化から、ある段階を経て作りあげられているのだ。また、リベットの実験は、意識体験をまさに脳が生成していることを示すと解釈される。皮膚刺激が脳にいたって処理されるまでの遅れを差し引いて、「皮膚刺激が起きた」という経験が、過去のある時刻（それを「いまの瞬間」と感じる）でなされたかのような意識体験が獲得されたのだ。デネットに従えば、意識は、脳によって後づけで作られた物語なのである。

(3) 意識の生まれる場所をめぐって

ペンローズは、脳のなかで具体的にどこで意識が生まれているか、すなわち、「波束の自己収縮」がなされる場についても、麻酔学者のスチュアート・ハメロフ（Hameroff, S.）との共同研究のかたちで具体的に提案している（Penrose, 1994, 1996, 1997）。それは、脳の神経細胞の骨格をなす微小管である。微小管は、チューブリンというタンパク質が多数筒状に集まった構造になっており、そこが、「波束の自己収縮」の場として最適であり、また、それによって確定した信号も、神経細胞によって伝えられる利点もあるとした。

あまりに具体的な提案であったためか、この点はことさら大きな批判を呼んだ。微小管のように、生体のどこでもある物質を意識の座としてしまうと、ゴキブリでも意識があることになりはしないか、という批判（Dennett, 1995）は的を得ているが、どうやら、ペンローズやハメロフのいう意識は、人間の自己意識というレベルよりも、ずっと低次の機能までも含めている。ハメロフは、微小管による意識の発達が、カンブリア紀に生物が爆発的に多様化したことの原因であるとも主張している（Hameroff, 1998）が、この事実からも、彼らが原始的なレベルの意識を想定していることがわかる。

より本質的な批判は、微小管は神経細胞内に閉じているため、当の理論が正しいとしても意識の座が神経細胞ごとに分離してしまい、意識の唯一性や全体性を説明できないというものだ。ペンローズの量子重力理論の関係を考えても、重力理論を適用するうえで微小管は大きすぎるという問題も指摘される（保江ら、1999）。理論物理学者の治部らは、こうした問題の克服に、脳全体の水の

場のなかに形成されるトンネル光子の凝集体を提案している（治部・保江，1998）。この理論では，トンネル光子の凝集体が脳における記憶の機能を実現し，さらには意識の座となる自由度（自由意志をもつ心）を獲得すると考え，量子電磁気学に基づいた量子場脳理論が展開されている。

　意識の基盤が量子論であるとした場合，脳が量子論的に特殊な場所であるという理論を提起しなければならないが，現状のところ，それは模索の段階である。また，量子論によって生まれるとされる意識についても，研究者（あるいは批判者）によってそのとらえ方がまちまちであり，嚙み合った議論ができない状況である。

⑷ スカイフックは容認できない

　ペンローズの世界観は，結局，プラトン主義なのだ。デネットは，ペンローズの目指すところは「スカイフック」だと揶揄する（Dennett, 1995）。「スカイフック」とは，人間の心の成立にいたる過程に，天上からの啓示のような要素を導入することによって解決をはかることを指す。万物の科学を目指す物理学に，イデアによる説明があってよいのかという批判である。

　デネットは，物質的世界のうちで構成されゆく心は，「クレーン」でなければならないという。生物の進化の歴史のなかで，おそらく高い適応度の山に押しあげる「変異と淘汰のプロセス」が働き，我々人間は心を獲得したのだ。その高みにいたる進化のイメージにちなんで「クレーン」と称する。ペンローズの議論では，心が「クレーン」の結果である可能性は，何ら否定されてないではないかというのが，デネットの主張である。またケアンズ=スミス（Cairns-Smith, A.G.）は，量子論を援用しながら，進化の枠組における心の成立過程を議論している（Cairns-Smith, 1996）。

　ペンローズの世界観の提示は，どこか安直にすぎるきらいがある。現代の思想は絶対的な形而上学を退けることで成立してきた経緯がある。それにもかかわらず，そうしたことに何ら触れることなしに，プラトン主義を標榜してしまうところは，むしろペンローズ自身が「はだかの王様」になっているのではないか，といった気がしてくるのである。

4．心の科学に物理学がもたらすもの

　心が物に基盤をおいているとすると，心の科学に物理学が貢献するところは大きい．仮に心が物に基盤をおいていないとしても，少なくとも心の世界のある部分は物の世界に関係している．その意味で，物理学や，その延長に位置づけられる認知科学が，心を科学的に究明するアプローチのうちで大きな役割を占めるのは，少しも不自然ではない．

　本章での論点の中心は，心の科学にはたして量子論が必要かということであった．これについては，残念ながら，まだ確実なことを言える段階ではない．閉塞状況のように見える「心の計算―表象的理解」に，意外にブレークスルーが起きて，あっさりと理想的な人工知能ができあがってしまうかもしれない．一方で，フレーム問題（マッカーシーら，1990）に代表されるような，「心の計算―表象的理解」が抱える計算量の問題の対処には，量子論が期待される局面が少なからず見えているようにも思われる（石川，1999）．

　また，信念や欲求のような命題的態度とよばれる状態は，全体論的な性格をもつことが知られている（信原，1999）．すなわち，命題的態度が脳から実現されているとすると，命題的態度の全体が，脳の関連する部分の全体によって実現される必要があるのだ．これは，「可能性の波」の大局的な実在性によって，物理的に実現されるのかもしれない．

　ことによると，将来のコンピュータは，現在，原理の研究が開始されたばかりの量子コンピュータ（西野，1997）に，とって代わられている可能性もある．量子の脳をもったロボットが街を闊歩するというのも，SFでなく語れる時代がやってくるのだろうか．「心は物である」としていちおうの決着をみる時代だ．そうした科学革命に向けたアノマリー（既存パラダイムの不整合）が蓄積されてきているとも考えられる．

　「心は物である」と決着しないとしても，心の科学に量子論を導入する他の利点もあげられる．量子論は，良くも悪くも開いた理論であるため，心の世界との接点を想定しやすいのである．たとえば，理論物理学者の中込は，量子論の問題点を一気に解決する理論的構造として「量子モナド論」を提唱したが，

物の世界の説明から出発したのにもかかわらず，その世界観は唯心論的となるにいたっている（中込，1998）。

　心の科学に量子論が必要であるかどうかは別にしても，量子論は，心の科学の方法論に大きな問題を投げかけたといえよう。心の世界を論じる手段として，現代物理学のような理論が採用可能であるというだけで，古典的な科学が依存してきた素朴な実在論に基づく考察が，まったく無効である可能性がでてきたのである。時間や空間の扱いや，論理操作の方法，そして因果性までも疑える状況が，心の世界に存在するかもしれないのである。心の科学の方法論。それが，いま最も問題となっている事柄といえよう。

　1つの有力な心の科学の方法論は，心の世界を直接相手にするのでなく，物の世界へ投影される影をもとに論じていくことであろう。次章に述べる進化論からのアプローチは，その一例ととらえることができる。我々が心をもつにいたったのは，そのほうが環境によりよく適応できるからに違いない。そうだとすれば，心にはこんな性質があるはずであると推論していくのである。

　ペンローズは，心はイデアの世界を感知できるので，我々の物理世界での繁栄をもたらしたのだと，進化論から理由づけた。この主張が妥当かどうかは別にして，こうした適応的な説明を1つの解釈として認めていくなかで，心の世界がやがて垣間見えてくるのであろう。

蛭川　立
(Tatsu Hirukawa)

高砂美樹
(Miki Takasuna)

■■■2-3　進化論と心理学

★1．進化心理学と人類学
★2．生理学的心理学の歴史

1. 進化心理学と人類学

蛭川　立

(1)はじめに

　意識の状態は脳の状態の制約を受け，脳の構造は遺伝情報の制約を受ける。したがって，意識の状態は遺伝情報の制約を受ける。

　地球上の生物は種の数にして数百万のオーダーに達すると推測されているが，核酸に遺伝情報を蓄え，タンパク質を触媒として利用するなど，生化学的には高い共通性をもっている。しかし，心や意識といった働きは，生物界に普遍的にみられるものではない。意識的な心的過程をもっているのはおそらく一部の動物だけで，原核生物や原生生物，植物や菌類は，おそらくそのような心的過程をもっていない。意識の働きが最も発達しているとされる人間でさえ，一生の約三分の一の時間は睡眠状態にあり，通常の状態の意識は失われている。心や意識という働きは生物進化の必然的な産物ではないらしい。

　ある生物は心のようなものをもち，ある生物はそのようなものをもたない。ある種の生物はある種の形質をもつが，ある種の生物はそのような形質をもたない。進化理論は，このような生物の多様性の中に法則性を見いだそうとする。

(2)進化心理学の理論的枠組み

1）行動の遺伝的な基盤

　進化心理学（evolutionary psychology）は，心の進化，つまり系統発生を研究する分野であり，心の発達，つまり個体発生を研究する発達心理学と対をなすものである。しかし，実際に進化心理学という分野名が使用されるとき，社会生物学（あるいは行動生態学）の研究プログラムを心理学の分野に適用した方法論を指し示すのがふつうである。ところで社会生物学（sociobiology）の研究プログラムは，以下の2つの〈核〉に要約される（Wilson, 1978）。

①行動は遺伝的な基盤をもつ（行動の生得性）。

②行動の遺伝的要素は自然淘汰に由来する（自然淘汰による進化）。

20世紀の人文・社会科学で一般に採用されてきた「標準的社会科学モデル（SSSM：Standard Social Science Model [Tooby & Cosmides, 1992]）」では，人間の行動パターンはもっぱらそれぞれの社会が共有している文化を学習することによって形成されるもので，生得的な遺伝情報の影響は無視しうると考えてきた。社会生物学的研究プログラムの第一の〈核〉は，この立場と対をなしている。ここで，対をなしている，というのは，どちらの立場も1つの理念的なモデルなのであって，研究が進むことで一般的にどちらが正しくて，どちらがまちがっているということが証明されるような対立をしているのではないということである。実際には，個々の認識や行動のパターンについて，それがどれほどまで生得的な制約を受け，またどれほどまで文化的な制約を受けるのかが，それぞれ明らかにされていくべきだろう。

心の活動が脳の活動と対応しているのが明らかである以上，極端なSSSMは明らかに誤りである。しかし，むしろ科学史的な視点から，人種主義や優生学に対する反動の中で，この標準モデルが「政治的に正しい（politically correct）」理論としての役割を担わされてきたという背景は理解する必要があるだろう。さらに，教育や修行によって一世代のうちに人間の認識と行動のパターンを変化させようという応用的な視点に立つならば，人間の行動がどこまで学習によって形成可能かという方向で研究を進める方が建設的である。しかし，これは遺伝的な学習能力の可能性と制約を見きわめることと，結局は表裏一体の作業である。

2）自然淘汰による進化

社会生物学的研究プログラムの第二の〈核〉は，ネオ・ダーウィニズム（あるいは進化の総合学説）とよばれる立場である。生物の進化は，

 A　遺伝子レベルでの遺伝情報の変化

と，

 B　集団レベルでの遺伝子頻度の変化

によって起こるが，ネオ・ダーウィニズムにおいては，それぞれの要因を

 a　遺伝子の変化（変異の生成）はランダムに起こる（突然変異）

b　遺伝子頻度は環境からの淘汰圧によって変動する（自然淘汰）

と考える。aには，獲得形質の遺伝はありえない，という主張も含まれている。これに対して，

　α　遺伝子の変化（変異の生成）のパターンには一定の法則性がある

と考える立場がある。実際，定向進化や断続平衡など，化石の証拠は生物の進化における内在的な法則の存在を示唆しているようにみえる。しかし，進化の総合理論は，このようなパターンもネオ・ダーウィニズムの枠組みで説明できると考える。ネオ・ダーウィニズムでは，大進化は地理的ないし生殖的に隔離された小集団で起こると仮定している。隔離された小集団では淘汰よりも遺伝的浮動が重要な役割をはたし，新しく集団内に出現した遺伝子が急速に集団内に固定されてしまう確率が高くなる。また中途半端な形質は適応度が低いので，大きな進化は断続的で飛躍的に起こらざるをえない。また，始めは偶然であっても，このようなプロセスでいったんある方向に進んだ進化は逆戻りすることが確率論的にむずかしいと考えられる。

　これに関連して，ネオ，ダーウィニズムの仮定bに対し，

　β　遺伝子頻度の変化はもっぱらランダムな浮動によって起こる

と考える立場がある。この立場を強調するのが，進化の中立説である。特に淘汰圧があまりかからないような遺伝情報，たとえばDNAの3つ組暗号の三番目の塩基配列などで，このような浮動の効果が強く現われることが予想される。しかしβはbよりも消極的な主張であるから，βはbの特殊な場合として包括されうる。たとえば，十分に大きな集団では，ある遺伝子をもった個体の数のランダムなゆらぎは集団全体の遺伝子頻度に大きな影響を与えないが，集団のサイズがかなり小さい場合になると，個体数のゆらぎが遺伝子頻度に与える影響は無視できなくなる。

3）ネオ・ダーウィニズムは進化の理論ではない？

　もし，進化理論というものを狭い意味でとらえ，αのような立場から遺伝情報の変化に法則性を見いだすことによってこそ進化それ自体が起こるメカニズムを明らかにできると考えるなら，じつは，ネオ・ダーウィニズムは，進化それ自体の要因の探求を放棄して，もっぱら進化のプロセスに及ぼす外的な制約条件ばかりを研究しているにすぎない，ということもできる。一方，構造主

義生物学（池田, 1989）やウィルバー（Wilber, K., 1995）流のトランスパーソナル心理学（transpersonal psychology）などでは，いずれも進化のプロセスでは外部からの淘汰圧よりも内在的な規則に従った遺伝情報の変化の方が重要な役割をはたすという考えが有力である。こうした代替理論の詳細についてはここでは触れないが，α は a よりも積極的な主張であり，そのような内在的な法則の解明は今後も進められるべき課題である。

　しかし，進化，特に大進化を引き起こすような変異の生成過程を観察することはむずかしく，したがってそのような変異の要因に関する仮説を検証することは困難である。化石の記録などから，過去の進化のパターンに一定の傾向性を見いだすことは可能だが，そこから導き出された予測的な理論を検証するためには非常に長い年月を要するので，原理的には可能でも，現実的には困難である。慎重な進化研究者がもっぱら過去の進化だけを研究して未来の進化については言及しないのはそのためであろう。

　なお，進化のパターンにある内在的な方向性があるということと，それが，たとえば「意識」のようなものを目的として進んでいるかということは別問題で，混同されるべきではない。通俗的な進化論理解や，トランスパーソナル心理学などの中に現われる進化論の中で，これはしばしば混同されている。古生物学的な証拠は，進化のパターンにある不可逆的な方向性があることを示しているが，同時に，進化の過程がかなり場あたり的であることも示している。たとえばヒトという特異な種を輩出したヒト上科は，旧世界においては新しく拡散したオナガザル上科に取ってかわられ，系統発生的な趨勢としては絶滅に向かっていた古いグループであるし，また霊長類自体も，有胎盤哺乳類の中では比較的原始的な特徴を残しているグループであるといえる。そのようなグループの中から，自己意識をもった種が現われたのは，ある程度までは系統発生的趨勢とは無関係な事件であったといえる。

(3) 意識の進化心理学の可能性と限界

　進化心理学とよばれる研究分野は，以上に述べたような社会生物学的な方法論を心理学の分野に適用したものだということができる。それが扱う対象は人間の認識や行動の全般に及ぶものであるが，とりわけ近年，「意識」への進化

心理学的アプローチが盛んになっている。

漠然と「心」あるいは「意識」とよばれるような心的過程は，少なくとも以下の3つの水準に分類することができる（苧坂，1996）。

0　覚醒（arousal）
感覚器官からの入力が行なわれている。
1　気づき（awareness）
感覚器官からの入力に気づいている
2　再帰的（recursive）な自己意識（self consciousness）
感覚器官からの入力に気づいている自分に気づいている

特にこのうち，1と2がいわゆる意識を特徴づける要素である。1の気づきは刺激と反応，知覚と行動を直線的な時間の上に直列的に結びつけ，条件づけによる学習を実現するシステムとして進化してきたと考えることができる。（詳細は蛭川［1999］を参照のこと。）また2の自己意識については「内なる眼（inner eye）」として自己を客体化し，これによって他者の思考をシミュレートするために形成されてきたという説がある。（詳細はハンフリー［Humphrey, 1993］を参照のこと。）

意識の発生という進化は過去に起こったことであるから，やはりこのような仮説自体は確認するのがむずかしいが，いずれにせよ，こうした仮説には意識という現象を他者や外部環境との相互作用の結果として説明しようというネオ・ダーウィニズムの視点の特徴が現われているといえる。ネオ・ダーウィニズムは行動主義と同様，機能主義的であり，意識という心的過程もまた，それ自体で自己目的的に存在するのではないと考える。行動主義とエソロジーや社会生物学は行動パターンの要因として習得的なものと生得的なもののどちらに注目するかという点で対立するが，自然淘汰とオペラント条件付けは同型のモデルであり，いずれも認識や行動のパターンが行為や認識の対象との相互作用によってのみ形作られていくというモデルである。素朴な進化論的認識論においては，生体の外界にあらかじめ認識すべき物自体が存在し，生物が自然淘汰のプロセスの中で試行錯誤しながら感覚器官を発達させ，対象をより正確に認識できるようになっていく，と考える。しかし，社会生物学や進化心理学は，

それぞれの生物はその生息する環境ごとに最適化された感覚器官を発達させてきたのであって,認識の内容は種ごとに相対的だと考える。

たとえば,木々の緑の中にあざやかな赤い色をした果実が見えるとき,この知覚されている「赤」は,もともと木の実がもっている属性だろうか,それとも認識する主体の側がつくっている枠組みなのだろうか。ネオ・ダーウィニズム的にみれば,そのどちらでもあり,そのどちらでもないということになる。つまり,木の実が反射する光の波長と,捕食者である我々の視覚系が,長い世代をかけた共進化によって,たがいに見られやすいように・見やすいように発達してきたと考えられる。我々にとっては木の実は食料であり,木にとっては実を食べられることで,種子をより広い地域に分散させることができるから,両者の利害は一致する。ただし,これは,我々が木の葉と実の色を対照的なものとして見分けることができるということを説明しているだけであって,あざやかな赤という質感(qualia)自体の由来を説明することにはならない(茂木,1997)。

進化理論は心身問題のような認識論的問題に対しては有効な回答を示すことができない。扱う問題の水準が異なるからである。通常,ダーウィニズム的な進化論の研究者は,単純に唯物論の立場に立つか,あるいは漠然と「約束唯物論(promissory materialism)」の立場に立って心身問題の解決を当面,先送りするかのいずれかである。「現在のダーウィン主義的風潮の下では,世界についての無矛盾な唯物論的見解は,それが意識の存在を否定することと結びついた場合にのみ可能となるように思われる」とポパー(Popper, 1977)は総括する。しかし,意識的な経験の世界が存在しないという結論は,少なくとも我々の日常的な経験に反する。物質の世界(世界1)とは独立なものとして意識的な経験の世界(世界2)の存在を認め,かつダーウィン的な進化論を認めるのなら,世界2は世界1の中から発生し,かつ,いったん発生した後では世界1とは独立した世界を構成するようになる,というややこしい説明をしなければならない。ポパー(1977)はこれを「創発的進化(emergent evolution)」という概念で説明しようとしているが,そう説明しておきながら,最終的には「でも,このように言うことで私はほとんど何も言ってはいないのだ,ということを十分承知しています。そして私が強調したいのは,我々にはそれ

以上のことが言えない，ということです。それは説明ではないし，説明として受け取られてはならないのです」と結論するにとどまっている。

(4)進化心理学の方法

1）仮説生産装置としての進化論

生物の進化の過程で自然淘汰の作用がどこまで積極的な役割をはたしてきたのかについては議論がわかれるところであるが，進化の過程で自然淘汰が制約条件として消極的な役割をはたしていたことは確かだろう。つまり，環境条件に対して最適者だけしか生き残れないほど淘汰が強く働いたかどうかはわからないが，少なくとも著しく不適応な変異は絶滅したことだけは確かだといえる。

じつは進化心理学にとっては，この程度の結論で十分なのである。なぜなら進化心理学が目指すのは，ある心的過程の起源を過去の進化の歴史に追い求めること自体ではないからである。（そのような探求の限界はすでに見た通りである。）そうではなく，むしろ心の進化の過程で外部の環境からどのような制約条件が加わったかということを手がかりに，未知の心理的アルゴリズム／メカニズムの存在を明らかにする方が生産的な作業である。

たとえば，アオサギという鳥が，空中から水中の魚を捕獲することで食料を確保しなければならないという制約条件のもとで生活しているとすれば，アオサギの脳には水面を通過する光の屈折を補正するメカニズムが備わっているはずだということが予測できる。（このような予測は反証可能で生産的なものだ。）進化心理学が有効性を発揮するのは，我々の脳がどのように進化してきたのか，ということよりはむしろ，我々の脳が進化してきた過程で環境からどのような制約条件を課せられてきたかを推測し，そこから未知の認知メカニズムの存在を予測するところである。この場合，進化論的仮説はそのようなメカニズムの予測を導き出すための手段にすぎない。進化心理学は社会生物学と同じ理論枠を共有しつつも，指向性が異なる。というのも，社会生物学はあくまでも生物学であり，進化という現象が主要な関心事だが，進化心理学はあくまでも心理学であって，心という現象が主要な関心事だからである。

2）認知科学研究の3つの水準

マー（Marr, D., 1982）は，認知科学研究における独立した3つの水準を

定式化している。

①計算理論（computational theory）の水準
②表現とアルゴリズム（representation and algorithm）の水準
③ハードウエアによる実現（hardware implementation）の水準

　マーにならって，スーパーマーケットに置いてあるキャッシュ・レジスタを例にとってみよう。キャッシュ・レジスタは客が買おうとしている品物の合計金額を計算し，客が支払った金額との差額を計算しなければならない。これが，キャッシュ・レジスタが機能するために課せられた制約条件（constraint）である。ここから，キャッシュ・レジスタは少なくとも加減算を行なわなければならないという結論が導かれる。これが計算理論の水準である。その次が，表現とアルゴリズムの水準である。加算や減算は，複数の表現によって実現可能である。十進数を使っても，二進数を使っても，加減算は同じように実行できる。さらに，加算や減算のアルゴリズムは，異なるハードウエアによって同じように実現可能である。歯車を使ってもいいし，電子回路を使ってもいい。したがって，この3つの水準の解明は独立な作業である，といえる。つまり，たとえばキャッシュ・レジスタが二進数を使って加算を行なうということがわかっても，それがどのようなハードウエアによって実現されているのかは決定できない。

　しかし，たとえアルゴリズムやハードウエアといった，より低次の水準の具体的な解明が目的でも，より高次の計算理論は作業の見通しをよくしてくれる。たとえば，目の前に置かれた機械を，加減算を行なう機械だとは知らずに，いきなり機械を解体して中の電子回路がどのようになっているか（ハードウエアによる実現の水準）を調べたり，ただやみくもに数字や記号のキーをたたいて，窓に出てくる数字との対応関係（表現とアルゴリズムの水準）を調べるのは，効率の悪い方法である。それよりも，まずこの機械がなにを計算するようにつくられているのか（計算理論の水準）を知ることができれば，作業の見通しははるかに良くなるはずだ。つまり，キャッシュ・レジスタという機械のしくみを知りたければ，まず，スーパーマーケットに行って，キャッシュ・レジスタという機械が，実際にどのような目的で使用されているのかをよく観察し，そ

の制約条件を見きわめることからはじめなければならない。

同じように，ある動物の脳のしくみを知りたければ，まず，その動物が実際にどのような環境でどのように生活しているのかをよく観察し，その制約条件を見きわめることからはじめなければならない。たとえばアオサギの視覚情報処理について知りたければ，まずアオサギという鳥が，空を飛びながら水中の魚を捕らえることで生きているという制約条件を知らなければならない。

(5)人類学と進化心理学

1）人類進化の特殊性

ここまでの議論はありふれた生態学的な話で，わざわざ進化論をもち出すような余地はないようにみえる。しかし，扱う生物が人間ということになると，議論はすこし複雑になる。人間の脳に課せられた制約条件を明らかにする前に，人間の脳がはたして現在の環境に生物学的に適応しているのかどうかということが問題になるからだ。

現在，人間は地球上のほとんどの陸地に生活しており，その生活環境も，社会構造もさまざまなバリエーションに富んでいる。人間集団内でのこのような文化的な変異に関しては，同じ社会生物学的な立場の中でも，いくつかの異なる仮説が考えられている。（もちろん，これらも互いに背反な仮説ではなく，具体的に個々の形質について，それぞれの可能性の度合が明らかにされていくべきだろう。）

まず，

①文化的な多様性の背後には遺伝的な多様性が対応している。

という見方がある。人類集団は遺伝的に異質で，それが人種や民族の違いをつくっている，という仮説である。実際，人種間での身体的な形質の差異は，遺伝的な差異に基づくものが多いだろう。しかし，文化のようなソフトウエアにかかわる部分で人類集団内にどれほどの遺伝的な差異があるのかは明らかではない。

次に，①のバリエーションとして，

②文化的な多様性が逆に人類集団内に遺伝的な多様性を生みだす。

という可能性もある。これは，獲得形質の遺伝ということではなく，特定の文

化が制約条件となってある集団での遺伝子頻度を変化させるという可能性のことである。たとえば,家畜の乳を飲むという文化が発明されることで,そのような文化を受け入れた地域では,乳糖分解酵素の遺伝子の頻度が増大してきた可能性がある。

そして最後に,

③人類全体の文化の多様性の範囲に対しては遺伝的な制約が存在するが,人類集団は遺伝的に均質であって,個々の文化の差異には遺伝的な差異は対応していない。

という見方もある。人間の社会はここ一万年ぐらいの間に急速に変化し,多様化した。しかし,人間は生物学的な意味ではその新しい環境に適応できておらず,人間の生得的な行動プログラムは,過去に人間が進化の過程で適応してきたような環境(EEA: environment of evolutionary adaptedness (Tooby & Cosmides, 1992))からの制約を受けて進化してきたのであって,最近一万年ぐらいの間にはほとんど変化できていない,と考えることができる。実際,人間の脳容量は,ここ数万年の間にほとんど変化していない。

この第三の見解は,古典的なヒューマン・エソロジーやウィルソン(Wilson, E. O.)流の社会生物学そして進化心理学の基本的な見解となっている。ヒューマン・エソロジーは,人間も生物の一種である以上,種に普遍的な生得的行動パターンを共有しているはずだと考え,さまざまな人間集団の行動パターンを観察し,比較し,そこに普遍性を見い出してきた。エソロジーは,群淘汰の理論に依拠してきたということもあって,種内の遺伝的変異よりも共通性の方に注目してきた。また特に人間の場合は,都市生活や国家のシステムと生得的な行動パターンとが齟齬をきたしていると考えてきた。その後の進化心理学は,群淘汰ではなく遺伝子を単位とした淘汰の理論に依拠するようになったが,基本的にはヒューマン・エソロジーの文化観を踏襲している。ただし,エソロジーが,行動パターン自体が遺伝的に決定されると漠然と考えてきたのに対し,進化心理学では,遺伝的に決定されるのは感覚と行動を結ぶアルゴリズムであって,アルゴリズムが同じでも入力が異なれば,出力である行動パターンは異なるものになる,と考える。これによって,脳のレベルでの普遍性と,行動のレベルでの地域的,歴史的変異,特に生物学的に適応的でない行動パタ

ーンの存在を,矛盾なく扱えるようになった。

たとえば,いわゆる先進国では,社会が豊かになるほど出生率は低下し,富裕な階層ほどその傾向が強いが,このことは,人間が遺伝子再生産を最大化するようにプログラムされているという仮説を明らかに反証しているようにみえる。しかし,この問題を回避するために,たとえば以下のような仮説が考えられている。人間は,その進化の過程で,人口密度が低く,変化の大きい環境では,子どもを多めに産み(r戦略),人口密度が高く,変化の小さい環境では,子どもは少なめに産んでそのかわりにていねいに育てる(K戦略)という判断を行なう生得的なアルゴリズムをもつようになってきた,と予測する。ところで,現代の都市社会は,かつての環境(EEA)では予想できなかったほど人口密度が高く,かつ安定した環境である。したがってこのような環境条件が入力された場合,超K戦略的な出力がはじき出されてしまい,極端な少子化と過保護という誤適応が生じる,ということになる(Perruse, 1993)。しかもこの仮説はたんなる「なぜなぜ話」でなく,未知の心理的アルゴリズムの存在を予測しており,反証可能である。

2) 狩猟採集社会研究の意義

もし前記の③の視点に立つなら,都市社会に生きる人間の脳はスーパーマーケットで現役で活躍中のキャッシュ・レジスタであるというよりはむしろ,骨董品屋に置いてある古道具のようなものだということになる。そして,その機械に課せられた制約条件を知るためには,その機械がかつてどのように使われていたのかという歴史的な調査をするか,その機械が今でも使われている場所を探し出して,そこへ行き,その機械が実際にどう使われているのかを観察しなければならない。これは,古典的な人類学が考古学的調査と「未開」社会の現地調査によって,太古の人間社会を復元しようとしてきたことに対応している。

農耕や牧畜という技術が発明される直前,約一万年前には,人間はすでに地球上のほとんどの陸地に居住していた。その後も,狩猟採集社会は熱帯から寒帯にいたるまで,地球上の広い範囲に存在しつづけてきた。そして,人類学は,外部の自然環境はさまざまであっても,その社会構造にはかなりの共通性があることを明らかにしてきた。現在,純粋な狩猟採集社会は消滅しつつあり,ま

た存続していたとしてもそれが大昔の人間社会そのままだといえる保証はない。しかしそうした狩猟採集的な社会を比較研究し，そこにある共通性が見いだせれば，そこから，人類が農耕も牧畜も行なわなかったころの時代の社会モデルを再構成することができる。

狩猟採集社会は数十人程度のバンドとよばれる遊動的な集団が社会の単位であり，頻繁に離合集散をくり返す。また，婚姻関係は一夫一妻が基本だが，一夫多妻も少なくない。くり返される離婚と再婚，半ば制度化された婚外性関係が，社会的交換のネットワークを広げるように機能している。母系，父系いずれの出自集団も発達しない。子育てや家事労働はもっぱら女性の仕事だが，生産労働に関しては，狩猟は男性，採集は女性という分業がみられる。シャーマン的な男性が政治的かつ宗教的なリーダーとしての役割をはたしている。その立場はカリスマ的である一方，実際的な権力は小さく，またその権限は一代限りで終わることが多い。

まず，このような社会モデルを再構成し，脳の進化に与えられる制約条件を明らかにすることが，人間の脳の計算理論のためには必要なのである。

近代科学が近代社会の知識階級の産物である以上，研究者は無意識のうちに標準的な人間のモデルとして近代化された都市民を想定してしまう。あるいは，そうではない「自然な」人間のモデルを考えるときでも，せいぜい定住的な農耕民をモデルにするにとどまることが多い。これに対し，遊動的な狩猟採集民こそが標準的な人間のモデルだという主張は，その仮定自体の妥当性を度外視しても，新たな視点を提供するという点で生産的だといえる。

3）近代社会と進化論

バス（Buss, 1989）は，配偶者選択の基準として，女は勤勉で経済力のある男を，男は生殖力の高い女，つまり若くて美しい女を配偶者として求めるはずだという進化論的仮説を，37の国と地域における質問紙調査によって確認したとしている。しかし，このような研究に対しては，男は会社，女は家庭という近代家族の規範を進化論の名の下に正当化したにすぎないのではないかという疑念もぬぐい去れない。調査の結果自体は貴重なものだが，狩猟採集社会をはじめとする「未開」社会が考慮に入れられていないからである。バスは，人間社会の原型として，子育てに専念している女のもとに，男が狩猟によって得

られた食料をもち帰るというような社会(狩猟モデル)を想定しているようだが，これは(特にアメリカの)近代家族的規範の投影ではありえても，人類学的調査から得られた知見からするとあまり妥当ではない。狩猟採集社会では，男は狩猟，女は採集という分業が存在するのが普通で，しかも家事や子育てはもっぱら女の仕事とされることが多いから，むしろ女の方により勤勉さが求められる社会だといえる。(実際，バスの調査サンプルの中で最も非近代的な集団かもしれない南アフリカのズールー人を対象とした調査では，配偶者に求める勤勉さの項目で，男女差が仮説とは逆の結果になっている。)人類進化の舞台であったと考えられるアフリカなどの低緯度地帯では，特に女性による採集活動への依存度が高いことも明らかになっている。もちろんこのような社会には貨幣経済に基づく豊かさの概念は存在しない。また，通文化比較による検証を行なう際に，「先進」国(それも大学生という階層)にかたよったサンプルだけを調査しても，結局そうした階層の人々にどれぐらい近代家族的な価値観が広まっているのかを確かめることにしかならない。これは，進化心理学が狩猟採集社会を視野に入れることに失敗した１つの事例である。

　逆に，進化心理学的な視点をもちつつ狩猟採集社会にまで立ち返ることで，たとえば，近代社会の基準からすると一見，異常に見える行動や社会現象の社会的機能を理解できるようになるという可能性がある。フィッシャー(Fisher, 1992)は，ここ半世紀の間に欧米の社会で急増した離婚や婚外性行動という，近代家族的規範からすれば逸脱とみなされるであろう現象が，狩猟採集社会における適応的な行動であった可能性を示唆し，一般に大きな反響を巻き起こした。欧米社会での離婚にいたる平均婚姻継続年数４年は，狩猟採集社会における平均的な出産間隔と対応しており，これぐらいで子育てを終えて次のパートナーを捜すような生得的なプログラムが存在すると示唆したのである。狩猟採集社会では女性の経済的地位は高かったが，集約農耕社会や牧畜社会では低下し，それによって性行動に対する制限も強まったが，現代の欧米の社会ではその地位は再び上昇し，その結果抑圧されていたかつての行動パターンが再び顕在化してきたのだというシナリオである。

　ただ，これだけでは，欧米社会の人々が結婚４年目に離婚する傾向があるという既知の事実に事後的に「なぜなぜ話(just so story)」的説明を加えただ

けにすぎない。しかも「人間は4年で離婚する傾向をもつ」という事実が，それは適応的な行動である，というお墨付きを与えられることで，「人間は4年で離婚するのが当然である」というような価値判断にすりかえられてしまう可能性がある。俗流社会生物学（pop sociobiology）の社会的な悪影響は，この誤りに起因するものが多い。狩猟採集民のように生きることが人間にとって無理のない生き方であって，我々の社会をそのような方向へと回帰させよう，という主張は意味深いものである。しかし進化論はそのような主張にアイデアを提供するだけで，保証を与えるわけではない。

4）意識の状態

近代社会では，自分が超自然的な存在の使者であるとか，超自然的存在からメッセージを受け取ることができるとか自称する人は，妄想型の精神分裂病と診断され，入院を余儀なくされるかもしれない。一方，非近代社会では妄想型分裂病と分類されるような症状はあまり見られない。そして，かわりにシャーマニズムという実践が社会的な役割をはたしているのを見ることができる。狩猟採集社会ではシャーマンは社会の中心的な位置を占めている。

遺伝学的な研究は，精神分裂病の素因が遺伝することと，そのような遺伝的素因をもった人が集団内にある一定の割合存在することを明らかにしてきた。なぜ，このような，一見非適応的な遺伝子が集団内に失われずに存続しているのだろうか。スティーヴンス（Stevens, A.）とプライス（Price, J.）は，『Evolutionary Psychiatry（進化精神医学）』という著書の中で，分裂病親和的な資質は，シャーマン的なカリスマとしての資質として，適応的な社会的機能をはたしてきたのではないかという仮説を提唱している。これだけではやはり一種の「なぜなぜ話」にすぎないし，近代社会でみられる精神分裂病と，シャーマニズムが同じ現象なのかどうかもわからない。しかし，このような視点に立ってシャーマニズムという現象をよく観察することが，逆に幻覚や妄想という体験のアルゴリズム／メカニズムを解明する上で役に立つかもしれない。たとえば，シャーマンがしばしばメスカリンやシロシビンなどのモノアミン系の物質を含む薬草を服用するという人類学的な報告が，逆に意識の状態の変化にドーパミンやセロトニンがかかわっている可能性を示唆してきたことはよく知られている。

一般に，視点を近代社会から「未開」社会に移すことで，そこに，トランス状態や夢見状態などの多様な意識状態（state of consciousness）を積極的に活用する文化が息づいているのを見ることができる。近代社会では何の役に立つのかよくわからないこれらの意識状態がそれぞれ何を「計算」するために使用されているのかをよく観察することによって，近代社会が「通常」の「覚醒」した状態だと考える意識状態だけでなく，多様な意識の状態を通じて，意識という心的過程に総合的にアプローチすることができるようになるだろう。

　案外，進化心理学の真にユニークな貢献は，単にネオ・ダーウィニズム的な視点を心理学にもち込んだということよりはむしろ，人類学との共同作業によって，心理学者や認知科学者にとっては見過ごされがちな，狩猟採集社会への注意を喚起したことにあるとも考えられるのである。

2．生理学的心理学の歴史

高砂美樹

⑴生理学の影響と生理学的心理学

1）19世紀的背景としてのニーチェ

「生理的な事象を生理的に理解することを学ぶまでは，道徳的事象を相手にしているのだと人々は思っていた」と1880年に書いたのは19世紀後半のドイツを代表する思想家ニーチェ（Nietzsche, F.）である。ニーチェといえば「神は死んだ」とか「力への意志」といった語句がすぐ思い浮かぶが，その著作のうち，ことに1880年代前半にアフォリズム形式で遺された断片的文章の中には心理学や生理学という用語が頻繁に現われる。このころのニーチェが特に生理学者ルー（Roux, W.）の著作に凝っていたことは知られているが，ルーはのちに発生機構学を創始した学者で，発生学的進化論のヘッケル（Haeckel, E.）や細胞病理学のフィルヒョウ（Virchow, R.）の弟子にあたる。生物が成長していくうえで単一の細胞からどのように発達していくのか，その際にどのように熱や栄養分が出入りするのかといった基礎的な生物学的・生理学的知見がニーチェには新鮮だったと思われる。そして，そのような自然科学がニーチェに与えた影響として，メカニズム，発達（進化），自己調節の3つのキーワードをあげることができるだろう（Fitzek, 1994）。

これらのキーワードは今日の心理学にとっても重要な背景をもっている。メカニズムへの関心は心理学の問いにはたえずつきまとい，いかにして交感神経系終末から放出されるノルアドレナリンが情動の認知に影響を及ぼすのかというような個人内の現象だけでなく，いかにして特定の状況下でいじめは発生するのかという個人間の現象についてもそのメカニズムを追い求める。メカニズムによって現象を説明しようとする動きの代表例は，ニーチェより少し遅れて19世紀末に始まるフロイト（Freud, S.）の力動的モデルである。発達や進化といった変化への関心は，それが個体発生に向かう場合には発達心理学を，系統発生に向かう場合には比較心理学をうながした。ダーウィン（Darwin,

Ch.）の進化論は心理学に多大な影響を及ぼしたが（Gruber, 1980），もともと進化には方向性がないとしたダーウィンの本来の考え方よりも，進化を人類の進歩と結びつけたスペンサー（Spencer, H.）の考え方の方が1860年代の心理学黎明期に影響を及ぼした。自己調節については，1940年代以降のサイバネティクスとの関連（心理学においてはたとえばバイオフィードバック）を指摘しておくにとどめる。

ニーチェはまた後期の主著である『善悪の彼岸』（1886）のなかで「本当の生理-心理学（Physio-Psychologie）というものは研究者の心の中の無意識的な抵抗と闘わねばならない」（1.23）と書いている。このときニーチェが「生理-心理学」として構想していたものは，道徳や情動を形而上学的な解釈から切り離し，生理学的知見の助けを借りて人間という機械を呈示してみせること，さらにはすべての道徳的，美学的問題の生理学的問題への還元，すべての生理学的問題の化学的問題への，ひいてはメカニズム的問題への還元だったのではないだろうか。このような生理学的立場にニーチェが魅了されるほど，当時の生理学は哲学や心理学に影響力をもっていたのだろうか。この問いに対する答えは心理学の歴史の中に見つかる。

2）生理心理学と生理学的心理学

現代の心理学における一分野として生理心理学がある。生理心理学とは「生理学と心理学とにまたがる領域で，行動の心理的機能と生理的機能の対応関係を研究する科学」としてとらえられてきたが（藤沢，1998），現代ではさらに大きな枠組であるバイオサイコロジーの下位分野（生理心理学，精神生理学，精神薬理学，神経心理学，比較心理学）に含められる（Pinel, 1997）。バイオサイコロジーにおける分類では，主として動物を用いてより直接的に脳などの生理的機能と行動との対応を研究するのが生理心理学であり，主として脳波を用いてより間接的に脳の生理的機能と人間の行動との関係を調べるのが精神生理学となっているが，今日でもこの両者を含むものとして生理心理学という用語がやや曖昧に用いられている。

ところで前述のニーチェもほぼ同じように書き綴った生理心理学（英語表記では physiological psychology）とはいつから使われている用語なのであろうか。2000年に27回目の会合を迎える国際心理学会議は名称に多少の変遷があり，

1889年にパリで開催された第1回の会合は国際生理学的心理学会議であった。その3年後にロンドンで行なわれた第2回会合では名称が国際実験心理学会議となり、さらにその4年後にミュンヘンで開催された第3回会合からは現在と同じ国際心理学会議という名称が使用されている。これは近代心理学の幕開けが「生理学的」心理学というスタンスをとっていたことを如実に示すものである。これは心理学史に紛らわしい項目を残すこととなった。欧文表記におけるphysiological psychologyが脳波などを用いる現在の生理心理学と、新しい心理学という意味で呼称された19世紀後半の心理学の名称の両者に用いられているのである。日本でも後者に対して生理心理学、生理的心理学、生理学的心理学など類似の表記が混在していたが、本稿では生理学的心理学という表記を用いて19世紀後半の心理学を論じる。

以下に、生理学が影響を与えた近代心理学すなわち生理学的心理学の誕生と展開をまとめるが、その際に当時の心理学の状況において影響力があったと思われる3人の心理学者に焦点をあてている。

(2) ヴント：生理学的心理学の始まり

1）ドイツ生理学から心理学へ

生理学的心理学に限らず、近代心理学の展開を考えるうえで最初に紹介しなければならない人物がいるとすれば、それはヴント（Wundt, W.）にほかならない（図2-3-1）。「彼以前にも心理学は存在したが、心理学者はいなかった」（Boring, 1950）という有名な紹介文があるが、心理学を研究する制度が整うことで次々と心理学者が生まれると考えるならば確かにヴントは近代心理学の祖である。現在ではヴントの名前はその理論よりも、1879年に世界で初めての心理学実験室をライプツィッヒ大学に開設したという制度的業績と結びつけて語

図2-3-1　ヴント（1832-1920）

られることが多い。

　そもそもヴントはハイデルベルク大学で医学を修め，1850年代に尿中の塩分や呼吸に関する生理学的論文を発表，1855年には医学博士号を取得し，医師免許ももつという経歴の生理学者である（ヴントの経歴については Lamberti (1995) を参照）。ヴントは1856年に1学期間だけ実験生理学の父といわれたヨハネス・ミュラー（Johannes Müller）のいたベルリン大学で研究をしたことがあるが，当時のベルリン大学には精神物理学の先駆者であるヴェーバー（Weber, E.H.）や筋収縮の研究に勤しんでいたデュ・ボワ=レイモン（E. Du-Bois Reymond）がおり，その「ドイツ精神」にたいそう影響を受けたと言われている。ハイデルベルク大学に戻って1856年末に教授資格試験に通ると，翌年から私講師として自分の講義をもてるようになったが，こうした講義は現在の日本の大学におけるものとまったく異なり，大学からは正規の給料が出ない立場で行なわれるものであった。そうした無給講義と並行して，1858年からは同大学に新設された生理学研究室でベルリン学派のヘルムホルツ（Helmholtz, H.von）の助手として5年間勤めた。

　ヴントは半年間だけハイデルベルクで臨床医をしていた1855年に，皮膚感覚の過敏なヒステリー患者を診察した関係で感覚生理学に関心を抱くようになっていた。ベルリン大学での研究やヘルムホルツのもとでの研究は『筋肉運動論』(1858) や『感覚知覚の理論』(1862) にまとめられたが，やがてヘルムホルツのもとを去ることになったとき，ヴントの関心は感覚生理学ではなくすでに知覚の心理学へと移っていた。ヴントは数学ができなかったためヘルムホルツに首にされたという話をスタンレー・ホール（G.Stanley Hall）が広めたことがあるが，正しくないばかりか，ヘルムホルツはヴントの能力を高くかっていたことが遺された手紙などからわかっている。その後1864年にヴントは助教授に昇格したもののあいかわらず正規の給料はもらえないままであり，生活費の多くはテキストを書くことで得ていたという。その間にも独自の講義は続けられ，生理学的心理学に関する最初の講義を始めたのは1872年であった。

2）『生理学的心理学綱要』

　ヴントは生理学的心理学という名称を冠した著作として世界でもごく初期の『生理学的心理学綱要』（図2-3-2）を1874年に発表した。この本の初版はもと

もと第1巻が1873年，第2巻が1874年と2回に分けて出版され，さらに両者を1冊にまとめたものが1874年に出版されている。それはちょうどハイデルベルクで暮らした最後の年から翌年のチューリッヒ大学転勤にかけての期間であり，出版後の1875年にライプツィッヒ大学の教授として迎えられた際の異動にも，『綱要』の刊行が影響を与えたと言われている。

『綱要』はヴント自身の手によって生涯に5回改訂されたが，初版にはすでに155枚にわたる図が挿入されており，その図の多くは解剖学的・組織学的なもので当時の心理学のテキストとしては例外的であった。科学史においては19世紀は生理学の時代だといえるが，その生理学が心理学に対してもたらした貢献については，神経の構造と機能，脳の構造と機能，感覚生理学，内部環境という4点からまとめることができる (Misiak & Sexton, 1966)。特に19世紀後半には神経科学の分野でさまざまな発見があって，このころ書かれたテキストには神経のしくみがわかることで人間の精神が理解できるのではないかという熱狂が感じ取れる。実際に『綱要』初版の資料として用いられた生理学上の知見には，上行性感覚神経と下行性運動神経を区別したベル＝マジャンディの法則（1811／1821），反射弓の概念（1833），神経の伝導速度（1850），精神物理学におけるヴェーバー＝フェヒナーの法則（1860），ブローカの言語中枢（1861），フリッチュとヒッツィヒの運動中枢（1870）などがある。これらの知見の多くは現在の生理心理学のテキストにも使われており，またヴント自身は2版以降もたとえばヴェルニッケの言語中枢（1874）やニューロン説（1891）などの新しい知見を盛り込みながら改訂作業を続けた。

日本では翻訳が出版されることがなかった『綱要』であるが，欧米では『綱要』に関してはもっぱら5版（1902／1903）が引用されることが多い。これはヴントの弟子にあたるティチナー（Titchener, E.B.）がこの版を英訳して

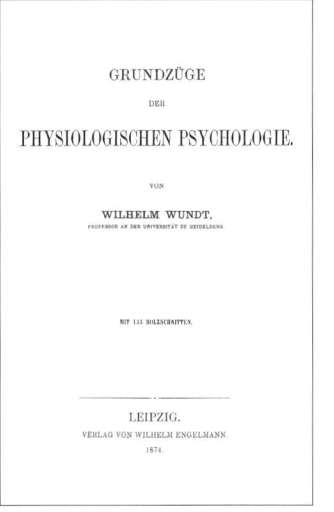

図2-3-2
『生理学的心理学綱要』初版

1904年に出版したことによるが、じつはこの英語訳も部分訳であることが指摘されており、全3巻のうち最初の1巻だけが訳されたにすぎない。この部分には生理学的・神経学的基礎、視覚と聴覚といったティチナーにとって基礎的な章が収められていたが、この中途半端な紹介が逆に構成主義的・要素主義的なヴント像を形成させてしまう要因となった（Anderson, 1975）。ヴントの紹介にはよく誤解が伴うのだが、それは原典にあたらずに評論の孫引きや部分的な強調の結果によるところが大きい。弟子のホールやティチナー、『実験心理学の歴史』を書いたボーリング（Boring, E.G.）などはこの誤解に荷担しているといっていいだろう。ヴントがライプツィッヒ大学の教授に就任してから100年目にあたる1975年ころからヴント再考をうながす論文が次々と発表され、それまで少数の人のみによって描かれていたヴント像の歪みを矯正する試みも出てきている。ヴントの考え方に今日の認知心理学的側面を認め、認知心理学が主流となった近年の方がヴント再考はなされやすいという指摘（Blumenthal, 1975）には納得させられる。

　当時の日本の心理学への影響も見ておこう。英語圏では生理学的心理学あるいはのちの実験心理学のことを19世紀終盤から20世紀初頭にかけて「新心理学」とよんでいたが、日本でもこの名称がしばしば使われた。日本の心理学界では『綱要』が邦訳されたことはなかったが、あとから出たヴントの『心理学概論』（1896）の方は1898年に翻訳されている。訳者は元良勇次郎と中島泰蔵であるが、元良はジョンズ・ホプキンス大学でホールのもとで、中島はコーネル大学でティチナーのもとで、それぞれ博士号を取得している。ホールもティチナーもライプツィッヒ大学のヴントのところで学んでいるところから、日本における訳者2人も間接的にヴントの多大な影響を受けていると考えられる。またヴントのいたライプツィッヒ大学への留学者の中には松本亦太郎、桑田芳蔵、川合貞一、金子馬治などがおり（佐藤, 1997a）、第一次世界大戦までの期間に日本の心理学者が訪れたドイツの大学としてはライプツィッヒ大学はベルリン大学を上回っている（Hartmann, 1997）。特にドイツに留学した哲学者や教育学者がヴントの演習に出席して帰国後は心理学をも教えたなどというケースは少なくなかったが（佐藤, 1997b）、そうした教育学者や心理学者が明治期に出版した心理学関連のテキストの中には神経や脳の機能局在について

記述しているものも多い（高砂，1999）。このように明治期の心理学史を見る限り，日本における心理学の受容とは結局はヴント的な新心理学の受容にあったといっても過言ではない。

3）ヴントにおける生理学と心理学

ヴントは生理学と心理学の方法論の違いを次のように考えていた。生理学は外的な感覚によって知覚される現象を探求し，心理学は内的な知覚によって表わされる過程について研究する。すなわち，外部からある刺激を与えたときに観察される筋肉の収縮やインパルスの発生は他人が客観的にとらえることができ，それは生理学の領域である。しかし，運動としてとらえられない重さや大きさ，熱さなどの知覚の領域は「人間がいわば内側から自分を見つめ，そのような内的観察によって自分に示される過程」（Wundt, 1874, p.1）であり，そのような領域は生理学では扱えない。生理学的心理学はこうした外部から内部への，そして内部から外部への方向性をもつ学問であり，「生理学的心理学という名称は我々の学問の本来の対象が心理学であること，生理学的な観点はただより詳細に規定するために付け加えられている」（p.2）ことが明言されている。

ヨハネス・ミュラーの功績によって19世紀半ばまでに生理学は実験的方法を確立していたこともあって，ヴントが用いた「生理学的」という形容詞には確かに「実験的」というニュアンスがあった。ヴントが講師になってからしばらくの間，講義のテキストとして使用していたものにヘルバルト（Herbart, J. F.）の『科学としての心理学』（1852）があったが，この著書におけるヘルバルトの立場を要約すると，心理学は「経験的」「形而上学的」「数学的」ではあるが，「実験的」「記述的」「生理学的」ではないということになる（Leahey, 1994；Wundt, 1874, p.6）。『綱要』の序章のなかでヴントはカント（Kant, I.）とヘルバルトの心理学に対する立場を批判することになるのだが，「実験的＝生理学的」なものの強調はヘルバルトの著書へのアンチテーゼでもあった。ドイツ語には心理学を表わす単語が2種類あるが，Psychologie の方は学問的な心理学，Seelenkunde や Seelenlehre の方は（もうあまり使われることはないが）どちらかというと民間伝承的な心理術とか素朴心理学に近く，この2つの心理学の区分は大学で教えるアカデミック心理学と巷で流行しているポップ

心理学の区別に相当すると考えられる。

　ヴント自身の心理学の体系にはさまざまな変遷があることが知られているが（van Hoorn & Verhave, 1980），少なくとも初期の『綱要』では方法的観点から実験心理学と「自己観察のみに基づくような Seelenlehre とは区別できる」（Wundt, 1874, p.3）。さらに3版では使用した手段によってまず主観的心理学と客観的心理学とが大別され，後者はさらに「実験的統制のもとに内的知覚を置く実験心理学または生理学的心理学」と「言語，神話，習慣から一般的な心理的発達の法則を導きだそうとする民族心理学」とに分けられる（Wundt, 1887, Pp.5-6）。しかしながら，全体的に見てみると4版（1893）以降は生理学的知見や手法から離れていった印象が強く，生理学的という形容詞は単に実験的という方法論的なものを表わしたにすぎなくなっていった（Leahey, 1994）。そして，それは新しい神経科学の知見に対する鈍感さを表わすものでもあった。

　たとえば，ヴントの神経機能のモデルが細胞説をベースとしていないことは，その後のラシュリー（Lashley, K.）の研究にも大きく影響したとして，特に5版（1902）以降の『綱要』において神経科学の重要な進歩を無視したことが批判の対象となっている（Jacobson, 1993, Pp.225-226. 参照）。

4）ヴントにおける構造と機能

　心理学史ではヴント自身は何も新しい研究を始めたわけではなく，それまでの精神物理学的知見や生理学的事実，さらには心身の対応に関する問題を彼なりにまとめて，心理学に実験室をもち込んだオーガナイザーの役割をはたしたのだということがしばしば強調される。それでもヴント以前の心理学といえば哲学の一領域にすぎず，ヴォルフ（Wolff, Ch.）やカントの流れをくむ理性心理学的なものが多く，人間の精神には何ができるかという，いわば心のカタログ作りという側面が強かった。それに対してヴントのいう生理学的心理学とは内部から外部への方向を補うアプローチであり，その際に対象にしたものが直接経験であるところの意識だった。意識を対象とする際にまずヴントが考えたことは意識の構成要素であるところの感覚であっただろう。いや，構成要素を問うことはまず学問の前提だったのではないだろうか。解剖学の時代から偉大なる実験生理学の時代へと移行した19世紀のドイツにおいて医学の教育を受

けたヴントであれば，彼の学問体系においてはまず対象となるものの構造（組織＝要素）が明確になってからその機能について体系づけるのが自然なことだったのではないか。カンギレム（Canguilhem, 1983）のことばを借りるならば「機能的視座が構造的視座を圧倒」したはずである。

　これまでの心理学史では，ヴントの心理学のことを要素主義とか構成主義というように称してまとめることが多いが，1つには前述した弟子のティチナーの心理学に対して用いられたラベルがそのまま使われているためである。ティチナー（1898）は組織形態学と生理学の関係はそのまま構造と機能をテーマとする関係であり，心理学では実験心理学と機能心理学の関係に対応すると考えた。しかし，実際には精神物理学を経てヴントに始まる実験心理学は構造のみを問題とする学問ではない。ヴントが好んで取りあげた用語に「統覚」があるが，この Apperzeption はライプニッツ（Leibniz, G.W.）が感覚を論じる際に用いた単語で，ヴェーバーやフェヒナー（Fechner, G.T.）といった精神物理学者も用いていた。ヴントは『綱要』の2版以降でこの統覚中枢を脳に求めた図式を掲載しているが，これは運動性言語中枢と感覚性運動中枢の神経解剖学的知見を得て初めて可能となった。一方，ティチナーは自分の師のヴントが大事にしたこの統覚だけは認めなかったのか，自分の研究室においては統覚について考慮することなく研究を進めていた。彼による『綱要』5版の英訳版が部分的紹介で終わったのは，怠慢とか期限切れというよりもむしろ後半の統覚に関する記述を避けた意図的なものであったと言われている（Anderson, 1975）。

　ヴントに端を発した生理学的心理学であったが，数人のフォロワーを生んだもののドイツには根付かず，やがてアメリカ合衆国へと引き継がれていく。合衆国に蒔かれた最初の生理学的心理学の種子は意外な形で開花した。

(3) ラッド：生理学的心理学の輸入

1) 生理学的心理学の伝道師

　心理学を専門として勉強していくなかでラッド（Ladd, G.T.）の名前に遭遇することはまずないであろう（図2-3-3）。現在では心理学史の専門書でも読まない限りその名前を知ることもないが，「1880年代，それまでにアメリカに

到着していた心理学者といえばジェームズとホールとラッドだけであった」(Boring, 1950, p.524) と紹介されたラッドは、かつては日本でも心理学を勉強していれば必ず知っているような人物であった。

「……独逸の如きは之(＝生理学的心理学)に関する学者輩出し「ヴント」氏其泰斗なり，米国も独逸の跡を逐いて熱心に之を研究し諸大学に於てすでに精神物理学教室を設備し「ラッド」氏最も名声あり，「ラッド」氏は目下エール大学の教授にて一昨年初秋本邦に漫遊せられ大日本教育会に於て講筵を開かれ，後ち帝国大学に於て講話を行はれ，本邦の心理学者及教育者に利益を与えられしこと尠少ならず……」(渡邊, 1901, p.1-2)

図 2-3-3 ラッド (1842-1921)

これはラッドの邦訳書『生理的心理学』(1901) に載せられた紹介文である。明治期に3度も来日したという親日家のラッドであるが，戦前に来日した心理学関係者はデューイ (Dewey, J.)，ストラットン (Stratton, G.M.)，レヴィン (Lewin, K.)，オール (Aall, A.)，シュプランガー (Spranger, E.) など数人にしか満たないことを考えると，1人で3度も来日したというのはきわめて異例のことである。そのため19世紀末から20世紀初頭にかけてイェール大学へ留学した日本人は数多く，その中に元良勇次郎とともに日本の心理学の基礎を築いた松本亦太郎もいた。国内に作られた「エール大学会」という団体は1924年にラッド教授記念の応用心理学研究奨学金1万円を東京帝国大学に寄付している。これらのことからもラッドが当時の日本の心理学に与えた影響の大きさが窺える。

ところでラッドはヴントとはかなり異なる経歴のもち主である。1864年にオハイオ州のウェスタン・リザーヴ大学を卒業後，1869年にボストン近郊のアンドーヴァー神学校で神学を修め，1879年までずっと合衆国の中西部から中東部にかけて聖職についていたのである。その後1879年からメイン州のボウドイン

大学で精神哲学・道徳哲学の教授として教鞭をとったあと、同じ肩書きのまま1881年からイェール大学に移り、心理学の研究を始めた。1892年にはイェール大学にも心理学実験室が作られたが、ラッドはヴントとは異なって実験畑の人ではなかったので、実験室の指導の方はスクリプチャー（Scripture, E.W.）にたのんだ。スクリプチャーはヴントのもとで1891年に「表象の連合過程について」という論文で学位を取得しており（Geuter, 1987）、新進気鋭の研究者としてイェール大学にいた十数年の間、とても精力的に研究していた（Boring, 1950）。イェール大学で学位を取った松本亦太郎（1899年取得）や三宅亥四郎（1901年取得）はいずれもこのスクリプチャーのもとで実験を行なっている。

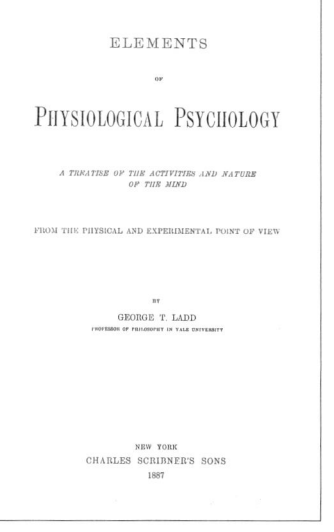

図2-3-4
『生理学的心理学要説』

　日本人に限らず、ラッドのもとに多くの研究者が集まってきたのは1887年に出版された『生理学的心理学要説』（図2-3-4）によるところが大きい。

２）『生理学的心理学要説』

　日本においてヴントの『綱要』が普及しにくかった理由として、分厚い参考書のような大著（1887年に出版された第３版を例にとるなら、上下巻であわせて1100ページ）であったこと、そしてドイツ語で書かれていたことが考えられる。それはアメリカでも同じことだった。ラッドはこのヴントの研究がアメリカ本国でも広く読まれるようにと、自らも勉強してから1887年に『生理学的心理学要説』を発表した。手本としたヴントの『綱要』第２版の影響からか、これまた700ページ近い力作である。奇しくも同じ年にヴントが『綱要』の第３版を出版しているが、アメリカではヴントの『綱要』は第５版が英訳されるまではそれほど読まれなかった。代わりにラッドの『生理学的心理学要説』は1880年代のアメリカおよびイギリスを席捲した。この本以前に「生理学的心理学」という用語を冠した著作は英語圏には皆無であり、ラッド自身もその緒言

のなかで「先に道行く人がいたのならばどんなに楽であったろうか」と述べて，ヴントの『綱要』を除いて他には類のない著書であることを認めていた。

日本ではラッドの『要説』自体は翻訳されなかったが，その短縮版として出版された『生理学的心理学概要』(1891) が日本では『生理的心理学』という邦題で1901年に翻訳された。この短縮版では神経系の記述が簡略化されているとはいえ，全部で44枚の図が掲載されている。また谷本富 (1897a) が1897年に出版した『普通心理学集成』(上巻のみで下巻は結局発売されなかった) は1部3章で「心身の相関」を扱っているが，内容としては『要説』の生理解剖学に依拠したものだった。谷本 (1897b) によると日本ではヴントの『綱要』は明治20 (1887) 年ころまで読まれず，もっぱらラッドの『要説』が読まれていたという。後になってラッドは1911年にコロンビア大学教授のウッドワース (Woodworth, R.S.) との共同作業により『要説』の改訂版を出したが，四半世紀のあいだこの本は生理学的心理学のスタンダードなテキストとしてアメリカで読まれていた (Misiak & Sexton, 1966)。

このようにアメリカにおける生理学的心理学の普及に大きな役割をはたしている『要説』だが，ラッドの経歴を考えるとなぜこのテキストが書かれたのか不思議な気がしないでもない。ラッド自身は探求心が旺盛だったと言われているが，学問の過程で神経系と心の関係に強い興味を覚えたのではないかと思われる節があり，それは『要説』の序論の冒頭にも現われている。

近年，心 (mind) の現象に実験的および生理学的見地から迫ろうとする努力によって，心理学の中にある重要な運動が生まれてきたことはまちがいない。
この努力により得られた成果について，またこの種の研究を続けることで我々の知識に新たに加わるであろうものの見込みについては，研究者によって見積りが違ってくるであろう。いわゆる生理学的心理学がこれまで勝利したことを惜しみなく主張したり，同様に将来の発見についても過度の期待を抱く者も確かにいる。その一方で，自然科学の方法や法則を人間の魂 (soul) の研究といっしょにしようという試みの1つひとつに不安を抱いたり，これを貶めようと思う者はおそらくそれよりも多いであろう。見たところこれらの人々は，大脳の機能局在や心理測定法という発見の中に霊的かつ理性的な存在としての人間の生得権をあやうくするものがあると予想しているようである。あるいは，一方のことをよりよく勉強したところでもう一方の理解を深めることにはならないというように，魂 (soul) を性質やその作用の様態からして物質的な身体とは切り離されたものと考えたいらしい。
一般的な研究対象として数年来研究してきた結果，私はかなり自身をもって言えるのだが，

過度の主張や期待には何の根拠もないし，結果を恐れるような理由もまたありそうにない……（Ladd, 1887, p.iii）

聖職者出身だけあって，科学の発展によって人間の心が暴露されるのではないかという怖れがあったことが窺えるが，ここで出てくる soul という用語はむしろ例外的なものである。ラッド自身は心を示すものとして mind の語を割り当て，その役割については心は脳によって作用を受けるとともに，脳を通じて身体に作用することができる統一体であるととらえていた。ラッドが心の研究を進めていくうえで1880年に出たヴントの『綱要』2 版に出会い，そこに載せられた数多くの神経系に関する図版や解剖学用語に魅せられたであろうことは想像に難くない。『綱要』2 版には生理解剖学に関する詳細な図が89枚ほど掲載されているが，『要説』にはそれを上回る92枚の解剖図が載せられており，その多くは『綱要』の模倣ではなく，イェール大学の同僚の生理学者サッチャー（Thacher, J.K.）の助けによって得られたものである。サッチャーはラッドがイェールに赴任してからスクリプチャーを呼ぶまでの間に非公式的な心理学実験室を任されていた人物でもある。

シカゴ学派に先立ち，ラッドのなかにすでにアメリカ機能主義心理学を認める学者もいるが，それは主体である自己の位置であるとか，心の機能に関する生理学的・生物学的説明などに求められる（Boring, 1950, Pp.526-527）。ところで『要説』の構成はヴントの『綱要』2 版に準じた形になっているが，手本とした『綱要』2 版には見られない新しい文献も200以上使われている。引用文献がいま1つ明記されていないケースが多いので詳細については論じられないが，最も引用が多かったのはやはり『綱要』2 版で，次いで生理学の概論書，そしてロッツェ（Lotze, H.）の著作であった（高砂，1997）。ラッドはロッツェの『心理学概論』（1881）を英訳しており，ロッツェからの影響には無視できないものがある。ロッツェは医者の資格ももつ哲学的心理学者だったが，デカルト的な二元論を支持して唯物論的な考えに反対していたため，英語圏の心理学者からはあまり高く評価されなかったという（Leahey, 1994）。一方，機能主義の先駆と評されたラッドではあったが，この点についてはロッツェと同様に二元論的立場を取り，神から与えられた soul を重視していた。そ

のため手本とした『綱要』2版にはロッツェと同じだけ頻繁に引用されていたダーウィンも，次節のジェームズが多数引用していたスペンサーもラッド自身の『要説』では1度も引用されていない。このことは内容がこれだけ生理学的で生物学的なテキストであることを考えると異様な印象を与えるかもしれないが，それもまた聖職者であったラッドの経歴を考慮すると仕方がなかったのだろう。

(4) ジェームズ：生理学的心理学の機能主義的展開

1) アメリカ心理学の父

ラッドはテキストを書いて，新しい心理学を学ぶ者たちを鼓舞することができたが，ドイツにおけるヴントのような役割は担えなかった。アメリカ心理学においてヴントを探すのであれば，それはウィリアム・ジェームズ（William James）であろう（図2-3-5）。

ジェームズの生い立ちはヴントに近く，1869年にハーヴァード大学の医学部を卒業し医学博士の学位をもっている。しかし20代の間は健康に恵まれないばかりか，度重なる抑うつ症状に苦しめられた。そうした状態を改善すべく，ジェームズはいろいろな場所を訪れ，その中にはハーヴァードの古生物学者アガシ（Agassiz, L.）と行ったアマゾンとか，医学を勉強するために1年半いたドイツなどが含まれている。ジェームズが広い視野と豊かな教養とをもつ知識人となった背景にはこうした体験がある。1872年には生理学を母校で教えるようになり，1875年には「生理学と心理学との関係」というタイトルで医学生に新しい心理学を教えるようになった。この講義はいわゆる選択科目で，母校の学生であれば専門にかかわらず誰でもとることができた。こうした選択科目制度によってアメリカでは心理学が急成長したといわれているが，それはすなわち学生

図2-3-5　ジェームズ（1842-1910）

が心理学を勉強したがっているという理由等で，容易に大学の哲学科に心理学の実験室を作ったり，心理学科を設置したりすることができたためである（Boakes, 1984）。確かに1879年に最初の心理学実験室が作られたのはドイツのライプツィッヒ大学であったが，それから15年の間にドイツでは新たに5つの大学に実験室が開設されただけであったのに対して，アメリカでは1883年のジョンズ・ホプキンズ大学を筆頭に計16大学に実験室が作られており，実験を伴う科学的心理学の拡大という意味ではアメリカは本家のドイツを上回っていた（Misiak & Sexton, 1966）。一説には1875年にはすでに非公式的な実験室をもっていたと言われているが，ジェームズ自身は生理学出身でありながら個人的には実験をあまり好まなかったようで，ハーヴァードの実験室の運営は1892年からミュンスターベルク（Münsterberg, H.）にまかせていた。

ジェームズは1876年に哲学科の助教授となり，ハーバード大学での地位を確立した。選択科目で心理学の講義をしていた当初から，テキストとしてスペンサーの著作をずっと使っていたが，1878年にある書店と心理学のテキストを書く契約をかわした。2年で書きあげるはずが結局12年もかかってしまったが，とにかくこうして書きあげたのが『心理学原論』（図2-3-6）である。前述したようにラッドの『要説』はよく読まれたテキストであったが，その『要説』から3年後の1890年に発表された『心理学原論』は上下巻あわせて1400ページ近い大著であった。

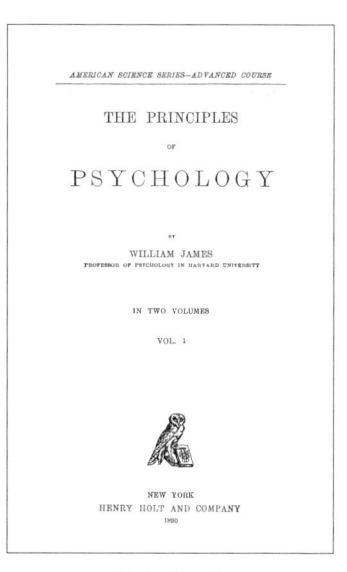

図2-3-6
『心理学原論』

2）『心理学原論』

『綱要』や『要説』と異なり，ジェームズの『心理学原論』のタイトルには「生理学的」という形容詞がついていない。しかし，その章の構成をみる限りでは3つのテキストには共通点がある（高砂，1997）。すなわち，最初に神経系の説明があり，次に感覚や知覚，さらに高次の心的機能へと移行していき，

最後に心に関する理論で終わるという構成である。『原論』では神経系の説明で始まるところは他の2作と同様であるが、そのあとに習慣や心身問題や意識などがはさまった形であとから感覚や知覚を論じる構成になっており、やや繁雑な印象を与える。本人もそれに気づいたのか、2年後に出された短縮版の『心理学』(1892) では感覚の章がかなり前の方に移動するなど、章の構成が改善されている。

『原論』はラッドに見られた機能主義的傾向がさらに明確なだけでなく、ヴントやドイツ心理学に対する批判もふんだんに盛り込まれている。この『原論』で有名になったジェームズの用語の1つに「意識の流れ」という現象があるが、これは内観による心理学に欠けている運動性を指摘したという点で意義深いものである。しかし『原論』において注目すべきはむしろ「習慣」の章であろう。習慣には物理的・生理学的基盤があるとして、その効果の第一は運動の単純化と疲労の減少にあるという機能的な説明が付けられている。さらに『原論』を一読して強く感じるのはスペンサーを介した進化論の影響である。心理学における進化論の影響についてはすでにふれたが、ヴントが序文でダーウィンに謝辞を表わしているのとは対照的に、このころのジェームズにとって進化論とはスペンサーのそれだったようだ。後年は一貫してスペンサーの批判者であったジェームズだが、『原論』において最も引用された文献を見てみると、ヴントの『綱要』、ヘルムホルツの『生理光学ハンドブック』、そしてスペンサーの『心理学原理』の順になっている (高砂, 1997)。

ジェームズはもともと生理学者であり、『心理学』でも「脳を実際に理解する方法は解剖することである。哺乳類の脳はただその比率が異なるだけであるから、ヒツジの脳からヒトの脳の本質的な事を学ぶことができる」(p.97) と書いて比較解剖学的な脳の説明を続けている。自らを大脳主義者とよぶだけあって、脳が心の作用における器官であり、脳の活動がつねに心的活動の関数であることは彼の心理学の前提である。しかしながら、意識のおもな機能は能動的に選択することであるとしたジェームズではあるが、有名な情動のジェームズ＝ランゲ説に認められるように情動に伴う身体的反応が反射的・自動的に起こりうるという立場では、自由で能動的な心と生理的に決定された心との間でジレンマを抱えてしまうことになる。ジェームズがのちに自身の論を心理学を

離れてプラグマティズムへと展開させるのも，このジレンマを解決したかったためであると考えられている（Leahey, 1994）。

　ジェームズの『原論』はアメリカ心理学史に残るベストセラーであり，現在でもその新鮮さは失われていない。ここにいたって「生理学的心理学」としてヴントが旗揚げした分野から「生理学的」の文字がとれて，心理学は生理学的事実を飲み込んだまま独立の方向へ向かう。しかしながら結果的にヴント，ラッド，ジェームズいずれの学者もそれぞれの「生理学的心理学」を書きあげたあと，心理学から徐々に離れて哲学へと回帰していってしまうのである。

(5) 20世紀に入って：生理学的心理学から生理心理学へ

　その後の生理学的心理学についても触れておこう。ヴントの『綱要』やラッドの『要説』以外に生理学的心理学という用語を冠したテキストで知られているものとしては，ドイツのツィーエン（Ziehen, Th.）の『生理学的心理学入門』（1891）やイギリスのマクドゥーガル（McDougall, W.）の『生理学的心理学』（1905）がある。このうちマクドゥーガルはケンブリッジ大学で生理学を修めたあとでジェームズの『原論』に出会い，それが心理学への関心を決定的なものにしたと言われている（Boakes, 1984）。1903年からオックスフォード大学で講義をもつようになったマクドゥーガルはやがて1905年に『生理学的心理学』を出版した。この著作は170ページしかない薄いものではあるが，その中には1897年にシェリントン（Sherrington, C.S.）によって提唱されたシナプス説以降の生理学的心理学を垣間見ることができる。当時まだシナプスは顕微鏡下で確認できていなかったが，マクドゥーガルはニューロン説とシナプス説をベースに心的過程のモデル化を試みている（McDougall, 1905；Jacobson, 1993）。

　20世紀になってティチナーが大作『実験心理学』（1901／1905）を出したこともあったのか，生理学的という形容詞のついた心理学のテキストはしばらく姿を消している。現在の生理心理学のテキストとしてスタンダードな形をもつ最も古いものは，おそらくモーガンの『生理心理学』（1943）であろう。この本が現代的であると考える理由は，生理学的・解剖学的知見の新しさもさることながら，実験方法に電気的手法と化学的手法が加わったことである。特に脳

の電気活動を反映する脳波は，ケイトン（Caton, R.）が1874年ころ初めて報告したもののすぐには認められず，ベルガー（Berger, H.）が1920年代末から1930年代にかけて確証したあとにようやく心理学に取り入れられたものである。最初の脳波の発見がヴントの『綱要』と同じころであることを考えると，生理学的心理学が生理心理学へと進展するためにはいわば脳波の再発見を待たねばならなかったといえそうである。

最後に，現代の心理学あるいは神経科学において，ヴントの『綱要』を初めとした生理学的心理学のテキストを再考することにどれだけ意味があるのだろうか。これだけ科学技術が発展してくると，新しい技法を用いた研究こそが新しいのだと錯覚しがちであるが，新しい実験技法が伴わない考え方が古くてまちがっているとはいえない1つの例として，ホブソン（Hobson, J.A.）の睡眠における相互作用モデルをあげておきたい。ホブソンはフロイト的な夢の理論の批判者でもあるが，ヴントの著作に述べられた睡眠と夢の理論の妥当性を自らの相互作用モデルを用いて紹介している（Hobson, 1988）。他にも多くの「生理学的心理学」の理論が再発見を待っているかもしれない。

西阪　仰
(Aug Nishizaka)

小松栄一
(Eiichi Komatsu)

■■■2-4　エスノメソドロジーと心理学

★1．心的イメージはどのくらい「心的」か
★2．心の科学のリミックスー因果・体験・解釈の基準ー

1. 心的イメージはどのくらい「心的」か

西阪　仰

(1)はじめに

　私たちは，しばしば心的なイメージをもつ。このことは疑いえない。楽しそうに笑っている自分の娘の顔を心に思い浮かべることもあるし，学会の発表中に立ち往生している自分を想像して，冷や汗をかくこともある。しかし，いったい心的イメージとは，「心」の，あるいは脳のどのような状態なのか，と問いはじめたとたん，日常生活のなかでありふれたこの事実は難問となる。

　しかしながら，じつは，このような問い自体，すでに概念的な混乱に基づいている。本稿では，コスリン（Kosslyn, S.M.）らの行なった，心的イメージに関する実験，とりわけいわゆる「イメージ走査」の実験（Kosslyn et al., 1978）を取りあげて，心的イメージにまつわる認知心理学の「混乱」について考えてみたい。コスリンらは，心的イメージの上の，特定の2点間の距離が大きくなればなるほどその間を「走査する」時間が増えることを実験によって示し，そうすることで，心的イメージが「擬似絵画的」なものであることを論証しようとした。しかし，心的イメージは，そもそも「走査」したり「吟味」したり「傾聴」したりできるようなものなのか。たとえば，ハッカー（Hacker, P.M.S.）は，ウィトゲンシュタイン（Wittgenstein, L.）の考えを解説しながら，次のように言っている。「作曲家は，自分の曲を演奏家が練習しているのを聞きながら，自分のイメージではこの和音はもっと大きく響くんだけど，といったことを言うことがある。しかし，だからといって，この作曲家のイメージのなかで，何か音がほんとうに大きく鳴っているわけではない。ある人が，もっと大きな爆発音がするかと思った，と言うときと同じである。このときも，べつにその人の思いのなかに，大きな音のするものがあったわけではない」（Hacker, 1992, Pp.412-413）。

　認知心理学の概念的混乱については，後で，いわゆる「イメージ論争」を振り返るなかで，立ち返りたいと思う。そこでは，コスリンの陣営のみならず，

かれらに対立するピリシン (Pylyshyn, Z.) の議論のなかにも，(コスリンたちと同じ問いに対して異なる答えを与えようと試みている限りで）概念的な混乱があることを論じてみたい。とはいえ，本稿の基本的な課題は，むしろ，社会学的問いに答えることである。以下では，第一に，心的なイメージもしくは想像（イマジネーション）を，1つの社会的もしくは相互行為的現象として位置づけ直し，具体的な相互行為のなかで，イメージをもつこと（もしくは想像すること）がどのように組織され，また相互行為の展開のための資源としてどう活用されるか，示してみたい。本稿の議論から引き出されることは，心的イメージが単に「心的」もしくは「個人的」なものであるだけではないということ（だけ）かもしれない。しかしながら，「心的イメージ」が何らかの状態を指す名詞であると考える必要がないこと，さらに，「心的イメージ」をあえて状態の名前とみなすことがいかに誤解のもとであるかということは，示唆できると思う。第二に，心的イメージの認知心理学それ自体を，1つの社会学的現象として位置づけ直すことを試みたい。心的イメージに関する認知心理学の基本的な考え方（心的イメージは，被験者個人に属する「個人的」な状態であるという考え方）は，たとえ誤りであるとしても，具体的な認知心理学という活動のなかで，その活動を方向づける1つのインストラクションとして働いている。心理学科の学生が授業の一環として行なった練習用実験の録音録画を詳細に吟味することを通して，心理学実験が，正統派認知心理学の基本的な考え方にしたがってどのように相互行為的に組織されているかを具体的に示してみたい。心理学実験において，参与者たちが，この基本的な考え方に志向しつつ自分たちの活動を1つの独自な活動として組織していくようすを記述していきたい。

⑵ **活動に埋め込まれた視覚と想像**

最初に3つの事例を見比べてみることからはじめたい。それぞれ異なる独自の活動から切り取られた相互行為の断片を検討する。最初の断片では，参与者たちは，コンピュータ画面の上に現われている文字列を観察可能な仕方で見ている。続く2つの断片ではそれぞれ，参与者たちは，やはり観察可能な仕方で，特定のものを想像し，あるいは特定のイメージをもっている。この3つの断片

を並べてみることにより，現実のイメージ（コンピュータ画面上の）を見ること，想像すること，心的なイメージをもつことが，それぞれそのつどの活動のなかで相互行為的に組織されていくようすを，まずは見きわめておきたい。他方，コンピュータの画面上の「イメージ（図像）」を実際に見ること，想像すること，心的なイメージをもつことの関係はいくらか錯綜している。この点は，後で述べることにしたい。

最初の断片は，日本語のワープロ・レッスンから取られている。このレッスンは，1人のインストラクター（大学の情報センターにおける非常勤講師）と1人の学習者（学生）の間で行なわれている。それは，おおむね，まずインストラクターが課題を出し，学習者がそれを実行し，そのあとインストラクターが必要に応じて解説をし，また新たな課題を出す，というふうに進行していく。断片1では，インストラクターは「半角のIBM」を入力するようにという課題を出している。学習者は「全角のIBM」を入力するという課題をちょうどやり終えたところで，コンピュータの画面には，その成果（つまり「全角のIBM」）が映し出されている。

断片1（転写1）
1 A：じゃあ，いまおお- これってさ::, (.) 全角の「IBM」ですよね::
2 B：はい
3 A：半角の「IBM」，じゃあ入れてみて。(1.2) 応用ね。

A（インストラクター）は，最初「じゃあ，いまおお-」と言いかけ，それをいったん中断して，あらためて「これってさ::」と言い直している。しかも，「これってさ::」と言いながら，右手の人差指を画面の前に突き出す。このきわめて顕著なふるまいに，まずは注目したい。じつは，Aが1行目の発話を開始したとき，B（学習者）はテーブルもしくはキーボードの方を見ていたのだ（転写2および図2-4-1参照）。

A（インストラクター）の発話の中断および指差しによって，B（学習者）は，画面の文字列を見るよううながされる。しかも，Aが画面上の文字列の確認を求めたのに対して，Bははっきりと「はい」と返事をしている。Aが「半

2-4 エスノメソドロジーと心理学　247

断片1（転写2）

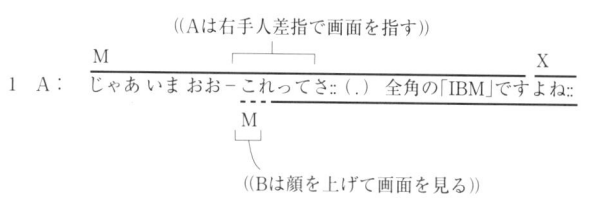

```
                ((Aは右手人差指で画面を指す))
             M                                    X
  1  A:   じゃあいま おお-これってさ::(.)  全角の「IBM」ですよね::
                        M
                ((Bは顔を上げて画面を見る))
```

2 B:　はい

3 A:　半角の「IBM」…

注：発話の上下の実線は、それぞれAおよびBの視線の方向を示す。Mはコンピュータ画面を、Xは相手を見ていることを示す。また点線は、視線が移動中であることを示す。

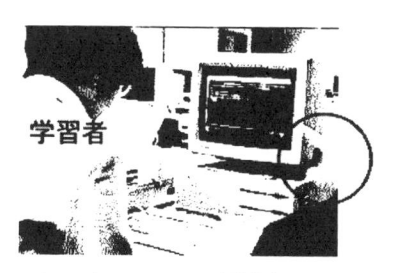

インストラクターは、人差指を突き出そうとしている。学習者は、まだ下を見ている。

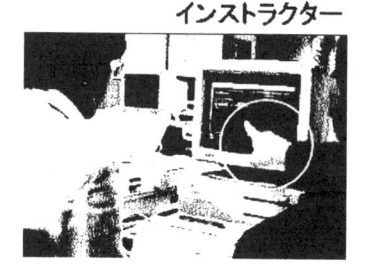

インストラクターは、コンピュータ画面上の文字列の前に指を突き出している。学習者は、画面を見ている。

図2-4-1　断片1の1行目

角のIBMを」という新たな課題を提示するのは、この相互行為的文脈においてにほかならない。

　ここで注意しなければならないのは、Aがいま出そうとしている新たな課題は、その直前の課題と対照化されているという点だ。日本語ワープロでは、たとえアルファベットであっても全角より半角の方が操作は1つ多くなる。つまり、「半角のIBM」という課題は、「全角のIBM」の次のステップとして位置づけられている。（ちなみに、Aが中断したことば（「おお-」）は、「大きいIBM」、つまり「全角のIBM」であったにちがいない。）つまり、次の課題を、直前の課題の次のステップとして出すために、AとBは、特定の視覚領域を共有しておく必要があったのだ。しかも、ここでは単なる「IBM」という文字

列ではなく（まして単なる（MS-DOS 画面の）黒地に映る白い影ではなく），「全角の IBM」が協同で見られていなければならない。このように，1つのイメージ（図像）を見ることは，現在の活動のなかで，その活動にふさわしい仕方で，相互行為的に組織されるのである（Goodwin, 1998参照）。

　第二の断片は，10代の子どもたちが，ある種の「コンピュータ・ゲーム」を協同で行なっているところである。この「ゲーム」はじつは，教育工学者たちによって特殊な「プログラム言語」として開発され，「アルゴブロック」と名づけられている（Suzuki & Kato, 1995）。アルゴブロックの参与者は，一辺が10cmほどの立方体のブロックをテーブル上に並べることにより，コンピュータ画面上の潜水艦を動かすプログラムを「書い」ていく。いったん，プログラムを「書き」終えたならば，ほんとうに自分たちの思い通りに潜水艦が動くかどうかを見るために，始動ボタンを押す。潜水艦は，「書かれた」プログラムにしたがってコンピュータ画面上を動く。次の断片2では，潜水艦をいくつかの地点で回転させながら最終的に元の位置（出発点）に戻すために，ある地点における回転の角度をどう設定すればよいかを，3人の参与者たちが議論している。現在，コンピュータの画面には停止した潜水艦が映っている。

断片2（転写1）
```
 1   A：だって，あそこ，こう ⌈(いって，こう-)
 2   B：                     ⌊だってそうしたら
2a   ？：⌈(      )
 3   C：⌊だって，7個直進して，90度で曲がるでしょう？　5つ。
3a   (1.0)
 4   A：う⌈ん::
 5   B：  ⌊そしたら⌈また90-
 6   C：          ⌊ね？　そしたら，こんどまた::
6a   (0.6)
 7   A：90。=
 8   C：=90度？ (0.6) こっちに，下に行くわけ::？
 9   B：ねえ，45にしたらさ，こうくるから，
10    ：⌈1, (.) 2, ⌈(.) 3, (.) じゃあ，
11   C：⌊でもさ，   ⌊これ-
12   A：3つにし⌈たら::
13   C：      ⌊でさ，これはさ，(.) 7個行って90度にかえて，直進にして::
```

14　B：1回やってみればいいじゃん。

　すでに明らかなように、この活動においては、2つの視覚領域がある。すなわち、コンピュータ画面（もしくは画面上の潜水艦）と、テーブル上のブロックである。実際、参与者たちは、コンピュータ画面とブロックをしばしば指差したり、見やったりするわけだが、しかしながら、重要なことは、かれらは、この2つの視覚領域への志向性を、さまざまなふるまいを通して、いかに管理しているのか、である。

断片2（転写2：3行目）

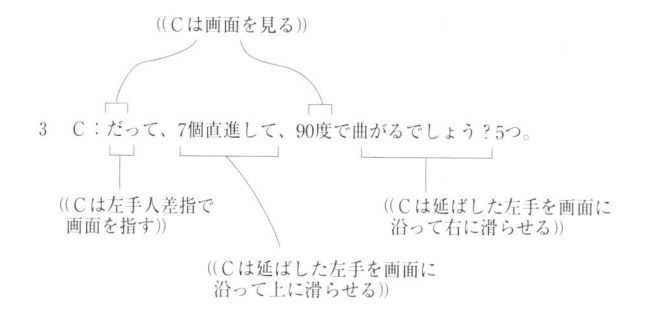

((Cは画面を見る))

3　C：だって、7個直進して、90度で曲がるでしょう？5つ。

((Cは左手人差指で画面を指す))

((Cは延ばした左手を画面に沿って上に滑らせる))

((Cは延ばした左手を画面に沿って右に滑らせる))

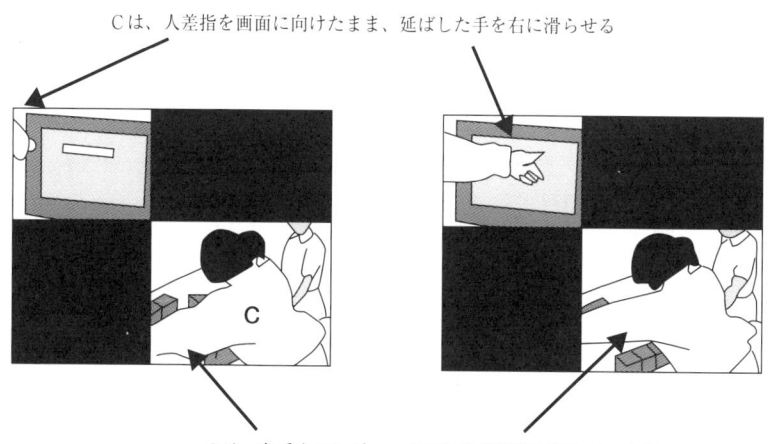

Cは、人差指を画面に向けたまま、延ばした手を右に滑らせる

Cは、左手をコンピュータ画面の前に突き出しているが、顔は下（ブロックのほう）に向けている

図2-4-2　断片2の3行目（ビデオの静止画像をトレースして描いたもの）

たとえば，断片2の3行目では，Cは，左手の人差指をコンピュータ画面に突き出したままでいる（転写2および図2-4-2を参照）。にもかかわらず，顔は基本的にブロックの方に向いており，コンピュータ画面の方は時たま見やるだけで，そのときも，上体はブロックの方を向いたままである。つまり，一方でコンピュータ画面と，他方でブロックとが，Cのふるまい・身振りを通して相互に結びつけられている。

一方，もう1つ注意しておかなければならないのは，Cの左手の動き（画面に沿って，最初は下から上に，次いでそのまま右に，左手を滑らせる）が，想像上の潜水艦の航路を描いていることである。Cは，いわば，ブロックをどう並べると潜水艦はどういう動きを見せるかを，左手を使って，他の2人の参与者に対してデモンストレートしているのだ。つまり，航路を想像することが行なわれている。そして重要なのは，ここでもまた，これが，現在の活動の進行のなかで相互行為的に組織されているという点にほかならない。この想像の航路は，卓上に並べられたブロックの「意味」を代表している。コンピュータ画面の上に投影された想像の航路は，先ほど述べたように，Cのふるまい・身振りを通して卓上のブロックに結びつけられている。ここで行なわれている想像は，あくまでも，プログラムを「書く」という独特の活動のなかに埋め込まれており，この活動にとって適切なこととして行なわれている。

さらに，次の点も注目しておいてよい。Cは「想像の航路」の距離を述べるのに「7個」という言い方をしている。つまり，並べられたブロックの上に表わされる単位に言及している（「個」）。画面上のありうべき航路を想像することは，あくまでも，ブロックとの結びつきのなかでこそ，ふさわしいものとなっているのだ。

この点は，断片2の9-10行目からも見て取れる（転写3）。ここで，Bは，「こうくる」と言いながら右手人差指を画面に沿って滑らせるとき，やはり，潜水艦の，ありうべき航路を想像している。しかし，こんどは，そのまま右手の人差指で「距離を測る」ことをする。一方で，数を数えながらも手を右に移動させることは，依然「想像の航路」を描いており，他方で，「イチ，ニ，サン」と数えながら距離を測ることは，ブロック上の単位に言及している。実際，Bは，数を数える身振りの直後，右手を画面からブロックの方に戻し，顔の向

2-4 エスノメソドロジーと心理学

断片2（転写3：9-10行目）

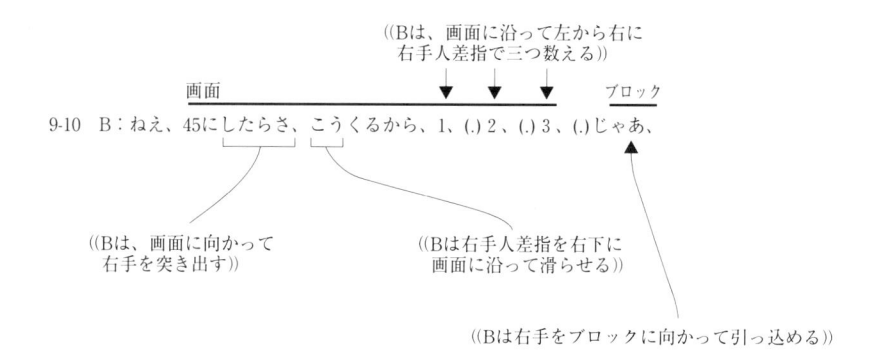

```
                          ((Bは、画面に沿って左から右に
                            右手人差指で三つ数える))
                              ↓    ↓    ↓
             画面                            ブロック
  9-10  B：ねえ、45にしたらさ、こうくるから、1、(.) 2、(.) 3、(.)じゃあ、

      ((Bは、画面に向かって      ((Bは右手人差指を右下に
        右手を突き出す))            画面に沿って滑らせる))

                                   ((Bは右手をブロックに向かって引っ込める))
```

きも変えている。つまり，画面上での想像と，ブロックの配列とは，1つの連続的なふるまいのなかに収められている。このようなふるまいのうちに，コンピュータ画面（における潜水艦の「想像の航路」）とブロックの配列との結びつきに対する，参与者自身の志向が表われている。

　画面とブロックの間の結びつきへの志向は，9－10行目のBの発言に対するCの反論の仕方においても見て取ることができる（転写4）。

断片2（転写4：11行目）

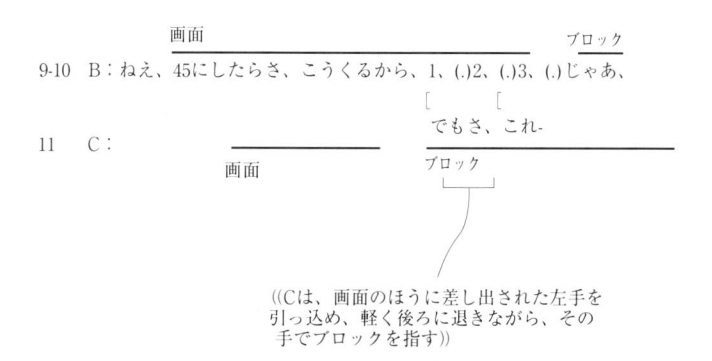

```
                    画面                          ブロック
  9-10  B：ねえ、45にしたらさ、こうくるから、1、(.)2、(.)3、(.)じゃあ、
                                          [     [
                                              でもさ、これ-
  11    C：   ─────────────      ─────────
                     画面              ブロック

                                  ((Cは、画面のほうに差し出された左手を
                                    引っ込め、軽く後ろに退きながら、その
                                    手でブロックを指す))
```

　11行目のCの発言は，「不同意」の標識（「でも」）によって有標化されている。つまり，Cは，直前のBの発言に対して反論を試みようとしているのだ。そのとき，Cは，視線をコンピュータ画面からブロックの方に移すとともに，少し後方に退く。後ろに少し退くことにより，自らの身体の真ん前，すなわち

卓上のブロックの一群が、1つの視覚領域として際立たされる。そして実際に、Cは、いままで画面の方に差し出されていた左手で、目の前のブロックを指差す。つまりこういうことだ。Bは9-10行目の発言（提案）を行なうにあたりコンピュータ画面（もしくは想像された潜水艦の航路）を志向していた。それに対して、Cは、反論にあたり、卓上のブロックを指示している。航路の想像によってBが提示した提案は、ブロックの指示によって反論される。2つの視覚領域（画面とブロック）は、〈提案-反論〉の連鎖フォーマットの上で結びつけられ、あるいは結びついたものとして志向されている。画面上の想像の航路は、いわば、ブロックの配列の上に折り戻されているのだ。

　断片2の参与者たちは、潜水艦の航路を想像する。しかし、この想像は、あくまでも、コンピュータ画面の上に潜水艦を走らせるためのプログラムを協同で「書く」という活動に埋め込まれたものである。それは、その活動のなかで、ブロックの特定の配列の「意味」を表わすものとして志向され組織される。

　何をどう見るか、何をどう想像するか。こういったことは、いつも特定の活動のなかで、特定の活動にふさわしいしいものでなければならない。実際、さまざまな光の影はさまざまな方向からいつも眼球のなかに飛び込んでくるけれども、だからといって、その光を反射している物体をすべて「見た」わけではあるまい。ワープロ・レッスンの参与者たちは、「全角のIBM」を見たと言えても、コンピュータ画面（MS-DOS画面）の背景の黒色を見たとは言い難い（何か特別な事情がない限り）。同様に、いつも「頭の中」にさまざまなもの、色、文字、音などが浮かんでいるとしても、だからといって、私たちはそのようなものをすべて「想像した」わけではあるまい。視覚や想像は必ず、進行中の活動のなかで、その活動にふさわしい仕方で組織されるのである（西阪、1997：4章参照）。まずは、このことを確認しておきたい。

(3)**活動の可視的な展開における心的イメージ**

　いま述べたことは、きわめて「個人的」なものと想定されている心的イメージをもつことについても言える。心理学実験という、それ自体独特の社会的活動のなかで、心的イメージをもつということが、どのように組織されているかを、次に見てみたい。

2-4 エスノメソドロジーと心理学

　ここで用いるデータは，すでに述べた通り，コスリンらの実験に倣った，心理学科の学生たちによる実験の録音録画である。コスリンらは，「イメージ上の距離が大きくなれば，それだけその距離を走査するのに必要な時間もかかるようになる」(Kosslyn et al., 1978, p.51) ことを見いだし，そこから，心的イメージが物理的な絵画と同様のやり方で（「頭の中で」）処理されると結論づけた。学生たちの実験は，架空の島の地図を用いたもの（コスリンらの実験2）を真似ている。コスリンらのもとの論文に，この実験の手続きに関する詳細な記述があり，学生たちも，実験に際しては，この記述に厳密に従っている。「被験者たちは，最初に［絵に描いた地図を提示され］その地図上にあるさまざまな物の位置を，何度もその位置関係を実際に描いてみることにより，憶えるよう求められた」。何も見ずにその位置を精確に白紙の上に再現できるようになったなら，実験者により「地図上にある物のうち1つの名前が読みあげられるので，まず，心に地図全体を思い描き，次いで，その名を言われた物に［心の中で］焦点を当てる」。その後，別の語句が述べられるが，「その語句が，実際に地図上にある物の名前であるときには，その物のところまで［心の中で］走査し，その物の中心点にたどり着いたところで，［2つあるボタンのうち］一方のボタンを押す」，という具合である（同, Pp.51-52）。地図の上には7個の物が描かれており，それは，それぞれの2点間の距離（21通りある）がすべて異なるように，配置されている。

　学生たちは，本実験ではこの地図を用いた実験を行なっているが，以下本稿の分析で用いるのは，本実験に入る前の練習である。そこでは，もう少し簡単なもの，すなわち地図の代わりにアルファベットの文字列（A，B，C，の3文字）を用いたもの（コスリンらの実験1）が採用されている。学生たちは事前に周到なマニュアルを準備し，最初から終わりまで，ほぼそこに書かれている文言を読んでいる。このマニュアルによれば，この練習は，次のように進行する。被験者は，紙に書かれた文字の位置関係を精確に記憶するよう指示される。記憶ができたならば，次いで心にその文字列を思い描くよう求められる。実験者（の1人）がいずれかの文字に「焦点を当ててください」と言うので，そうしたら被験者は（心の中で）その文字に「焦点を当てる」。そして，その次に述べられる別の文字が元の紙に書かれていたものであれば，思い描かれて

いるイメージの上を、その文字に向かって、焦点の文字から「走査する」。その際、頭の中で黒い点を、できるだけすみやかに直線距離で、しかもワープさせることなく動かさなければならない。そしてその目標の文字に「到達」したならば、被験者はただちに「イエス・ボタン」を押さなければならない。もし目標の文字が最初の紙に書かれていなかったならば、「ノー・ボタン」をただちに押さなければならない。

断片3（転写1）
1E1：まずこの紙のABCの、(.) 地点の位置を憶えてください。
2　　　((沈黙))
3E1：はい、憶えましたね。それでは、お手元のイエスノーボタンに左右の
4　　：人差し指を軽く乗せ、目を軽く閉じてください。
5Sb：はい。
6E1：(.) 目は練習が終わるまで閉じたままでいてください。
7　　　A (.) B (.) C (.) の位置を頭の中でイメージしてください。
8　　　((沈黙))
9E1：いいですね？　Cに焦点をあわせてください。
10　　((沈黙))
11Sb：°なんていうの？°
12E2：え？「はい」。
13E1：「「はい::」だけでいいで「す::。
14Sb：　　　　　　　　　　　はい。
15E1：A。
16Sb：((ボタンを押す))　(　　)
17E2：それで、(.) オッケー。
18Sb：これでいいの？
19E1：はい、それで::。
20Sb：あ、((うなずく))
21E1：では、次にいきます。B、(.) に「焦点を-
22Sb：　　　　　　　　　　　　　　 あ、まちがえちゃった。ごめんね。
23E1：ごめんね。(はい。) え::::と、B、(.) に焦点をあわせてください。

　最初に注目するべき点は、被験者（Sb）の「記憶（しようと）する」こと（2行目）、および「頭の中でイメージ（しようと）する」こと（8行目）が、具体的な相互行為の展開のなかで、はっきりと可視的であることだ。たとえば、

被験者が「記憶（しようと）している」ことは，上の転写を見ている私たちにとってのみならず，かれら自身にとっても明らかである。現に，実験者の1人（E1）は，被験者が記憶をし終えたことを，きわめて確信にみちた言い方で確認している（3行目の「憶えましたね」という言い方；特に，語尾の「ね」がE1の確信を明らかにしているように思える）。たしかに，被験者に憶えるよう求めたものは，きわめて単純な文字列であり，文字と文字との間隔も，ABとBCの，いずれの間隔の方が大きいかということのみである。だから，E1が被験者の記憶の完了を疑わなかったとしても，さほど不思議ではない。しかし，

断片3（転写2：1-3行目）

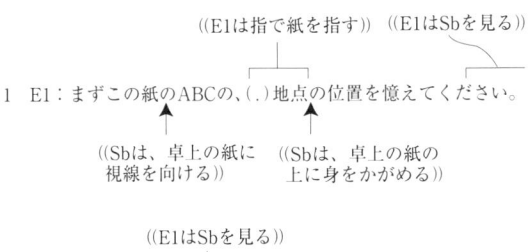

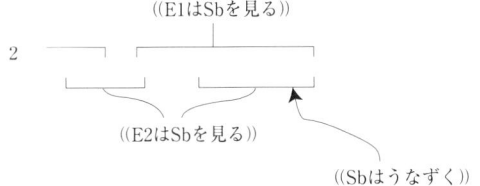

1　E1：まずこの紙のABCの、(.)地点の位置を憶えてください。
　　　　　　　((E1は指で紙を指す))　((E1はSbを見る))
　　　　　　　((Sbは、卓上の紙に視線を向ける))　((Sbは、卓上の紙の上に身をかがめる))

2　((E1はSbを見る))
　　((E2はSbを見る))
　　((Sbはうなずく))

3　E1：はい、憶えましたね

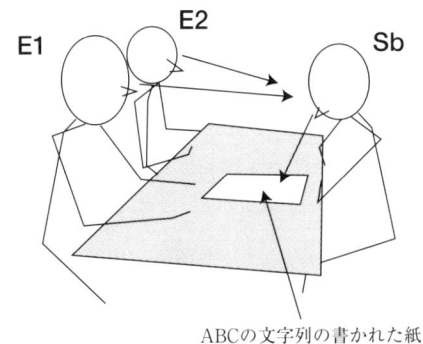

図2－4－3　断片3の2行目

実験者たちに明らかだったことは，被験者（大学生）がこんな簡単なことを記憶できないはずがないというような一般的なことだけではない。なぜE1は，精確にその時に，その観察をなしえたのか。転写2は，1－3行目の詳細な転写である。

　この実験では，1人の被験者とテーブルを挟んで向かい合うように2人の実験者が並んで座っている。だから，実験者どうしは互いがどこを見ているかを見ることができる。そして，2人の実験者は，最初に（1行目），被験者が，これから憶えるべき文字列の書かれた紙片に目を向けるのを，ともに見ることができる。また被験者がその紙の上に身をかがめるのを，2人の実験者はともに見ることができる。つまり，実験者たちは，被験者が「憶えるべきもの」へと，あるいは「憶えること」そのことへと志向を強めていくのを，ともに見ることができる。次いで（2行目），実験者たちは，ともに被験者のふるまいを観察し，被験者がうなずくのをともに見ることができる。被験者のこのうなずきは，記憶をし終えたことを観察可能な仕方で標示している。以上のことすべてが，被験者にも明らかであることは，注意しておいた方がよいだろう。E1の「憶えましたね」（3行目）という発言は，被験者のうなずき（2行目）への応答であると同時に，被験者が記憶をし終えたという事実を，参与者全員によって了解された事実として，あらためて確認する作業でもある。たしかに，被験者の「記憶すること」は，きわめて「個人的」な事柄として試みられている。被験者は下を向いたまま「ひとりでじっと憶えること」を試みている。しかし，この「個人的」な事柄は，すべての参与者にとって可視的であり，その可視性は，進行中の活動の組織化にとって重要な資源として利用されている。同様のことは，8行目の「頭の中でイメージする」ことについても言えよう。

　同じことは，さらに10行目のイメージの中の文字に「焦点を合わせる」ことについても言えるはずである。しかしながら，ここには，明らかにトラブルが生じている。11行目で被験者は，「C」に焦点を合わせたあと，何を言うべきかわからないでいる。

　トラブルの原因は，被験者がうなずいたあと（2行目および8行目と違って）すぐに実験者が反応しなかったことによる。しかも1－3行目の場合と違って，被験者はいま実験者の指示（4行目と6行目）に従って目を閉じており，

断片3（転写3：9-11行目）

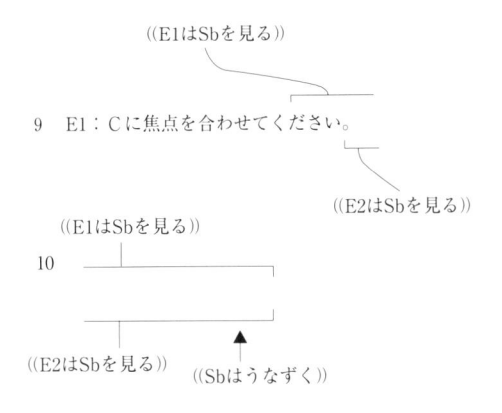

```
                    ((E1はSbを見る))
                         ┐
 9   E1：Cに焦点を合わせてください。
                                    ┐
                                 ((E2はSbを見る))

      ((E1はSbを見る))
            ┌─────────────┐
10
            └─────────────┘
                          ↑
      ((E2はSbを見る))  ((Sbはうなずく))

11   Sb：なんていうの？
```

したがって実験者たちの非音声的なふるまいは彼女にとって利用できない。実際，実験者は，断片3のやりとりに先立って，述べられた文字に「焦点を合わせ」終わったら「はい」と言うよう，指示していた。転写3に示してあるように，実験者たちは，被験者がうなずいたあと，しばらく被験者の方をじっと窺っている。被験者は，この空隙，もしくは実験者の側からの反応の不在を，自分の適切な応答の不在と受け取り，何を言うべきかを訊ねている。さて，いまここで起きている縺れは，先ほどの1－3行目の場合と比べてみたとき，明らかに，被験者による（イメージ内での）「焦点を合わせる」ことが，相互行為の可視的な具体的展開に結びつき損なっていることによる。だから，参与者たちは，この（それ自体可視的で観察可能な）結びつきを回復する作業にただちにとりかからなければならない。興味深いのは，被験者は「なんていうの」と聞くことにより，自分がもう「焦点を合わせ」終えたことを実験者たちに明らかにしている点である。実際，実験者たちは，続く12－13行目で，被験者の，まさにそのときに言うべきことが「はい」であること，すなわち，被験者の「焦点を合わせ」終えたことを，自分たちもすでに知っていることを明らかにしている。このようにして，被験者が「焦点を合わせ」終えたという事実は，相互行為のなかで可視的になっている。しかし，さらに重要なのは，「焦点を

合わせ」終えたという事実は，あくまでも正規の手順に従って，相互行為の具体的な展開のなかに埋め込まれなければならないということだ。現に，被験者は14行目で，最初に，12行目のE2の発言（「え？『はい』」）に応えて，次いで，13行目のE1の発言（「『はい』だけでいいです」）に応えて，「はい」とはっきり言うことにより，相互行為を次に進めていく。あるいは，こう言ってもよい。このように「心の中で行なうべきこと」（心の中で「焦点を合わせる」ことなど）を，相互行為の展開のなかで可視化し，相互行為の具体的な展開のなかに可視的な形で埋め込む「正しい」やり方を，この練習のなかで被験者はいま学習しているところだ，と。

　（頭の中で）イメージをもつことは，やはり心理学実験という独特の（それ自体可視的な）活動のなかに埋め込まれており，その活動の具体的な展開のなかで組織されている。それは，やはり，進行中の活動にとってふさわしい仕方で行なわれなければならないのだ。この点において，今まで見てきた3つの事例は，すべて同じである。しかしながら，他方において，3つの事例は，それぞれに独自のものである。以下では，まず，実際の画像・映像を見ることと，心的なイメージをもつことの違いをまず論じ，次いで，心理学実験という独自の活動の，その独自さについて述べてみたい。

(4)「イメージ論争」

　（心の中で）イメージをもつことは，現在の活動の具体的な展開に埋め込まれ，そのなかで可視化され利用されている。このことを，上で見てきた。もちろん，これは，コスリンらが自分らの実験結果から引き出した仮説に対する，あるいはコスリンの論敵の仮説に対する反証ではない（もちろん実証でもない）。かれらは被験者たちに「イメージの上で黒い点を動かせ」と言い，その結果をしかるべき測定装置で計ったところ，元の地図上にある物どうしの間隔が，もしくは元の文字列内にある文字間の間隔が大きいほど，被験者の反応時間は長かった。これは，1つの「発見」であることにまちがいない。この事実には，何ら神秘的なところはない。問題は，この事実を説明しようとするときに，背後から忍び込んでくる概念的な混乱である。まずは，心的イメージは「擬似絵画的」だというコスリンらの結論にはらまれる概念的な混乱から考え

てみたい。いま問題にしようとしている誤りは、あくまでも概念的なものであり、（コスリンの論敵たちが試みているように）経験的な実験を重ねることで正すことができるという性格のものではない。それは、特に「見る」という動詞の文法にかかわる混乱なのだ。

1) イメージと想像

コスリンらが自分たちの発見を「イメージに沿って大きな距離を走査すればするほど、それだけ多くの時間が必要になる」(Kosslyn et al., 1978, p.50；傍点は引用者) と言い替えたとき、そこにすでに混乱がある。私たちは、壁にかかっている絵画を見たり、あるいはその絵に描かれた物体間を走査したり、あるいは用いられている色の配合を調べたりすることがある。しかしながら、それと同じようには、心的イメージを見たり、走査したり、調べたりすることはできない。「できない」というのは、単に困難だということではなく、論理（文法）的に不可能だということである。

たとえば、ハッカーは、次のように言っている。私たちは、絵画（人物画）とその絵のモデルとを比較して、その絵がモデルと似ているとか似ていないとか言うことができる。たしかに、私たちは「この部屋は、私のイメージとは違っている」と言うこともあるし、またどう違っているかを説明することもできる。しかし、そのとき、絵画とモデルの場合とは違って、私たちは自分のイメージとこの部屋を比較しているわけではない (Hacker, 1992, p.410)。というのも、自分の心的イメージを「調べ」、実際の部屋とそれを「照合する」などということはありえないからだ。

ピリシンは、コスリンらの見解（「イメージは擬似絵画的である」）に対して批判するなかで、①イメージ上の二点間で黒い点を動かすことと、②二点間で黒い点を動かすことをイメージすることの相違に注意をうながしている (Pylyshyn, 1979, 1981)。いま問題にしようとしているのは、コスリンたちが想定しているように、被験者たちはほんとうに①を行なったのかどうか、ということではない。そうではなく、①がそもそも意味をなすのかどうか、ということである。まずイメージ上の二点を「見」、黒い点を動かしながらその二点間を「走査する」などということに、そもそも意味があるのか。実際、自分の心的なイメージを「見」て、それを「検査し」「調べる」などということは、

およそ意味をなさい。なぜなら，このような「調査」や「検査」は失敗しえないからだ。失敗しえない調査や検査は，もはや調査もしくは検査としての意味をもちえない。つまり，私たちは，自分のイメージ，もしくは自分で想像したものについて，何かを「見落とす」などということはおよそありえない。自分が想像したハンカチに染みがついているのを「見落とす」などということは考えられない。たとえば，ふたたびハッカーによれば，「いま私が火事になっていると想像しいている建物は，キングズ・カレッジである。このことを私は疑いえない。しかし，私が疑いえないのは，それがキングズ・カレッジの格好をしていることに気がついているからではないし，私が想像しているのはキングズ・カレッジだと信じるべき根拠があるからでもない。むしろ，端的に，私が想像しているのはキングズ・カレッジなのである。……そもそもここで問題になっているのは知識ではない。また無知でもない」(Hacker, 1992, Pp.419-420)。

　コスリン派の人びとは，自分たちの「仮説」の正しさを「論証」するに先立ち，次のような例をあげて，私たちの直感に訴えかけている。馬の尻尾がどのような形をしているか思い出そうとするとき，私たちは，しばしば馬全体のイメージを思い浮かべ，そのイメージを尻尾に向かって「走査する」ことをする，と。しかし，このような言い方が混乱を含んでいることは，いまや明らかだ。むしろ，こう言うべきだろう。私たちは馬全体のイメージを思い浮かべながら，馬の尻尾の形を想起しようとしているのだ，と。あるいは，尻尾を含めた馬全体のイメージを思い描こうとしているのだ，と。けっして，すでにそこにあるイメージを調べているわけではない。

　ちなみに，想像することと見ることの関係は，いくらか微妙である。たとえば，アルゴブロックの参与者たちは，たしかに，互いが描く「想像の航路」を見ていた。しかし，参与者の1人が右下に指を引っ張るとき，潜水艦の（想像された）まさにその航路を，その本人自身は，他の参与者たちと違った見方をしているようにも思える。すくなくとも，その本人は，それを見たあとに，「その想像の航路にいま気がついた」などと語ることはできない。もっとも，いますぐ述べるように，その本人が，それを見ることによって，（自分の想像した航路そのものではなく）たとえば潜水艦の進むべき距離（「歩幅」）に気づ

くことはありえようが。視覚と想像と心的イメージの微妙な文法上の違いがここにある（「想像」の文法については，White, 1990を参照）。

2）走査という活動

画像・映像を走査するというのうがどういう活動であるかを考えてみよう。断片 2（「アルゴブロック」）で，参与者たちは，指をコンピュータ画面上に動かしながら，潜水艦を「何度」回転させ「いくつ」進ませればよいかを見い出そうとしていた。つまり，かれらはコンピュータ画面（の静止像）を，いわば走査していた。断片 2 の 9 －10 行目がもっとも際立っている。そこでは，参与者の 1 人（B）が，画面に向かって延ばした手を左から右に滑らせながら，3 つ数えていた。

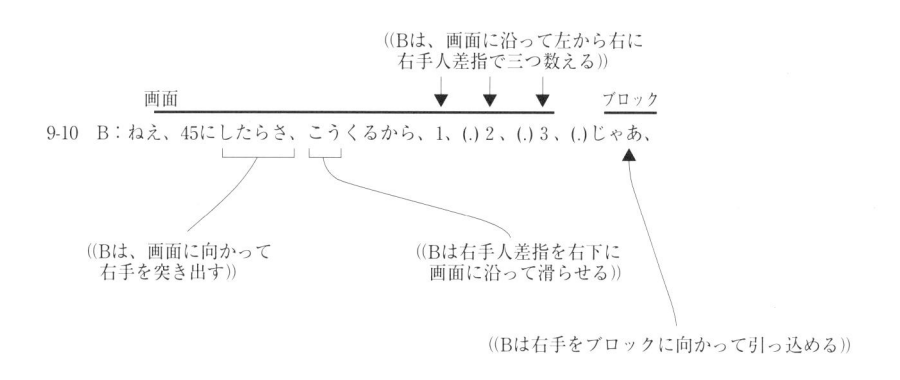

```
                              ((Bは、画面に沿って左から右に
                                右手人差指で三つ数える))
          画面                  ▼   ▼   ▼          ブロック
9-10  B：ねえ、45にしたらさ、こうくるから、1、(.) 2、(.) 3、(.)じゃあ、
               └─┬─┘└┬┘                                      ▲
        ((Bは、画面に向かって    ((Bは右手人差指を右下に
          右手を突き出す))        画面に沿って滑らせる))
                          ((Bは右手をブロックに向かって引っ込める))
```

Bは，9 行目で右手を画面上で滑らせながら「こうくる」と言うとき，潜水艦のあるうべき航行を実演している。「こう」は，画面上の何かを指示しているわけではない。それは，むしろ，手の動きそのものを指している（「このくらいの大きさの箱を探しているんだ」と言いながら，手でその大きさを示すときのように）。一方，すでに述べたように，このようなふるまいはすべて，卓上のブロックをどう配列するかという当座の問題を解決するためのものである。つまり，静止した画面の特定の側面を際立たせるための操作として，上のBの実演は行なわれている。その特定の側面とは，言うまでもなく，ブロック上の操作に翻訳可能な角度であり距離である。かれらは，この角度・距離を計るため，コンピュータ画面に沿って指を滑らせ，潜水艦の航路を想像していたのだ。

その意味で，たしかに参与者たちは，このようにあるべき航路を想像しながらコンピュータ画面上の静止像を走査している。しかし，かれらの想像は，むしろ走査という活動に埋め込まれている。

「想像する」「イメージをもつ」といった概念は，元来具体的な活動の規範的な秩序において意味をもつべき概念であるにもかかわらず，コスリンたちは，それを活動の秩序から切り離された個人の「内面」のなにものかを指示しているかのように扱っている。いわば，想像やイメージが，個人の「内面」における過程・状態として「物象化」されている。ここに，論理文法上の基本的な問題がある（Coulter, 1979 参照）。

3）論争の相手方

コスリンは，自分たちの一連の実験を振り返って，次のように総括している。「イメージをもつという経験の根底に描画的表象があるならば，イメージの処理の仕方は，その表象の空間的性質の影響を受けることになろう。他方，もし根底にある表象が命題的なものであったとしたら，なぜ距離が処理時間に影響を及ぼすのかわからない」(Kosslyn, 1995, p.283)。コスリンらが，「距離が処理時間に影響を及ぼす」という実験結果から，イメージは絵画的であるという主張を導き出したのに対し，ピリシンは，その実験結果に対して別の説明を試みた。ピリシンは，すでに述べたように，①心的イメージの中の特定の点に焦点を合わせ，そこから黒い点を動かすことと，②実際に何かに焦点を合わせ，そこから黒い小さい物体を動かすという実際の状況を想像することとの違いに，まず注意をうながす。その上で，次のように言っている。イメージ走査実験において被験者は，実際には，後者を，すなわち黒い点を動かすという物理的な出来事の想像を行なっていた。そして，このような物理的な出来事が完了するのにどのくらいの時間がかかるかを，被験者たちは，すでに「暗黙裡に知って」いたはずだ，と (Pylyshyn, 1981, p.33)。黒い点がどう動くか想像しようとすれば，誰だって長い距離では時間がかかるように想像するだろう。それは，単に，ものごとが一般にどう生起するかを自分も知っているからにすぎない。つまり，「一般的な原理にどのようなものがあるかということを他人から聞いたか，あるいは自分で探り当てたかしたことがあるからにすぎない」。「ごくありきたりの自然事象であるならばたいていほぼ正確に予測ができる程度く

らいの，暗黙の物理理論を」誰もがもっているのだ (Pylyshyn, 1981, p.39)。

　さて，一見したところ，本稿のいままでの議論と，ピリシンの議論は，非常に近いものであるようにも見える。しかしながら，これはあくまでも見かけにすぎない。

　ピリシンは，私たちが特定のイメージをもつとき，「命題的な」情報が処理されていると考える。彼の以前の論文で，たとえば，次のように述べられている。「私たちは，何かを心の中でそっと語ることがあるし，『心の目』でそっと何かを『見る』こともある。また，心の中で数を順番に言う練習をするのをそっと『聞く』ことがある。私たちは，自分がこういうことをするのを，たしかに知っている。しかし，だからといって，こういった主観的知識の内容がそのまま，説明理論になるなどと考えてはいけない。説明理論に組み込まれるべき情報処理手続きは，むしろ主観的知識の内容そのものと同じではない」(Pylyshyn, 1973, p.3)。

　ここから明らかになるのは，ピリシンも，文法的混乱から自由ではないということである。「主観的知識」の及ばないところにある「情報処理手続き」とはいかなるものでありうるのか。彼は，同じ論文のなかで次のようにも言っている。人びとは，新奇な事例が与えられると，新しい暫定的な手続きを用いてこの事例を概念化しようとする。つまり，人びとは「創造的に新しい発見的手続きを産出する能力があるのだ。この新しい手続きを人びとはどこから産出してくるのかというと，それは，やはり手続きであるには違いない。ただ，そのつど自覚的に使用している一連の手続きよりも抽象度の高い手続き的表象なのだ」，と (Pylyshyn, 1973, p.17)。このチョムスキー流の「暗黙知」の考え方に対しては，ベーカー (Baker, G.P.) とハッカー (Hacker, P.M.S.) による「暗黙知」批判がただちにあてはまる。「私たちの発話は（おそらく）一定の複雑な計算式のうえに写像できる。しかし，だからといって，私たちが実際にその計算式を操作しているということにはならない。ズールー人の戦争の踊りも，チェスのうえに写像できるけれども，だからといって，ズールー人戦士がチェスプレーヤーであるわけでないのと同じだ」。つまり，その「暗黙知」を私たちが「もっている」と言うための根拠はいったい何なのか。もし話し手の「正しい発言だけが，その話し手が暗黙知をもっているということの根

拠で，誤った発言だけがその人の無知の根拠だとしたならば，その人はまさしくその暗黙知のゆえに文を産出・理解しているという仮説は，検証不可能で，かつ空虚である」(Baker & Hacker, 1984, p.341)．

(5) 心理学実験における相互行為の社会的組織

心的イメージを「見る」「走査する」といった考え方は，文法的に混乱している．あるいは，「情報処理手続きに関する暗黙知」という考え方も同様である．このことを，前節で確認した．この混乱は，概念的もしくは文法的な混乱であって，経験的な誤りではない．心的イメージを絵画のように見ているかどうかは，実験を通して経験的に決定されるべき事柄ではないのだ．他方，経験的に論駁しえない基本的な考え方は，むしろ，経験的研究に先立って，経験的研究を進める上でのある種の「指図（インストラクション）」として機能している．実際，イメージにまつわる認知心理学の基本的考え方は，たとえそれが誤りであるとしても，参与者たちが，その基本的考え方に従って（すなわちその基本的な考え方に志向しつつ）認知心理学もしくは心理学実験という活動をデザインし組織している限り，かれらの相互行為の具体的展開のなかに具現され，その相互行為を独自なものとして仕上げていくにちがいない．この最後の節では，参与者たちがどのように，認知心理学の基本的考え方に従いながら，自分たちの活動を組織しているかを，見ていきたい．

認知心理学の基本的考え方によれば，イメージをもつことはきわめて「個人的」なことであり，イメージをもつときには個人の皮膚界面下において何らかの「情報処理」が行なわれている．この，純粋に「個人的」な領域における「情報処理」がどのようなものであるのかを確かめようというのが，コスリンやピリシンが試みた実験である．コスリンの場合も，ピリシンの場合も，元来具体的な活動の規範的な秩序において意味をもつべき概念（「見る」「想像する」「イメージする」「情報処理」など）が，活動の秩序から切り離された個人の「内面」に適用されている．概念的混乱は，まさにここに生じている（コスリン派の理論モデルについては，さしあたり Kosslyn, 1981 や Kosslyn et al., 1978 などを参照）．もちろん，混乱した考え方に従って組織された活動だからといって，その活動自体が混乱しているわけではない．肝心なのは，この

独特の考え方が活動のさまざまな局面に具現されることにより，その活動がいかに独自な仕方で組織されるかである。

　この認知心理学の基本的考え方は，まずは，実験のデザインのうちに具現されている。第一に，なんといっても，被験者の反応時間を計るための特別な装置が用意されている。被験者の手元の「イエス・ノー」ボタンは，この装置に接続していて，被験者の反応は，直接この装置によって処理され，のちの，実験者たちによる処理のために記録される。被験者の反応は，いわばこの装置のおかげで，実験のなかの具体的な相互行為において（公的に）焦点化されることはない。この意味で，このテクノロジーは，かの認知心理学の基本的な考え方を具現していると言ってよい。集めるべきものは「被験者」の反応のあり方であり，それは，実験の相互行為の（公的な）領分において焦点が当たらないような位置に置かれているのだ。

　伝統的心理学の基本的考えは，機械装置だけではなく，第二に参与者たちが利用している相互行為フォーマットにも具現している。すでに述べたように，実験者である学生たちは，事前に，周到なマニュアルを用意している。学生たちは，ほぼこのマニュアルをその通り読んでいくという形で実験を進めていく。たとえば，マニュアルにはこうある。

「イメージ走査」実験のマニュアル
Cに焦点をあわせてください。（はい）「A」「Bに焦点をあわせてください」（はい）「F」「Aに焦点をあわせてください」（はい）「B」目を開けてください［括弧の付け方は原文のまま］

　このマニュアルに示されている相互行為フォーマットにも，かの認知心理学の基本的考え方が具現されている。被験者が，ボタンに対して行なう操作は，マニュアルの中からすべて排除されている。実験者が走査先の文字を述べる直前にあるべき被験者の返答は，括弧に括られた形で記されているけれども，この実験で集められるべき当の被験者の反応（かの装置で測定される被験者の反応）は，ここでも，あたかも公的な相互行為領域のなかに位置をもたないかのようですらある。

　とはいえ，他方，かの装置がまさに「被験者の反応を集める装置」としてこ

の実験のなかで用いられているという事態は,この装置がまさにこの相互行為のなかで参照され,志向され,用いられることを通して組織されている。同様に,マニュアルに示されている相互行為フォーマットも,具体的な相互行為の進行のなかで参照され,利用され,実行されなければならない。この点に注意しなければならない。つまり,認知心理学の基本的考え方は,実験の事前のデザインだけではなく,相互行為の実際の展開のその場でのデザインにも具現されているのだ。

最初に,被験者の反応時間を測定する装置から。

断片4（転写1：断片3のつづき）
23E1：ごめんね。(はい。) え::::と，B，(.) に焦点をあわせてください。
24Sb：はい。
25E1：F。
26　　((沈黙))
27E1：では,次にいきます。

26行目で被験者はボタンを押している。そのとき,被験者のボタンの上への操作は,現在進行中の活動（相互行為）のなかに繋ぎ止められなければならない。

断片4（転写2）

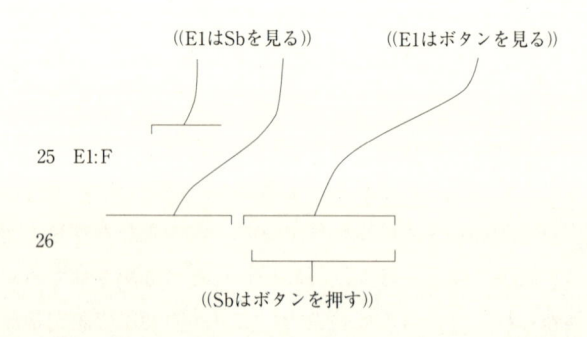

((E1はSbを見る))　　((E1はボタンを見る))

25　E1:F

26

((Sbはボタンを押す))

27　E1:では,次にいきます。

E1は,走査先の文字（「F」）を提示したあと,ただちに被験者の方を見て,次いで被験者がボタンを押すのを確認する（転写2）。そのあとすぐに,「では,

次にいきます」と言って，現在の試行の終了を有標化する。そうすることにより，E1は，被験者の「ボタンを押す」という操作が，①そこで適切なふるまいであること，②それだけで十分適切なふるまいであることを，公然と表示することができる。こうして，かのテクノロジーは，現在の活動の具体的な展開を支える「軸足」的なものとして組織されるのである（「では次に」という形式については，すぐ後に立ち返える）。

　一方，マニュアルに示された相互行為フォーマットの方も，相互行為の具体的展開のなかで，相互行為的に実行されている。第一に，実験者たちは，被験者の反応をじっと待っている。被験者のふるまいをいわば「監視」しながら（断片4転写2の26行目など），被験者が，与えられた課題を成し遂げたことを標示したときはじめて，次の（あらかじめデザインされた）発話へと動いていく。つまり，①実験者たちは，相互行為フォーマットを具体的に実行していくにあたり，相互行為の具体的な展開を監視し，それにあわせてその実行をその場でデザインしていかなければならない。また他方では，②あくまでも被験者自身が課題の完遂を標示するまで（いっさいの明示的な介入を控えつつ）待つという，実験者たちのふるまいを通して，被験者の「反応」（課題の遂行）は「個人的」な事柄として組織される。この点は，文字列を「記憶する試み」，憶えた文字列を「イメージすること」，イメージの中で1つの文字に「焦点を当てること」についても，同様である。実際，被験者がこれらを行なっているあいだ，実験者たちは，被験者が終了を標示するか，あるいは，11行目や16行目（16行目で被験者はボタンを押したあと，何か言う）におけるように，被験者の方から何らかの修復作業が開始されるまで，じっと（被験者を監視しつつ）待っている。

　第二に，相互行為フォーマットの実行は，相互行為のさまざまな偶然的な条件に左右される。たとえば，断片3の22行目で被験者は「あ，まちがえちゃった」と操作上の誤りを犯したことを訴えている。そのあと「ごめんね」の交換があり（22行目と23行目），23行目で実験者はフォーマットに戻っている。そのさい，この不測のやりとりからフォーマットに戻るにあたり，「え::::と」と言って，新たに始まる発話をいったん有標化している。つまり，次にくる発話が不連続的な地盤の上で開始されることを有標化している（西阪，1999参照）。

断片4の「では，次にいきます」（27行目）も同様である。思い出していただきたいのは，この断片の直前で観察可能なトラブルがあったということである。被験者はボタンを押したあと何か呟き（16行目），それに対して実験者たちが「それでオーケー」である旨をわざわざ確認している（17-19行目）。また，「では，次にいきます」という語句が，マニュアルのなかに書き込まれていないことも，注意してほしい。つまり，この語句は，トラブルが生じた環境のなかで，かのフォーマットを実行するためにその場でデザインされた発話であるにちがいない。じつは，このまったく同じ発話（「では，次にいきます」）は，このトラブルのほんとうの直後である21行目で最初に現われる。16行目で，被験者がボタンを押したあと何が言われたかは聞き取れないが，いずれにせよ，実験者（E2）の「それでオッケー」といういう言い方は，被験者に対して，ボタンを押すだけで反応の仕方としては十分であることを，示唆している。逆に言えば，E2の言い方は，ボタンを押すだけでは不十分であるかのような，ある種の「欠如感」に対処しているように聞こえる。18行目の被験者による「これでいいの？」という質問もまた，ボタンを押すことが，この相互行為のなかで1つの「指し手（ムーヴ）」として不十分であるかのような，被験者の感覚を標示している。「では，次にいきます」という言い方は，先にも述べたように，現在の試行の終了（および次の試行の開始）を有標化している。21行目のその発話は，今一度，ボタンを押すだけで十分であることを確認し，そうすることにより被験者の「欠如感」に対処しているように思える。他方，断片4の24-26行目の試行においては，たしかに何の（観察可能な）トラブルもないけれど，しかし，断片3の16行目以降のトラブルという事実がある限り，27行目の例の発話（「では，次にいきます」）は，やはり，同じ（被験者の側にありうる）可能な欠如感に対処していると言ってよいだろう。つまり，この2つの「では，次にいます」（21行目と27行目）という発話は，被験者のボタンの上への操作（つまり実験において集められるべき反応）から，それが相互行為のなかで（これ以上さらに）公的に焦点化されるチャンスを最終的に奪い取る働きをしているのだ。

　以上のようにして，マニュアルに示されている相互行為フォーマットは，相互行為の具体的な展開のなかで，そのつどのさまざまな偶然的条件に依存しつ

つ，相互行為のその場でのデザインを通し協同で実行されていく。

心理学実験における相互行為の展開は，ある独特の仕方で組織されている（ただし，「独特」な組織といったからといって，その組織が心理学実験だけに固有であるというわけではない。肝心なのは，心理学実験において，ある特徴が観察可能であること，そして，その特徴が心理学実験という活動の組織化のなかで参与者自身により志向されていること，これである）。つまり，被験者の特定のふるまいが「個人的」とみとめることのできるような仕方で，その相互行為は組織されている。すでに示唆したように，心理学の実験のなかで実際に行なわれていることには，何ら神秘的なところはない。何かが「個人的」であるということ自体は，もちろん，何ら不思議でもない。実際，私たちはひとりごとを言うし，ひとりでじっと考え込むことがある。このとき，私たちのふるまいは，たしかに「個人的」なものである。神秘的な気配が生じてくるのは，実際に行なわれていることが解釈されるときである。すなわち，被験者の「個人的」なふるまいを，被験者がその「内面」（心もしくは脳の中）で行なっている「活動」（何らかの「情報処理」）の現われ，もしくは「指標」とみなすときである。

(6) 結語

本稿で述べてきたことを最後にまとめておこう。「見ること」も「想像すること」も「イメージをもつこと」も，いずれも個人の内部に生起する過程・出来事ではなく，むしろ，それ自体可視的で観察可能な活動の構造的特徴である。それは，現在進行中の活動のなかで，その活動にふさわしいものでなければならない。この点は，心理学の実験という特殊な活動においても，まったく同じである。たとえ実験者たちが「心的イメージ」はあくまでも個人の内面にあって原則的に他人には近づきえないと考えていても，である。心的イメージ（をもつこと）は実験のすべての参与者にとって透明であり，かれらが実際に現在の活動のなかで相互行為を進めていくうえで，重要な資源になっている。他方，私たちは日ごろさまざまな諸活動に携わっているが，その諸活動は，それぞれに独特のものであり，したがって，そこに埋め込まれている「想像すること」「イメージをもつこと」も，その活動の組織化の資源としてそれぞれ独特の働

きをするかもしれない。実際，イメージに関する心理学実験は，イメージに関する心理学の基本的な考え方に従って設計され運営されることにより，独特の活動として組織される。そのなかで，逆説的にも，被験者の「心的イメージ」は，それが「個人的」なものとして扱われる限りにおいて，心理学実験という具体的活動の組織化のための，1つの社会的な資源として利用されているのである。

〈各断片にもちいられている記号〉
①重なり
複数の参与者の発する音声が重なり合っているとき，当該部分は，該当する二行（もしくは三行）にまたがる角括弧（[]）によって示される。
②密着
2つの発話もしくは発話文が途切れなく密着していることは，等号（＝）で示される。
③聞き取り困難
聞き取り不可能な個所は，（　）で示される。空白の大きさは，聞き取り不可能な音声の相対的な長さに対応している。また聞き取りが確定できないときは，当該文字列が（　）で括られている。
④沈黙・間合い
音声が途絶えている状態があるときは，その秒数がほぼ0.2秒ごとに（　）内に示される。0.2秒以下の短い間合いは，(.)という記号によって示される。
⑤音声の引きのばし
直前の音が延ばされていることは，コロン（::）で示される。コロンの数は引きのばしの相対的な長さに対応している。
⑥ことばの途切れ
ことばが不完全なまま途切れていることは，ハイフン（-）で示される。
⑦音の大きさ
音が特に小さいとき，当該音声が上付きの白点で囲まれている。
⑧音調（イントネーション）
語尾の音があがっていることは疑問符（？）で示される。語尾の音が下がって区切りがついたことは句点（。）で示される。
⑨注記
発言の要約や，その他の注記は二重括弧（（（　）））で囲まれている。

本稿の以前のバージョンは，Mind and Activity という小さな研究会でなんとか発表することができた。Dom Berducci 氏や池谷のぞみ氏，また Brendan Wilson 氏など，多くの参加者から有益なコメントを頂戴した。記して感謝したい。また1999年の8月には，明治学院大学社会学部附属研究所からの研究助成金により，ウィトゲンシュタイン派エスノメソドロジストとして現在もっともアクティヴに活動されている Jeff Coulter 氏を招聘し，本稿の内容について議論をする機会を持った。Coulter 氏をはじめ議論に参加してくださった方々にも，その有益な議論に対し感謝したい。

2．心の科学のリミックス —因果・体験・解釈の基準—

小松栄一

(1)はじめに

　心理学の基礎づけにかかわる問題に取り組もうとするとき，ウィトゲンシュタイン（Wittgenstein, L.）の言語ゲームのアイデアは貴重な示唆を与えてくれる。ある語の意味とは言語体系におけるその語の使用である。ある概念の意味は，世界内の出来事や事物との対応によって説明されるのではなく，その概念が言語ゲームのなかでどのように用いられているかによって説明される。ウィトゲンシュタインはこう記している。

> 哲学者たちが「知識」「存在」「対象」「自我」「命題」「名」といった語を使い，事物の本質を把握しようとするとき，ひとはつねにこう自問してみなければならない。その語は本来のすみかである言語ゲームのなかで，本当にそのように用いられているのか？—
> 　我々がなすべきことは，これらの語を形而上学的な使用から日常的な使用へと連れ戻してやることである。(Wittgenstein, 1953)。

　この指摘はそのまま心理学にあてはめることができる。心理学者たちが使う「態度」「信念」「感情」「人格」そして「心」といった語は，本来のすみかである言語ゲームのなかで，本当にそのように用いられているのか，と。日常言語のなかで概念を分析するという課題は，ハイダー（Heider, 1958）の先駆的な試みを例外とすれば，心理学の実証主義的な伝統において，ほとんど手つかずのまま残されていたといってよい。心理学者たちが重視したのは，むしろ，操作的定義とよばれる概念の厳密化であり，一連の用語を日常的な使用から科学的な使用へと移していくことだった。

　心とは脳の働きである，という言い方が今日ほとんど常識として定着しつつあるなかで，これに違和感を覚えたり，あるいは頑として異議を唱える人も少なくない。心をめぐる議論が紛糾してしまうのは，心という概念の使い方に複

数の基準があるためである。もし心の概念の使用が，相互に独立した直接関係のない複数の基準に基づいているのなら，これは1つの概念ではなく，たまたま同じ単語で表現された複数の概念の混合体と考えるべきである。つまり「心」という単一の何かは存在しなくてもよい。

ある1つの基準に徹して考えれば心とは要するに脳とその働き以外の何物でもないし（Crick, 1994），別の基準に照らして考えれば心は絶対に脳ではありえないだろう（Eccles and Robinson, 1984）。ここでは1つの概念をめぐって2つの主張が対立しているのではなく，2つの異なる概念をめぐって2つの関係のない主張が並立しているのである。このように考えれば問題をすっきり整理できるはずなのだが，心の概念における異なる基準の混合は相当に根が深く，これを解きほぐすのは容易ではない。「心とよばれる1つの何かが存在する」という想定は，あらゆる理論的作業に先立つ最も基本的な前提として，自覚のあるなしにかかわらず，すでにだれもが採用しているからである。この前提を棄却することは，論理的には正当であるとしても，健全な常識に背を向けることになりかねない。

大事なのは，心理学に統一的な基礎づけはありえないと確認することではなく，むしろ，心理学ではどんなことでもありうるという現実をありのままに認めることだろう。これは，ある特定集団のメンバーがどのような方法によってメンバーにとっての現実を作りあげているのかを分析するエスノメソドロジーの立場（Garfinkel, 1967）に呼応する考え方である。

(2)**心の概念の3つの基準**

まず，ある出来事を正しく「心的」とみなすための基準として，

① 「因果関係の複雑さ」―因果連鎖の途中経過が未解明である―複雑／微細なのでわからない。
② 「体験の主観的性質」―ある人の主観的・私的な体験である―当人にしかわからない。
③ 「解釈の行為志向性」―実際的な目的から説明を必要とする―どう表現したらよいかわからない。

という3つの区別を提案したい。これらの基準はそれぞれが独立に適用される。つまり，ある出来事が2つ以上の基準を同時に満たすことはよくあるとしても，1つの基準によって他の基準が完全に代用される（還元される）ことはないという意味である。

①の「因果」の基準が適用されるのは，問題となる現象が生じるまでの出来事の連鎖を追跡していったときに何かしらよくわからない未知の領域がある場合である。すでに判明している自然科学の法則によっては説明できないような相対的に複雑な過程が介在していると思われるときに，この基準が適用されて，その過程は心的であるとみなされることになる。この意味での心とは，現代の科学の進展状況でいえば，要するに脳とその機能のことである。次の②の「体験」の基準は，機能として複雑であるかどうかとはまったく別に，その出来事がある人物の主観的・私的な体験であるためによくわからないという場合に適用される。そして，③の「解釈」の基準は，①とも②とも異なり，ある人物の行為を説明するときにその行為の具体的な脈絡や，説明をしようとする側の目的や都合に応じて，説明の形式と内容が変化しうることを示すものである。この基準は，どのような説明が適切であるかを定める日常言語の語用論的な規則と直接に関係している。

解釈の基準を独立した基準とみなすことには，疑問を感じる人も多いだろうが，しかし十分な根拠がある。たとえば，ある人物が「三時に会議がある」と言ったとしよう。この人物の発言は，前後の脈絡やまわりの状況などによって，「─を覚えている」とも記述できるし，「─と思っている」とも，「─を知っている」とも記述できる。それぞれ「記憶」「信念」「知識」という異なった心的概念が適用されることになるが，しかし，記述される人物の方にはそれらの概念に対応するような変化はまったくないのである。また，解釈は「─なので，だから」という説明の形式を取ることが多いために，因果的推論の幼稚な（あるいは根本的に誤った）形態とみなされがちである（たとえば，Nisbett and Ross, 1980）。しかし，解釈としての因果の説明は，論理的にも経験的にも，その真偽をチェックする作業を必要としない。解釈の基準にとって重要なのは，真偽ではなく，適切か不適切かである。ある子どもが学校に行かないというときに「行きたくないから」ではまるで理由にならないが，たとえば「いじめが

あるから」なら納得できる理由として受け入れられる。因果の水準ではこのような扱いの違いは生じないだろう。

　因果の基準から心を考えるとき，重要なのはそこに未解明の領域が存在するということである。今日，特に問題となるのは脳とコンピュータの場合だろう。心と脳が結びつけられているのは脳の機能の詳細がまだ十分にわかっていないからであるし，また，心があるかもしれないと噂されるコンピュータとは，いつの時代でもつねに，まだ実現していない未来のコンピュータのことである。この場合，未解明の領域を便宜的に心とよんでいるだけなのだから，因果の連鎖が解明されてしまえば，未解明という意味での心の概念は必然的に用済みとなる。この考え方は消去主義（eliminativism）とよばれ，極端な還元主義の例として非難されることも多い。しかし，因果の水準に徹して唯物論的に心をとらえるなら当然の帰結である（Churchland, 1986）。

　同じように，主観的な体験の基準を徹底した場合にも，心の概念は消滅の方に追いやられていく。体験の基準が適用されるときの最大の問題は，主観的・私的とみなされる出来事と客観的・公的とみなされる出来事との境目がまったく恣意的にならざるをえないことである。1つの便法として皮膚の外側にあるものを客観的，内側にあるものを主観的とみなすことはできるが，しかし，対象が見えるという視覚の体験が主観的な性質をもつことはしばしばあるし，机の引き出しに隠された日記は（公共的に観察可能であるとしても）やはり私的であり心的であることにかわりはない。また，そもそも他人がいない状況ではその出来事が自分だけに固有の体験なのかどうかがわからない。1人で考えているとき，あらゆる出来事は自分の体験であり，その状況のなかでは，主観的／客観的，私的／公的という区別が立てられないのである。すべてが主観的であるとすれば，やはり心の概念は意味をなさなくなる。

　心をめぐる日常的な現実は，独立した複数の基準の複合的な参照によって，柔軟に（大雑把に）構成されている。問題は，その「心」を扱う心理学の体系を人為的に構築しようとするときである。どれか1つの基準だけを採用すれば論理的には整合するものの，他の基準が欠落してしまうので心理学としての要件を満たすことができない。2つ以上の基準を混ぜて採用すると心理学らしくはなるが，論理的に整合しない。心理学あるいは心の科学の厳密な基礎づけが

きわめて困難なのは，このためである．

(3) 基準の混合，心の科学のむずかしさ

国語辞典で「混合」を引いてみると「(二) 意味の類似から二語の間に混同が起こり，口語で1つの単語の資格を得ること．例，『やぶる』＋『裂く』＝やぶく」(『新明解国語辞典第三版』三省堂) と説明されている．心の概念は複数の概念の使用法の類似から生じた「混合概念」である．混合概念としての「心」は現に広く流通している概念であり (「やぶく」がまちがった日本語ではないように) けっして誤った概念ではない．しかし，混合概念であることに無自覚なまま，この概念に対応する1つの事象を想定し，その事象を1つの水準から説明しようとするならば，必ず論理の不整合が生じる．

今日の心理学の基本的な方針は次のようなものである．「心的な状態や過程は直接観察できないので，仮説構成概念や理論的モデルとして観察可能なデータから推論し，その妥当性を検証する」——この方針のなかの不整合とは，脳内の構造が直接観察できないという (因果の水準の) 技術的な制約と，ある人物が自分ではないためにその人物の主観的な世界を体験できないという (体験の水準の) 原理的な制約が，みごとに混同されていることである．体験としての心は，厳密に考えれば，ある人間が自己でありその自己を中心に1つの世界が体験されているという現象学的な事態を意味する (たとえば，Husserl, 1970)．この事態は世界のなかの特定の事物すなわち脳の機能における因果連鎖の結果ではありえない．というのは，世界中のすべての脳に等しく認められる機能上の特性の内容 (同じカテゴリーに属する事物の共通の属性) と，その脳のなかの1つが自分の脳であるという事実 (同じカテゴリーから任意の1つが選ばれている) は，論理的に独立しているからである．ある脳が自分の脳であることの原因を脳のもつ普遍的な特性のなかに求めることはできない．脳の機能の結果として自己が発生する (脳が心を生み出す) と考えるなら，現に自己ではない無数の脳がなぜ存在しているのか，なぜ1個の脳だけが自分の脳なのかを説明しなければならないが，これを説明するのは原理的に不可能なのである (たとえば，Nagel, 1986)．

これに対して，脳の機能における因果連鎖の詳細については完全に解明され

ることがありうる。解明されるのは，あくまでも脳において未解明だった領域であり，体験としての心ではない。明らかになるのは対応する2つの項目のうちの一方の項目の側の詳細であって，どうして一方の項目が他方の項目と対応するのかという初期の疑問はまったく手つかずのまま残されることになる。たとえば「赤い三角形」という視覚の体験にいたる物理的身体的な因果の連鎖が，最終的に神経ネットワークのパターンXとして特定され，因果の連鎖のなかでそれ以上は先にたどるべきものがなくなったとする。このとき，神経生理学者は「赤い三角形が見えるとはパターンXが実現することである，それ以上のものはなにもない」と正しく結論しなければならない。しかし現に自分に見えている「赤い三角形」の体験（パターンXとは明らかに別の何か）がなくてもよいのなら，そもそも「赤い三角形を見る」という事態がいったいなにを意味しているのか不明になってしまう。したがって，視覚のなかにパターンX以上の何かがあることは否定できない。

　哲学者のデヴィッド・チャルマーズ（David Chalmers）はこの困難を次のように定式化して，意識科学の領域に熱い論争を呼び起こした。

　　過去数年の間に意識を扱った著作・論文は多数現われており，我々は着々と進歩を重ねていると思うかもしれない。しかしよく見ると，ほとんどの研究は意識をめぐる最も困難な問題には触れずにいる。そうした研究が取りあげているのは，たいてい，意識の「イージー」プロブレムとよべるようなもの，つまり，脳はどのようにして環境の刺激を処理するのかとか，脳はどのようにして情報を統合するのか，我々はどのようにして内的な状態についての報告を行なうのかといった問題である。これらは重要な問題だが，しかしこれらの問題に答えたとしても，次のハード・プロブレムを解決したことにはならないのである。すなわち，こうしたあらゆる処理過程に体験としての内的な生活が伴うのはいったいなぜなのか。この問題は，ときには完全に無視され，ときには将来に先送りにされ，ときには端的に解決済みと断言されたりする。しかし，いずれにせよ，依然として中心問題は謎のままという感じが拭いきれないのである。(Chalmers, 1996)

　刺激から反応にいたるまでの出来事の連鎖を，特に脳のなかのメカニズムの観点から詳細に解明できたとしても，それだけでは，なぜその連鎖のうちのある部分が意識的な体験になるのかを説明したことにはならない。あるいは，脳の特定の状態と特定の体験との対応が確認できたとしても，それだけでは，脳が意識を生みだしたという確証にはならない。

意識科学の「ハード・プロブレム」は，体験の水準において生じている心の問題をこれとは関係のない因果の水準において解決しようとする無自覚な試みのなかからもたらされている。同じように，解釈の水準において生じている問題をこれとは関係のない因果や体験の水準で解決しようとする無自覚な試みが，心理学のあらゆる領域にゆきわたり，概念的な混乱をもたらしている。社会的構成主義（social constructionism）の立場にたつ社会学者や社会心理学者は，この混乱に対して徹底的な批判と分析を加えてきた（Coulter, 1979：1983：Gergen, 1985：Potter and Wetherell, 1987）。ある出来事をめぐって，たとえば「記憶にない」という心的な表現が生じるとき，その表現は因果関係や私的体験についての事実的な報告ではなく，その状況のなかで正当化，弁解，非難などの諸々の目的をもった社会的行為を遂行している。重要なのは，事実との対応（真理値）ではなく，どこでだれがなんのためにそう言ったのかという行為としての適切さである。

　異なる基準の無自覚な混合は，心の科学のさまざまな領域に無用の混乱と困難を供給し続けている。しかし，論理的に整合していれば問題はないかというと，そうではない。心の概念は混合概念であり，もともと論理的に整合していないのが「心理学」である。したがって，論理の整合をめざし，誠実に1つの水準に集中しようとするアプローチに対しては，きまって「心を扱っていない，そんなものは心理学ではない」という批判が向けられることになる。経験科学である以上，因果の水準だけを問題にし，体験や解釈の水準を問題にすべきではないという行動主義の方針は（それを実践できたかどうかは別として）主張としては筋が通っている。また，心の問題を扱わない行動主義は心理学ではないというのもやはり正しい。つまり，行動主義とそれに反対する心理学との伝統的対立は，じつは「心理学は科学ではない」という同じ命題を別様に表現しただけの，「心理学ではない科学」と「科学ではない心理学」とのあいだの疑似的対立に過ぎなかったともいえるのである。

(4) 日常の心理学のなかの心の概念

　心の専門家ではない人々も日常生活のなかで心理学的な説明を実践している。心の専門家である心理学者や哲学者は，常識（commonsense）心理学，素朴

(naive) 心理学, 素人 (lay) 心理学, 民間 (folk) 心理学といった名称を与えて, その特徴に特別な関心を払ってきた (Heider, 1958: Ross and Nisbett, 1991: Stich, 1983)。その扱いは, 科学的な心理学に土台を提供するものであったり, 根本的に錯誤した誤謬の体系であったり, あるいは脳というハードウェアにインストールされたソフトウェアであったりと, 論者によってまちまちである。いずれにせよ, 日常の心理学の実践とは心的な生活を営むという現実のなかに組み込まれた重要な要素であり, 人々が試みる心理学的な説明とその説明の対象となる心的な現実とを切り離して考えることはできないだろう。たとえば,

　先日, 電車に乗っていて初めて座席を譲られてしまった。相手はどう見ても私よりも年上だと思っていたのに,「どうぞ」と言われた。断わるのも気まずいので,「すみません」とお礼を言い, 譲っていただいた。
　だが, 心の中には穏やかならぬものもあった。(私って, そんなに年取って見えるのかしら) と。
　〈中略〉
　自分では, 六十四歳の年相応に若いつもりでいたのになあ。
　シルバー扱いされる側になってみて初めて, 席を譲られても心の底から喜べない——。そんな複雑な気持ちがわかった気がする。
(「読売新聞-97. 5. 28」家庭欄。筆者は64歳の女性)

　混合的な水準において「心」の出来事を語っている心理学らしい心理学の一例である。ここで語られていることは完全に理解可能であり, 常識的に納得できる。3つの基準がすべて満たされており, 混合概念としての心の概念が正しく使用されているからである。
　まず, 席を譲られるという公共的に観察可能な出来事の連鎖と, 私的であり内的であるような体験 (心の中の穏やかならぬもの) が対比されており, そして, 体験された何かに対して私的な言語行為 (そんなに年取って見えるのかしら) が割りあてられている。ただし「心の中の穏やかならぬもの」が「私って, そんなに年取って見えるのかしら」という内的な発話そのものであると想定する必要はない。おそらく, この「穏やかならぬもの」はそれ自体としては言語的な性質をもたない純粋な不快の感覚に近いものだろう。また, このときに生

じた内的な発話も「えっ」とか「なんでよ」といった不完全なものであったと考えてよい。つまり，体験された何かに言語行為としての形式と内容を与えているのは，外的な状況，行為の連鎖，ならびに内的な感覚と発話のすべてをまとめて解釈するという事後的・継続的な作業である。

このように出来事が適切に解釈されるなら，同時に，なぜ席を譲られて不快な思いをしたのかという疑問にも答えられる。「席を譲られても心の底から喜べな」かったのは「自分では，六十四歳の年相応に若いつもりでいた」からである。これが「複雑な気持ち」のメカニズムである。

この例の場合には，テキストのなかで語られた心の説明に異議を唱える人はいないだろう。体験をした人物自身の，一人称による告白という形式を取っていること，解釈そのものがもっともらしいこと，誰にも不利益を及ぼさないので反論する必然性がないこと，などがその理由である。しかし，他者の心について語られる場合，ようすはかなり違ってくる。

> 先日，二年前から肝臓病で入退院をくり返していた友人が亡くなった。私の再三の見舞いの申し出に，彼女は「大した病気じゃないから」「病院が遠いから」と断り続けた。今となっては，一度も見舞えなかった無念の気持ちでいっぱいだ。
> 治る見込みのない彼女は，本当の病名を知らされていなかった。だから，見舞ってもらうほどのことではないと思っていたのだろうか。
> それとも，他人に迷惑をかけたくないという思いがあったのだろうか。あるいは，自分のやつれた姿を見られたくなかったのかもしれない。
> もし，彼女の意思に反してまでも無理に見舞っていたらどうだったのか。「本当は重病なのだろうか？」と，彼女を不安にさせたに違いなかった。
> けれど，病人が見舞客を心から喜んでくれる場合もあるのだ。これといってすることもない患者にとって病院での一日はあまりに長く寂しいものである。現に，入院していたある知人は，「見舞客のあった日の夜はよく眠れる」と話していた。
> 「来なくていい」と言ったのは，果して彼女の本心だったのだろうか。そんなことを今でもふと考えることがある。
> 見舞うことの是非は，いつまでたっても結論の出ない難問のようだ。
> (「読売新聞－97．6．26」投書欄。筆者は49歳の主婦)

ここで特徴的なのは，友人の心のうちをめぐる解釈の多様性そのものが，見舞いに行かなかった自分の行為を正当化（弁明）する役割を担っている点である。特定の解釈（友人は見舞いを喜ばない）に対する潜在的な反論（友人は見

舞いを望んでいた）を控えめに無効化すること（結論の出ない難問なのだから）は，このテキストの行為志向的目標の1つである。

　他者の心を問題にする場合には，出来事の解釈が正当であるかどうかという問題とは別に，当人がどのような解釈を（私的に）行なっていたのかという問題が生じる。この2つの問題（解釈の正否と当人の解釈の内容）は，水準の異なる問題であるが，実践的には区別することがむずかしい。解釈の水準においては，病室にいる当人も，見舞いを断ったという自分の行為，そして見舞客があるとよく眠れるという事実，一日が長くて寂しいという感じなどを，自分の「信念‐欲求」の内容としてまとめようとするときに大いに悩むということがありうるのである。考えられる解釈の多様性という点では，自分のことでも他人のことでも原理的な相違はない。当人は，さまざまな解釈の可能性に悩んだあとに特定の解釈を採用することもあれば，いつまでたっても結論が出せないこともあるだろうし（「来なくていい」と言ったのは，果して私の本心だったのだろうか），また，そもそもそうした問題に全然悩んでいなかったという可能性も考えられるだろう。本人は実際どう思っているのかという体験の水準での設問に正答があるとすれば，それは，本人が特定の一貫した解釈を持続的に採用しているという，じつはかなり特殊な場合である。

　日常の心理学の実践のなかで「あの人はどう思っているのか」という問いを立てるとき，その答えとして想定されているのは，必ずしもその人自身の解釈ではない。本人の実際の思いがどうであれ，その真相とは関係なく，その人の思いなるものを想定し，正しい内容を確定することが解釈の本来の主眼である。というのは，ある人物の行為（ならびにその文脈状況の全体）を信念や欲求や人格特性といった心的な概念によって解釈するという行為の実践的な目標は，そうした解釈によって解釈者自身の行為の連鎖（多くの場合，問題となる人物との相互行為のなかに組み込まれている）を適切に組織化することにほかならないからである。心理学的な問いを成立させているのは，あくまでも解釈者の側の都合であり，人物の内的な体験への純粋な関心ではない。

　友人が見舞いを望んでいないなら見舞いに行くという行為は不適切な行為であるし，また友人が見舞いを望んでいるなら「来なくていい」ということばを真に受けて見舞いに行かないのは不適切な行為である。自分の行為の文脈的な

意味を確定し,その行為を適切に遂行するためには,まず相手の心のうちの内容を確定しておかなければならないのである。

このように他者の心を解釈するという実践が解釈する側の都合を中心にした行為志向的な性質をもっているため,しばしば,当人がまったく思ってもみなかった「本当の思い」が編み出されたり,当人の自覚する信念とは明らかに矛盾する「当人の信念」が構成されたりする。しかし,問題となっているのが当人の心の内容である以上,それは解釈者にではなく,その当人に帰属していなければならない。こうして解釈と体験の水準の混合による論理のコンフリクトが生じることになるが,ここで「無意識」という装置を使用すれば,当人の自覚のあり方とは関係なく,当人の本当の心の内容に矛盾なく言及することが可能になるかもしれない。この装置は,すでに日常の心理学の実践のなかでごくふつうに使用されているのである。

(5) 測定なのか解釈なのか

では,専門家の心理学はどのように実践されているのだろうか。ここでは,過去30年間の社会心理学の研究に中心的なテーマを提供してきた「態度 (attitude)」という概念を取りあげる。日常の心理学から生じる「あの人はどう思っているのだろうか」という疑問に,科学的に厳密な方法で答えようとするのが,心理学者の「態度測定」である。

はじめに,心理学における態度という概念の使用法を教科書風に整理しておきたい。まず,態度とは,対象に対する一定の永続的な反応傾向である。観察可能な刺激と反応の間に想定される媒介変数であり,直接観察することのできない心理学的な構成概念である。さらに態度には,感情的,認知的,行動的の3つの成分が認められる。感情的成分はおもに好き嫌い,快不快の次元で現われるような態度,認知的成分は特に命題の形をとった信念の内容にあたるもの,行動的成分は具体的な行動への準備状態として想定されるものである。これらの成分は,たとえば「煙草が嫌いな人は煙草が身体に有害であると信じており禁煙席を選ぶ」というように,1つの態度として一貫する傾向をもつ。これをまとめたのが図2-4-4である。図のなかの点線で囲まれた部分が,直接観察することのできない態度そのものにあたり,これが矢印で表わされた因果的な連

鎖を媒介するものとして想定されている。

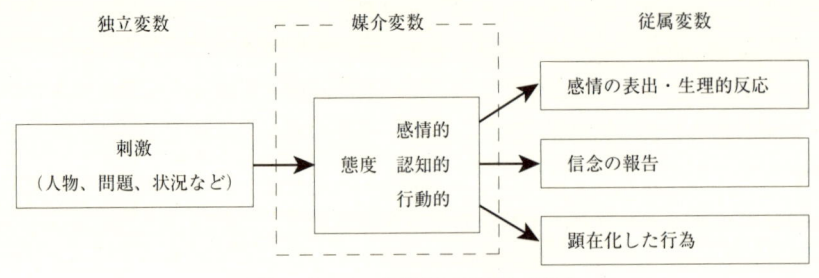

```
   独立変数           媒介変数              従属変数

                  ┌───────────┐
                  │           │         ┌──────────────────┐
                  │           │────────▶│ 感情の表出・生理的反応 │
  ┌──────────┐    │    感情的  │         └──────────────────┘
  │   刺激   │    │ 態度 認知的 │         ┌──────────────────┐
  │(人物、問題、│───▶│    行動的  │────────▶│    信念の報告    │
  │ 状況など) │    │           │         └──────────────────┘
  └──────────┘    │           │         ┌──────────────────┐
                  │           │────────▶│   顕在化した行為  │
                  └───────────┘         └──────────────────┘
```

図2-4-4　心理学の「態度」の概念

　社会心理学の研究にとって重要なのは，態度が，まず第一に因果的であり，そして，内的であるために直接観察できないという点である。刺激→態度→反応という出来事の連鎖が因果的なものであるなら，ある人物の態度を知ることによってその人物の未来の行動を予測することが可能になるだろうし，また刺激の操作を通じて態度を変容させれば，その人物の行動を制御することも可能となるだろう。しかし，態度とは，直接観察することのできない心的な状態や過程である。あるいは，そういうものとしてはじめから定義されている。したがって，ある人物の態度の内容を知るためには特殊な心理学的測定の技術を駆使して間接的に推測しなければならない。つまり，日常の心理学とは別に専門的な心理学が成立するための根拠が与えられる。

　ここで問題にしたいのは，心理学者の研究のなかで前提とされている態度の因果的性質と内的性質というものが，社会-記号論的な観点からみてどのように構成されているのかということである。どのような論理の進行によって態度の概念に因果的・内的性質が付与されるようになったのか，そして，心理学者が人々の態度を測定するというときに，実際にはどのような出来事が生じているのか。こうした問題に，オースティン（Austin, J.L.）の言語行為の理論を手がかりとしながら取り組んでみたい。

　オースティン（1962）は言語行為に，発語行為（locutionary act），発語内行為（illocutionary act），発語媒介行為（perlocutionary act）の3種類の区分を設け，言語行為の一般理論のための基礎を築いた。発語行為とは，単にある文を言う，意味のある何かを口にするという行為である。発語内行為とは，

質問する，依頼する，命令する，などのようにある文を言いながら同時に遂行される行為を指す。そして，発語媒介行為とは，ある文を言うことによって結果として遂行されるような，おどす，喜ばせる，説得するといった行為を指している。これら3種の行為に関してただちに認められることは，発語→発語内→発語媒介の順に，行為の意味としての自由度が増し，意味が不確定的になるという特徴である。たとえば「今何時ですか」という疑問文を発話することは，そのまま「『今何時ですか』と言う」と記述されるような発語行為を実現し，そして「『今何時ですか』と質問する」あるいは「時間を尋ねる」という発語内行為を遂行するとみなしてよい。しかし，この発話によってどのような発語媒介行為が遂行されるのかについては，解釈の余地がたぶんに生じる。遅刻した相手を叱ったのか，からかったのか，それともなにもしなかったのかという問題は，十分に文脈を参照しない限り，あるいは，たとえ十分に文脈を参照したとしても，画然とは決定できない。

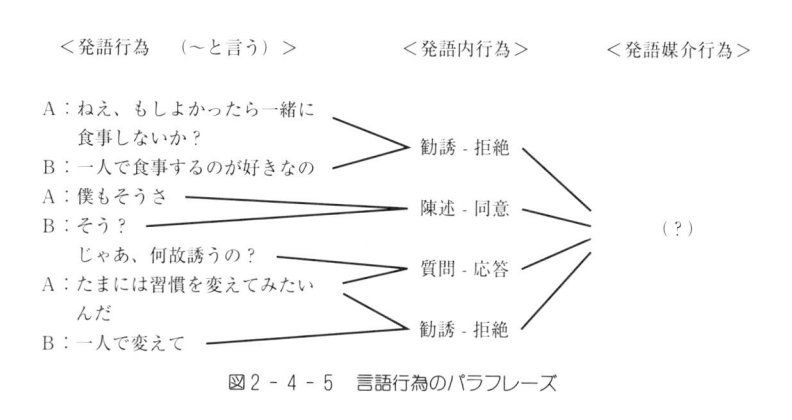

```
＜発語行為　（～と言う）＞        ＜発語内行為＞        ＜発語媒介行為＞

A：ねえ，もしよかったら一緒に
　　食事しないか？              勧誘-拒絶
B：一人で食事するのが好きなの
A：僕もそうさ                   陳述-同意
B：そう？                                              （？）
　　じゃあ，何故誘うの？         質問-応答
A：たまには習慣を変えてみたい
　　んだ                        勧誘-拒絶
B：一人で変えて
```

図 2 - 4 - 5　言語行為のパラフレーズ

　この事情を図2-4-5のような材料（村上春樹『風の歌を聴け』講談社より抜粋）を使って調べてみたい。まず，左に並んでいるのはAとBの2人の人間に帰属するオリジナルの発語行為である。この発言の行為としての意味を発語内行為のレベルで記述すれば，それぞれ「―と誘う」「―と断わる」というように「勧誘-拒絶」の相互行為に言い換えられる。このような相互行為の最小単位としての連鎖をエスノメソドロジーの会話分析では隣接ペア（adjacency pair）とよぶ（Schegloff and Sacks, 1973）。もちろん，この発言を質問と

みなしてよいのかとか，これは本当に同意なのかという解釈の余地がないわけではない。しかし，とりあえず発語内行為の意味に関してなら，2人の発話者による2つの発話の連鎖を参照することで（ある程度）システマティックに分類可能である。ところが，発語媒介行為の内容に正しく言及しようとすると，すべては解釈の問題にならざるをえない。さらに多くの発話，その発話の状況，背景となる知識，つまり総体としての文脈を参照しなければならない。そして，そうした情報をすべて参照したとしても，正しい解釈が引き出されるとは限らない。1つの解釈にはつねに別の解釈の可能性が控えているのである。

言語行為のこうした性質は，異なる記述のレベルの段階的な積み重ね，つまり階層構造に特有のものである。この構造は，行為一般の記述形式として図2-4-6のように図式化できる（Harré, et al., 1985）。

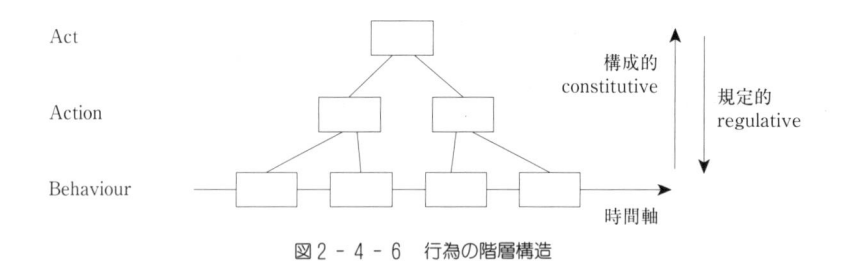

図2-4-6 行為の階層構造

構成的階層とは複数の項目の集まりがそれらとは別の1つの項目に置き換えられるという形式に対応するものであり，下から上へと積みあげていくように連なっていく。これに対し，規定的階層とはすでに構成されている1つの項目によってその下にある複数の構成要素が確定されるという形式であり，典型的には目標と手段の行為連鎖（たとえば大学を出るために卒論を書く，卒論を書くために資料を集める）がこの規定的階層に対応することになる。

ここで提案したいのは，心理学的な概念としての態度とは，1つのパターンとしての行動や行為の集まりを上位のレベルにおいて記述したものであり，そのようなものとして分析可能である，という言語の記述形式に焦点を合わせた見方である。この見方を取れば，ある人物がある対象に関してもつ態度（たとえば反感）とは，その人物を主語とし，その対象を補語や目的語とする一連の行為を簡潔に（1つの語彙によって）パラフレーズしたものにほかならない。

先にあげたAとBのやりとりのうち，Aを主語とする一連の行為を取り出して1つの語彙にまとめるならAに帰属する態度（たとえばAはBが好きだ）が構成されるし，同じようにBを主語とする一連の行為を取り出していくならBに帰属する態度（たとえばBはAが嫌いだ）が構成されることになる。あるいは，ある人物の発言，雑談，さまざまな行為，しぐさ，書いた文章，生理的反応など，観察された一連の項目の意味的な連関を1つの命題に要約しきり，これをもってその人物の信念とよぶこともできるだろう。

事象の記述におけるこうした階層的なパラフレーズは，もちろん行為の記述ばかりではなく，あらゆる領域において認めることができる。これは，自然界に普遍的に存在する構造や人間の認知に特有の構造を反映しているというよりは，むしろ端的にいって，言語の経済性・効率性の原則にうながされたものと考えた方がすっきりする。ところが，言語体系のなかでいったん階層的な記述形式が成立すると，それぞれのレベルに対応する実体が，記述される対象（自然であれ社会であれ個人であれ）の側に簡単に投影されるようになる。心理学者の実践が，単なる「解釈」ではなく「測定」であるのは，概念と実体との直接的な対応が素朴に想定されているからである。

この事情を「学校への不満と登校意欲」に関する（架空のものだが実在のものと非常によく似ている）一研究を例にとって考えてみたい。図2-4-7の上半分の表は「因子分析」の結果を，下半分は「共分散構造分析」の結果を報告するもので，どちらも心理学者がよく使う，多変量解析とよばれる統計手法である。この分析結果に対応する事実とは，項目X1に肯定的（否定的）に回答した人たちは項目X2やX3にもおおむね肯定的（否定的）に回答した（つまり項目間に相関がある）ということであり，回答者たちに共通する回答の仕方のパターンがあったということである。これは，質問紙を作った研究者と回答者の高校生たちがともに日本語の使用者であり，質問の意味を同じように理解していたことを示している。要するにこの研究の報告者は，数百人の高校生の意見を参考にしながら（そしてもちろんSASやSPSSという統計ソフトを使って）いくつかの項目を1つにまとめてパラフレーズしていったのである。ところが，この研究者は「今回の結果より『学校への不満』が『登校意欲』に最も影響を与えているという因果関係が示された」と主張する。ここで検討しなけ

項　　目	因子1 担任との 信頼関係	因子2 学校への 不満	因子3 卒業意志
X1 担任の先生は質問や相談に応じてくれる	.79422		
X2 担任の先生とは何でも自由に話ができる	.67532		
X3 担任の先生は自分の個性を評価してくれる	.60588		
X4 校則や生活指導が厳しすぎる		.81096	
X5 先生は暴力的な指導をすることがある		.80334	
X6 学校の行事が多くて負担である		.63121	
X7 この学校をきちんと卒業したい			.65957

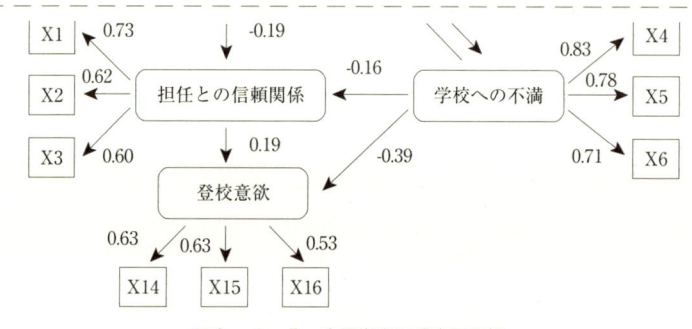

図2-4-7　心理学者の多変量解析

ればならないのは、行為の連鎖をある任意のレベルにおいて記述したものが、突如として因果的な作用力の発生源となり、内的な性質を付与されるのはどのような論理の進行によるものなのか、という疑問である。

　記述の階層構造における因果的性質は、問題となる項目のパターンがもっぱら時間軸上に配列されることから導かれる。時間軸上のある時点においてそれまでに観察された項目のパターンから上位の項目へのパラフレーズが成立するなら、階層構造の規定的性質に基づいてこれ以降にどのような項目が生起するかを予想（期待）できてしまうのである。たとえば、行動のレベルのいくつかの項目の連鎖が「いじめる」という行為のレベルで記述されるなら、これから生じるであろう行動の意味は「いじめ」という行為の構成要素として規定されることになるだろう。しかし、先行する項目（のパラフレーズ）とこれに続く項目とのあいだに機能的・必然的な連関があるかどうかは、まったく別の問題

である。

　ある人物の態度に関する言明は，そもそもこれに対応する客観的事実がないという意味で，真理値をもたない命題である。しかし，その言明がことばの使い方として適切であるか，表現として当を得ているかという語用論的（あるいは文学的）な基準においては，まちがっていたり正しかったりすることがある。すでに見たように，参照される項目の数が限られていたり，パラフレーズのための基準がはっきりしなければ，態度の記述は不確定的にならざるをえない。この場合の不確定は，観察された行為のパターンをどのような語彙で表現すればよいのかわからないという意味での語用論的な不確定であり，事象のありさまを直接観察できないことに由来する不確定ではない。

　このまったく別次元に属する不確定を同じように「わからない」と表現することから，心的実体としての態度の概念が生まれている。そして，事態をさらに紛糾させているのは態度を構成するリソースの1つとして発声されない私的な発話（内言／inner speech）が存在することである（Harré, 1984）。内言の内容は，公共的に観察されないとはいえ，たしかに正解をもつ。しかし，この内言を含めた一連の行為からどのような態度を構成するかは語用論の領域に属する課題であり，このため自分がどのような態度をもっているのか自分にもわからないという事態が成立する。あの人が自分のことを好きなのかどうかわからなくて悩むというだけではなく，自分はあの人のことを好きなのかどうかわからなくて悶々と悩むことにもなる。

　もし心的事象のわからなさというものが，それが他人の体験であるがためのわからなさに過ぎないのだとすれば，おそらく心理学のあり方そのものが全然違ったものになっていただろう。つまり，正直な内観報告を求める技術とか，自白を引き出すテクニックとして，心理学の方法論が発展してもよかったのである。しかし，実際にはそうはならなかった。現代の専門家の心理学は，日常の心理学がそうであるように，異なる基準の混合を通じて「心」をめぐる1つの現実を構成している。脳内の神経ネットワークや化学物質の分泌の「わからなさ」，自己が世界に存在していることの「わからなさ」，そして，ことばの選び方の「わからなさ」，これらすべてを混ぜ合わせたのが「心」という何かなのである。とすれば，こうした「わからなさ」に答えようとする心の科学のス

タイルにあらゆるバージョンがありうるのは当然だろう。もちろん，本稿の試みもそのなかの1つ，つまり，解釈という基準をフィーチャーした社会心理学のリミックス・バージョンなのである。

奥　雅博
(Masahiro Oku)

崎川　修
(Osamu Sakikawa)

■■■2-5　ウィトゲンシュタインと心理学

★1．ウィトゲンシュタインの『色彩論』
★2．心・他者・言語ゲーム―非対称なものの知をめぐって―

1. ウィトゲンシュタインの『色彩論』

奥　雅博

(1)前書きにかえて

　本論文は「心の科学の基礎論研究会」の例会（1999年1月9日，明治大学駿河台校舎）で発表された原稿にいくつかの注釈を付け加えたものである。ただし，この日本語版はじつは英語版からの翻訳である。

　すなわち，英語版はオーストリアのキルヒベルク・アム・ヴェクセルで開かれた第16回国際ウィトゲンシュタイン・シンポジウムで1993年8月19日に招待講演として発表された。本来なら翌94年に出版される議事録『哲学と認知科学』(Casati, Smith, & White, 1994) に収録されるはずであったが，校正後の最終段階で脱落し，その代償として，翌年のシンポジウムの議事録『20世紀哲学におけるイギリスの伝統』(Hintikka & Puhl, 1995) に収録された奥 (Oku, 1995) がオリジナルである。

　もともとが，ウィトゲンシュタインを1つの主題とする国際会議で30分で「読みあげる」原稿であった，というスタイルは，邦訳によっても失われるものではない。このスタイルを維持したまま，本書に収録されるにあたり，若干の修正を施し，注釈を付加することにした。なお，冒頭でいくつかの背景事情について，述べておくことにしたい。

　『色彩論』(Wittgenstein, 1977) は，ウィトゲンシュタイン (Wittgenstein, L., 1889-1951) の最晩年の遺稿を編集したものである。手書き原稿は3部からなり，しかも第1部の覚え書きは第3部の推敲となっている。

　『色彩論』がウィトゲンシュタイン哲学全体の中でどのような位置を占めるか，また，この考察自体がどのような意義をもつか，については多くの議論があり，また私自身にとっても，これをどのように評価すべきか，永年の課題であった。(この問題に関する哲学的・文献学的研究のうち最大のものは，ロートハウプト (Rothhaupt, J.G.F., 1996) で，767ページの大著であり，文献目録も充実している。）この問題に，私なりの結論を出す機会として，国際会

議の招待講演を利用することとしたのだが，その準備段階で，1993年の科学史学会の年会（5月30日，東海大学湘南校舎）で，「ウィトゲンシュタインはゲーテの『色彩論』をどのように読んだか」と題する発表を行ない，さらに夏休み中に東京大学教養学部の科学史科学哲学研究室でこの問題に関して大学院の集中講義を行なった。これらの機会に出席者から得たコメントが問題解決に寄与したことは当然であるが，私が得た結論は，『色彩論』はウィトゲンシュタインが書いたものとしては二流である，という判定であった。

その理由は，以下の本文が述べるところであるが，消極的に述べると，ゲーテの『色彩論』についてのウィトゲンシュタインの読書ノートといって差し支えない程度のものである（『色彩論』では，白黒映画，白黒写真が題材となっていることなどを考えると，おそらく言いすぎであろうが，後述するように，ここには日常的な概念と科学との関係についての微妙な問題がある）。ウィトゲンシュタインを尊敬するあまり彼のあらゆる覚え書きに偉大さ・オリジナリティーを見いだそうとするのは，いわば贔屓のひきたおしである。その上，三原色説と四原色説をめぐる議論では，「言語ゲーム」の観点が完全に脱落してしまっている。「言語ゲーム」からみれば，色に関する考察は机上の空論ではなく，発話ないし言語表現とそれを取り巻く状況全体から考察されるべきものである。それゆえ，ある人が三原色説を主張し，もう1人の人が四原色説を主張した場合，はたして両者が同じ色について話しているか否かを，チェックする必要がある。このためには，2人がそれぞれの標準色の見本を提示してみることになろう。ところがこの手続きは『色彩論』ではまったく考慮されていない。この点では『色彩論』は，後期ウィトゲンシュタインの立場から大きく後退しているのである。

この他に，『色彩論』は哲学と個別科学の関係，哲学者の科学的素養に関して，いくつかの興味深い問題を提起する。以下に述べることであるが，『色彩論』には色彩科学に貢献するような新しい独創的な知見は含まれていない。それならば，科学と無関係な「哲学的」色彩論にいったいどのような意味があるのか，あるいは，ウィトゲンシュタインは色彩科学についてどのような教育を受け，どのような知識をもっていたか，といった問題が生じてくる。

ウィトゲンシュタインの哲学的生涯を通覧しても，『論理哲学論考』（Wittgenstein, 1922）は狭義の論理学書ではないものの,「真理関数」「同語反復」という表現で, 彼は論理学史に名をとどめている。中期のウィトゲンシュタインは, 証明論の視点をグロテスクに徹底して, 数学者にはとても受け容れられない結論を引き出してみせることにより, 数学の哲学に一定の貢献を成している（これに関しては奥［1982］の主論文「中期ウィトゲンシュタインの夢－数学・ゲーム・言語」を参照されたい）。これと対比すると, 後期のウィトゲンシュタインの「言語ゲーム」ないし「日常言語分析」は, 科学とどんな関係にあるのか, という疑問が生じてくる。

あるいは皮肉な見方であるが, 哲学者の科学的素養の集積は, 年齢とともにダウンする, ないしは哲学で定職を得るとストップする, という傾向が否めない（もとより, 正真正銘の科学哲学者についてはこのことはあてはまらないが, 他方, たとえばポパーに科学的事実に関する誤解がどれほど見いだされるかは, 奥［1997］が分析している）。

一方では, 我々の「心的語彙・表現」は, 自然科学よりも古く, 自然科学の発展とは独立に形成された, と言えるかもしれない。他方, ウィトゲンシュタイン自身, 私的覚え書きでは「私の脳がうまく動かない」と記して, 脳の精神活動に関する寄与を容認している。また, 色相・明度・彩度という色の3次元性が確立するのはヘルムホルツ（Helmholtz, H. von）の時期であり, 色盲の存在が一般に認知されるのが19世紀である, という事実を考え合わせれば, 日常言語といえども科学と没交渉ではないのである。

私にとって,『色彩論』はこのような問題を考えさせる契機であった。

(2)『色彩論』の問題

ウィトゲンシュタインの最晩年, おそらく1950年と1951年に記された色についての手書き原稿は,『色彩に関する覚え書き（以下, 色彩論）』として出版されている。収録された覚え書きどうしでの間で, 部分的な書き換え, 選択, 再配置が施されているものの,『色彩論』は入念に仕上げられた著作ではなく, むしろおおまかな草稿ないしメモにとどまっている。『色彩論』の意義ないし存在理由についてはさまざまな議論がすでになされてきているので, 私はさらにもう1つの批評を付け加えることになる。他方, 私はやや大胆な, しかも鋭

い解答を次の4つの特定の問いに対して与えたいと望んでいる。すなわち,
  ①なぜ,彼は最晩年に色の問題に集中する必要があったのか。動機について。
  ②彼のアプローチは前向きか,うしろ向きか。
  ③言語ゲームのみが四原色説と三原色説との論争に決着を与える,という主張は,どのような意味で正しいか。(事例研究)
  ④ウィトゲンシュタインの見解でオリジナルなものは何か。いかに評価すべきか。

(3) 『色彩論』への動機

周知のように,ウィトゲンシュタインは彼の学問的生涯にわたり,色について多くのコメントを記してきた。『色彩論』におけるコメントとより以前の著作,たとえば『哲学的考察』(Wittgenstein, 1964)〔注記『哲学的考察』は,「中期」に属する1930年の遺稿である。なお,前期の『論理哲学論考』でも色はいく度か話題となっている。2.0251節で「時間・空間・色」が「対象の形式」とされるが,他方6.3751節で「ある場所が同時に2つの色をもつことは論理的に不可能」とされ,しかも同じ節で,いわば事実の最小単位を記述する「要素命題」は相互に独立である,と述べられる。後者によれば,事実を分析すると色は消去されるかのように思われ,議論を呼んだのである。この点についてはウィトゲンシュタインは「論理形式について」(Wittgenstein, 1929)と『考察』で誤りを認めている。すなわち,たとえば「ある物体の長さが12センチである」ことは「それが15センチである」ことを排除する。しかしこのことから,2つの命題のいずれも要素命題の候補ではない,と結論するのは誤りである。彼によれば,我々が命題と現実を比較するときに,単なる一点を対比するのではなく,いわば物差し全体を現実にあてがうのである。色についても同様で,我々が色について語るとき,我々は色の文法体系を背景に話をする,そしてこの体系は色立体によって見通しよく表現されている,とこの時期のウィトゲンシュタインは考えたのである。〕から『断片』(Wittgenstein, 1964)(1929年から1948年にいたる原稿の切り抜きである),および二巻本の『心理学の哲学』(Wittgenstein, 1980)(1947年から1948年)にいたる著作のコメントとの間には,当然のことながら,ある連続が存在する。他方,ウィトゲンシュ

タインはここまでのアプローチを不十分とみなし，問題に改めて集中する必要を感じた。こうして，現在の『色彩論』が生じた。これが私の解釈である。

『色彩論』の根本洞察は，「色の概念の論理は一見そう思えるよりもはるかに複雑であること」（3－106，第3部106節，以下このように略記），そして，「赤」「青」「白」といった色の語の意味を直示的に教えることは容易であるが，それから先は，我々はおおまかで，しかもある程度誤解を含む説明しか与えられない（1－68を参照），ということにある。この見解は，『哲学的考察』に見いだされる次の見解とは正反対である。そこでは，「たとえば頂点に原色をもつ八面体が色空間のおおまかな表示を与える」，「表示として八面体を用いることが，見通しのよい文法規則を与える」（1節），と主張され，彩度，色相，明度の他に色の第四次元を想像することは，空間の第四次元と同様に，困難である（66節および『断片』269節を参照）と主張されているのである。

私に対して，あるいは次のような反論がなされるかもしれない。すなわち，

だが，『哲学的考察』はウィトゲンシュタインの中期の作品である，後期のウィトゲンシュタインは『哲学探究』（Wittgenstein, 1953）などにおいて，ことばの用法の多様性を強調し，色に関してさえ，別の文法の可能性を強調したのだ，と。

なるほど，たとえば，『哲学探究』第1部33節は，「青」という語のさまざまに異なった用法の好例を与えている。すなわち，

「この青とあそこの青は同じか。君は違いがわかるか」
君は絵の具を混ぜていて，「この空の青色は出しにくい」と言う。
「天気は回復する，再び青空が見えている」
「この2つの青がどんな異なる効果をもつかをよく見てみろ」
「あそこの青い本がわかるかい。それをもってきて」
「この青信号の意味は……」
「この青色の名は何か」―「「インディゴ」かな」

さらに，『哲学探究』第II部（1949年ころの原稿）xii章，『心理学の哲学』第1巻46－8節，第2巻658節等で，ウィトゲンシュタインは，概念形成は，多くのありふれた，しかしほとんど気づかれない自然現象にその基礎をもつ，

と述べている。特に色に関して，色盲が我々の間で稀なこと，我々の環境で色と形が相互に独立なこと，原色の物質や顔料が豊富なことが，色に関する我々の言語ゲームの諸概念を支持している，と主張する。にもかかわらず，私が思うには，次の重要な点に注意を払うべきである。すなわち，これらの箇所では，個別的事例の多様性や，文法とその自然的基礎との関係が考察されているにすぎず，色立体で表示されるような色の文法それ自体は，何ら疑問視されていないのである。それゆえ，『断片』357節，『心理学の哲学』第2巻426節では
「我々が数の体系をもつように，我々は色の体系をもつ」
と言われる。これに対して『色彩論』は，ここで想定されている「色の文法」の妥当性を疑問視しているのである。3か所ほど引用したい。

　すなわち，色のさまざまな概念どうしには密接な相互関係があり，さまざまな「色のことば」の間に関連した用法があることは確かである，他方，あらゆる種類の相違も存在している。（3－75）
　色の本性について考察する折りに我々が遭遇する難問は（これは，ゲーテが彼の色彩論全体を通して処理したかった難問でもあるが），色の同一性に関して我々が1つの概念をもつのではなく，関連した複数の概念をもつ，という事実にある。（3－251）
　我々の色概念は，ある時は物質に（雪は白い）にかかわり，ある時は表面（このテーブルは茶色だ）に，ある時は灯り（赤味がかった夕映え）に，ある時は透明な物体にかかわる。（3－255）

　それゆえ，色立体で表示される色の文法を綿密に精査することが『色彩論』の主要な課題の1つとなったのである。彼は数多くの観察に言及している，すなわち，透明色と不透明色の区別（1－17），透明な白の不可能性（1－17，1－23etc.），黄色や灰色と区別された金色・銀色は通常は輝く表面色とみなされること（1－33，1－36，3－100），透明な物体に白さ・黒さは帰属不可能で，明るさ・暗さのみが帰属可能であること（1－19，1－45，3－94），琥珀色は透明な暗い赤であるが，黒みがかった濁色の赤ではないこと（3－151，3－156），等である。「このことは，色の概念の不確定性を，さらにはまた，色の同一性の概念の不確定性を示している」（1－17）。以上が第一の論点である。

(4)彼のアプローチは前向きか,うしろ向きか

「前向き」ということを,その時期の科学の最新業績に対して,たとえ批判的であるにせよ注意を払う,という意味に解するとすれば,ウィトゲンシュタインは前向きではない。色彩科学の現状からみれば,彼の姿勢は概して時代外れである。まず,測色学およびその手続きについて考慮する余地がない。混色と等色に関して,今日重要なのは色光であるが,これに対しウィトゲンシュタインは主として色片や顔料の混合を考えている。もっとも,ウィトゲンシュタインからすれば,彼はこれらの批判を完全に無視するであろう。

『哲学的考察』218節で,彼は自らの立場を明瞭にしている。すなわち,彼のアプローチは物理学的でも生理学的でもない。「波長や,桿体細胞・錐体細胞といった仮説上の対象」に彼はかかわらない。彼がかかわるのは,顔料や光や網膜における過程としての色ではなく,十全の意味での色のみである。それゆえ,彼のアプローチは現象学的である。この立場は『色彩論』においても変更されていない。すなわち

「我々が樹立したいのは(心理学的ないし生理学的な)色の理論ではなく,色の概念の論理である。そしてこのことが,人々が不当に理論に期待していたことを達成するのである」(1-22)
「現象学といったものは存在しない。しかし,現象学的問題が実際存在するのである」(1-53)

そうするとウィトゲンシュタインは,実際に見られた色を直接に,予備知識なしに精査したのであろうか。正反対である。『色彩論』に今日収録されている原稿を書いている時に,ウィトゲンシュタインがゲーテ(Goethe, J.W.)の『色彩論』(*Farbenlehre*) (Goethe, 1810) を読んでいたことはしばしば指摘されている。これに加えて私は,ルンゲ(Runge, P.O.)のウィトゲンシュタインへの影響を強調したい。すなわち,1806年7月3日付けのゲーテに宛てた彼の手紙であり,これは *Farbenlehre* の完全版に付録として収録されている。この手紙はゲーテの膨大な著作と比較するときわめて簡潔であるが,ウィトゲンシュタインが『色彩論』で論じた多くの論点は,この手紙ですでに言及

されているのである。たとえば，透明・不透明の区別，透明な白の不可能性，暗くすることと黒くすることの区別，つまり清色と濁色の区別，ルビーの純粋な暗い赤色，等々である。さらに，これの具体的な証拠として，手紙の第8段落を私自身のややパラフレーズした翻訳で引用したい，すなわち

　有彩色には明暗の差違がありますが，自然の内にはそれ以外にも重要な差違が存在します。たとえば，ウール，紙，シルク，サテン，ビロード，輝く夕陽，赤い透明なガラス，これらが同一の明度・彩度の赤であるとしても，素材の透明・不透明による相違が，これらの間に実際存在しているのです。

　この一節が『色彩論』3－255の原型であることは容易に理解できるであろう。ウィトゲンシュタインは研究を展開する指針をゲーテとルンゲに見いだしたのである。この意味で，彼のアプローチはうしろ向きである。彼は文献研究者ではないが，にもかかわらず，書斎の人なのである。

(5) 事例研究，三原色か四原色か

　『色彩論』3－113は，唯一ウィトゲンシュタインがルンゲに批判的に言及している箇所である。すなわち

　もし誰かがルンゲの注意を緑と橙のこの相違に向けていたならば，彼はおそらく，原色は3つに限るという考えを放棄していたことであろう。

　ウィトゲンシュタインは赤，黄，緑，青の四原色の存在を信じ，この考えをけっして放棄しなかった。他方，時として次の『色彩論』3－26のような，より穏やかな箇所も見いだされる。すなわち

　我々を懐疑的にさせるのは，ある人たちは三原色の存在を認識したと思い，他の人々は四原色の存在を認識したと思っていることである。ある人々は，緑を青と黄の中間色だと思っているが，このことは，たとえばどんな経験があろうとも誤りである，と私には思われる。
　赤と緑と同様に，青と黄は反対色である，と私には思われる。しかし，もしかすると，こう思われるのは，これら4つの色を私が色環の対立点に見いだすことに慣れているせいだけのことかもしれない。

　この2つの見解の間で我々はいかに決定可能であろうか。第一に留意すべき

ことは，ウィトゲンシュタインの問が経験科学の問ではまったくない，ということである。それゆえ，

①脳神経系に四原色説に関して有利な，もしくは不利な証拠が発見可能か，という生理学的問い［注記　異なる波長に特性的に反応する3種の錐体細胞の存在がヤング（Young, T）・ヘルムホルツの3原色説を支持する，反対に拮抗的な二次ニューロンの存在がヘリング（Hering, E）の反対色説を支持する，といった議論］ではなく

②混合によってすべての色を生み出すためには，最小限いくつの，どのようなタイプの刺激が必要か，に関する測色学の問いでもなく

③カラー印刷のためにはいくつのタイプのインクが必要か，という問い（シアン，マゼンタ，黄で十分であるが，さらに黒を用いる）でもなく

④ベゾルド・ブリュッケ（Bezold-Brücke）現象のような心理的効果を避けるために，いくつの，どのようなタイプの色を選ぶべきかという問い［注記　明度すなわちエネルギーの変化で主波長に変化が生じる，この影響を避けるために不変色相波長をどうとるか，という問題］でもなく

⑤基本的で純正な色の語彙がいくつあるか，という語源学的な問題でもない。ゲーテによれば，ドイツ語では4つである。

『色彩論』1-6で，ウィトゲンシュタインは，直観に基づく解答も拒絶して，「ここでは言語ゲームが決定する」と主張している。

　これはどういう意味だろうか。三原色説は彼にとって本当に理解不能なのか。彼の意見には時に動揺がみられる。ある箇所では，彼は，四色存在する，という自らの考察について，「自分にとっては」という限定を施しているのに対し，他の多くの箇所では，「青みがかった黄」の問題を，「赤味がかった緑」の理解不可能性になぞらえている。さらに，四原色説を支持して『色彩論』3-133では次のように宣言している。すなわち

　　ある特定の灰色味を帯びた緑色を自分の記憶に焼き付けるという経験をしたので，それ以後サンプルなしでその色を私はいつも正しく同定できる，ということがあるかもしれない。だがしかし，純色の赤（青，等）に関しては，私は，いわばいつでも復元可能である。純色の赤はどちら側にも傾いていない赤に他ならず，私はサンプルなしにそれを再認するが，こ

れは任意の鋭角や鈍角と対比して直角を再認するのと同様である．

　私の判断では，この議論はまったく説得的でない．なぜなら，対立する見解の持ち主も同等の権利・理由で対立する主張を宣言できるからである．この問題はいかに決着をつけるべきであろうか．

　まず第一に，どのタイプの色の体系にウィトゲンシュタインが親しんでいたかを，我々は推測せねばならない．1931年およびそれ以後のC.I.E.（国際照明委員会）システムは問題外である．マンセル・システムも五色（赤，黄，緑，青，紫）を原色としているので，不適切である．そこで，私はとりあえず次のように推測してみたい，すなわち，ウィトゲンシュタインが親しんでいた色のシステムは，*Farbkunde*（『色彩論』）が1923年に出版された，オストワルト（Ostwald, W.）のものである，と．オストワルト・システムでの青は「ウルトラマリーン・ブルー」であり，緑は「シー・グリーン」，黄は「クロム・イエロー」である．これらの三色とオストワルトの赤とからなる，二対の補色関係がきちんと確認可能である．［注記　たとえば，日本色彩学会（1980）の164ページの値から簡単に計算できる．］率直にいえば，私はオストワルト・システムをその4色の波長がよく知られているので好例としてあげているにすぎず，彼のウィトゲンシュタインに対する影響の可能性について証拠があるわけではない．この意味では，他の2人の可能性，すなわち，ルード（Rood, O)かヘフラー（Höfler, A.）の可能性を検討せねばならない．［注記　今の私はヘフラーの可能性を詰めてみるべきである，と考えている．ヘフラー（1853-1922）は初めウィーンのマリア・テレジア女子高等学校の教授を務め，プラハ大学の後，ウィーン大学の哲学と教育学の正教授を務めたが，オーストリアの実験心理学の草分けの1人である．死後編纂された文献目録によれば，次のような心理学の文献がある．『心理学概論』（*Grundlehren der Psychologie*, 1898．1925年には第9版を数える），『学校心理学実験』（共著）（*Psychologische Schulversuche*, 1900．1917年に第4版，改題あり），『色立体の図式の2つのモデル，及び心理学的色立体の推測される形態』（*Zwei Modelle schmatischer Farbenkörper und die vermutliche Gestalt des psychologischen Farbenkörpers*, 1911）．この報告は，1993年8月にグラーツのオースト

リア哲学研究所兼文献センター (Forschungsstelle und Dokumentationszentrum für österreichische Philosophie) で行なった調査に基づいている。なお，ロートハウプト (Rothhaupt, 1996) は p.260, n.5で，『心理学概論』がギムナジウムの教科書であったことを指摘し，ウィトゲンシュタインがこれを用いた可能性を推測している。その通りであるが，他方私の知人のギムナジウムの教師によると，ギムナジウムには「アカデミック・フリーダム」があり，過去も現在も指導要領や教科書には束縛されない，とのことである。］したがって，私の推測はテスト可能なものであり，将来の確証ないし反証に対して開かれている。さしあたり，オストワルトのモデルが二重円錐であるのに対し，ウィトゲンシュタインのは八面体である，という問題に触れておきたい。

じつは，ウィトゲンシュタインは二重円錐モデルも承知していた，彼は『哲学的考察』221節で，八面体のモデルが二重円錐モデルより優れている，というのも，前者が中間点ではない頂点を用いることによって原色の特異性を示せるからである，と述べているからである。（ちなみに，ヘフラーの『2つのモデル』に登場するモデルは六面体と八面体である。）

これまでの私の推測の大筋が正しいとすると，オストワルトかヘフラーかという推測の当否にかかわらず，ウィトゲンシュタインは当然，次のように言うことになろう。

> 私は，青と黄，赤と緑がそれぞれ色立体の対極点に位置するかくかくの色の体系に親しんできた。
> 私はこれら4つの色を記憶に刻み込んでいるので，サンプルなしでいつでもこれらを再現できるし，また，それらからのごくわずかなズレでも認識できる。

ところで，四原色論者の4つの色は三原色論者，たとえばオストワルト・システムの四色と同じ色であろうか。彼らが別の色を念頭においていることはほとんど確実である。もとより，これの確認のためには我々全員が言語ゲームの地平にまで降りなければならない。［注記　たとえば，日本色研　新基本色表シリーズが簡便である。実際，私は1993年の国際ウィトゲンシュタイン・シンポジウムでこれを回覧した。］言語ゲームではじめて色の語彙が学ばれ，使用されるのである。ここでの照合を欠いてしまえば，「赤」，「青」等は「声の風

flatus vocis」にとどまり，2つの見解の間の論争は単なることばの争いになってしまうであろう。いわゆる言語ゲーム理論の創始者として，ウィトゲンシュタインはこのことに注意を払うべきであったのに，彼はそうしていない。それゆえ，この点でも彼は書斎の人だったのである。

(6) ウィトゲンシュタインの独創性，評価

これまで私は，ウィトゲンシュタインの考察についてやや批判的に論じてきた。いずれの形であれ彼を過大評価することを避けたかったからである。それではいったい何が彼の独創性として数えあげられるであろうか。次の四点についての短いコメントをしたい。
① 彼の勇気，ないし気宇について
② 言語ゲームへの彼の依拠について
③ 彼の反モザイク観について
④ 彼の素材について

1) 彼の勇気，ないし気宇について

心の哲学が後期ウィトゲンシュタインの主要な関心であったことはいうまでもないが，これがカバーする領域は実に多様である。ある領域は言語分析を受け入れやすいが，別の領域は正反対である。理解，意図，努力，後悔－これらは前者の例であり，感覚は概して後者に属している。ウィトゲンシュタインは難問を回避する気はなかった，そして「見る，と，として見る」あるいは「アスペクト」についての彼の分析は，おそらく，後者についての彼の最も有名な成果である。生涯の最晩年にあってさえ，彼は色の問題を取りあげて，この領域で多くの問題が解明されないままであることを示そうとしたのである。

他方，色彩科学者がまったく気づかなかった問題を彼が実際に示したのか，と問われるならば，私は「残念ながら，そうではない」と答えねばならない。面色（空の色），表面色（色紙の色），空間色（グラスの中の液体の色），鏡映色（鏡面の色を通して背後に見えるものの色），光沢，光輝（炎），灼熱（燃えている炭の輝き），－これらは色の知覚様相であり，科学者によりこれまで研究されてきているのである。いずれにせよ，困難で不案内な領域に立ち入ろうとするウィトゲンシュタインの勇気ないし気宇については，それはそれとして

認めるべきであろう。

2) 言語ゲームへの彼の依拠について

彼は, 困難は主として色の概念ないし色の同一性の概念の不確定にある, と考える。いくつかの例を取ってみる。青色のグラスと青色の布は, 異なって見えるにもかかわらず, 両方とも「青」とよばれる。白はある意味では最も明るい色であるが, 一枚の白い紙はその明るさを青い空から受け取っている。純粋な白い紙も, 雪のそばに置かれると, 灰色に見える。さらに, 一枚の白い紙の光度は均一ではないけれども, それにもかかわらず, 我々はそれを白とよぶ。以上はウィトゲンシュタインの例である。

これらの問題には心理学者も気づいている。たとえば, 最後の論点は色の恒常性の問題として扱われている。ウィトゲンシュタインの側ではこれらの問題を, 色の表現の相互に関連はあるが異なった用法, という角度から理解することになる。彼の立場は確かに独特でオリジナルではあるが, 他方『色彩論』で何が達成されたかに関しては, 一般的にいって, 問題提起のレベルを越えていない, といわざるを得ない。彼は色の言語ゲームの複雑な関係を十分に解明したわけではない。彼は, 研究の指針として非常に頻繁に絵画に言及しているが, これは成功していない。モザイク観に反論する手段として絵画を使用している場合が唯一の成功例であるが, これについてはすぐ触れることにする。表現手段として絵画は固有の制約をもっている。世界を表面色を用いて二次元で表現せねばならないからである。画家達はこのことを承知しており, これに気づき, さまざまな技法を開発してきた。しかし, この問題と日常の言語ゲームの分析とは同じ問題ではないのである。

3) 彼の反モザイク観について

モザイク観, つまり, 我々の視野は, はじめにそれを小さな部分に分割し, 次いでそのひとつひとつの色を綿密に, あらゆる解釈を排除して特定することによって余すところなく描写される, という考えをウィトゲンシュタインは攻撃した。これらの小さな部分に限れば, ハイライトと陰, 輝きとくすみ, 透明と不透明, 凹と凸, といった区別は消えてしまう, と彼は主張した。時には明暗の対比さえ消えてしまう, と彼は付け加えた。この主張と彼自身の初期の『論理哲学論考』をも含めた種々の原子論的着想への批判との関連については,

十分考察されるべき問題である。

4）彼の素材について

　生涯の最晩年に色の問題を検討するとき，ウィトゲンシュタインは，どんな指針・手がかりをもっていたか。ゲーテ，ルンゲ，絵画についてはすでに言及した通りである。『色彩論』ではこの他に，白黒写真と白黒映画が論じられている。これはよくわかる話である。私の思うに，彼は，これら2つのメディアに共通な特殊性，すなわち，これらは絵画より現実の世界をよりよく表現するけれども，色が奪われている，ということに気づいたのである。これらのメディアに関する彼の考察は断片的，不完全であり，もし何らかの示唆をそこから引き出そうとすれば，さらに検討を加える覚悟が必要である。他方，我々は，新しく開発された素材をもっているので，彼の問題を改めて考察するのによりよい状況にいるのである。

　結論に代えて，ある微妙な論点に触れておきたい。新しい素材が新しい可能性を開くのであれば，問題は経験的である，と論じる人がいるであろう。また，言語ゲームの多様性が現われるのは語用論のレベルに限ってのことであり，色の文法・論理・構文論は不動である，と論じる人もいるであろう。ウィトゲンシュタイン自身はこの微妙な論点をよく承知していた。彼によれば，問題は論理と経験的な事柄との境界線上にある。（1－32を参照）彼にとって，問題の1つは，色の比較の方法の不確定性にあった。（3－78）心理学者と色彩科学者にとって，波長，色光，色片の比較と相互の調整は依然として重要な課題である。かくして，ある意味では，我々は我々自身の概念のこのように複雑で相互に関連したネットワークの中に生きているのである。

2．心・他者・言語ゲーム―非対称なものの知をめぐって―

崎川　修

⑴心について語ること

ウィトゲンシュタイン（Wittgenstein, L）は『哲学探究』第二部において，心理学の営みを次のように批判する。

> 心理学における混乱と不毛は，それが「若い科学」であるからということで説明されてはならない。心理学の状態は，物理学のたとえば初期の状態と比較されるべきではない（それはむしろ数学のある分野と比較できよう。集合論）。すなわち心理学においては，実験的方法と概念的混乱がある（集合論において，証明方法と概念的混乱があるように。）
> 実験的方法の存在は，我々を悩ます諸問題を解決する手段があるのだと思わせる。たとえ，問題と方法とがすれ違っているとしても（『探究』II-xiv）。

心理学における実験科学的な手法の目指すのは，心的過程を何らかの生理的過程に還元することによって，そこに法則性を見いだそうとすることに他ならない。しかしウィトゲンシュタインに言わせれば，それは問題に適した方法ではない。なぜなら他者の心的過程とは，自分自身が経験するようなものとしては，いかなる手段によっても直接に取り出すことはできず，それはただ他者のふるまい，もしくは「報告」という言語行為を通じてだけ知られるものである。それゆえ他者の心を言語から切り離して対象化するこのような方法は，「心」の文法の「非対称」な文法性格を無視するという「概念的混乱」に陥っているのである。

では，ウィトゲンシュタイン自身は他者の心について知ることの可能性をどのように思い描いていたのだろうか。ウィトゲンシュタインの友人であったドゥルーリー（Druly, M.O'C.）によれば，彼が『カラマーゾフの兄弟』を読み，そこに登場する大僧正ゾシマの人物像に感銘を受けたことを伝えると，次のように答えたという。「その通りだ。直接に他人の心を見て，そして忠告を与えることのできるような人々がほんとうにいるのだ」（Monk, 1990, 606頁）ドストエフスキーの描くゾシマは，確かに印象的な人物である。

長老はもう長年にわたって，心の秘密を告白しにやってきて彼から忠告や治療のことばをきこうと渇望している人たちを，ことごとく近づけ，数しれぬほどの打ち明け話や嘆きや告白を自分の心に受け入れたため，しまいにはもうきわめて鋭敏な洞察力を身につけ，訪れてくる見ず知らずの人の顔をひと目みただけで，どんな用事で来たのか，何を求めているのか，どんな悩みが良心を苦しめているのか，それまで見ぬくことができるほどになり，訪問者が一言も口をきかぬうちに相手の秘密を言い当ててびっくりさせ，うろたえさせ，時には怯えに近い気持ちまでひき起こさせたという（Dostoievsky, 1879, 54頁）。

ゾシマにとって，他人の心とは何ら「隠されたもの」ではない。表情の曇りや声の抑揚の微かな傾き，ことばの選び方や，それらさまざまの「微妙な証拠」が，その人間像をたちどころに知らせる，そうした知を彼はもっているのである。モンクは興味深い伝記においてこのような炯眼を「ウィトゲンシュタインの心理学的洞察についての理想像」だと述べている（Monk, 1990, 606頁）。他者の心についてのこのような知のありかたをウィトゲンシュタイン自身は次のように表現している。「彼に対する私の態度は，心（魂：Seele）に対する態度である。ただし私は，彼は心をもっている，という意見をもっているのではない」（『探究』II-178e.）。ゾシマは，けっして他人の心の中を見通しているのではない。彼は単に他者の外的なふるまいによって他者を知るのである。しかし，彼は行動主義者のように，他者を「心」のない存在として扱っているのでもない。ただ彼はふるまいの背後に他者が「心」なる領域を孕んでいると殊さらに考える必要をもたないだけである。そして，そうした外的ふるまいにおいて現われている他者の存在自体を，端的に「心ある存在」として遇するのである。

しかし，私の心と他者の心についての知の非対称性は，同時にゾシマのような知をひとつの「理想」においてしかもちえない性質のものに押し止めるということもできる。他者とはやはり何らかの仕方で「困難」を与える存在である。私たちは実践において他者のことばやふるまい，表情の背後に理解しえない「心」を想定し，疑いや拒絶によってそれを遇さなくてはならない場合があるのだ。そしてその困難は，他者の心の「非対称」な性格に由来するのである。あのカラマーゾフ達のあいだに繰り広げられた愛憎劇も，やはり現実の目に見える限りでの実践が，それだけでは不透明であるがゆえのものだったはずな

である。一方ウィトゲンシュタインの言うこのような「態度」は，それを不透明なものとして扱う態度ではなく，ゾシマの洞察のようにむしろそれを完全に透明なものとして，他者の存在自体に重ね描く態度である。しかしこのとき，他者の存在を他者として現わしめるような他者の他者性は，事実としては消去されてしまっている。そして，皮肉なことだが，もしそのような「理想的」な洞察が「事実」として成立しているのであれば，そもそも何かを「心」という概念を用いて語る必要も，また存在しないはずなのである。

　ウィトゲンシュタインは心についての客観的理論を立てることを拒否したにもかかわらず，同時にそれを拒否する根拠としての，他者の心の非対称性を理想化し，それによって他者の他者性を隠蔽してしまおうとする。では，そうした隠蔽を暴き出しつつ，他者の心について語ることをひとつの「知」として立ちあげることは，できるのだろうか。こうした問題を考察する手がかりを与えてくれると思われるのが，ウィトゲンシュタインがフロイト（Freud, S）の精神分析という「もうひとつの」心の理論に対して示した両義的な態度である。ウィトゲンシュタインはフロイトにきわめて強い関心を示し，一時は自らを「フロイトの弟子」と称したといわれているが，同時にその理論に対して厳しい批判を向けてもいたのである。私たちの考察は，このウィトゲンシュタインのアンビヴァレンツから出発して，精神分析の知と「言語ゲーム」の考え方の間にある類似と差違とを検討する。そしてこの対照から両者の思考の限界と可能性を見きわめつつ，そこから「他者の心」について語る知の可能性を引き出すことを試みたい。

(2)フロイトとウィトゲンシュタイン

　それにもかかわらず，心理学者たちは「何か法則があるに違いない」と言いたがる──法則など発見されてはいないのに（フロイト曰く，「紳士諸君，諸君は心的現象における変化が偶然に支配されていると言いたいのか」）。これに対し，私にとっては，現実にはそのようないかなる法則も存在しないという事実の方が重要であるように思えるのである（『講義と会話』209頁）。

　ウィトゲンシュタインがフロイトに向けた批判は，基本的には，実験科学的立場をとる心理学に向けられたのと同様の批判であったといってよい。生理学

者として出発したフロイトは人間の心とそれが孕む症状に対して，終生一貫して「科学的」な説明を与えることを目指していた。そのような説明を可能にするための仮説として導入されたのが，心を意識と前意識，無意識という部分からなる装置として考える自我の局所論であり，それらの間に想定されたのが衝動と抑圧の葛藤という，力動的なモデルであった。しかし通常の実験心理学と違って，精神分析は「無意識の過程」なるものを何らか生理的，物理的に測定できる過程に還元して見いだそうとするわけでもない。精神分析の説明は，いかにもそこに因果法則があるかのように行なわれる説明であるが，それは「心理学的実験がなされない限り因果関係ではない」（『講義1932－35』74頁）。一方ウィトゲンシュタインは精神分析の説明を原因ではなく理由による説明だと考えていた。この違いは次のようなものである。「理由の探究はそれに対するある人の同意を本質的な部分として含み，他方，原因の探究は実験によってなされる」（同75頁）。フロイトは無意識の過程が意識的な行為の原因であることを実証したわけではないのだから，無意識による説明はその行為の理由を明らかにするに過ぎない。そして，精神分析の成功は症状の実際の治癒にあるのであって，けっして原因の発見にあるわけではない。ウィトゲンシュタインによれば「分析の成功は相手の同意によって示される」はずなのである。

　ところが，ウィトゲンシュタインによればフロイトはいわば「同意なき理由」があるかのように語るのである。「我々がその理由を自覚せずに笑うときも，精神分析によってその理由を見いだしうるとフロイトは主張する」（同75頁）。フロイトにとって分析とは，患者の意識的な語りにおいて抑圧されているものを患者の語りの中から発見する技法であり，その抑圧されたものを「無意識」にある原因として説明する理論なのであるから，そこで発見されるものは当然患者の意識的な同意の有無とは独立した要因であると考えられる。しかしながら，ウィトゲンシュタインにとってみれば，実験の手続きを踏まない限りそれを「原因」として扱うことは許されない。そして反対にもしそうしないのであれば，「理由」は同意の以前に無意識の内に見い出されていたと語ることもできないということになる。

　しかし，その理由は無意識のうちにあったのだと言うのは，ここでのひとつの語り口であ

る。そうした語り口は便利であろう。しかし無意識とはひとつの仮説的な存在であり，その意味はこうした命題のもつ検証によって与えられねばならない。それゆえ，フロイトが無意識について述べることは，科学のように聞こえはするが，実際にはたんなる提示の一手段にほかならない。彼の著作で仄めかされているような心の新しい領域なるものが，ここで見いだされたわけではない（『講義1932-35』75～76頁）。

ところで，精神分析は科学たりえない，というこうした見解に対して，グリュンバウム（Grüenbaum, 1984）は非常に周到な仕方で異議を唱えている。彼が批判するのはフロイトに「科学主義的な自己誤解」（ハーバマス Habermas, J.）という罪を着せ，精神分析は本来科学ではなく「解釈学」的な人間科学なのだという立場からフロイトに「作為的読解」を施すような哲学的主張である。彼ら，すなわちハーバマス，リクール（Ricoeur, P.），ジョージ・クライン（Klein, G.S.）らはフロイトがいったいいかなる意味で精神分析の科学性を主張していたかという点について，まったくまちがった像を描いているというのである。フロイトは最初期において，臨床理論を神経生物学に還元する目論見を立てていたが，この試みはすぐに放棄されることになった。そしてその代わりに立てられたのが無意識的な過程として心的機構を説明するモデル（いわゆる「メタ心理学」）であり，それは「精神分析の思弁的な上部構造」として，臨床理論とは区別される。問題はここである。グリュンバウムは次のように言う。「フロイトは生涯を通して，彼の理論的構築物に対して自然科学の身分を確固として主張したが，彼がそうしたのはまず何よりも形成途上にあった人格と治療に関する臨床理論に対してであって，メタ心理学に対してではないのである」(1984, 9頁)。ところが，ハーバマスらの主張は「フロイトが彼の臨床理論に対して自然科学の身分を主張したのは，臨床理論を第一義的に科学的であるメタ心理学へ還元したことからの外挿による」（同10頁）というものであり，これは明らかにフロイトを曲解しているということになるのである。

さらにフロイトが「理由と原因の混同」を冒しており，精神分析は本来「理由」に関する探究として意義をもっているとするクラインの見解に対しても，グリュンバウムは攻撃を加えている。そうした立場は，行為の説明は原因による説明ではなく理由による説明において為されるべきだと考え，フロイトの理

論のうちメタ心理学を拒否した上で、その臨床理論だけをいわゆる「実践的三段論法」に基づいた、理由による行為の説明へと再構成しようとする。しかし、臨床理論における症状の説明は、通常の行為のように欲求と信念の対による意図の説明に還元されるわけではない。なぜならフロイトの理論においては、何らかの欲求を抑圧することが、神経症などの発症のための因果的必要条件であるのだから、ふつうの行為のように何らかの欲求と、かつその欲求を満たすために必要な行動への信念が見いだされることによって行為の意図が説明できる、というモデルは成立しない。そこでは欲求が信念によって否定されているのである。「それゆえ精神分析理論は、これらの性的欲望が意識的なそれに転換されれば、行為者はなぜ病的ふるまいを続けるのかということに関する動機付けの根拠を得る、などということを証明するものではまったくない。そうではなく精神分析理論は、性的な抑圧を意識に上らせることで疾患を消せることを教えているのである」（同109頁）。ただし、この臨床理論を説明するためには、無意識に関するメタ心理学的概念が必要とされる。しかしすでに述べたようにフロイトはこの説明を「より科学的な説明」として必要としたのではないというのが、グリュンバウムの主張なのである。

　さて、こうした批判は一見するとウィトゲンシュタインのフロイト理解に対してもあてはまるように思われる。ただしつけ加えておくならば、ウィトゲンシュタインが言及し、あるいは読んでいたと思われるフロイトの著作は、『ヒステリー研究』（1895年）から『機知』（1905年）までの、初期のものに限られているようである。ということは、ウィトゲンシュタインのフロイトは神経生理学への還元主義からは脱したものの、いまだ臨床理論に関しても、またメタ心理学に関しても、その体系を確立する以前のフロイトであるということになる。それゆえ精神分析を科学として語り、無意識を実在するもののごとくに扱うフロイトの語り口に対するウィトゲンシュタインの批判は、この段階ではその正否を決定しうるものではないということになる。しかし、そもそもウィトゲンシュタインは「心理学」というジャンルの科学全般に対して、それを科学と認めることに批判的であるのに対し、フロイトは心理学が独自の仕方で科学とよばれる権利を有すると考える心理主義的態度を貫いたのであるから、この両者の対立は簡単には宥和できないものであるといえるだろう。

では「理由と原因の混同」に関してはどうか。確かにここでもウィトゲンシュタインの主張は覆されるかに見える。しかしウィトゲンシュタインの立場は，精神分析を日常言語分析的な行為理解に還元する立場とは，重要な点で異なっている。彼らがメタ心理学的説明を拒否し，その代わりに通常の意図的行為の理由についてのものと同じ説明を臨床の過程に与えようとするのに対し，ウィトゲンシュタインはメタ心理学的な説明を含む精神分析の理論すべてに対して，それを本来理由において探究されるべき営みだと考えていたのである。ウィトゲンシュタインが「無意識」という語り口に批判を向けるのは，それが「原因」として語られるからであって，「無意識」という語を用いるそのことに問題があるからではない。彼はむしろそこに精神分析の独特な「魅力」を見いだしていたのである。

> 不安はつねに我々の誕生時に感じた不安の，何らかのくり返しである，というフロイトの見解を考えてみよ。彼はこの点を証拠に訴えて確定したのではない——というのは，そのようなことができなかったからである。しかし，それは顕著な魅力をもった考えである。それには神話的説明のもつ魅力，これはすべて以前に起こったことのくり返しにすぎないと述べるような説明の魅力がある。そして，人々がこれを受け入れたり採用したりするとき，あるものごとが彼らにとって遙かに明白かつ容易になるように見える。無意識という概念についても同様である（『講義と会話』210～211頁）。

ウィトゲンシュタインは精神分析の結果が分析者の思い違いや誤解であったりする可能性は絶対に払拭できないと考えている。なぜなら分析者は患者の心，つまり意識と無意識との全域をのぞき込んで認識しているわけではないからである。それだけではない。たとえ分析者が患者の心の中を覗き得たとしても，そこに抑圧されていた欲求や外傷記憶の原因となった過去の現実の出来事が，事実としてあったかどうかについて，知ることは不可能なのである。それゆえ，精神分析は何らか真実なるものを暴き出すことではありえないのであり，むしろ真実としてのその症状の根源的要因なるものについて語ることの「限界」の上に立って，そこにその始源を補塡するような「物語」を示すことなのである。

> それは人々が受け入れたくなるような何か，人々がある道を行くのを容易にするような何かなのであって，ある種のふるまいかた，考え方を彼らにとって自然なものにするのである。彼らは１つの考え方を放棄し，別の考え方を採り入れる（同213頁）。

精神分析はウィトゲンシュタインにとって、いかなる仕方においても他者の心についての「知」ではありえない。この場合、分析者は患者の心についての洞察を患者に伝えるわけではなく、むしろただ患者に対してひとつの世界観を与えるのである。そして患者がそれを科学的な理由や、もっともらしい解釈に納得することによってではなく、端的にそれに魅惑され、それを盲目的に受け入れることとしての「同意」によって、分析は成功するのである。こうした考察において、精神分析がなぜ神経症などの症状を「治療」することができるのか、という点は必ずしも明確になるわけではないが、いずれにしてもウィトゲンシュタインが心の病についての「観察科学的」記述を受け入れるはずはないのであるから、ここでその問題に立ち入ることは避けておこう。もちろんフロイトが企てた分析技法はもっと微細なメタ心理学的構造によって説明されなくてはならないものではあるのだが、同時にそれは分析者の「才覚」と膨大な臨床経験の積み重ねにおいて可能になっている技法でもある。おそらくウィトゲンシュタインはそうした意味においてもフロイトに「魅惑」されたのであろう。

　ところでこのような精神分析に対する理解は、ウィトゲンシュタイン自身の「言語ゲーム」の考察の枠組みと明らかに共通点をもっている。「言語ゲーム」という概念は、けっして言語についての理論的説明を与えるものではなく、むしろひとつの「比喩」であり、その観点を採ることによって混乱した言語使用に見通しを与えるために導入されたものであった。そしてそこでは言語の規範性はいかなる実在的な根拠ももたず、ただ他者によって与えられた規則を盲目的に受け入れることによって実践的に成立しているものと見なされるのである。

　実際、哲学を「思考の病の治療」と考えたウィトゲンシュタインは、それが精神分析と類似した面をもつことを認めていたようである。しかし同時に彼の哲学を「精神分析の一種」と解釈する者に対しては、それを誤解であるとして激しく抗議したといわれている。両者は類似点をもつにもかかわらず、まったく異なった技法であり、いかなる意味においても同一視されてはならないと考えられていたのである。したがって重要なのは、両者においては本質的に何が類似しており、何が異なるのかを見きわめることである。

　しかしながら、この両者を比較することは、ウィトゲンシュタインの後期哲学における「言語ゲーム」という観点のもつ弱点と限界をも暴露してしまう。

精神分析の基本的な認識は，ウィトゲンシュタインが「言語ゲーム」というひとつの「神話的説明」において隠蔽しようとしていたある問題を「別の神話」を通じて明るみに出し，それについて語ろうとする営みだからである。

(3) 言語ゲームという神話

　「言語ゲーム」という概念によってウィトゲンシュタインが与えようとしたインパクトを一言で言うならば，それは言語の規範性を，きわめて徹底的に「他者との関係」において成立するものとしてとらえる視点を提供することであったということができる。前期の『論理哲学論考』において，言語はいわば他者のない論理的な「モノローグ」としてとらえられていたのであり，そこにおいてことばの「意味」とはもはや「問いただす」必要のない明らかなものとして，世界の事実の内に一義的な仕方で現われているものであった。しかし，現実の使用において言語とは「私の言語」ではなく，また「他者の言語」でもあり，そうした「別の視点」との間に交わされる「対話的実践」なのである。こうした場所において，ことばの意味は必ずしも一義的に与えられているわけではない。同音異義語などの例をもち出すまでもなく，ことばの意味はけっして単数的ではないが，それゆえ他者が発した言語表現に対して，複数の意味理解が可能であるような事態が生じるのである。ここで言語の規則は，もはやそれ自体としては絶対的なものではなく，恣意的なものでしかない。では，1つの言語表現が，どの意味で用いられているのかを決定するような，言語の規範性はいったいどのようにして保証されるのであろうか。

　ウィトゲンシュタインが言語を「ゲーム」に喩えようとするのは，このような場所である。ゲームの規則に従うことは，その規則の根拠を知ってそれを受け入れることではなく，いわばそれに無条件に従うことでしかない。そして言語の規則もチェスの規則と同じような，他者との間の規約と考えればよいのではないか，というわけである。しかしながらそれによって規則の恣意性が消滅するわけではない。なぜなら，他者がその規則にどのような意味で従っているかがわからない，ということから「規則の恣意性」は生み出されるからである。私が確信をもって「この意味で」規則に従っていても，他者がまったく違った意味でそれを理解している可能性は，私が他人の心を覗き見ることができない

以上、けっして消え去ることはないはずなのである。

　そこでウィトゲンシュタインのとった方策は、言語の規範性が、規則の恣意性を生み出している他者の側から、その他者の「非対称性」そのものを封じ込めてしまうような仕方で与えられるようなモデルを見いだすことであった。それが、子どもが大人から言語を習得する場面であった。ここで重要なのは、規範を与えられている主体が他者の非対称性に対して「盲目」なことである。子どもが言語習得の場面において大人から盲目に規則を学ぶように、私たちはさまざまな実践の規則を疑うことなく盲目に身につける。そして実際にその規則に従って行為するときにも、私たちはいわばその規則に「盲目に従う」のである。ウィトゲンシュタインは、そうしたいわば盲目によって対称化された他者関係を「原初的言語」と名付け、それをあらゆる言語ゲームの原型と見なすことを提案したのである。

　さて、このような仕方で言語ゲームを「原初的」なものとして語ろうとする語り口は、フロイトの理論と同様「神話的」な語り口というべきであろう。フロイトが無意識をあたかも実在する過程のごとく語るように、ウィトゲンシュタインも「子どもの言語習得」という、つねにすでに過去のものとして失われた場面を、現実の言語行為の場面に重ね描くのである。そしてこのことによって、ウィトゲンシュタインも言語に巣くった思考の病、すなわち規則の恣意性から生み出される「懐疑論」を消去しようとするのである。しかし、フロイトの「神話」が病に１つの解決を与えるのは、それが患者にとって「理由」として受け入れられうるような「物語」であるからに他ならない。これに対してウィトゲンシュタインの提示する「原初的言語」という神話は、それだけではこの現実の「懐疑」そのものに対してなんの説明も与えない。むしろ懐疑はそこで端的に否定されるのである。

　しかし、それは問題に対する何等の解決にもなりえないことは明らかである。それゆえウィトゲンシュタインは『探究』第一部において「規則のパラドクス」とよばれる、徹底的な懐疑論の可能性に対する考察を余儀なくされるのである。それは以下のようなパラドクスである。「規則は行為の仕方を決定できない、なぜなら、いかなる行為の仕方もその規則に一致させることができるからである」(『探究Ｉ』201節)。ここでウィトゲンシュタインが提出している問

題は，基本的には「規則の恣意性」の問題の変奏に過ぎないのだが，この場面においては「原初的言語」というモデルを引用することでは問題が解消しない。なぜならウィトゲンシュタインがここで示すのは，原初的言語のように表面的には同じ規則を共有しているように見えながら，じつは「別の従い方」をしていた，というような例だからである。たとえばある数列を一定のところまで同じ仕方で続けられたからといって，それがまったく同じ規則に従っているという保証はない。そこから先を続けたらまったく違っていた，ということがありうるからだ。クリプキ（Kripke, 1982）が指摘するように，このパラドクスに対しては正攻法の解決はありえない。この懐疑論は，それを解決するような，意味に関するいかなる理論的提案をも退けるような，無際限の懐疑なのであり，言語が「私だけの言語」でない以上，いかにしてもその可能性を消去することはできないのである。

これに対するウィトゲンシュタインの答えは，再び「盲目性」という論点に訴えることであった。規則に従うことは解釈することではなく，それに盲目に従う「実践」でしかない。そうでなくては，日常の円滑な実践は成立しないのである。クリプキはこれをヒュームになぞらえて「懐疑的解決」とよんだが，ウィトゲンシュタイン的にいえばそれはまさに「盲目的解決」すなわち，懐疑の可能性に目をつむることで，現実の言語を「理想化」するのである。なぜなら，ウィトゲンシュタインの「解決」はまさに言語ゲームが円滑に進行している場合，すなわちそのゲームの規則の意味を問う必要がない場合においてだけしか，有効ではない。問題なのはむしろ，そのゲームがうまくいかない場合，すなわちその規則の意味や効力が曖昧になるような場合である。確かに，何の問題もなく成立しているゲームにおいて，その規則の根拠を確認するような営みは不必要であろう。しかしそこに問題があるならば，その規則はけっして自明のものではないのである。

そのような場面で私たちは言語表現の意味や状況について考え，解釈を施し，その過程で規則を疑い，問いただすであろう。こうしたときに必要となるのは，そこで出会っている他者の「他者性」，あるいは言語規則の恣意性に対して「盲目」であることではなく，むしろそこで刮目してその声や表情，コンテクストを慎重に受け取り，それに対する態度を選択することであるはずなのであ

る。これに対してウィトゲンシュタインは、そのような状況を見ないですむような現実の場面を選んで、これまでの「原初的言語」による神話的説明を補強しようとした。しかしながらこの操作によって、神話的な説明はそれ自身の「神話性」、すなわちひとつの説明を与える「比喩」の効果をいわば相殺されてしまう。つまりそれは現実の言語実践の多様な側面と、それを作り出している他者の他者性を、直接に隠蔽する言説になってしまうのである。

「言語ゲーム」というディスクールは、一方で言語というものを他者なしには成立しないような営みとして記述すると同時に、そうした他者の視点からもたらされる懐疑の可能性を消去するために、まさに言語ゲームを可能にしている他者の他者性への認識を封じてしまう、というきわめてパラドキシカルな構造をもつことが、明らかになった。しかしこの「他者性の隠蔽」はけっして他者の存在の隠蔽ではなく、むしろその現前を維持することである点に注意したい。それは前期のような他者のない言語空間へ退行することとは区別されなくてはならないのである。というのも、言語ゲームにおける「盲目性」というテーゼの背後にあるのは、他者ではなく「主体」という要素の、徹底的な消去という思考の運動であったからである。

前期においてウィトゲンシュタインは独我論の真理性を明白なものと考え、「私の言語の限界が世界の限界を意味する」(『論考』5.6) としながらも、独我論自体は語りえないものだと考えていた。すなわち主体は「世界の限界」なのであって、たとえば目が視野の中にないのと同様に世界の内部にはない (同5.633) というのである。ただしウィトゲンシュタインは「独我論を徹底すると純粋な実在論に合致する」(同5.64) と述べ、それが語りえないものとなることにおいて、おのずと示されるのだと考えている。しかし、ここで現われているのは「純粋な実在論」であって、独我論ではない。この実在論が独我論と同じであることを証拠だてることができるのは、ただ再び独我論に訴えることだけなのである。したがって、独我論を「示す」ことは、独我論が「自らにおいて」自らを示すことによってでしか実現しない。「独我論」という真理はいかなる仕方でも「証明」されえず、ただ「自らにおいて自らを示す」こと、すなわちそう「語る＝言い放つこと」でしか可能ではない。しかもそれは、そのように表現しても、けっして万人に共有される真理ではありえない。それはそ

のように欲した瞬間に「つねにすでに示されえない」ものであるはずなのである。

　前期におけるような言語観を捨て，他者のいる現実的な言語を所与として考察をすすめようとする中期から後期へかけてのウィトゲンシュタインは，こうした独我論の「示されえない」性格を認識せざるをえなかった。他者の登場は前期におけるように主体を言語の規範性の根源とするような図式を討ち崩し，むしろその源泉を他者自身へと移動させる。このとき，主体という視点を採ることによって可能になっていた知の図式もまた崩壊してしまう。なぜならそうした知は他者の視点の存在から導き出される規則の恣意性を克服できないからである。こうしてウィトゲンシュタインは，「私の言語」を徹底的に「他者の言語」へと解体していくことにおいて，主体それ自身が他者であるというパラドクスにとらえられていく。「規則のパラドクス」という仕方で現われる懐疑論は，その懐疑に終止符を打つような自己知の可能性をも奪おうとする。そこでウィトゲンシュタインが提示した「解決」が「盲目」という態度だったのである。しかしこの態度は自己についての反省的な知や，あるいは解釈といった営みをいっさい遮断してしまうだろう。そこでは主体がいわば完全に言語ゲームの中に消尽されてしまうのである。

　これに対して，精神分析の視点が提供するのは，主体を『論考』のように「全体」を表象するような存在としてでもなく，また他者の言語のうちに完全に解消されてしまうものでもなく，いわばその両者に「引き裂かれた」存在として語る「神話」に他ならない。それは主体というものを，他者との関係に開かれているがゆえに自己についての「完全な知」をもち得ない存在として定義するのである。意識と無意識，あるいはエス，自我，超自我といったメタ心理学的概念が語っていたのは，このような主体の「分裂」のことだったのである。

　精神分析は，ウィトゲンシュタインが哲学における「病」ととらえ，それを言語から切り離そうとした「懐疑」を，反対に言語という知的活動そのものを可能にする地平としてとらえようとする。フロイトが夢，言いまちがい，否定，機知といったさまざまな事象を，象徴的な言語過程として分析したのは，まさにそうした活動を，主体のもつ衝動や欲求といった活動についての自己同一的な知の不可能性を代補しようとする試みとして理解しようとすることなのであ

る。

(4)精神分析の知

　さて，ウィトゲンシュタインはフロイトが「無意識」について語るとき，彼がそれをあたかも実在する心の領域のように語ることを批判していた。しかしブーヴレス (Bouveresse, 1991) は次のように指摘している。「ウィトゲンシュタインの観点からすれば，フロイトの手続きにおいて疑わしい点は明らかに，無意識を擬人化すること，もっと一般的には人格を構成する準人格的な要素を擬人化することであって，ときにそうみなされているように，物象化することではない」(81頁)。ただしもちろんこれを，ウィトゲンシュタインはフロイトが無意識を何らかの実体的な過程のように語ることに対して無批判である，という意味に解してはならない。フロイトは確かに一方で因果的な語り方をすることで科学を標榜していたのであるし，そのことに対してウィトゲンシュタインは批判的である。しかし，実際にフロイトにとっての「無意識」とは，すでに見たように神経生理学的過程への還元が不可能なメタ心理学的な概念なのであって，けっして物象化されてすむような概念ではないのである。このことを念頭に置いた上で，ウィトゲンシュタイン的批判の可能性を再検討するときにブーヴレスが依拠しようとしたのが，この「擬人化」の問題なのである。ただしこれについてウィトゲンシュタインの口からはっきりと論じられたことばを見いだすことはできない。ブーヴレスは次のような表現を引用して，ウィトゲンシュタインの反応を類推している。「『その部屋には誰もいなかった』の代わりに『その部屋には無人氏がいた』と言うような言語を想像してほしい。そのような規約から生じうる哲学的問題を想像してほしい。この言語で育ってきた哲学者のなかには，おそらく『無人氏』と『スミス氏』という表現の類似性が気にくわぬと感じる者もいるだろう」(『青色本』123頁)。これと同様，擬人化された無意識によってさまざまなことを語ることが一般化した社会においても，無意識というものと，ふつうの人間を，区別のない名詞的用法で語ることに「混乱」を見る哲学者がいてもよいはずである。ウィトゲンシュタインがフロイトの著作を「哲学的混乱の宝庫」と考えたのも，こうした意味を込めてのことなのであろう。

だがフロイトが無意識を科学的な言語で語ると同時に，そこに人格的な語り口をもち込んだことこそが，フロイトの「無意識の発見」に固有の意義を与えたのであるとも考えられる。フロイト以前においても人間の意識に上らない心的領域や，意識に対立する衝動や欲求について論じた者は存在したのであり，もしそうしたことをフロイトが述べたのであれば，それはきわめて平凡な洞察であるといわなくてはならない。しかし，フロイトにとって無意識とは何らか実体的な概念ではなく，むしろ関係的な概念であったといわなくてはならない。たとえば自我や超自我，エスといった概念は，けっしてそのようなものが主体の内部に小人のように存在することを意味するのではなく，主体が自己自身に対しての知を確保しようとするときに，その知の不可能性ゆえに分裂してしまわざるをえない自己の像のことを指していると考えるべきであろう。

ここで「関係」とよんだものは，より正確には「規範的関係」とでもよぶべきものである。フロイトが開拓したのは，精神的な症候を神経生理学的な失調ではなく，主体を成り立たせているこの規範性の失調としてとらえる視野であった。そして精神分析はこの規範性の構造を，人間の生活におけるさまざまな言語活動を象徴的な過程として分析することによって明らかにするのである。ただしフロイトはウィトゲンシュタインのように，主体の自己関係という要素を言語ゲームという他者関係に完全に解消しようとはしなかった。彼はエディプス・コンプレックスに集約されるような他者関係の図式をもちながら，それをあくまで主体に内在的な意識や自我のトポロジーにおいて表現したのである。これらはフロイトの後継者たちによって「自我心理学」として流通させられることになるが，これに対しラカン（Lacan. J）はそれがフロイトの本来のラディカルさを忘却するものだと批判し，「無意識は言語のように構造化されている」「無意識は他者の語らいである」という立場を鮮明にすることで，自我といわれるものが徹底的に「他者」との関係に陥入されていることを示したのである。

ところで，ラカンの精神分析における「他者」の理論を見ると，ウィトゲンシュタインが言語ゲームにおける他者関係を「原初的言語」のような，ある理想化された状況の想定によって切り出していたことの「意味」が明らかになると思われる。というのもそこでは，主体が規範の中で自己の同一性を確保して

いく過程のなかで,「規範的他者」への盲目的な服従が重要な役割を演じていることが説明されているからである。しかし,そのことによってラカンとウィトゲンシュタインに親近性を見いだそうとすることは,いささか早急であるといわなくてはならない。というのも,ラカンは主体が同一性を確保する構造を理解するためには,もっと重層的な仕方で他者が介入していなければならないと考えていたからである。

　人間は己の生を自らによって維持していく力をもたないまま産み落とされる。それゆえ乳児は外的環境に対して違和をもつと同時に,自己の身体像の(神経系におけるような)統一の失調を抱えたまま,まずもっては母親のような他者の庇護のもとで,個体としての同一性を維持していくことになる。この過程で乳児は母親のような理想的な他者に想像的に同一化し,母親の欲望の欲望として,自己の欲望の場所を作りあげていくのである。このように,心的なレベルで対象との関係が取り結ばれている空間を,ラカンは「想像界」とよんだ。しかしこどもは,母親とは別の身体と欲望をもつ個体として,独立した行動をとらねばならない。母は子どもの欲望と自分の欲望が異なるものであることをしだいに示していく。子どもはそこに母の欠如を見いだし,母の欲望を欲望するが,この欲望を禁止するのが規範的な他者である。この他者の審級をラカンは「父の名(ノン)」とよぶが,この父親に代表される他者の命令に従うことで,子どもはその他者の規範性に同一性を見いだそうとするのである。こうした規範的な仕方で取り結ばれる他者との関係世界が「象徴界」である。

　この「象徴界」という概念が意味するのは,そこで自己がいわばある種の記号として機能しはじめるということである。しかもラカンによれば人間とはシニフィエなきシニフィアン,すなわち己の本来的な同一性を証示する対象を見失ったいわば欠落した主体であり,他者というその代理物のなかに自らを見いだし同一化していくほかない存在なのである。しかし問題はこの同一化の対象である他者が,理想的他者のような,身体的な実像としての他者ではなく,むしろそうした身体的一致を否定するような差異として顕現する,ひとつの審級としての効果であり,虚像であるということだ。これは込み入った説明を要するが,簡単にいえばそれは「他人から見られた自分」としての自分に一致することである。ラカンが有名な鏡像段階論で発見したのは,子どもの自己同定が

「虚像」としての鏡像に自己の等価物を見いだすということの意義だった。鏡像とはまさに他人から見られた自分の姿に他ならないのである。しかし，他人からの自分の眺めとは，鏡像のような虚像としてしか内在化できないものである。したがってこの内在化は更なる識別の視線，すなわち同一性の否定として与えられた虚像としての社会的自己を，自己の身体においてもう一度同一的に識別する他者の視線へと向かっていく。しかしそうした「第三の」他者は，必ずすでに規範的他者として現われているはずだ。このような識別への希求は，反対にその識別を否定するような，規範的他者の複数性を増大させてしまう。ウィトゲンシュタインが見い出した，規則の恣意性という状況はこのような仕方で，規範的他者による縮減をその都度無効化してしまうのである。

　象徴界におけるこの苦境は，自己の欲望する真の対象を，象徴界の秩序においては語りえないものとして現出させる。現実において他者とは，その他者の欲望にいくら従順に従おうと，その欲望の真の対象を私が知ることができないような存在であり，それは私にとってけっして自分の本来的な同一性を映し出してくれるような，相同的＝鏡像的対象ではありえない。このとき，語りえないはずの他者の欲望にあくまでも一致することを望むならば，その主体は自己の本来の欲望を抑圧せざるをえない。こうした状況が生み出すものが，ヒステリーという症候である。

　精神分析の語りは，こうした苦境において，この主体が本来見ることのできない自己の欲望の対象という立場に立つことによって，この欲望を主体に提示するような，他者の語りである。それによって主体は自らの欲望の主人が自分ではなく，分析家に代理された他者へとその立場を譲渡せねばならないことを知る。そして本来他者の欲望であったものを他者に返還し，語りえない自己の欲望を自己の支配から解放するのである。このとき，他者に代理されて現われてくる欲望の対象のことを，ラカンは「対象a」とよんでいる。これはそもそも母という失われた対象の欠如への欲望の現実における回帰であり，具体的には糞便や肛門，眼差しや声，音といった，欲望の原因ではあってもその目的ではないような，他者の身体的部分を指すと考えられる。しかし同時に，そうしたものこそ，起源を喪失した主体を慰撫し，補塡し，肯定する対象でありうることを，ラカンは示唆している。じつはこうした対象は，人間が象徴界という

苦境への封入を乗り越えて成長するために、きわめて重要な役割をもっているものと考えられている。想像界の他者との理想的な一致から、規範的な他者関係への移行において、子どもはいわば「幻滅」を体験する。この幻滅が激しければ、主体は母という失った他者の等価物を規範的な他者に求めるであろう。しかし他者はもはやそのような他者ではないのである。この他者関係の移行において子どもは母という他者に埋め込まれた声や視線、乳房といった、メラニー・クライン（Klein, M）のいうところの「部分対象」に固着することで、母への希求を代理させる。この代理が母親との身体的関係のうちに十分に行なわれていることによって、この移行はその幻滅を和らげ、それとともに他者の欲望を自己のものとして欲望するという錯覚から醒めることができるのである。そしてラカンにおいて分析とは、こうした対象の位置に分析家が立つことによって、主体が自らの欲望を知りえないということを示す営みにほかならない。

　ラカンはフロイトが主体の分裂という仕方で提示せざるをえなかった精神分析の知を、このように他者の語りへと返還することで表現した。この語りは、象徴的な秩序の外部に求められる主体の活動の根拠を空虚なものとして表わすのであり、そのことによって主体は外部へ向かう過剰な知から醒める。これに対してウィトゲンシュタインは言語ゲームという実践の秩序の外部に対する盲目を表明することで、外部への知の要求そのものを根絶しようとしたのである。

(5) 非対称なものの知に向けて

　しかし、以上に見てきたような精神分析の知は、ウィトゲンシュタインを越えて、他者の心の非対称性を覆い隠すことのない「他者に対する態度」を生み出すことができているであろうか。確かにラカンの言説においては、言語ゲームと同様に主体を他者とのあいだの言語的な関係に解放しつつ、自他の非対称性ゆえにそこで生みだされる示差的な他者性を巧妙にその理論の中に組み込んでいると思われる。しかしながらその視点は自他の心の「非対称性」を、別の仕方で「対称化」してもいる。というのも、そこでは主体の自己知がそれ自身他者についての知として暴かれることによって、他者の他者性が主体を構成する他者性へと転換されてしまうからである。すなわちウィトゲンシュタインのように他者の他者性を自己にとって理想化するのではなく、自己の方を他者に

とって理想的になるように転倒させてしまうのだ。そしてこのとき，現実の他者は実際には示差的なものでありながらも，主体の視線を自己自身という空虚なものへと向けるために，必ず何らかのシニフィアンと結合した象徴的なものとして解釈されなくてはならない。この手続きは，本来どこかで終わるということはない。解釈のたびに他者の他者性は結局のところ逃れ去ってしまうからである。それゆえ，理論としては精緻だが，この理論自身はいったん語られると，他者という存在のもつ曖昧さ，不定性といった繊細な力学を厳密に構造化し，固定してしまう態度を生み出しかねない。

　こうした理論が，臨床の場面で具体的にどのような効果や問題点をもつのかについて，ここでは吟味する余裕がないが，ラカン自身も精神分析のもつ「終わりなさ」についてはよく自覚しており，限られた分析時間との折り合いをつけるための「短時間セッション」といった技法を提案したりしている。しかし，治療的関係にしろ，現実の他者関係にしろ，曖昧でうつろいやすい，感情や思いなしによって多様に構成されている生きた現実の他者の姿を，何の留保もなしに分析しつくしてしまうことは，そのままでは容認できないように思われる。他者を分析しつくすことは，他者という主体の「死」を唯一の真理として宣告することでもある。たとえそのことで症状が消えたとしても，与えられる認識自体は，死以外の何者をも肯定的に語ることを許されないニヒリズムに近接している。そのように考えれば「主体」というものについて語ることを拒否したウィトゲンシュタインの態度にも，見るべきものはあるといえるかもしれない。

　　精神分析を受けることは，知恵の木の実を食べることに，どこか似ている。その時手に入
　　れた知恵によって，私たちは（新しい）倫理的な問題を突きつけられる。だがその知恵は，
　　問題の解決にはまったく役立たない（『反哲学的断章』p.104）。

　ウィトゲンシュタインがここで「倫理的問題」と述べるものの含意は正確にはわからないのだが，おそらく彼が考えていたのは，それが本来は「知」という仕方では現われてこない実践的な態度を，知という語り方に置き換えてしまうことの問題ではなかっただろうか。最晩年の『確実性の問題』においてウィトゲンシュタインは「世界像」とよばれる，疑うことが意味をなさないような知識を語る命題を検討しながら，それをことさらに「私は……を知っている」

という仕方で表明することの奇妙さを訴えていた。なぜならそうした知識は疑うこともできなければ，確証することもまたできない類のものであるからだ。そしてそれを疑わないことによってのみ，それを前提にしたさまざまな行為空間が成立する。そうしたいわば「蝶番」のような知識のことをウィトゲンシュタインは「世界像」とよんだのだが，精神分析が提示するのも，またそれ自身確証しえないような「神話」としての「世界像」である。ただし，それは私たちの日常の言語使用に根付いているものとは「別の」世界像であり，さらには，それを引き受けることによって私たちのもっている疑いえない知識が，じつは疑いうるものであり，根拠のないものなのだということを暴露する世界像になるのである。

それゆえ「倫理的問題」というのは，そうした相容れない世界像の衝突，という事態のことであるだろう。精神分析はしかしそうした衝突を回避するために必要な「態度」，すなわち異なる世界像をもつものに対して，それを自らの理論において分析し尽くさないという「節度」をもっていない，ウィトゲンシュタインにはそう見えたに違いない。

この「倫理的問題」という論点は，『確実性の問題』と同時に書き進められていた他者の心についての懐疑論という，『最終草稿第二巻』の主題においても言える。そこでウィトゲンシュタインは，他者の心が事実不透明であり，非対称なものとして現われていることを認めている。

> 「微妙な証拠」に基づく，そして容易に不確実性へと導かれる我々の言語ゲームを，だいたいにおいて似たような帰結をもつであろう，より正確な言語ゲームへと取りかえる可能性がある場合に，我々は今のこの言語ゲームを断念するだろうか。たとえば，我々が〈ウソ発見機〉を導入し，そしてウソ発見機の針の振れを生じさせることとして，ウソを新しく定義することができるというような場合に。
> したがって問題というのは次のようなものである。このような言語ゲームが提供されているときに，我々は我々の生き方を変えるだろうか？——そしてこれにはいったいなんと答えればよいだろうか（『最終草稿第二巻』p.95）。

生き方を変え，より透明な言語ゲームへと移住することに対して，ウィトゲンシュタインは答えを留保する。しかしおそらくはそれに伴って引き起こされる「倫理的問題」に対して，強い懸念をもっていたに違いないだろう。この記

述を最後にこの草稿は閉じられるため，答えをウィトゲンシュタインから聞くことはもはやできないが，ひとつの可能な応答としては次のように言うことができるだろう。すなわち他者の心の非対称性，不確実性は，いわば私たちが実践において引き継いできた「世界像」のひとつなのであって，それは他のさまざまな言語ゲームと絡み合い，それらを動かす「蝶番」になっている，と。しかし，この世界像だけからではどのようにしても，他者に対する懐疑論を鎮め，他者のことばやふるまいを肯定し，他者の心について語るような実践の可能性は生み出されないはずである。

ここで私たちは，ラカンの分析理論において見た，主体の規範性の獲得に関する発生論的な叙述を思い出さなくてはならない。そこではウィトゲンシュタインが「原初的言語」において必要とした規範的な他者としての「大人」に先だって，母親に代表される想像界の他者，すなわち子どもの欲求を完全に満たすような理想性を発揮する他者の存在が前提されていた。そしてこのような他者の審級があることによって，はじめてラカンのいう対象aによる補填も成立するのである。

このように無条件に他者を受け入れる態度が，人間のコミュニケーション的な規範世界の成立の原点にあると考えることは，ひとつの重要な示唆を私たちに与えてくれる。それは，自力で生きていくことのできない，そして同時に自己の欲求を制御できない，乳児という示差的な他者に対するコミュニケーションの原点である。もしそこで乳児を「不可解」な存在と断じてしまうならば，それをひとりの他者として遇することすら，成り立たないであろう。眼前にいる他者が単なる物的対象ではなく，ひとりの他者であるためには，それを「他者として」応接する態度が必要なのである。この態度とは，他者が非対称であり，示差的な存在であることをわきまえつつ，それを規範において裁く以前に，他者の存在を自分と等しいものとして受け入れるということである。

それはある種のアニミズムとしての「母性本能」にすぎないのだ，といえるかもしれない。しかし重要なのはそれがあくまで，他者に対する態度にとっての「原点」にすぎないということである。こうしたアニミズムは古典的な自己心理学のような仕方で，他者についての語りを対称化してしまうものでもあるからだ。重要なのは，そこを出発点として，その他者に今度は逆に懐疑的な世

界像から、私にとってはけっして知りえないものとしての非対称な「心」を見いだそうとする、第二の作業である。いわばこの両輪によってだけ、私たちは微妙に移りゆくとらえがたい他者との関係をわたっていくことができる。このような実践的な態度によって、「他者の心について語る」という、本来は不可能な営みがはじめて可能になる。それは「心の科学」のような「理論知」ではなく、ウィトゲンシュタインの「世界像」のような「実践知」に類するものであると考えてよい。しかしそれは「本能」でもなければ、世界像のようにただ暗黙の内に引き継がれた「神話」なのでもない。むしろそこに根ざしながら、つねにコミュニケーションの危機において新たに立ちあげられるべき「努力」であると考えなければならない。そしてこのことによって、この実践知はさまざまな他の分裂した具体的知識のネットワークにおける「蝶番」の役割をはたしうる。

　この「コミュニケーションの危機」とは、たとえば医療や福祉の現場においても深刻な仕方で現われているものである。脳死や植物状態、あるいは重度の痴呆や障害、精神疾患などの患者に接する者にとって、そこに存在する身体を「心あるもの」として遇するか否か、という問題はきわめてむずかしいものである。心を科学的な見地から語る者ならば、それを「心なき存在」だと言うかもしれないが、その他者と暮らし、あるいはその他者を看取る者にとって、それを心なき身体として遇することは耐え難いことかもしれない。そうした立場の間の差違は、やがて臨床の現場においてさまざまな軋轢や過誤を生むだろう。科学を標榜する立場は、そうした対立の解決には科学的な知を徹底することが必要だと、時として安易に考えがちである。しかしウィトゲンシュタインが精神分析について言ったように、そうした知は、倫理的な問題については何の解決も与えることができない。こうした場所において必要なことは、どちらかの立場にくみすることではない。むしろ、そこでは他者に心があるかないか、といったことを決定してしまうような言説を排除しなくてはならない。むしろそれを未決定のままにすることによって、はじめて違った立場の知とのいわば共同作業が可能になる。これは科学的な知の側だけでなく、患者を看取る側にとっても、重要なポイントである。末期医療においては、迫り来る死を受け入れるための準備が必要であり、他者の心を「知りえない」ものの領域に止めてお

くことはそのために一定の役割をはたすであろう。

いずれにせよ、そうした「倫理的」な態度において重要なのは、決定することではなく、しばし沈黙して待つ、という作法である。「他者の心」という、文法的には奇妙な語り口をもつ言語ゲームは、いわばこの沈黙の空間を開くという、いささか厳かな役割をもつ言語ゲームなのである。

［注記］文中での引用に際して、基本的に邦訳のある場合はそのページ数を「頁」で示し、ない場合は原典の頁数を「p」で示した。ただしウィトゲンシュタインの著作で、節番号があるものについてはそちらを記し、また適宜略称を用いている。なお、訳文については邦訳を参照しながら、表現などを改めている部分がある。

文　　献

●1-1文献
甘利俊一　1989　神経回路網とコネクショニズム　東京大学出版会
Chalmers,D.J. 1996 Facing up to the problem of consciousness. In S.R. Hameroff, A.F. Kaszniak, & A.C. Scott(Eds.), *Toward a science of conciousness : The first.* MIT Press.
Churchland,P.S 1986 *Neurophilosophy.* MIT Press.
Dreyfus,H. 1972 *What computers can't do : A critque of artificial reason.* Harper & Row. 黒崎政男ほか(訳)　1992　コンピュータには何ができないか？　産業図書
Eccles,J. 1970 *Facing Reality : Philosophical Adventures by a Brain Scientist.* Heidelberg : Springer Verlag.
Foder,J.A. 1975 *The language of thought.* Crowell.
Gibson,J.J. 1976 *Ecological Optics.* Harverd University Press. 古崎敬(訳)　1979　生態学的視覚論　サイエンス社
Jonson‐Laired.P.N. 1987 *The Computer and the Mind.* Harvard University Press. 海保博之・中溝幸夫・横山詔一・守一雄(訳)　1989　心のシミュレーション　新曜社
黒崎政男　1989　補稿：哲学における〈コネクショニズム〉　甘利俊一　神経回路網とコネクショニズム　東京大学出版会　Pp.175-195.
大森荘蔵　1982　新視覚新論　東京大学出版会
Roberts,T.S. 1998 Beyond the hard problem. *Consiousness Research Abstract : Toward a Science of Consciousness Tucson 3rd.* p.69.
酒井邦嘉　1997　心に挑む認知脳科学　岩波書店
Searle,J.R. 1980 Minds,brains,and programs. *The Behavioral and Brain Sciences*,3,417-457.
須賀哲夫　1993　自然言語処理ＮＰＬの諸問題　理論心理学年報,36,15-16.
竹内薫・茂木健一郎　1997　ペンローズの量子脳理論　徳間書店
Watanabe,T. 1999 Psychological and philosophical considerations of the harder problem of consiousness. *Presentation at "Toward a Science of Consiousness‐Fundamental Approaches‐Tokyo'99(Tokyo,1999)*
渡辺恒夫　1989　トランスジェンダーの文化　勁草書房
渡辺恒夫　1994　心理学のメタサイエンス：序説心理学評論, 37,164-191.
渡辺恒夫　1999　認知科学の理論的諸問題(1)：心脳問題の一人称的思考実験　東邦大学教養紀要,31,11-20.
渡辺恒夫・小松栄一　1999　自我体験：自己意識発達研究の新たなる地平　発達心理学研究, 10,11-22.
Winograd,T. & Flores,F.1986 *Understanding computers and cognition.* Ablex Publishing. 平賀譲(訳)　1987　コンピュータと認知を理解する　産業図書
保江邦夫・石川幹人・松原仁　1999　量子論と心　人工知能学会誌, 14,413-424.
矢沢サイエンスオフィス(編)　1997　最新脳科学　学習研究社

●1-2文献
甘利俊一・向殿政男(編)　1994　ニューロとファジィ　培風館
Barron,A.R. 1993 Universal Approximation Bounds for Superpositions of a Sigmoidal Function. *IEEE Transactions on Information Theory*, Vol.39,No.3,930-945.
Kohonen,T. 1995 *Self‐Organizing Maps.* Berlin Heidelberg New York : Springer‐Verlag.

徳高平蔵・岸田悟・藤村喜久郎(訳)　1996　自己組織化マップ　シュプリンガー・フェアラーク東京
Lee,T. 1998 *Independent Component Analysis*. Boston: Kluwer Academic Publishers.
松原仁・山本和彦　1987　フレーム問題について　人工知能学会誌,Vol.2,No.3,266-272.
Minsky,M.L. and Papert,S.A. 1988 *Perceptrons Expanded Edition*. Cambridge: The Massachusetts Institute of Technology. 中野馨・阪口豊(訳)　1993　パーセプトロン　パーソナルメディア
中村和子・杉田峰康　1984　わかりやすい交流分析　チーム医療
Nishida,K.,Nitta,T. and Tanaka,T. 1999 Emotion Memory Model. *Proceedings of 17th International Conference on Applied Informatics*, Innsbruck, 222-225.
新田徹　1995　高次元化されたパラメータを持つ階層型ニューラルネットワークの研究　電子技術総合研究所研究報告　第976号
Nitta,T. 1996 An Extension of the Back-propagation Algorithm to Quaternions. *Proceedings of International Conference on Neural Information Processing*, HongKong,Vol.1,247-250.
Nitta,T. 1997 An Extension of the Back-Propagation Algorithm to Complex Numbers. *Neural Networks*,Vol.10,No.8,1392-1415.
Nitta,T.,Tanaka,T.,Nishida,K. and Inayoshi,H 1999 Modeling Human Mind. *Proceedings of IEEE International Conference on Systems,Man and Cybernetics*.
Nitta,T. 2000(in press) A Computational Model of Personality. in K.Yasue et al.(Eds.) *Toward a Science of Consciousness*. John Benfamins Publishing Co., The Netherlands.
●1-3文献
Artigas,F. et al. 1996 Acceleration of the effect of selected antidepressant drugs in major depression by 5-HT1A antagonists. *TINS*,**19**,378-383.
Austin,J.H. 1998 *Zen and the Brain*. Cambridge: MIT press.
Herrigel, E.／稲富栄次郎・上田武(訳)　1992　弓と禅　福村出版
Jacobs,B.L. & Azmitia,E.C. 1992 Structure and function of the brain serotonin system. *Physiological Review*,**72**,165-229.
大森曹玄　1991　参禅入門　春秋社
●1-4文献
中村祐子　唯情報論　第45回理論心理学会大会発表要旨集
須賀哲夫・久野雅樹(編)　2000　ヴァーチャル・インファント　北大路書房
須賀哲夫・中島欣哉　1997　視覚系の周波数応答ニューラルモデルについて　日本女子大学人間社会学部紀要、第8巻、323-333.
滝沢精一　1967　幾何学入門　朝倉書店
内田真理子・河原哲雄・須賀哲夫　1998　運動視における空間フィルタ機構のニューラルモデル　第62回日本心理学会大会発表論文集, 547-548.
Uexküll, J.J／日高敏隆・野田保之(訳)　生物からみた世界　思索社
●1-5文献
Chalmers,D. 1996 *The Conscious Mind*. Oxford University Press.
Eccles,J.C. 1994 *How the self controls its brain*. Springer-Verlag.
Garfinkel,H. 1964 Studies of the routine grounds of everyday activities. *Social Problems*, **11**,225-250.
Kamitani, Y. & Shimojo, S. 1999 Manifestation of scotomas created by transcrania I magnetic stimulation of human visual cortex. *Nature Neuroscience* **2**, 767-771.

小林秀雄　1961　現代思想について(講演テープ)　新潮社
茂木健一郎　1997　脳とクオリア日経サイエンス社
茂木健一郎　1999a　心が脳を感じる時　講談社
茂木健一郎　1999b　言語の物理的基盤―表象の精密科学へ向けて　言語　Vol.28,No.12,49-57.
Mogi,K. 1999 Response Selectivity,Neuron Doctrine,and Mach's Principle.In Riegler,A. & Peschl,M.(eds.) *Understanding Representation in the Cognitive Sciences.* New York : Plenum Press. Pp.127-134.
夏目漱石　1909　それから
Penrose,R,& Rindler,W. 1984 *Spinors and space-time* vol.1,2. CambridgeUnversity Press.
田森佳秀　2000　コンピュータは心を持てるのだろうか？　脳の科学，**22**,319-328.
●間奏曲　文献
Chalmers,D.J. 1995 The puzzle of conscious experience. *Scientific American*, December 松本修文(訳)　1996　意識をどのように研究するか　日経サイエンス2月号，54-61.(心のミステリー，日経サイエンス社に再録)
Churchland,P.M. 1995 *The engine of reason,the seat of the soul.* MITPress. 信原幸弘・宮島昭三(訳)　1997　認知哲学　産業図書
Dennett,D.C. 1991 *Consciousness explained.* Little Brown. 山口泰司(訳)　1998　解明された意識　青土社
Dennett,D.C. 1995 *Darwin's dangerous idea.* Simon & Schuster. 石川幹人ほか(訳)　2000　ダーウィンの危険な思想　青土社.
Dreyfus,H.L. 1972 *What Computers can't do.* Harper & Row. 黒崎政男・村若修(訳)　1992　コンピュータには何ができないか　産業図書
Gregory, R.L. 1966 Eye and Brain. Princeton University Press.
Hameroff,S.R.,Kaszniak,A.W.& Scott,A.C.(Eds.) 1996. *Toward a science of consiousness : the first Tucson discussions and debates*. 1998 *Toward a science of consciousness II : the second Tucson discussions and debates*. MIT.
Hameroff,S.& Penrose,R. 1996 .Conscious events as orchestrated space-time selections. *Journal of Consciousness Studies*,**3**,36-53. 竹内薫・茂木健一郎(訳)　1997　ペンローズの量子脳理論　徳間書店 Pp.123-176.
Hobson, A. 1988. The dreaming brain. MIT. 井上昌次郎(訳)　1992　夢見る脳　どうぶつ社
治部眞里・保江邦夫　1998　脳と心の量子論　講談社
Maturana,H.R.& Varela,F.J. 1980 *Autopoiesis and cognition.* Reidel Publishing. 河本英夫(訳)　1991　オートポイエーシス　国文社
中込照明　1998　唯心論的物理学の誕生　海鳴社
Penrose,R. 1989 *The Emperor's New Mind.* Oxford Universitey Press. 林一(訳)　1994　皇帝の新しい心　みすず書房.
Pribram, K.H.(1971). *Languages of Brain*. Prentice-Hall. 須田勇(監訳)　1978　脳の言語　誠信書房
Searle,J.R. 1980 Minds,Brains,and Programs. *The Behavioral and Brain Science*,**3**,417-457. Also In D.R.Hofstadter & D.C.Dennett (Eds.) 1981 The mind's I Basic Books. Pp.357-373. 坂本百大(監訳)　1984　マインズ・アイ　下巻　TBSブリタニカ　Pp.178-210.
渡辺恒夫　2000　子どもが〈意識の超難問〉に出会う時　東邦大学教養紀要，**32**,19-45.
渡辺恒夫・小松栄一　1999　自我体験：自己意識発達研究の新たなる地平　発達心理学研究，**10**,11-22.
Winograd,T.& Flores,F. 1986 *Understanding computers and cognition.* Ablex Publishing.

平賀譲(訳) 1989 コンピュータと認知を理解する 産業図書
矢沢サイエンスオフィス(編) 1997 最新脳科学 学習研究社
●2-1-1文献
相場覚・西川泰夫(編著) 2000 認知科学 財団法人 放送大学教育振興会
合原一幸 1988 ニューラルコンピュータ 脳と神経に学ぶ 東京電機大学出版局
甘利俊一 1978 神経回路網の数理 産業図書
Chomsky,N. 1959 On certain formal properties of grammars. *Information and control*,2, 137-167.
Dennett, D.C./信原幸弘(訳) 1987 コグニティヴ・ホイール 人工知能問題におけるフレーム問題 現代思想4月号 特集＝機械じかけの心, 人工知能の現象学 Pp.128-150.
Devlin,K. 1994 *The science of patterns*. Scientific American Library. 山下純一(訳) 1995 数学：パターンの科学，宇宙・生命・心の秩序の探求 日経サイエンス社
Dreyfus,H.L. 1972 *What computer can't do.Revised edition*. The limits of artificial intelligence. Harper & Row. 黒崎政男・村若修(訳) 1992 コンピュータには何ができないか 産業図書
Haugeland,J. 1985 *Artificial intelligence,The very idea*. MIT.
Hobbes, T./水田洋(訳) 1992 リバイアサン(一) 岩波文庫
McCorduck,P. 1979 *Machines who think*. W.H.Freeman. 黒川利明(訳) 1983 コンピュータは考える 人工知能の歴史と展望 培風館
Nagel,E.,& Newman,J.R. 1958 *Goedel's proof*. New York University Press. はやしはじめ(訳) 1968 数学から超数学へ ゲーデルの証明 白揚社
西川泰夫 1981 行動医学 講談社
西川泰夫 1994 心の科学のフロンテア―心はコンピューター― 培風館
西川泰夫 1996 心のパラダイムた―コンピュータ，脳，非線形力学系モデルのもとで― 上智大学心理学年報, 20,11-20.
西川泰夫(編) 1997 認知科学―人の心を科学する― 現代のエスプリ362号 至文堂
西川泰夫 1998a 心は物理事象でありかつ物理空間に属する―死生観，クローン羊，チェスをさすコンピュータをめぐって― 科学基礎論研究, **25**(1),41-47.
西川泰夫 1998b 心理学は生き残れるか(5) ―心は物からいかに生成するか― 上智大学心理学年報, 22,1-14.
西川泰夫・山崎久美子(編著) 1998c 生活習慣病―行動医学からの展望― 現代のエスプリ, 373号 至文堂
西川泰夫 1999a ことばと心―心はことばを計算するシステムである― 上智大学外国語学部言語学副専攻(編) 言語研究のすすめ 上智大学外国語学部 Pp.111-122.
西川泰夫 1999b 実験心理学における歴史的心理学実験機器をめぐって―大山・佐藤論文へのコメント：アクロン大学アメリカ心理学史資料館，ハーバード大学歴史的科学機器コレクションでのレビューならびに見聞記を―心理学徒の回想から― 心理学評論, **42**(3), 313-325.
Penrose, R. 1989 *The Emperor's New Mind*. Oxford University Press. 林一(訳) 1994 皇帝の新しい心 コンピュータ・心・物理法則 みすず書房
●2-1-2文献
Bergson,H. 1896 *Matiere et memoire*. 高橋里見(訳) 1936 物質と記憶 岩波書店
Black,M. 1954-1955 "Metaphor" Proceedings of the AristotelianSociety n. s. 55. 尼ヶ崎彬(訳) 1988 隠喩 佐々木健一(編) 創造のレトリック 到草書房
Bloomfield,L. *Language*. 三宅鴻・日野資純(訳) 1971 言語 大修館書店
Dilthey,W. 1907 *Das Wesen der Philosophie*. 戸田三郎(訳) 1935 哲学の本質 岩波書店

Dreyfus,H. and Dreyfus,S. 1986 *Mind Over Machine* John BrockmanAssociates. 椋田直子（訳） 1987 純粋人工知能批判 アスキー出版
Fodor,J.A. and Pylyshyn,Z.W. 1988 Connectionism and cognitivearchitecture: *A critical analysis* Cognition Vol.**28**,3-71.
藤岡喜愛 1974 イメージと人間 日本放送出版協会
広松渉 1972 世界の共同主観的存在構造 勁草書房
広松渉 1992 哲学の越境 勁草書房
Humphrey,N. 1986 *The Inner Eye* Faber and Faber. 垂水雄二（訳） 1993 内なる目 紀伊国屋書店
Johnson,M. 1987 *The Body in the Mind* The University of ChicagoPress. 菅野盾樹（訳） 1991 心の中の身体 紀伊国屋書店
Kant,I. 1787 *Kritik der Reinen Vernunft*. 篠田英夫（訳） 1961 純粋理性批判 岩波書店
Lakoff,G. and Johnson,M. 1980 *Metaphors We Live*. By University ofChicago Press. 渡辺昇一・楠瀬淳三（訳） 1986 レトリックと人生 大修館書店
丸山圭三郎 1981 ソシュールの思想 岩波書店
長尾真 1992 人工知能と人間 岩波書店
Porro, C.A., Francescato, M.P.V., Cettolo, V.ME., Diamond.M.E., Baraldi, P., Zuiani, C., Bazzocchi, M. and Prampero, P.E. 1996 Primarymotor and sensory cortex activation during motor performance and motorimagery: A functional magnetic resonance imaging study. *Journal ofNeuroscience*,**16**(23),7688-7698.
Richards,I.A. 1936 *The Philosophy of Rhetoric*. Oxford UniversityPress 1936.
Sartre,J.P. 1944 *L'imaginaire*. 平井啓之（訳） 1955 想像力の問題 人文書院
Saussure,F.D. 1916 *Cours de linguistique generale*. 小林英夫（訳） 1972 一般言語学講義 岩波書店
Searle,J. 1983 *Intentionality* Cambridge University Press.
瀬戸賢一 1955 メタファー思考 講談社
Strawson,P.F. 1959 *Individuals - An Essay in DescriptiveMetaphysics*. Methuen. 中村秀吉（訳） 1978 個体と主語 みすず書房
菅野盾樹 1985 メタファーの記号論 勁草書房
立川健二・山田広昭 1990 現代言語論 新曜社
月本洋 1999 メタファーに基づく人工知能 人工知能学会研究会資料 SIG-LSE-9901-5.
Varely,P. 1973 *Cahiers I Bibliotheque de la Pleiade*. Gallimard. 寺田透（訳） 1980 ヴァレリー全集カイエ篇 筑摩書房
渡辺恒夫 1994 〈諸心理学〉の統一は可能か？—メタサイエンスの観点から 科学基礎論研究 Vol.21,No.4,29-35.
Winograd,T. and Flores,F. 1986 *Understanding Computers and Cognition*. Ablex Publishing. 平賀譲（訳） 1987 コンピュータと認知を理解する 産業図書
Wittgenstein,L. 1953 Philosophische Untersuchungen. 藤本隆志（訳） 1968 哲学探究（ウィトゲンシュタイン全集 8） 大修館書店

●2-1-3西川論文の論評への回答 文献
相場覚・西川泰夫 2000 認知科学 財団法人 放送大学 教育振興会
Dennett, D.C. 1984 計算主義を巡る論理地図—東極からの眺め— Minsky, M. 他著／佐伯胖（編）・野矢茂樹（訳） 1986 認知科学の基底 産業図書 付録 Pp.197—227.
Dreyfus, H.L. 1972 *What computer can't do*. *Revised edition*. The limits of artificial intelligence. Harper & Row. 黒崎政男・村若修（訳） 1992 コンピュータには何ができないか—

哲学的人工知能批判― 産業図書
Jonson-Laired. P.N.／海保博之(監修) AIUEO(訳) 1988 メンタルモデル ―言語・推論・意識の認知科学― 産業図書
Minsky, M.／安西祐一郎(訳) 1990 心の社会 産業図書
Newell, A.／辻井潤一(訳) 1981 物理記号系 Norman, D.A.(編)／佐伯胖(監訳) 1984 認知科学の展望 産業図書 p.47―124.
宮崎清孝 1980 メンタル・イメージは絵か命題か―認知心理学でのメンタル・イメージ論争について― 教育心理学年報, **19**,112―124.
西川泰夫 1973 誤りの発生過程―単純課題反復時における個人内変動―心理学研究, **44**,32-40.
西川泰夫 1994 心の科学のフロンティア―心はコンピューター 培風館
西川泰夫 1995 3つの記号レベルにおける心的計算―心の科学の論理地図'94― 科学基礎論研究, **84**,105―110.
西川泰夫 1996 心のパラダイム―コンピュータ,脳,非線型力学系モデルのもとで― 上智大学心理学年報, **20**,11-20.
西川泰夫 1997 認知科学―人の心を科学する― 現代のエスプリ362号,至文堂
西川泰夫 1998 心理学は生き残れるか(5)―心は物からいかに生成するか― 上智大学心理学年報, **22**,1-14.
西川泰夫 1999 ことばと心―心はことばを計算するシステムである― 上智大学外国語学部言語学副専攻(編) 1999 言語学研究のすすめ 上智大学外国語学部 p.111―122.
Pylyshyn, Z.W.／佐伯胖(監訳) 信原幸弘(訳) 1988 認知科学の計算理論 産業図書

●2-1-3「記号的人工知能の限界」の論評 文献

Dreyfus, H.L. 1972 *What computer can't do. Revised edition*. The limits of artificial intelligence. Harper & Row. 黒崎政男・村若修(訳) 1992 コンピュータには何ができないか―哲学的人工知能批判― 産業図書
Dennett, D.C. 1984 計算主義を巡る論理地図―東極からの眺め― Minsky, M.他著／佐伯胖(編)・野矢茂樹(訳) 1986 認知科学の基底 産業図書 付録 p.197―227.
Gallup,G.G.Jr. 1977 Self‐recognition in primates : A comparative approach to the bidirectional properties of consciousness. *American Psychologist*, May, 329-338.
宮崎清孝 1980 メンタル・イメージは絵か命題か―認知心理学でのメンタル・イメージ論争について― 教育心理学年報, **19**,112―124.
西川泰夫 1988 認識のかたち―自分を知るための心理学― 誠信書房
西川泰夫 1994 心の科学のフロンティア―心はコンピューター 培風館
西川泰夫 1995 3つの記号レベルにおける心的計算―心の科学の論理地図'94― 科学基礎論研究, **22**(2),49―54.
西川泰夫 1997 認知科学―人の心を科学する― 現代のエスプリ362号 至文堂
鈴木孝夫 1973 ことばと文化 岩波新書
鈴木孝夫 1996 教養としての言語学 岩波新書
沢田允茂 1962 現代記号論理学入門 岩波新書
渡辺恒夫 1994 〈諸心理学〉の統一は可能か？―メタサイエンスからの観点から― 科学基礎論研究, **21**(4),29―35.

●2-2文献

Bohm,D. 1957 *Causality and Chance in Modern Physics*. D. Van Nostrand Company. 村田良夫(訳) 1969 現代物理学における因果性と偶然性 東京図書
Cairns‐Smith, A.G. 1996 *Evolving the Mind*. Cambridge University Press. 北村美都穂(訳) 2000 〈心〉はなぜ進化するのか 青土社

Davies, P.C.M. and Brown,J.R. 1986 *The Ghost in the Atom*. Cambridge University Press. 出口修至(訳) 1987 量子と混沌 地人書館
Dennett,D.C. 1984 *Elbow Room - The Varieties of Free Will Worth Wanting*. The MIT Press.
Dennett,D.C. 1987 *The Intentional Stance*. The MIT Press. 若島正・河田学(訳) 1996 志向姿勢の哲学 白揚社
Dennett,D.C. 1991 *Consciousness Explained*. Boston: Little, Brown and Company. 山口泰司(訳) 1998 解明される意識 青土社
Dennett,D.C. 1995 *Darwin's Dangerous Idea - Evolution and Meaning of Life*. New York: Simon & Schuster. 石川幹人・大崎博・久保田俊彦・斉藤学・山口泰司(訳) 2000 ダーウィンの危険な思想 青土社
Dreyfus,H.L. and Dreyfus,S.E. 1986 *Mind Over Machine*. New York: Free Press. 椋田直子(訳) 1987 純粋人工知能批判 アスキー出版
d'Espagnat,B. 1981 *A la Recherche du Reel Le regard d'un physicien*. 柳瀬睦男・丹治信春(訳) 1988 現代物理学にとって実在とは何か 培風館
Feynman,R.P. 1985 *QED - The Strange Theory of Light and Matter Quantum Electrodynamics*. Princeton University Press. 釜江常好・大貫昌子(訳) 1987 光と物質の不思議な理論 岩波書店
Hameroff,S. 1998 Did Consciousness Cause the Cambrian Evolutionary Explosion? Consciousness Research Abstracts 1998. Richmond VA: *Journal of Consciousness Studies*. Pp.145-146.
Herbert,N. 1985 *Quantum Reality*. New York: John Brockman Associates. 林一(訳) 1990 量子と実在 白揚社
廣瀬健・横田一正 1985 ゲーデルの世界 海鳴社
石川幹人 1991 書評:Emperor's New Mind 人工知能学会誌第6巻2号 Pp.292-293.
石川幹人 1999 生物進化と人工知能設計における構造の役割 明治大学教養論集第318号 Pp.1-28.
Jauch,J.M. 1973 *Are Quanta Real? - A Galilean Dialogue*. Indiana University Press. 小出昭一郎・我孫子誠也(訳) 1974 量子論と認識論 東京図書
治部真理・保江邦夫 1998 脳と心の量子論―場の量子論が解きあかす心の姿 講談社ブルーバックス
町田茂 1986 量子論の新段階 丸善
マッカーシー, J.・ヘイズ, P.J.・松原仁 1990 人工知能になぜ哲学が必要か 哲学書房
Mermin,N.D. 1990 *Boojums All the Way Through*. Cambridge University Press. 町田茂(訳) 1994 量子のミステリー 丸善
Nagel,E. and Newman,J. 1958 *Goedel's Proof*. New York University Press. 林一(訳) 1968 数学から超数学へ 白揚社
中込照明 1998 唯心論的物理学 海鳴社
信原幸弘 1999 心の現代哲学 勁草書房
西野哲朗 1997 量子コンピュータ入門 東京電機大学出版局
Penrose,R. 1989 *Emperor's New Mind - Concerning Computers,Minds and the Laws of Physics*. Oxford University Press. 林一(訳)1994 皇帝の新しい心 みすず書房
Penrose,R. 1994 *Shadows of the Mind - A Search for the Missing Science of Consciousness*. Oxford University Press.
Penrose,R. 1996 *Beyond the Doubting of a Shadow*. 竹内薫・茂木健一郎(訳)1997 ペンローズの量子脳理論 徳間書店

Penrose,R. 1997 *The Large,the Small and the Human*. Cambridge University Press. 中村和幸(訳) 1998 心は量子で語れるか 講談社
Searle,J.R. 1980 Minds,Brains and Programs. *The Behavioral and Brain Science*, Vol.3, No.3, Pp.417-457. 坂本百大(監訳) 1983 マインズ・アイ TBSブリタニカ
Thagard,P. 1996 *Mind : Introduction to Cognitive Science*. The MIT Press. 松原仁(監訳) 1998 マインド―認知科学入門― 共立出版
保江邦夫・石川幹人・松原仁 1999 量子論と心 人工知能学会誌第14巻3号 Pp.413-424.
Winograd,T. and Flores,F. 1986 *Understanding Computer and Cognition*. NJ : Ablex Publishing Corporation. 平賀譲(訳)1989 コンピュータと認知を理解する―人工知能の限界と新しい設計理念― 産業図書

●2-3-1文献

Buss,D. 1989 Sex differences in human mate selection criteria. *Behavioral and Brain Science*,**12**,1-49.
Fisher,H. 1992 *Anatomy of Love*. New York : Fawcett Columbine. 吉田利子(訳) 1993 愛はなぜ終わるのか 草思社
蛭川立 1999 性・死・快楽の起源 進化心理学からみた〈私〉 福村出版
Humphrey,N. 1993 *The Inner Eye*. London : Vintage. 垂水雄二(訳) 1993 内なる眼 紀伊国屋書店
池田清彦 1989 構造主義と進化論 海鳴社
Marr,D. 1982 *Vision*. San Francisco : W. H. Freeman and Company.
茂木健一郎 1997 脳とクオリア 日経サイエンス社
苧坂直行 1996 意識とは何か 岩波書店
Perusse,D. 1993 Cultural and reproductive success in industrial societies. *Behavioral and Brain Science*,**16**,267-322.
Popper,K. R. and Eccles,J. C. 1977 *The Self and its Brain*. Berlin : Springer-Verlag. 大村裕・西脇与作(訳) 1986 自我と脳(上・下) 思索社
Stevens,A. and Price,J. 1997 *Evolutionary Psychiatry*. London : Routledge.
Tooby,J. and Cosmides,L. 1992 The psychological foundations of culture. In Barkow, J.H., Cosmides, L., and Tooby, J.(Eds.) *The Adapted Mind*. New York : Oxford University Press. Pp.19-136.
Wilber,K. 1995 Sex, *Ecology,Spirituality*. 松永太郎(訳) 1998 進化の構造(1・2) 春秋社
Wilson,E. O. 1978 *On Human Nature*. Cambridge : Harvard University Press. 岸由二(訳) 1980 人間の本性について 思索社

●2-3-2文献

Anderson,R.J. 1975 The untranslated content of Wundt's Grundzuge der physiologischen Psychologie. *Journal of the History of the Behavioral Sciences*,**11**,381-386.
Blumenthal,A.L. 1975 A repraisal of Wilhelm Wundt. *American Psychologist*,**30**,1081-1088.
Boakes,R. 1984 *From Darwin to behaviourism : psychology and the minds of animals*. Cambridge : Cambridge University Press.
Boring,E.G. 1950 *A history of experimental psychology*. 2nd ed. New York : Appleton-Century-Crofts.
Canguilhem,G. 1983 *Etudes d'histoire et de philosophie des sciences*. Paris : Librairie Philosophique J.Vrin. 金森修(監訳) 1991 科学史・科学哲学研究 法政大学出版局 Pp.261-318.
Fitzek,H. 1994 Am Leitfaden des Leibes : Psychologie und Physiologie im Werk Friedrich

Nietzsches. In H. Gundlach (Ed.) *Arbeiten zur Psychologiegeschichte*. Göttingen : Dr.C.J. Hogrefe,Pp.189-195.
藤沢清 1998 生理心理学と精神生理学 藤沢清・柿木昇治・山崎勝男(編) 生理心理学の基礎 宮田洋(監修)新生理心理学 1巻 北大路書房 Pp.2-13.
Geuter,U. 1987 *Daten zur Geschichte der deutschen Psychologie*. Band 2.Göttingen : Verlag für Psychologie,Dr.C.J.Hogrefe.
Gruber,H.W. 1980 Darwin on psychology and its relation to evolutionary thought. In R. W.Rieber & K.Salzinger(Eds.) *Psychology : theoretical - historical perspectives*. New York : Academic Press,Pp.145-174.
Hartmann,R. 1997 *Japanische Studenten an der Berliner Universität : 1870 - 1914*. Berlin : Mori-Ogai-Gedenkstätte der Humboldt-Universität zu Berlin.
Hobson,J. A. 1988 *The dreaming brain*. New York : Basic Books.
Jacobson,M. 1993 *Foundations of Neuroscience*. New York : Plenum Press.
James,W. 1890 *The principles of psychology*. 2vols. New York : Henry Holt & Co.
James,W. 1962(1892年初刊) *Psychology : briefer course*. New York : Collier Books.
Ladd,G.T. 1887 *Elements of physiological psychology*. New York : Charles Scribner's Sons.
Ladd,G.T. 1891 *Outlines of physiological psychology*. New York : Charles Scribner's Sons. 渡邊千治郎(訳) 1901 生理的心理学 中外出版社.
Lamberti,G. 1995 *Wilhelm Maximilian Wundt (1832 - 1920)* : Leben,Werk und Persönlichkeit in Bildern und Texten. Bonn : Deutscher Psychologen Verlag.
Leahey,T. H. 1994 *A history of modern psychology*. 2nd ed. Englewood Cliffs,New Jersey : Prentice-Hall International.
McDougall,W. 1905 *Physiological psychology*. London : Aldine House.
Misiak,H. & Sexton,V. S. 1966 *History of psychology : an overview*. New York : Grune & Stratton,Pp.31-45.
Morgan,C.T. 1943 *Physiological psychology*. New York : McGraw-Hill.
Nietzsche,F. 1980 *Nachgelassene Fragmente*. Kritische Studienausgabe in 15 Bänden,Band9. München : Deutscher Taschenbuch Verlag & Walter der Gruyter,p.50.
Nietzsche,F. 1984(1886年初刊) *Jenseits von Gut und Böse*. Insel Taschenbuch 762,Frankfurt am Main : Insel Verlag,p.33.
Pinel,J.P.J. 1997 *Biopsychology*. 3rd ed. Boston : Allyn & Bacon.
佐藤達哉 1997a 明治期における心理学関連留学の実際 佐藤達哉・溝口元(編) 通史 日本の心理学 北大路書房 Pp.99-106.
佐藤達哉 1997b 心理学実験室の開設 佐藤達哉・溝口元(編) 通史 日本の心理学 北大路書房 Pp.108-112.
高砂美樹 1997 生理学から心理学へ:バイオサイコロジー史(1) 山野研究紀要, **5**,19-28.
高砂美樹 1999 心理学における神経線維:バイオサイコロジー史(2) 山野研究紀要, **7**,41-50.
谷本富 1897a 普通心理学集成上巻 六盟館
谷本富 1897b 我が国に於ける心理学の発達 教育壇, **2**,1-22.
Titchener,E. B. 1898 Postulates of a structural psychology. *Psychological Review*,7,449-465.
van Hoorn,W. & Verhave,T. 1980 Wundt's changing conceptions of a general and theoretical psychology. In W.G.Bringmann & R.D.Tweney (Eds.) *Wundt studies*. Toronto : C.J.Hogrefe,Inc.,Pp.71-113.
Wundt,W. 1874 *Grundzüge der physiologischen Psychologie*. 1st ed.;
Wundt,W. 1880 *Grundzüge der physiologischen Psychologie*. 2vol.s 2nd ed.;

Wundt,W. 1887 *Grundzüge der physiologischen Psychologie*. 2vol.s 3rd ed. Leipzig: Verlag von Wilhelm Engelmann.

●2-4-1文献

Baker,G.P. and Hacker,P.M.S. 1984. *Language,Sense & Nonsense*. Oxford: Basil Blackwell.

Coulter,J. 1979 *The Social Construction of Mind*. London: MacMillan. 西阪仰(訳) 1998 心の社会的構成 新曜社

Goodwin,C. 1998 *Pointing as situated practice*. Unpublished Manuscript.

Hacker,P.M.S. 1992 *Wittgenstein : Meaning and Mind*. Oxford: Basil Blackwell.

Kosslyn,S.M. 1981 The medium and the message in mental imagery: A theory. *Psychological Review*,88-1: 47-66.

Kosslyn,S.M. 1995 Mental imagery. In S. M. Kosslyn and D. N. Osherson (ed.),*Visual Cognition*. Cambridge,MA: MIT Press.

Kosslyn,S.M., Ball,T. M. and Reiser,B. J. 1978 Visual image preserve metric spatial information: Evidence from studies of image scanning. *Journal of Experimental Psychology : Human Perception and Performance*, 4-1,47-60.

Kosslyn,S.M., Pinker,S.,Smith,G.E. and Shwartz,S.P. 1979 On the demystification of mental imagery. *The Behavioral and Brain Sciences*,2,535-548.

西阪仰 1997 『相互行為分析という視点』金子書房

西阪仰 1999 会話分析の練習 好井裕明・山田富秋・西阪仰(編)『会話分析への招待』世界思想社

Pylyshyn,Z. 1973 What the mind's eye tells the mind's brain: A critique of mental imagery. *Psychological Bulletin*,80-1,1-24.

Pylyshyn,Z. 1979 Imagery theory: Not mysterious - just wrong. *The Behavioral and Brain Sciences*,2,561-563.

Pylyshyn,Z. 1981 The imagery debate: Analogue media versus tacit knowledge. *Psychological Review*,88-1,16-45.

Suzuki,H. and H. Kato 1995 Interaction-level support for collaborative learning: Algo-Block - an open programming language. *Proceedings of CSCL '95*: 349-355.

White, A.R. 1990 *The language of imagination*. Oxford: Basil Blackwell.

●2-4-2文献

Austin,J. L. 1962 *How to do things with words*. Cambridge: Harvard University Press. 坂本百大(訳) 1978 言語と行為 大修館書店

Chalmers, D., 1996, *The couscious mind : in search of fundamental theory*. New York: Oxford University Press.

Churchland,P. S. 1986 *Neurophilosophy : toward a unified science of the mind-brain*. Cambridge: MIT Press.

Coulter,J. 1979 *The social construction of mind : studies in ethnomethodology and linguistic philosophy*. New York: Macmillan. 西阪仰(訳) 1998 心の社会的構成―ヴィトゲンシュタイン派エスノメソドロジーの視点― 新曜社

Coulter,J. 1983 *Rethinking cognitive theory*. New York: St. Martin's Press.

Crick,F. 1994 *The astonishing hypothesis : the scientific search for the soul*. New York: Scribner's. 中原英臣・佐川峻(訳) 1995 DNAに魂はあるか―驚異の仮説― 講談社

Eccles,J.C. and Robinson,D.N. 1984 *The wonder of being human*. New York: Free Press. 大村裕・山河宏・雨宮一郎(訳) 1989 心は脳を超える―人間存在の不思議―紀伊国屋書店

Garfinkel,H. 1967 *Studies in ethnomethodology*. Cambridge: Polity Press.

Gergen,K.J. 1985 The social constructionist movement in modern psychology. *American*

Psychologist,**40**,266-275.
Harré,R. 1984 *Personal being : a theory for individual psychology*. Cambridge : Harvard University Press.
Harré,R.,Clarke,D. and De Carlo,N. 1985 *Motives and mechanisms : an introduction to the psychology of action*. London : Methuen.
Heider,F. 1958 *The psychology of interpersonal relations*. New York : John Wiley & Sons. 大橋正夫(訳) 1978 対人関係の心理学 誠信書房
Husserl,E. 1970 *The crisis of european sciences and transcendental phenomenology*. Trans. by Carr,D. Evanston : Northwestern University Press. 細谷恒夫・木田元(訳) 1974 ヨーロッパ諸学の危機と超越論的現象学 中央公論社
Nagel,T. 1986 *The view from nowhere*. New York : Oxford University Press.
Nisbett,R. and Ross,L. 1980 *Human inference : strategies and shortcomings of social judgment*. Englewood Cliffs,N.J. : Prentice-Hall.
Potter,J. and Wetherell, M. 1987 *Discourse and social Psychology : beyond attitudes and behaviour*. London : Sage.
Ross,L. and Nisbett,R.E. 1991 *The person and the situation : perspectives of social psychology*. New York : McGraw-Hill.
Schegloff,E.A. and Sacks,H. 1973 Opening up closings. *Semiotica*,**7**,289-327. 北澤裕・西阪仰(訳) 1989 会話はどのように終了されるのか 日常性の解剖学 マルジュ社 Pp.175-241.
Stich,S. 1983 *From folk psychology to cognitive science : the case against belief*. Cambridge : MIT Press.
Wittgenstein,L. 1953 *Philosophical investigations*. Trans. by Anscombe,G. E. M.. Oxford : Basil Blackwell. 藤本隆志(訳) 1976 哲学探究―ウィトゲンシュタイン全集8 大修館書店
●2 5-1文献
Casati,R.,Smith,B. & White,G.(Eds.) 1994 *Philosophy and the Cognitive Sciences,Proceedings of the 16th International Wittgenstein-Symposium*. Vienna : Hölder-Pichler-Tempsky.
Goethe,J.W. 1810 *Farbenlehre* 当然数多くの版がある。私が使用したのは、1991 *Johann Wolfgang Goethe Sämtliche Werke 23/1 Farbenlehre* Frankfurt a. M.: Deutscher Klassiker Verlag. である。高橋義人・前田富士男(訳) 1999 色彩論(全2巻・完訳本) 工作舎
Hintikka,J. & Puhl,K.(Eds.) 1995 *The British Tradition in 20th Century Philosophy,Proceedings of the 17th International Wittgenstein-Symposium*. Vienna : Hölder-Pichler-Tempsky.
日本色彩学会 1980 新編 色彩科学ハンドブック 東京大学出版会
奥雅博 1982 ウィトゲンシュタインの夢 言語・ゲーム・形式 勁草書房
Oku,M. 1995 Wittgenstein on his Remarks on Colour. In Hintikka & Puhl,1995. Pp.199-206.
奥雅博 1997 ポパー・ウィトゲンシュタイン・論理実証主義 大阪大学人間科学部紀要 第23巻, 131-145.
Rothhaupt,J. G. F. 1996 *Farbthemen in Wittgensteins Gesamtnachlaß,Philologisch - philosophische Untersuchungen im Längsschnitt und Querschnitten* Bad Langensalza : Bertz Athenaum Verlag
Wittgenstein,L. 1922 *Tractatus Logico - Philosophicus* London : Routledge. 奥雅博(訳) 1975 論理哲学論考 ウィトゲンシュタイン全集1 大修館書店 Pp.1-120.
Wittgenstein,L. 1929 Some Remarks on Logical Form. In I. M.Copi & R. W.Beard(Eds.) 1966, *Essays on Wittgenstein's Tractatus*. London : Routledge Pp.31-37. 奥雅博(訳) 1975

論理形式について　ウィトゲンシュタイン全集1　大修館書店　Pp.359-370.
Wittgenstein,L. 1953 *Philosophical Investigations*, ed. by Anscombe,G. E M. & Rhees,R. Oxford: Blackwell. 藤本隆志(訳)　1976　哲学探究　ウィトゲンシュタイン全集8　大修館書店
Wittgenstein,L. 1964 *Philosophische Bemerkungen*,ed. by Rhees,R. Oxford: Blackwell. 奥雅博(訳)1978　哲学的考察　ウィトゲンシュタイン全集2　大修館書店
Wittgenstein,L. 1967 *Zettel*,ed. by Anscombe,G.EM. & Wright,G.H. von. Oxford: Blackwell. 菅豊彦(訳)1975　断片　ウィトゲンシュタイン全集9　大修館書店 Pp.171-394.
Wittgenstein,L. 1977 *Remarks on Colour*,ed. by Anscombe,G.EM. Oxford: Blackwell. 中村昇・瀬嶋貞徳(訳)　1997　『色彩について』　新書館
Wittgenstein,L. 1980 *Remarks on the Philosophy of Psychology. Vol.I*,ed. by Anscombe,G. E.M. & Wright,G.H. von. Oxford: Blackwell. 佐藤徹郎(訳)　1985　心理学の哲学1　ウィトゲンシュタイン全集 補巻1　大修館書店
Wittgenstein,L. 1980 *Remarks on the Philosophy of Psychology. Vol.II*,ed. by Wright,G. H. von & Nyman,H. Oxford: Blackwell. 野家啓一(訳)　1988　心理学の哲学2　ウィトゲンシュタイン全集 補巻2　大修館書店
●2-5-2文献
Bouveresse,J. 1991 *Philosophie,Mythologie et Pseud-Science*, Paris: Édition de l'Éclat. 中川雄一(訳)　1991　ウィトゲンシュタインからフロイトへ　国文社
Dostoevsky,F. 1879 *The Brothers Karamazov*. 原卓也(訳)　1978　カラマーゾフの兄弟(上中下)　新潮文庫
Freud,S. 1975 *Die Traumdeutung*. Frankfurt am Main: Fischer. 高橋義孝(訳)　1969　夢判断(上下)　新潮文庫
Freud,S. 1975 *Der Witz und seine Beziechung zum Unbewußten*.Frankfurt am Main: Fischer. 生松敬三(訳)　1970　機知―その無意識との関係(フロイト著作集4)　人文書院
Freud,S. 1975 *Vorlesungen zur Einfuehrung in die Psychoanalyse*. Frankfurt am Main: Fischer. 高橋義孝・下坂幸三(訳)　1977　精神分析入門(上下)　新潮文庫
Freud,S. 1975 *Neue Folge der Vorlesungen zur Einführung in die Psychoanalyse*. Frankfurt am Main: Fischer. 高橋義孝・下坂幸三(訳)　1977　精神分析入門(下)　新潮文庫
Grüenbaum,A. 1984 *The Foundations of Psychoanalysis: A Philosophical Critique*. Berkley-Los Angeles-London: University of Carifornia Press. 村田純一・伊藤笏康・貫成人・松本展明(訳)　1984　精神分析の基礎　産業図書
Kripke,S.A. 1982 Wittgenstein on Rules and Private Language. Oxford: Basil Blackwell 黒崎宏(訳)　1983　ウィトゲンシュタインのパラドックス　産業図書
Lacan,J. 1966 *Ecrits*. Paris: Editions du Seuil. 佐々木孝次(訳)　1972,77,81　エクリ(全三巻)　弘文堂
Lorentzer,A. 1974 *Die Wahrheit der psychoanalytischen Erkentnis: Ein historisch-materialistischer Entwurf*. Frankfurt am Main: Suhrkamp Verlag. 河田晃(訳)　1985　精神分析の認識論　誠信書房
Monk,R. 1990 *Ludwig Wittgenstein - The Duty of Genius*. London: Jonathan Cape Ltd. 岡田雅勝(訳)　1994　ウィトゲンシュタイン　みすず書房
Wittgenstein,L. 1922 *Tractatus Logico-Philosophicus*. London: Routledge and Kegan Paul. 奥雅博(訳)　1975　論理哲学論考(ウィトゲンシュタイン全集1)　大修館書店
Wittgenstein,L. 1953 *Philosophische Untersuchungen*. Oxford: Basil Blackwell. 藤本隆志(訳)　1976　哲学探究(ウィトゲンシュタイン全集8)　大修館書店
Wittgenstein,L. 1958 *The Blue and Brown Books*. Oxford: Basil Blackwell. 大森荘蔵(訳)

1975　青色本(ウィトゲンシュタイン全集6)　大修館書店
Wittgenstein,L.　1966　*Lectures and Conversations on Aesthetics*, Psychology and Religious Belief.Oxford : Basil Blackwell　藤本隆志(訳)　1977　美学, 心理学および宗教的信念についての講義と会話(ウィトゲンシュタイン全集10)　大修館書店
Wittgenstein,L.　1969　*Über Gewißheit*. Oxford : Basil Blackwell. 黒田亘(訳)　1975　確実性の問題(ウィトゲンシュタイン全集9)　大修館書店
Wittgenstein,L.　1979　*Wittgenstein's Lectures, Cambridge* 1932-35.Oxford : Basil Blackwell. 野矢茂樹(訳)　1991　ウィトゲンシュタインの講義―1932-1935年　勁草書房
Wittgenstein,L.　1977,94　*Vermischte Bemerkungen*. Frankfurt am Main : Suhrkamp Verlag. 丘澤静也(訳)　1999　反哲学的断章　青土社
Wittgenstein,L.　1992　*Letzte Schriften über die Philosophie der Psychologie,BandII*. Oxford : Basil Blackwell.

あとがき

　人間の心や意識をめぐる研究の様相は1970年代以降大きく変わってきたようである。人間理解における行動主義的なパラダイムの崩壊が，コンピュータ・メタファーから出発した認知科学の台頭によって引き起こされたとき，これまでの諸学の住み分けを許さないような地殻変動が，心の研究の世界に生じてきたように見える。

　行動主義が「思弁的なもの」，「安楽椅子の心理学」という蔑称によって20世紀初頭以来ながらく退けてきた「心」についての理論的な研究や哲学的な思弁は，今ではすっかり復権し，哲学者と心理学者との共同の授業が大学において行なわるというケースさえ伝えられ始めた。哲学と心理学との切断は解消され，新たな相互交流の時代を迎えたといってよいのかもしれない。他方，人間の心理過程を研究する科学としていわば特権的な地位を占めてきた心理学は，工学と生理学の研究を含み込んだ「認知科学」の波に洗われて，その地位を失いつつあるようにも見える。かたや進化生物学や文化・社会諸科学は，心理学における行動主義的な「科学主義」に訂正を求め続けてきた。

　こうして心理学は，ふたたび，その方法論的基底の再検討が求められる時代に入っており，哲学との交流のみでなく，諸科学との交流と衝突のなかで新たな基盤整備を余儀なくされているように思われる。

　心理学にせよ認知科学にせよ哲学にせよ，それぞれ単一の「学」ではなく，その内に複数のパラダイムや研究プログラムを抱えている。そして，人間の「心」は，多数のパラダイムを内蔵したいくつもの学問分科（ディシプリン）によって分割され研究されているのだ。研究における「人間の分割」や「心の分割」はけっして今に始まったものでなく，学問の歴史とともに古い出来事であることは言うまでもないが，「心理学」が特権的な地位を失いつつある点に，現代の重要な特徴があるように思われる。心の学問を総合する中心が失われているのである。分割された心を，ある総合的・階層的なシステムとして再構築することができるかどうかが，はるかな夢のようではあるが，諸学の課題であろう。

あとがき

　かつてジャン・ピアジェは，諸学がマルチ・ディシプリンの段階から，インター・ディシプリンの段階を経て，ひとつのトランス・ディシプリンへといたるという学問の進化過程について語ったが，ことはそんなにやすやすと進むはずはないであろう。しかし，これは諸学が目指す方向性の1つのモデルとして考慮に値する。

　心の研究の現状は，それぞれの学問分科が異なったアプローチで心を研究しているマルチ・ディシプリンの状態から遠くない。バスに乗り合わせたさまざまな乗客たちが，それぞれ勝手なおしゃべりをしている状態と同様に，哲学は哲学の，生理学は生理学の，認知科学は認知科学のことばで，心を語っている。多様なものの併存。しかし，ときに乗客が他の乗客たちの話に耳を傾けるように，心の研究をする諸学がたがいにいくらか他分野・他分科の研究に関心を寄せ，理解し合うような機運も生まれ始めている。ことばが違うし，理解の枠組みも違うけれど，とにかく諸学の間での交流と衝突の機会はしだいに拡大しつつある。心の研究は，インター・ディシプリンの段階に入り始めたといってよいのかもしれない。話が通じ合うためには，ことばが共通でなければならないが，単にことばの共通性だけでは不十分である。ことばの意味や基本概念の共通性が必要であり，そのためには，共通の経験的イメージ（典型例のイメージ）や異なったパースペクティヴ（何をどこから見るか）の理解が必要である。

　私たちは，諸学の間の理解の共通性を高め，交流することに大きな意義があると考えており，1996年10月に有志が集って「心の科学の基礎論」研究会（以下，基礎論研究会と略称）を発足させた。設立趣旨は次のように謳っている。

　　今日，心理学をはじめ，認知科学，精神病理学などの心の諸科学（sciences of mind）が，見かけの隆盛の裏で多くの原理的な問題を抱え込んでいることは，心ある研究者には明らかなところです。
　　たとえば，——神経生理学や社会生物学に代表される自然科学的人間科学の発展の中に，心の諸科学はいつか吸収されてしまうのではないか。——「科学的」方法が「自然科学的」方法を意味する限り，心を物質的自然の一部としてとらえることに徹底する自然科学的人間科学に，曖昧さを残す心の諸科学は抗し得ないのではないか。——そもそも科学とは何か。自然科学と区別される人間科学独自の方法はあ

るのか。——代案（alternative）として提案されている現象学や解釈学によって，心の諸科学を再編する可能性はあるのか，etc。

　これら諸問題は，とどのつまり「科学的認識の主体たる人間が自己を科学的に認識するとはどういうことか」という，科学史上の根源的問題の系と見なされるものであり，学際的・包括的，かつ厳密な議論を必要とします。にもかかわらず，日本にあっては，そのような場にあまり恵まれて来なかったのが実情です。そこで，この度，科学基礎論学会の中での心の科学を専門とするかまたは関心の深い会員を中心として，上記の研究会を結成することとなりました。

　この研究会には，哲学，物理学，工学，生理学，生物学，心理学，言語学，社会学など，研究分野を異にする人びと，年齢的には20代から60代の院生・研究所員・大学教員が参加しており，隔月で自由な討論を行なう機会をもってきた。この研究会の特徴は，報告の途中からでも質問・議論が始まってしまう「お行儀の悪さ」と年齢・職種・階層を問わず遠慮なく討論する自由さにあり，そこが組織だっていない研究会であるにもかかわらず持続している魅力の根元であるように思われる。

　トマス・クーンによれば，ことばもその意味も違うグループの間は共約不可能な関係にあって，相互に理解不能であるという。しかし，私たちの置かれている状況が，理解不可能かどうかさえもわからないという水準にあるとすれば，むしろ戦略的には，ことばが違うにもかかわらず理解できるという可能性を精いっぱい追い求めるのが適切なのであろう。基本概念や枠組みやパースペクティヴの違いがわかることが違いをこえるための前提であるとすれば，この戦略的楽観論は私たちが少しでも前進するための拠点になるはずである（「心の科学の基礎論」研究会に関心をおもちの方は，これまでの報告リストなどをご覧になれますので，ぜひホームページ http://www.isc.meiji.ac.jp/~ishikawa/kokoro.html にアクセスしてみてください）。

　学問分科をこえた心の研究にかんする叢書をつくらないかという話が，北大路書房の関一明氏からもち込まれたのは1998年のことであった。「基礎論研究会」としては，発足から間もないことであり，構想の大きさに惹かれながらも時期尚早ではないかと逡巡したのは事実である。無謀かもしれない。にもかか

わらず，結局その試みに踏み込む決断をしたのは，「学際的な討論の場」を草の根のレヴェルで創りだし，広げていくことに意義を見いだしたからに他ならない。

本書は，心の諸科学を展望しつつ，根本的な問題を検討するシリーズの一環として企画された。シリーズはもとより，本書の完成にさえ，研究会以外の多くの人びとの協力が必要であることは火を見るより明らかであった。本書の構成をご覧になった方は，この『心とは何か』という本が，「時期尚早」で「無謀」ともいえる試みであることを感じとられるかもしれない。第一部は日本理論心理学会のシンポジウムを元に再構成した紙上シンポジウムであり，「心とは何か」という問題への導入部としておかれた。第二部は「基礎論研究会」の報告の再現であって，多様な研究分野からの提言が繰り広げられている。

本書の特長はオムニバスであるということであり，研究のマルチ・ディシプリナリーな状態をそのまま提示するという点に，読者の側でむしろ積極的な意義を見いだすことが期待されている。研究会におけるオムニバスは，心の諸学のオムニバス状況の一端を具体的に開示しているのであって，その開示なしには，諸学の相互理解やインター・ディシプリナリーな研究への道は開かれないであろうと，私たちは確信している。

編者として私たちは，本書の制作過程で多くの執筆者からご協力いただいたことに心から感謝したい。北大路書房の関一明氏は，初発の構想からシリーズ企画の段階まで労苦を分かち合ってくださったし，薄木敏之氏は原稿集めから，校正・印刷・製本の過程まで力を尽くしてくださった。お二人には厚くお礼を申しあげたい。

最後に私たちは，本書を手にされた読者諸賢に感謝するとともに，本書の内容に関して忌憚のないご意見・ご批判をたまわるようお願いを申しあげて，この「あとがき」の結びとしたい。

2000年12月15日

編者を代表して　　足立自朗

【執筆者一覧】(執筆順)

渡辺恒夫	編者（心理学）	イントロダクション，1-1，間奏曲
新田　徹	産業技術総合研究所（主任研究員），大阪大学大学院（助教授）併任	1-2
有田秀穂	東邦大学（教授／脳生理学）	1-3
須賀哲夫	日本女子大学（教授／心理学）	1-4
茂木健一郎	ソニーコンピュータサイエンス研究所（研究員／生物物理学）	1-5
黒崎政男	東京女子大学（教授／哲学）	1-6
西川泰夫	放送大学大学院文化学研究科（教授／心理学）	2-1-1，2-1-3
月本　洋	編者（人工知能）	イントロダクション，2-1-2，2-1-3
石川幹人	編者（知能情報学）	イントロダクション，2-2，間奏曲
蛭川　立	江戸川大学（助教授／人類学）	2-3-1
高砂美樹	東京国際大学（教授／心理学）	2-3-2
西阪　仰	明治学院大学（教授／社会学）	2-4-1
小松栄一	立正大学（非常勤講師／心理学）	2-4-2
奥　雅博	大阪大学大学院人間科学研究科（教授／哲学）	2-5-1
崎川　修	埼玉大学（非常勤講師／哲学）	2-5-2
足立自朗	編者（心理学）	イントロダクション，あとがき

【編者紹介】

足立自朗（あだち・じろう）
　1937年生まれ
　現　在　埼玉大学教育学部教授
　専　門　教育心理学，心理学史・科学論
　主　著　現代心理学の諸問題（共著）　三和書房　1968年
　　　　　教育心理学（共著）　有斐閣　1978年
　　　　　一般心理学の基礎（共訳）　明治図書　1986年
　　　　　発達と学習（共著）　学文社　1990年
　　　　　ピアジェ-ワロン論争（共著）ミネルヴァ書房　1996年

渡辺恒夫（わたなべ・つねお）
　1946年生まれ
　現　在　東邦大学理学部教授
　専　門　生涯発達心理学，死生学，夢の心理学，科学基礎論
　主　著　脱男性の時代　勁草書房　1986年
　　　　　トランスジェンダーの文化　勁草書房　1991年
　　　　　The Love of the Samurai．GMP Publ．1991年
　　　　　男性学の挑戦（編著）　新曜社　1991年
　　　　　迷宮のエロスと文明　新曜社　1993年
　　　　　最新マインドサイエンス（編著）　八千代出版　1994年
　　　　　輪廻転生を考える　講談社　1996年
　　　　　オカルト流行の深層社会心理（共著）　ナカニシヤ出版　1998年

月本　洋（つきもと・ひろし）
　1955年生まれ
　現　在　東京電機大学工学部教授，博士（工学）
　専　門　人工知能
　主　著　実践データマイニング　オーム社　1999年
　　　　　Connectionism as Symbolicism Sanshusha 2001年

石川幹人（いしかわ・まさと）
　1959年生まれ
　現　在　明治大学文学部助教授，博士（工学）
　専　門　知能情報学，生物物理学
　主　著　遺伝子情報処理への挑戦（共著）　共立出版　1994年
　　　　　体感する統計解析　共立出版　1997年
　　　　　人間と情報　培風館　1999年
　　　　　ダーウィンの危険な思想（共訳）　青土社　2000年

心とは何か―心理学と諸科学との対話―

2001年2月10日　初版第1刷発行	定価はカバーに表示
2002年8月20日　初版第2刷発行	してあります。

編　者　　足　立　自　朗
　　　　　渡　辺　恒　夫
　　　　　月　本　　　洋
　　　　　石　川　幹　人
発 行 者　　小　森　公　明
発 行 所　㈱北 大 路 書 房
〒603-8303　京都市北区紫野十二坊町12-8
　　　　　　電　話　(075)431-0361㈹
　　　　　　FAX　(075)431-9393
　　　　　　振　替　01050-4-2083

Ⓒ2001　印刷／製本　亜細亜印刷㈱
検印省略　落丁・乱丁本はお取り替えいたします。

ISBN4-7628-2204-3　　　　　Printed in Japan